普通高等院校课程建设应用型教材
高职高专经管类核心教材

市场营销实务

主　编　肖　涌　徐红梅　饶国霞
副主编　刘丽容　尤小波

WUHAN UNIVERSITY PRESS
武汉大学出版社

图书在版编目(CIP)数据

市场营销实务/肖涌,徐红梅,饶国霞主编．—武汉:武汉大学出版社,2015.8(2017.9 重印)
普通高等院校课程建设应用型教材.高职高专经管类核心教材
ISBN 978-7-307-16450-5

Ⅰ.市… Ⅱ.①肖… ②徐… ③饶… Ⅲ.市场营销学—高等职业教育—教材 Ⅳ.F713.50

中国版本图书馆 CIP 数据核字(2015)第 178853 号

责任编辑:辛 凯　　责任校对:李孟潇　　版式设计:马 佳

出版发行:**武汉大学出版社**　(430072 武昌 珞珈山)
(电子邮件:cbs22@ whu. edu. cn 网址:www. wdp. com. cn)
印刷:湖北睿智印务有限公司
开本:787×1092 1/16 印张:26.5 字数:624 千字 插页:1
版次:2015 年 8 月第 1 版　　2017 年 9 月第 2 次印刷
ISBN 978-7-307-16450-5　　定价:49.00 元

前　言

市场营销是企业经营管理活动的重要组成部分，是企业与市场之间的桥梁、市场竞争中的锐利武器，它贯穿于企业经营活动的全过程。谁掌握了市场营销，谁就可以主宰市场，在市场竞争中占据有利的甚至是不败的地位。市场营销学源于20世纪初期的美国，随着社会经济及市场经济的发展，市场营销学已成为同企业管理相结合，并同经济学、行为科学、人类学、数学等学科相结合的应用边缘管理学科。中华人民共和国成立之前，我国学者曾对市场营销学有过一些研究，但一度中断。20世纪80年代，我国的改革开放政策为重新引进和研究市场营销学创造了有利条件，而后伴随着我国经济体制改革的深化，市场环境的改善为企业应用现代市场营销原理指导经营管理实践提供了有利条件，市场营销理念深受社会的重视，已渗透到社会经济的各个领域。

本书是针对高职高专院校学生的特点，本着提升学生能力的宗旨编写的融教、学、做为一体的教材，用于满足社会经济发展对高素质技能型人才的培养需要。对本书的学习将有助于提高学生整体素质、营销综合职业能力和实践能力。因此，本书在编写过程中着重突出以下几点。

（1）科学性：知识结构科学合理，条理清晰，层次分明。

（2）专业性：充分体现市场营销专业特色。

（3）针对性：针对高职特点，精简理论内容，以提高学生实践运用能力为目的。

（4）趣味性：深入浅出，将企业经营操作过程案例化、故事化。

（5）可操作性：对学生实际营销操作具有指导性。

（6）可考证性：结合国家营销师考试内容，有助于学生参加从业资格证考试。

本书由肖涌、徐红梅、饶国霞任主编，刘丽容、尤小波任副主编。其中，肖涌编写第七章至第十章；饶国霞编写第四章、第五章、第十一章；徐红梅编写第一章、第二章；刘丽容编写第三章；尤小波编写第六章。

在本书的编写过程中，编者参考了大量的国内外文献资料，在此向原作者表示诚挚的谢意。

由于编者水平及掌握资料的限制，书中不足之处在所难免，敬请同行专家及使用本书的读者批评指正。

编　者

2015年6月

目　　录

第一章 市场营销导论

【案例 1-1】

变被动为主动 让“丰产”成“丰收”

《黄陂的梨子熟了卖不动 果农的心儿碎了》（见本报8月3日32版）一文见报后，黄陂梨子迅速登陆中商平价，“伤心果”成了“香饽饽”（见本报8月6日32版）。笔者在为黄陂果农高兴的同时，也深感农民应该重视营销的重要性。

千亩丰水梨丰收，带给果农的不是喜悦，而是心碎，因为梨子无人问津。近年来，许多农民搞起了多种经营，大量产品喜获丰收，可一味地等人上门收购，致使产品销不出去，造成“丰产不丰收（收益，资金收入）”的状况。

都市报利用其影响力，帮黄陂丰水梨找到了销路，解决了果农的困难，可并非所有滞销的农产品都能通过这一途径解决问题。笔者认为，农民要想使“丰产”变成“丰收”，就必须通过多种渠道及时掌握市场信息，主动出击，多方推销自己。

（《楚天都市报》刘元生 2004. 08. 11）

上述案例告诉我们，当今社会，无论哪行哪业，哪怕是种田种地的农民，也要懂一点市场营销。

市场营销是企业经营管理活动的重要组成部分，现代成功的企业一般都非常重视市场营销，从顾客需求出发，从事企业的一切经营活动，到最终满足顾客的需求，把顾客置于企业经营活动的中心位置；市场营销学是管理学的一个重要分支。在本章，我们将介绍市场营销的含义及其相关概念，市场营销学的发展历程、研究内容及主要方法；介绍主要的市场营销观念以及探讨有关市场营销的道德问题。

第一节 市场营销

一、市场营销相关概念

何为市场营销？人们一般理解为市场营销就是卖东西和做广告促销，其实，市场营销涉及经营活动过程中的方方面面。市场营销人员不仅需要了解和理解客户的需要和欲望、他们经营的产品，而且还需要了解和理解他们经营的市场、顾客情感以及与顾客进行交换的全过程。因而，对市场营销深入的理解必须掌握与客户和市场相关的五个核心概念：需要、欲望和需求；营销供给（产品、服务和体验）；顾客满意与顾客让渡价值；交换与交易；市场。

1. 需要、欲望和需求

人类的各种需要、欲望和需求是市场营销的出发点和归宿。

需要是指人们感到某种缺乏而力求获得满足的一种状态，是一种人类与生俱来的潜伏着的感受，存在于人们自身生理和社会之中。需要包括对食物、衣物、温暖和安全的基本生理需要，对归属和情感的社会需要，以及对知识和自我实现的个体需要。比如，随着中国人逐渐变得金钱富裕而时间短缺，我们需要不损害健康的便利。

欲望是指想得到上述基本需要的具体满足品的愿望，是文化和个性所形成的人类特定的需要形式。例如，为了满足“饥饿”的生理需要，人们希望选择面包、面条、米饭或者其他充饥之物来满足自身需要，但美国人需要的食物会是一个大的汉堡、炸鸡和一杯软饮料，日本人需要的食物却是米饭、寿司和绿茶，而中国人因民族与地域的不同其选择更是多样化。

欲望通过社会来形成并以客观物体形式来满足需要。当有购买力作为支持时，需要就变成了需求。在一定欲望和资源条件下，人们需要一种能给予其最大价值的满意度的产品。因此，需求必须具备两个条件：其一，消费者愿意购买；其二，消费者有能力购买。如许多人都想拥有一架私人小飞机，但只有少数人才有购买小飞机的能力。

人的需要很少，满足人的需要的目的物很多，有能力而且愿意购买的目的物随时间、空间的变化而发生变化。先有需要、欲望，后有市场营销。但是，市场营销可以激发需要，影响和改变欲望，创造需求，所以，市场营销是一种满足人类需要的创造性行为。

杰出的营销公司通过市场调研来了解客户的需要、欲望和需求。例如，哈雷-戴维森的主席经常和客户一起驾驶哈雷以得到反馈意见。日产公司观察到卡车司机常会为卡车座上不方便的安全带感到沮丧，因而设计了带有轨道的卡车基座；看到司机努力将行李放到其卡车上而不断在门中间被卡住的情况，日产开发出了180°的旋转门。

2. 营销供给——产品、服务和体验

顾客的需要和欲望通过营销供给来满足——一些提供给市场来满足需要或欲望的产品、服务、信息或体验的结合体。营销供给不仅仅限于实体产品，而且还包括服务、活动或者利益，它们用于销售，但是基本上不可触摸，也不能被人所拥有。银行、航线、旅店、税务筹划、家电维修等服务就属于此类，曼谷有名的划船市场极大地吸引了全世界游客，这也是营销供给。营销供给还包括其他的实体，如人员、地点、组织、信息和创意。

顾客在购买具体的产品时关注的并不是产品本身而是产品带给顾客的利益和体验，产品本身仅仅只是解决顾客问题的一个工具。例如，顾客购买钻头并不是需要一个钻头，而是需要钻头来为其钻孔，这才是顾客真正的需要。如果企业只看到顾客的购买行为，那么充其量只能在提供更多更好的钻头上去动脑筋，这并不能保证企业在市场上长盛不衰，若能透过行为分析其真实乃至潜在需求，则企业方能创造出一种比钻头更好、更便捷的打洞工具，从而有可能使企业在市场上占据更有利的竞争地位。所以，顾客购买的是对某种需要、欲望和需求的“满足”而不仅仅是产品。聪明的营销人员超越了其所卖产品和服务的具体属性，通过策划一些产品和服务，为客户创造品牌体验。如迪士尼世界是一种体验，在香格里拉饭店也是一种体验；我们不能仅仅将 F1、NBA 看成一场场赛事，而更应该沉浸在 F1 与 NBA 的体验中。

（营销供给中的产品和服务将在产品策略中详细讲解）

3. 顾客满意与顾客让渡价值

（1）顾客满意。

企业仅仅了解顾客有哪些需要和欲望并提供产品是不够的，企业还要想办法去满足这些需要，也就是说要让顾客满意。顾客满意是现代营销学的核心，现代营销学就是围绕顾客需要的满足（即顾客满意）而展开的。

何谓顾客满意呢？菲利普·科特勒认为，顾客满意是指一个人对一种产品感知到的效果或效能与他的期望值比较后，所形成的愉悦或失望的感觉状态。其中，顾客的期望值主要是来自顾客过去的购买经验、朋友和伙伴的种种言论及企业的承诺。如果效果或效能低于期望值，则顾客就会不满意；如果效果或效能和期望值相当，则顾客就会满意；如果效果或效能超过期望值，则顾客就会非常满意或欣喜。

（2）顾客让渡价值。

企业提高并保持较高的顾客忠诚度的根本方法是向顾客传递较高的顾客让渡价值。顾客让渡价值是指顾客购买总价值与顾客购买总成本之差。用公式表示如下：

顾客让渡价值 =顾客购买总价值 -顾客购买总成本

顾客购买总价值是顾客从某一特定产品或服务中获得的一系列利益的总和，包括产品价值即有形产品本身所产生的价值、服务价值即在提供有形产品的同时，所提供的附加服务的价值、人员价值即企业员工对顾客的影响大小和正负、形象价值即企业有形无形产生的价值——品牌价值。

顾客购买总成本是顾客的评价、获得和使用该产品或服务时而引起的总费用，包括货币成本即顾客为获得所需的有形产品或无形的服务所支付的购物款、时间成本即顾客为获得所需的有形产品或无形的服务所付出的时间耗费、体力成本即顾客为获得所需的有形产品或无形的服务所付出的体力耗费、精力成本即顾客为获得所需的有形产品或无形的服务所付出的精神耗费。

顾客让渡价值的大小事关顾客满意程度，因而顾客让渡价值的大小影响消费者或顾客的购买行为；顾客让渡价值的最大化是企业战胜竞争对手的最好法宝之一。

4. 交换与交易

需要和欲望是市场营销活动的起点，当人们有需要和欲望时，就会千方百计地去满足，最快最有效的满足就是通过交换来实现。交换是指以提供某种物品（如货币等）作为回报，从他人那里换取自己所需要的产品（包含服务）的行为过程。交换的发生需要满足五个条件：

第一，至少要有交换的两方；

第二，每一方都要有对方所需要的有价值的东西；

第三，每一方都要有交流信息和传递物品的能力；

第四，每一方都可以自由地接受或拒绝对方的交换条件；

第五，每一方都认为与对方交易是合适的或称心如意的。

如果存在上述条件，则交换就有可能，市场营销的中心任务就是促成交换。交换的最后一个条件是非常重要的，它是现代市场营销的一种境界，即通过创造性的市场营销，交换双方都达到双赢。

交易是交换的基本组成部分，是买卖双方所做的价值交换。或者说，如果交换成功，就有了交易。市场营销的职能简单地说就是将潜在的交易转化为现实的交易，进而促进交易的完成。怎样达成交易是营销界长期关注的焦点，各种各样的营销课题理论实际上都可还原为对这一问题的不同看法。

5. 市场

市场是商品经济的产物，是一种以商品交换为内容的经济联系方式。“市场”最初的含义是指商品聚集和交易的场所，“市”就是买卖，“场”就是场所。随着商品生产和商品交换的发展，市场的含义也随之发生变化。由于侧重点不同，对市场所下的定义也就不同。

在一般情况下，人们从地理空间、市场需求、社会供求及社会整体去定义市场。例如，我们通常所说的汉正街小商品市场、武汉市场、国内市场就是从地理空间上去定义的；水果市场、服装市场、汽车市场等就是从市场需求上去定义的。

经济学家认为市场是指一定时空条件下买卖双方实现商品让渡的交换关系的总和，即商品交换关系总和或供需关系总和。

市场营销学从卖方的角度来认识和理解市场的含义，认为市场是指对某种商品或劳务具有购买欲望并且具有支付能力的潜在顾客的集合。菲利普·科特勒把市场定义为“某种产品的所有实际的和潜在的购买者的集合”。从这一角度看，市场包含三个主要因素：有某种需要的人、为满足这种需要的购买能力和购买欲望。即：市场=人口+购买力+购买欲望

市场的这三个因素是相互制约、缺一不可的，只有三者结合起来才能构成现实的市场。消费者人口是构成市场的基本因素，消费者人口的数量决定市场的规模和容量，消费者的构成及变化影响市场的构成和变化；消费者的购买力是构成现实市场的物质基础；消费者的购买欲望是消费者的潜在购买力转化为现实购买力的必要条件。

每一个国家的经济和整个世界经济都是由各种市场组成的复杂体系，而这些市场之间则由交换过程来联结。

二、市场营销的含义

市场营销源自于企业的营销实践活动，它的含义随着企业营销活动实践的发展而发展。早期的营销活动仅限于流通领域，对营销概念的理解也是狭义的，仅限于广告和推

销，20世纪50年代后，营销活动早已突破了流通领域，向生产领域和消费领域延伸，与此相适应，营销的含义也随之而变。

1. 市场营销是一种创造性行为

有些营销者把响应营销与创造营销区别开来。响应营销是寻找已存在的需求并满足它，创造营销是发现和解决顾客并没有提出要求但会热烈响应的问题。人的需要很少，满足人的需要的目的物很多，有能力而且愿意购买的目的物随时间、空间的变化而发生变化。先有需要、欲望，后有市场营销。但是，市场营销可以激发需要，影响和改变欲望，创造需求，所以，市场营销是一种满足人类需要的创造性行为。创造营销是营销的核心内容。

【案例 1-2】

美国鞋业公司开拓非洲市场

在美国鞋业公司进入非洲市场之前，公司派财务主管到非洲去考察、做市场调研。财务主管所了解的市场是，非洲人打赤脚不穿鞋，生物资源虽很丰富，但非洲人很穷。于是，他就发电报回公司说，非洲几乎没有鞋业市场。

公司接到电报后，立即派公司最好的推销员前往非洲考察、做市场调研。业务员所了解的市场也是，非洲人打赤脚不穿鞋，生物资源虽很丰富，但非洲人很穷。但业务员发回电报说，非洲鞋业市场巨大，很值得开拓。

公司接到业务员的电报后，立即派公司分管市场营销的副总经理前往非洲考察、做市场调研，副总经理所了解的市场也是，非洲人打赤脚不穿鞋，生物资源虽很丰富，但非洲人很穷。副总经理发回电报说，非洲鞋业市场非常巨大，请公司毫不迟疑地立即去干，他自己则带领财务主管和业务员做进一步的细致的市场调研。通过进一步的细致的市场调研发现，非洲人打赤脚不穿鞋的毛病是容易得各种各样的有关脚的疾病或受到各种各样的伤害；非洲生物资源非常丰富，特别是生产的甜菠萝在欧洲有巨大的市场需求。于是，他们游说首领，教育非洲人穿鞋子的好处，帮助非洲人解决没有钱买鞋子的问题……即非洲人用自己生产的甜菠萝换取美国鞋业公司的鞋子，并签订3年销售合同。

美国鞋业公司用自己的鞋子换取非洲人的甜菠萝后，马上将甜菠萝运往欧洲各大超市销售。经过这番折腾之后，美国鞋业公司不仅赚取了销售鞋子的利润，而且还从甜菠萝的销售中赚取“垫付款”（即鞋子的成本+鞋子的利润）的30%以上的利润。

（［美］菲利普·科特勒. 市场营销管理——分析、规划、执行和控制（第6版）. 何永祺，何宝善主审校 . 1991：37.）

上述案例是一个非常经典的案例，外行看热闹，内行看门道，作为市场营销人员，我们应该从中可以看出或者悟出的道理是：（1）作为市场营销人员，必须知识面宽广和通畅的信息来源渠道，公司分管市场营销的副总经理没有宽广的知识面和通畅的信息来源渠道，他就不会选择甜菠萝作为物物交换的对象；（2）作为市场营销人员，思维要活跃，要有创新，不能形成思维定势；否则，如果定势于鞋子必须用钱买的话，就会错过开拓市场带领企业进入一个新的发展阶段的机会；（3）市场营销是一种创造性行为，当市场没有需要欲望时，市场营销人员要千方百计地诱导出需要欲望，没有购买能力时，要千方百计地帮助市场创造出购买能力。

【案例 1-3】

牛贩子的眼光

2004 年 7 月《楚天金报》报道：河南牛贩子陈苏发发现南阳地区的黄牛个大体壮，适合发展肉牛业。他经过考察发现江西赣南水草丰盛肥美，而当地的牛种个头矮小。于是，他果断地无偿贷给南阳的养牛户每家一头小牛，一年后小牛长大再收购，贩到江西赣南做种牛，让当地农民喂养繁殖，再销往沿海地区。南阳农民不花“一分钱”牵回一头小牛，长大后的一年中又可以帮忙干一些农活，最后有人包收购，可以稳赚一把，真是何乐而不为呢？赣南农民自得天时地利，又得“牛种”，饲养劲头自不待言，而陈苏发一下子就和赣州方面签订了两年贩购 4000 头黄牛的合同，可获纯利 200 多万元。

（徐曙光．楚天金报，2004-07-17.）

上述案例是一个发现机会和创造性把握机会，大家可以放开思想讨论，社会经济生活中还有哪些机会？为什么？怎么样去把握这个机会？

2. 营销是一种自愿的交换行为

英国古典哲学家、西方市场经济学的奠基人之一亚当·斯密曾说过，世界上从来也没有看见狗在交换骨头，只有人才具有交换的本领。交换是出自人的需求而产生的自觉行为，也是构成营销活动的基础。

3. 营销是一种满足人们需求的行为

人类的各类需求和欲望是营销工作的出发点，在这里人们的各种需求指的是他们没有得到满足的感受状态，营销的目的就是满足需求。

4. 营销是一种管理过程

营销是分析、计划、执行和控制的过程管理。具体来说，它主要包括两个方面的工作：一是研究市场，即研究顾客的需要和需求量，从而作出经营什么、经营多少等决策；二是开展整合营销活动，即通过生产和经营适销对路的产品，选择适当的分销网络，以适当的价格并应用适当的传播手段在满足顾客的同时获取利益。

5. 营销是一种企业参与社会的纽带

营销工作者在制定营销政策时必须权衡三方面的利益，即企业利润、顾客需要和社会利益，只有同时满足这三者利益的企业才能长久地获得销售成功。

综上所述：市场营销是企业以顾客需求为出发点，有计划地组织各项经营活动，为顾客提供满意的商品和服务而实现企业目标的过程；或者说市场营销是指通过市场交换活动，引导商品或劳务（或称服务）流向顾客，以满足顾客需求，实现企业目标的综合性商务活动的过程。

根据这一定义，可以将市场营销概念归纳为以下要点：

(1) 人类的各种需要和欲望是市场营销的出发点；

(2) 市场营销的核心是交换。交换过程是一个主动、积极寻找机会、满足双方需求和欲望的社会和管理过程；

(3) 交换过程能否顺利进行，取决于营销者创造的产品和价值满足顾客需要的程度和交换过程管理的水平。

三、市场营销的功能

作为企业的一种活动，市场营销有如下基本功能：

1. 发现和了解消费者的需求

这是市场营销的首要功能。现代市场营销观念强调市场营销应以消费者为中心，企业只有通过满足消费者的需求才可能实现企业的目标。

2. 为企业决策提供依据

企业决策正确与否是企业成败的关键，企业必须通过市场营销活动分析外部环境的动向，了解消费者的需求和欲望，了解竞争者的现状和发展趋势，结合自身的资源条件，指导企业在产品、定价、分销、促销和服务等方面作出相应的科学的决策。

3. 开拓新市场

即在营销活动中通过对消费者现在需求和潜在需求的调查、了解与分析，充分把握和捕捉市场机会，积极开发产品，建立更多的分销渠道及采用更多的促销形式，开拓市场，增加销售。

4. 满足消费者的需要

满足消费者的需求与欲望是企业市场营销的出发点和中心，也是市场营销的基本功能（见图 1-1）。企业通过市场营销活动，从消费者的需求出发，并根据不同目标市场的顾客，采取不同的市场营销策略，合理地组织企业的人力、财力、物力等资源，为消费者提供适销对路的产品，搞好销售后的各种服务，让消费者满意。

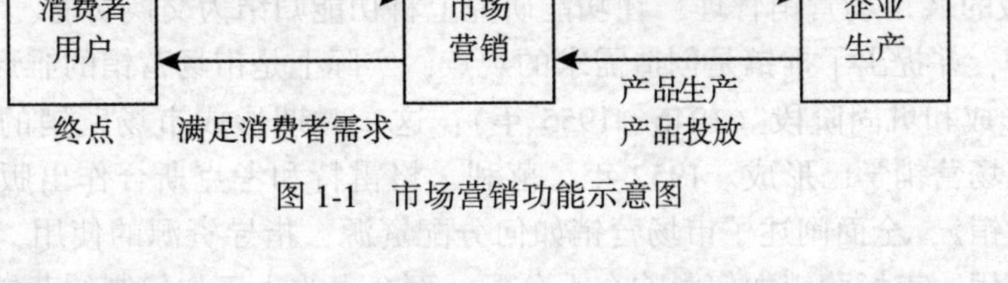

图 1-1　市场营销功能示意图

第二节　市场营销学

市场营销学是指专门研究市场营销活动及其发展变化规律的学科。它是市场营销实践的科学总结和概括，是有关市场营销活动的指导思想、基本理论、策略、方法技巧等有机结合而成的科学体系。

一、市场营销学的产生与发展

市场营销学源于20世纪初期的美国，当时只是试图了解和研究经济学家忽略或过分简化的某些问题。随着社会经济及市场经济的发展，市场营销学发生了根本性的变化，从传统市场营销学变为现代市场营销学，其应用从营利性组织扩展到非营利性组织，从国内扩展到国外。当今，市场营销学已成为同企业管理相结合，并同经济学、行为科学、人类学、数学等学科相结合的应用边缘管理学科。由于我国市场经济起步较晚，因此国内与国外市场营销学的产生和发展是不同的。

1. 国外市场营销学的产生和发展

西方市场营销学的产生与发展同商品经济的发展、企业经营哲学的演变密切相关。美国市场营销学自20世纪初诞生以来经历了六个发展阶段。

（1）萌芽阶段（1900—1920年）：这一时期，各主要资本主义国家经过工业革命，生产力迅速提高，城市经济迅猛发展，商品需求量亦迅速增多，出现了需过于供的卖方市场，企业产品价值实现不成问题。与此同时市场营销学开始创立。1912年出版了第一本销售学教科书，它是市场营销学作为一门独立学科出现的里程碑。阿切W. 肖于1915年出版了《关于分销的若干问题》，率先把商业活动从生产活动中分离出来，并从整体上考察分销的职能。巴特勒、韦尔德两人在美国既是最早，也是第一次提出和使用“市场营销”这一术语。这一阶段的市场营销理论同企业经营哲学相适应，即同生产观念相适应。其依据是传统的经济学，是以供给为中心的。

（2）发展与应用阶段（1921—1945年）：这一阶段以营销功能研究为其特点，因而又称之为功能研究阶段。此阶段著名的代表作有：克拉克、韦尔德两人于1932年合著出版的《美国农产品营销》对美国农产品营销进行了全面的论述，将农产品的营销过程分为集中、储藏、财务、承担风险、标准化、推销和运输七个功能；克拉克于1942年出版的《市场营销管理》在功能研究上将功能归结为交换功能、实体分配功能、辅助功能等，并提出了推销是创造需求的观点，实际上是市场营销的雏形。

（3）形成和巩固阶段（1946—1955年）：这一时期形成市场营销的原理及研究方法，传统市场营销学已形成。1952年，范利·格雷特和考克斯合作出版了《美国经济中的市场营销》，全面阐述了市场营销如何分配资源、指导资源的使用，尤其是指导稀缺资源的使用；市场营销如何影响个人分配，而个人收入又如何制约营销；市场营销还包括为市场提供适销对路的产品。同年，梅纳克和贝克曼出版《市场营销原理》，提出了市场营销的定义，并归纳了研究市场营销学的五种方法，即商品研究法、机构研究法、历史研究法、成本研究法和功能研究法。

（4）市场营销管理导向阶段（1956—1965 年）：奥尔德于 1957 年出版《市场营销活动和经济行动》，提出“功能主义”。霍华德率先提出从营销管理角度论述市场营销理论和应用，从企业环境与营销策略两者关系来研究营销管理问题。尤金尼·麦卡锡于 1960 年出版《基础市场营销学》，把消费者视为一个特定的群体，即目标市场，企业制定市场营销组合策略，适应外部环境，满足目标顾客的需求，实现企业经营目标。

（5）协同和发展阶段（1966—1980 年）：这一阶段，市场营销学逐渐从经济学中独立出来，同管理科学、行为科学、心理学、社会心理学等理论相结合，使市场营销学理论更加成熟。代表作有乔治·道宁于 1971 年出版的《基础市场营销：系统研究法》和菲利普·科特勒在 1967 年出版的《市场营销管理：分析、计划与控制》。菲利普·科特勒突破了传统市场营销学认为营销管理的任务只是刺激消费者需求的观点，进一步提出了营销管理任务还影响需求的水平、时机和构成，因而提出营销管理的实质是需求管理，还提出了市场营销是与市场有关的人类活动，既适用于营利性组织，也适用于非营利性组织，扩大了市场营销学的范围。

（6）分化和扩展阶段（1981 年至今）：这一阶段，市场营销领域又出现了大量丰富的新概念，如市场营销战、内部市场营销、全球市场营销、大市场营销理论、关系市场营销、协商推销、直接市场营销等，使得市场营销学出现了变形和分化的趋势，其应用范围也在不断地扩展。进入 20 世纪 90 年代以来，关于市场营销、市场营销网络、政治市场营销、市场营销决策支持系统、市场营销专家系统等新的理论与实践问题开始引起学术界和企业界的关注。进入 21 世纪，互联网的发展与应用，推动着网上虚拟发展，基于互联网的网络营销得到迅猛发展。

2. 我国市场营销学的产生和发展

（1）引进、传播阶段（1980—1983 年）：这一时期，市场营销学南从广州、北从大连，兵分两路进入我国。市场营销权威菲利普·科特勒的《市场营销原理》、《市场营销管理》引入我国，并受到广大学者的高度重视。1979 年，暨南大学、中国人民大学等开设市场营销课程，其他大中专院校相继开设这门课程。

（2）研究、形成发展和应用阶段（1984 年至今）：1984 年中国综合性大学、高等财经院校市场营销研究会暨“全国市场营销研究班”在长沙结业。此后，中国人民大学相继设立了市场营销教研室和中国市场营销研究中心，全国各大、中专院校相继成立了各级各类市场营销学研究会十余个。1995 年 6 月 22 日至 25 日，由中国人民大学、加拿大麦吉尔大学、康克迪亚大学联合主办的“第五届市场营销与社会发展国际会议”在北京成功举行。1996 年 3 月，八届全国人大四次会议通过的《中华人民共和国国民经济和社会发展“九五”计划和 2010 年远景目标纲要》明确指出，国有企业要按照市场需求组织生产，“搞好市场营销，提高经济效益”。还指出，要积极开展“代理制、连锁经营等新的营销方式”等，首次在中国政府文件中出现“市场营销”字眼。随后，国家人事部出台了营销师职称系列，国家经贸委提出“关于加强国有企业市场营销工作意见”。

二、市场营销学的研究对象

市场营销学的研究对象是市场营销活动及其规律，即市场营销活动的过程、内容以及发展变化。包括企业如何识别、分析评价、选择和利用市场机会。从满足目标市场顾客需求出发，有计划地组织企业的整体活动，通过交换，将产品从生产者手中转向消费者手中，以实现企业营销目标。市场营销与市场营销学的关系见表 1-1。

表 1-1　　**市场营销与市场营销学的关系**

	市场营销	市场营销学
区别	1. 是指人类社会的经济活动	1. 是一门经营管理学科
	2. 是指企业的营销实践活动	2. 是对营销实践活动的总结概括，并指导之
联系	1. 都来自于英语单词 Marketing，为动词时“市场营销”，为名词时“市场营销学”	
	2. 市场营销活动的过程、内容以及发展变化是市场营销学的研究对象	
	3. 市场营销学揭示了市场营销发展变化规律，并指导市场营销活动	

【案例 1-4】

日本电视机打入中国市场

1979 年，我国放宽对家用电器的进口，日本电视机厂商首先分析了中国市场需求特点，从市场营销角度将市场视为人口、购买力及购买动机构成，认为中国有 10 亿人口，人均收入虽较低，但中国人有储蓄的习惯，已形成了一定的购买力，中国消费者有着对电视的需求。由此得出：中国存在一个很有潜力的黑白电视机市场。日本电视机厂商在分析中国电视机市场需求特点的基础上，制定了相应的市场营销策略以满足中国消费者的需求。

(1) 产品策略。中国电压系统与日本不同，必须将 110V 改为 220V；中国电力不足，电压不稳定，需配置稳压器；要适合中国住房面积小的特点，应以 12~14 英寸电视机为主；要提供质量保证及修理服务。

(2) 分销策略。当时国内尚未设立国营商店分销进口电视机的渠道，故由中国港澳地区国货公司代理、经销商推销；通过港澳同胞携带电视机进内地，由日本厂商用货柜直接运送到广州流花宾馆。

(3) 促销策略。日本电视机厂商主要采用了广告策略，在中国香港电视台发动宣传攻势；在中国香港《大公报》、《文汇报》等报刊大量刊登广告；在中国香港电视台介绍有关日本电视机的知识。

(4) 定价策略。考虑当时中国尚无其他外国电视机的竞争，因此在价格上比中国同类电视机要高。

（第一赢销网 http：//www. yingxiao360. com/）

日本电视机厂商在有针对性地采取市场营销策略的基础上，将电视机源源不断地推向中国市场。

上述案例是一家日本电视机公司将自己的产品打入和开拓中国市场的过程，是市场营销学理论在企业市场营销实践活动中的应用。

三、市场营销学的研究内容

根据市场营销活动的主要内容和目的，市场营销学的主要内容大体可以归纳为三个部分：环境与市场分析，营销活动与营销策略研究，市场营销计划、组织与控制。

第一部分内容着重分析企业与市场的关系，分析影响和制约企业营销活动的各种环境因素，分析各类购买者的行为，进而提出企业进行市场细分和选择目标市场的理论和方法，并就市场调查和市场需求预测作介绍。这部分内容具有市场营销基础的意义，阐述了市场营销的若干基本原理和基本思路。

第二部分内容是企业营销活动与营销策略研究，是市场营销学的核心内容。其任务在于论述企业如何运用各种市场营销手段以实现企业的预期目标，因而全部都是围绕企业经营决策展开的。对 4Ps 策略的研究构成了营销活动研究的四大支柱。这部分内容不仅就每个基本变数可供选择的营销策略进行了分析，而且提出了“市场营销组合”这一十分重要的概念，强调四个基本变数不是彼此孤立的、分割的，必须依据外部环境的动向进行产品、定价、分销及促销四大策略的最佳组合，以保证从整体上满足顾客的需求。

第三部分关于市场营销计划、组织与控制的研究，主要阐述了企业为保证营销活动的成功而在计划、组织、控制等方面采用的措施与方法。

基于此，本教材的基本内容有：市场营销学导论、市场营销原理（市场营销环境分析、市场结构分析、市场竞争分析、市场调查与市场预测、目标市场营销等）、市场营销实务（产品决策、定价决策、分销渠道决策、促销决策等）、市场营销管理（市场营销战略、计划等）。

四、市场营销学的研究方法

1. 传统研究方法

在 20 世纪 50 年代以前，对市场营销学的研究主要采用传统的研究方法，包括产品研究法、机构研究法与职能研究法。

（1）产品研究法：以产品为中心的研究方法。以产品为主体，对某类产品诸如农产品、工业品、矿产品、消费品及劳务等进行分别研究，主要研究产品的设计、包装、厂牌、商标、定价、分销、广告及各类产品的市场开拓。这种方法可详细地分析、研究各类产品市场营销中遇到的具体问题，但需耗费巨大人力、物力与财力，且重复性很大。

（2）机构研究法：以人为中心的研究方法。以研究市场营销制度为出发点，即研究制度中各个环节及各种类型的市场营销机构，如代理商、批发商、零售商等市场营销问题。

（3）职能研究法：从市场营销的各种职能，如交换功能（购买与销售）、供给功能（运输与储存）、便利功能（资金融通、风险承担、市场信息等）以及企业执行各种功能中必定或可能遇到的问题，来研究和认识市场营销问题。

2. 现代市场营销的研究方法

20 世纪 50 年代以后，学者们主要采用了现代科学的方法对现代市场营销学进行研究，主要有管理研究法、系统研究法和社会研究法。

（1）管理研究法：从管理决策的角度来分析、研究市场营销问题的方法，综合了传统的研究方法。从管理决策的观点看，企业营销受两大因素的影响：一是企业不可控制因素，如人品、经济、政治、法律、物质、自然、社会文化等因素；二是企业可控制因素，即产品、价格、分销及促销。企业营销管理的任务在于全面分析外部不可控制因素的作用，针对目标市场需求特点，结合企业目标和资源，制定出最佳的营销组合策略，实现企业盈利目标。

（2）系统研究法：从企业内部系统、外部系统，以及内部和外部系统如何协调来研究市场营销学，是系统理论具体应用的一种研究方法。企业内部系统主要研究企业内部各职能部门如何协调，以及与外部系统的关系的协调；外部系统主要研究企业同目标顾客外部环境的关系。内部与外部系统又通过商品流程、货币流程、信息流程联结起来。只有市场营销系统的各组成部分相互协调，才能产生高的营销效益。

（3）社会研究法：主要研究企业营销活动对社会利益的影响。市场营销活动，一方面，带来了社会经济繁荣，提高了社会及广大居民的福利；另一方面，造成了某些负面效应，如污染社会及自然环境、破坏生态平衡等。因而，有必要通过这一研究方法寻求使市场营销负面效应减少到最低限度的途径。

五、学习研究市场营销学的意义

市场营销是企业与市场之间的桥梁，是市场竞争中锐利武器，谁掌握了它，谁就可以主宰市场，在市场竞争中立于有利的甚至是不败的地位。因此，无论是对于企业，还是对于个人，全面而系统的学习和研究市场营销学都具有非常重要的意义。

对于企业而言，有利于企业树立现代营销观念，适应我国社会主义市场经济发展的需要；有利于企业制定正确的经营战略，创造竞争优势；有利于企业取得更大的经济效益，创造企业发展的后劲和动力。对于个人而言，能满足我国社会主义市场经济对人才的需求；能创造更多的就业机会，提高个人薪酬；能使个人更好地适应经济全球化的发展趋势。

【案例 1-5】

营销人才走向专业化

1. IT 营销人才短缺——武汉市人才市场：IT 业专场招聘

如今，越来越多的用人单位开始了与电脑、网络的亲密接触，急需这方面的人才，如通信产品营销、企业内部网络维护、系统管理等岗位需求量较大。因此，此次招聘会，除了专业的 IT 公司外，还有不少其他行业的用人单位到场招聘。

据武汉人才交流部部长郑艳介绍，除了以上岗位外，IT 营销人才也比较短缺。什么样的人适合从事 IT 营销工作呢？具有大专及以上学历，有计算机、营销、中文、英语等相关专业背景，经过一定的专业培训后，在这个行业有很好的发展潜力。

2. 根据专业特长选择岗位——湖北省人才市场：民营、三资等企业专场招聘

此次招聘会营销人员仍然是需求量最大的岗位。一家房地产公司只招业务经理和销售人员，展位前挤满了求职者。一位刘姓求职者说，他是学的工商管理，毕业两年做过计算机销售、图书发行等工作。他认为销售员对学历、资历的要求都不高，虽然工作辛苦，但薪水和业务挂钩，很具有挑战性。

（摘自《楚天都市报》通讯员吴力 记者崔月 2004. 06. 03）

第三节 市场营销观念

市场营销是公司实现创造价值的关键，市场营销是企业通过满足客户需求，建立牢固的客户关系而获得价值的过程。那么是什么理念引领企业进行这些营销活动呢？如何权衡企业利益、顾客利益和社会利益呢？——答案是：市场营销观念！市场营销观念是指企业在一定时期，一定生产经营技术，一定市场环境条件下，进行全部市场营销活动，正确处理企业、顾客及社会三者利益方面的指导思想和行为准则。市场营销观念又称为营销哲学或营销理念，它是企业对市场营销的根本看法、思维方式和行为准则的高度概括，反映企业经营管理者乃至全体员工的经营思想。

企业在市场上从事经营活动的指导思想始终是企业发展过程中的一个核心问题。随着生产力水平的不断提高，市场供求关系的变化，市场竞争的激化，以及市场营销管理从粗放到细化、由低级向高级的发展，企业经营的指导思想也相应地发展演变。

一、传统营销观念

随着企业营销活动实践的发展，市场营销观念经历了从传统营销观念到现代营销观念的演变。传统营销观念以生产为中心，以产定销。传统营销观念有生产观念、产品观念和推销观念三种。

1. 生产观念

生产观念产生于19世纪末20世纪初。在资本主义工业化初期以及第二次世界大战末期和战后一段时期内，由于物资短缺，市场供不应求，在这种卖方市场的条件下产生生产观念。生产观念认为消费者更偏爱易购、低廉的产品，因此企业能生产什么产品，就销售什么产品。在这种观念的指导下，企业经营致力于提高生产效率和分销效率，努力扩大生产，降低成本，生产出消费者买得到和买得起的产品。显然，生产观念是一种重生产而轻市场营销的商业哲学。如1869年至20世纪20年代的美国皮尔斯堡面粉公司的口号就是“本公司旨在制造面粉”，美国汽车大王亨利·福特曾傲慢地宣称“不管顾客需要什么颜色的汽车，我只有一种黑色的”，这都是生产观念的典型表现。概括起来：

生产观念：以产定销，重数量。

①前提：消费者可以买得到，也买得起任何商品。

②产生适用条件：供小于求，企业生产效率低，市场没有竞争。

在某些情况下，生产观念是很有用的。例如，计算机生产商联想利用低廉的人力成本、高效的生产效率和大范围的分销渠道占领着高度竞争且价格敏感的中国市场。尽管如此，生产观念会导致营销近视，即企业只狭隘地聚集于生产动作上，而忽视了其真正的目标——通过满足顾客需求，并与顾客建立长期的良好的供需关系而获取利润。

具体来说，生产观念的最大问题在于它假定需求完全是被动的，由生产左右并决定着需求，完全没有顾客选择的概念，这显然只适用供给严重不足或完全由计划分配产品的情况。

2. 产品观念

产品观念产生于市场产品供不应求的“卖方市场”形势下，是从生产观念中派生出来的一种营销观念，认为消费者更喜欢高品质且高性能的创新性产品，只要产品质量好、有特色，就会受到消费者的青睐而不愁销路，消费者愿意花较多的钱买质量上乘的产品，为此，企业应致力于不断改进产品。换言之，只要企业生产出了优质产品，顾客必然会找上门，正所谓“酒香不怕巷子深”。在此观念下，营销活动致力于持续不断地改进产品，不断提高产品质量是营销活动的最主要组成部分。概括起来：

产品观念：以产定销，重质量。(1900—1929年)

①前提：消费者可以买得到，也买得起任何商品。

②产生适用条件：供小于求，企业生产效率低，市场没有竞争。

这种观念认为顾客最喜欢品质可靠、性能优、有特色的产品，并愿意花较多的钱买质量上乘的产品，为此，企业应致力于不断改进产品。这种观念是由生产观念演变而来，它是以生产为中心的观念的第二个阶段。

【案例1-6】

创立于1869年的美国某钟表公司在1958年以前一直被公认为是美国最好的钟表制造商之一，该公司在市场营销管理中强调生产优质产品，并与各大珠宝、百货公司形成了网络分销，公司销售额一直呈上升趋势。但此后由于市场形势发生了变化，更多的消费者趋于购买经济、方便、新颖的手表，许多制造商迎合消费者需要，生产低档产品，并通过廉价商店、超级市场等大众分销渠道销售，抢夺了大部分市场份额。而这家钟表公司没有注意到市场的变化，依然迷恋于生产精美的传统样式手表，仍旧借助传统渠道销售，认为自己的产品质量好，顾客会找上门，其销售额和市场占有率大幅下降，企业经营遭受重大挫折。

（作者自编）

上述案例说明企业市场营销观念要随着时代的变迁，社会的进步不断更新，力争做到企业市场营销观念的与时俱进。

产品观念和生产观念，都是典型的“以产定销”观念。二者的区别仅在于生产观念是“以量取胜”，而产品观念是“以质取胜”，比生产观念多了质量竞争意识。但是，两者都以生产为中心，过分重视产品本身，而忽视市场需求方面，并无本质区别。由于过分重视产品而忽视顾客需求，这两种观念最终将导致“营销近视症”。

3. 推销观念

推销观念，又称销售观念，产生于20世纪20年代末至50年代以前。由于科技的进步、科学管理和大规模的生产，而且资本主义国家处于由“卖方市场”向“买方市场”过渡阶段，因此，一方面，市场上产品的花色品种增多，供应量不断增加，市场开始出现生产过剩和供过于求的现象，企业间竞争加剧；另一方面，人民的生活水平不断提高，需求向多样化发展，顾客购买的选择性增强，产品在市场上已不是不愁没有销路了，这就迫使企业不得不重视产品的销售问题。

推销观念认为：顾客只有在企业促销活动的刺激下才会购买；企业要销售已经生产出来的产品必须大力开展推销活动，千方百计吸引顾客产生兴趣，进而促使他们购买。企业特别关注产品的推销和广告，重视运用推销术和广告术，刺激或诱导顾客购买，它的口号是“我卖什么你买什么”。20世纪30年代到50年代，西方国家的企业大多奉行推销观念，通过强化推销促进销售。

在这种观念的指导下，企业经营的致力于增加销售人员，扩大销售机构，注意利用各种推销手段和广告宣传向广大消费者大力推销产品，以期提高市场占有率，扩大产品销售。这一观念在现代市场经济条件下被大量用于推销那些非渴求品——消费者不会自然而然地想到购买的产品或服务，如保险。

推销观念的出现，提高了市场销售在企业经营工作的地位，开始重视广告术及推销术，是经营指导思想的一个进步，但并未脱离以生产为中心，“以产定销”的经营思想范围。因为它的着眼点仍然是产品，即仍然是着眼于既定产品的销售，至于销出的产品是否满足消费者的需要，则未受到足够的重视。

总结：前面三种观念都是先有产品后有顾客，都是我生产什么我就卖什么你就买什么，要求顾客的需求与企业的供给相吻合，把市场作为生产和销售过程的终点，属于传统营销观念。例如，推销导向观念对销售工作具有积极的促进作用，但是，若产品需求已经饱和或不适销对路，即使大力推销也无济于事。

二、现代营销观念

1. 市场营销观念

市场营销观念出现在20世纪50年代到60年代，市场为典型的买方市场。市场营销观念以满足顾客需求为出发点，即顾客需要什么产品，企业就生产和供应什么产品。换句话来说，能卖什么，就生产什么。在这种观念的指导下，企业经营致力于集中企业一切资源和力量，综合运用各种市场营销手段，通过千方百计地适应和满足消费者需求，来实现企业的利润目标。例如，麦当劳为适应中国顾客的口味，专门制定了不同于欧洲市场的菜单，除了巨无霸和炸薯条，顾客还可以选择豌豆饼、珍珠堡和一种被称为蓝色港湾的薄荷口味的汽水。

图1-2比较分析了推销观念和市场营销观念。推销观念以一种从内到外的视角，从工厂出发，以公司的现在产品为中心，用大量的推销和促销活动来获得盈利性销售。它致力于征服顾客——赢得短期销售，并不关心谁买或为什么买。

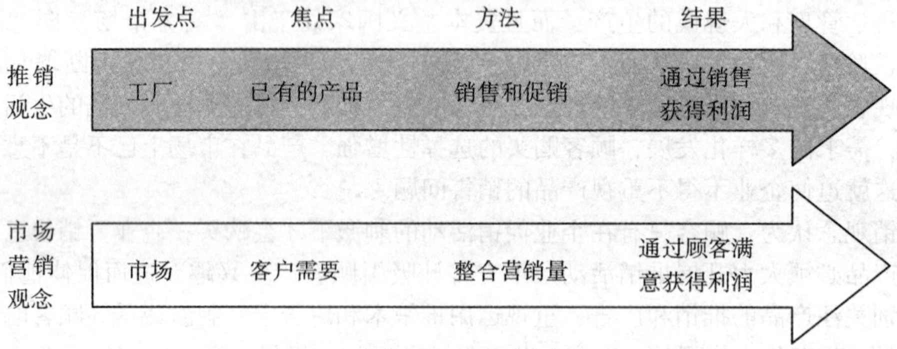

图1-2　推销观念与市场营销观念比较

市场营销观念的出现，是企业营销观念发展演变历程的一次革命，主要表现为如下几点：

①市场营销观念把企业经营的重点放在消费者身上，一切营销努力都在于使消费者（顾客）满意；

②市场营销观念要求从市场整体出发，运用各种市场营销方法，不断地对市场动态进行预测和研究，以满足消费者需要为前提来组织全部营销活动；

③市场营销观念对于利润的取得不拘泥于每一次交易，而是从全局出发，着眼于长期的、综合的、最后的利益；

④市场营销观念要求企业的管理体制和组织结构要服从于满足消费者需要的共同目标，合理分工、协调行动，以经营或销售部门为核心部门，不允许各部门只根据本位利益而各行其是。

很多企业在形势逼迫下逐渐领悟到企业的生产必须适应环境的变化，满足顾客需求，这样在市场上才具有竞争力。这就是现代市场营销观念的原则。

企业系列变革主要内容如下：

①不是以生产为中心，而是以顾客为中心，确定企业的经营方向。

②企业应该满足目标顾客的需求和欲望。

③企业中各部门与营销（或销售）部门的关系。

④企业营销部门已不是单纯地在产品制成后从事销售性事务，而是参与到企业经营管理活动的全过程中，包括制定经营战略、开展市场调查、参与新产品开发决策及完成售后服务等。

【案例 1-7】

日本本田汽车公司要在美国推出一款雅阁牌新车，在设计新车前，他们派出工程技术人员专程到洛杉矶地区考察高速公路的情况，实地丈量路长、路宽，采集高速公路的柏油，拍摄进出口道路的设计。回到日本后，他们专门修了一条 9 英里长的高速公路，就连路标和告示牌都与美国公路上的一模一样。在设计后备行李厢时，设计人员有分歧，他们就到停车场反复观察人们如何放、取行李。这样意见马上统一起来。结果，本田公司的雅阁牌汽车一到美国就备受欢迎，被称为是全世界都能接受的好车。

（作者自编）

上述案例说明，企业经营只要从市场需要、欲望和需求出发，真正把顾客放在中心位置，创造性地，很好地满足顾客的需要，市场会给企业丰厚的回报。

2. 社会营销观念

现代市场营销观念摆正了企业与顾客的关系，但在实际执行过程中，有时会发生企业满足了部分顾客的需要，却与社会公众整体利益，特别是社会公众的长远利益发生矛盾的现象。为此，人们要求修正现代市场营销观念，提出了社会营销观念，以突出强调维护社会公共利益。社会营销观念是在市场营销观念的基础上，综合考虑了顾客、企业、社会三者利益的统一，是真正符合建立一个可持续发展社会目标的营销观念。

社会营销观念产生于 20 世纪 70 年代西方资本主义出现能源短缺、通货膨胀、失业增加、环境严重污染、消费者保护运动盛行的买方市场新形势下。市场营销观念回避了消费者需要、消费者利益和长期社会福利三者之间隐含着的冲突，因而社会营销观念认为企业提供任何产品和服务时，不仅要满足消费者的需要和符合企业自身的利益，而且要符合消费者和社会的整体利益和长远利益。企业的合理行为应该是在满足消费者需要的同时，还要考虑社会的整体利益和长远利益，在此基础上谋求企业利润目标的实现。对于有害于社会或有害于消费者的需求，不仅不应该去满足，而且还应该进行抵制性的反营销。图 1-3 显示了公司在制定营销策略时应平衡的三种因素。

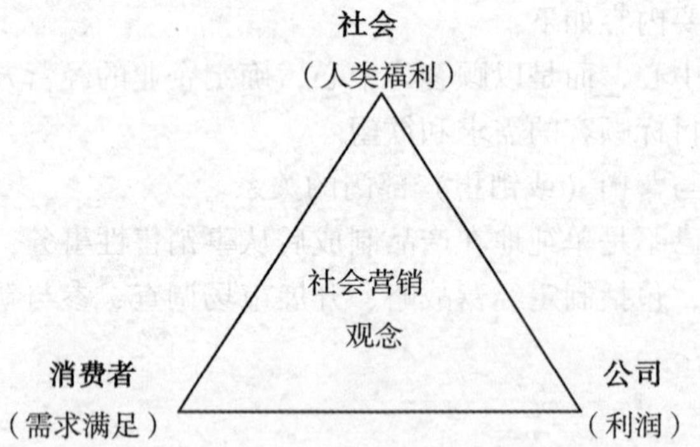

图 1-3　社会营销观念下的三种考虑因素

【案例 1-8】

如今社会上庞大的快餐连锁店以合理的价格提供给人们可口便捷的食物。然而，麦当劳、汉堡王和富客汉堡提供的油炸类食品都富含动脉阻塞反式脂肪，这些不健康的食品导致顾客食用了过多的垃圾食品，并导致肥胖症在全球范围内蔓延。此外，食物的方便袋还会造成浪费和污染。因此，这些获得巨大成功的快餐连锁店虽然满足了顾客的短期需要，但从长远的角度看，它们可能会伤害顾客的健康并造成环境污染。因而，众多消费者和环境组织表示了强烈的担忧。

（第一赢销网 http：//www. yingxiao360. com/）

上述案例说明该类型企业片面地满足了市场部分需要，伤害了消费其他方面，也伤害社会团体的组成成员，破坏了生存环境，最终会被市场淘汰。

【案例 1-9】

强生公司在制定营销策略时对公司利润、消费者需求和社会利益三者之间的平衡方面做得很好。强生对社会利益的关注都总结在一份叫做“我们的念经”的公司文件中。这份文件强调了诚实、正直和人重于利润的理念。在这种理念下，强生宁可承受巨额亏损也不出售一批坏产品。曾经出现一起人们由于食用残留氰化物的泰诺胶囊而死亡的造假案件，泰诺胶囊是强生的品牌。尽管强生认为药片只在少数商店被改变了，而不是在工厂内，但它依旧很快召回了产品并发布消息告知顾客，打消顾客的疑虑。

（第一赢销网 http：//www. yingxiao360. com/）

上述案例告诉我们，强生公司快速召回泰诺的举动，从长远的角度看，加强了顾客对公司的信心和忠诚。因此，今天泰诺依旧是止痛片的领先品牌。

3. 生态学营销观念

生态学营销观念出现在 20 世纪 70 年代，市场形态为买方市场。生态学营销观念借用了生态学的观点，认为：企业同生物的有机体一样，与所处的营销环境有着密切的相互依存关系，企业只有使其经营行为与其所处的环境保持协调平衡，才能求得生存和发展。在生态学营销观念的指导下，企业经营的重点是：加强市场研究，及时掌握市场信息，增强企业经营的灵活性和适应性，在市场变化中不断地发现和利用新的市场机会，扬长避短，追求最优效果。

生态学营销观念是针对当时有些企业片面强调满足消费者的需要，超越自身的条件、能力去生产自己并不擅长的产品提出来的；是对市场营销观念所作的补充和完善，体现了产需结合和讲求效益的经营思想。

三、市场营销观念新发展

进入20世纪80年代以后出现了大量新的营销观念。

1. 关系营销

关系营销是美国营销学专家巴巴拉·本德·杰克逊于1985年提出来的。关系营销以系统论为基本思想，将企业置身于社会经济的大环境中来考察企业的市场营销活动，认为企业营销乃是一个与消费者、竞争者、供应商、分销商、政府机构和社会组织互相作用的过程，企业营销活动的核心是建立并发展与这些公众的良好关系。关系营销的关键是建立与发展同所有利益相关者之间的良好关系，核心是正确处理这些相关关系，因此，信息沟通的双向性、战略过程的协同性、营销活动的互动性、营销结果的双赢性、信息反馈的及时性是关系营销最基本的特征。

关系营销把一切内部和外部利益相关者纳入研究范围，用系统的方法考察企业所有活动，说明了企业与利益相关者结成休戚相关的关系。企业的发展要借助利益相关者的力量，而利益相关者也要通过企业来谋求自身的利益。通过建立并维持与公众的良好关系有利于提高企业的竞争力，使企业能够根据市场变化不断开发新产品，满足顾客需求；能使企业树立良好形象，培养自己和关系各方的忠诚与信赖；通过关系建立基于忠诚老顾客的“口碑效应”，大大降低促销费用；有利于企业合作并共同开发市场；有利于减少无益竞争，达到共存共荣的目的；有利于巩固已有的市场地位。

2. 绿色营销

绿色营销观念作为一个完整的概念出现于20世纪80年代的欧洲，市场形态为买方市场。绿色营销是指市场主体以促进可持续发展为目标，为实现经济利益、消费者需求和环境利益的统一，市场主体根据科学性和规范性的原则，通过有目的、有计划的开发以及同其他市场主体交换产品价值，满足市场需求的一种管理过程。绿色营销观念认为营销目标为“追求可持续性消费”，即营销目标应在追求充分满足消费者需求的同时，提高消费质量减少物质消费数量，降低人类资源消耗程度，使消费达到可持续增长的要求。营销服务对象为消费者和社会，而不是人的消费，即满足人的需要而不是人类消费的需要。绿色营销强调企业在营销活动中要体现“绿色”，即在营销中要注重地球生态环境的保护，促进经济与生态的协调发展，为实现企业自身利益、消费者利益、社会利益和生态环境利益的统一而对其产品、定价、分销和促销的策划与实施过程。企业行为必须符合环境保护要求，符合社会合理、有序发展的要求。

3. 大市场营销

大市场营销观念出现于20世纪80年代初，由美国市场营销学家菲利普·科特勒提出。当时的发达国家生产过剩，市场有限，国际市场竞争日益加剧，世界上许多国家的政府干预加强，贸易保护主义抬头。菲利普·科特勒认为在实施贸易保护的条件下，企业的市场营销战略除了产品、价格、分销渠道和促销（简称4Ps）这四个因素外，还必须加上政治力量和公共关系（简称2Ps）这两个因素，即企业为了成功进入某一特定市场或特定市场经营，应用经济的、心理的、政治的和公共关系技能，赢得若干参与者的合作。

4. 突出4C营销

突出4C营销观念出现于20世纪90年代，市场形态为买方市场。突出4C营销观念认为：不要卖你所能制造的产品，而是卖顾客想购买的产品，真正重视消费者；暂时不考虑定价策略，而是去了解消费者为满足自己的需要和欲望而会付出的成本；暂时不考虑分销渠道策略，而是去思考如何给消费者提供方便以购得所需的商品；暂时不考虑促销策略，而是去思考怎样才能与消费者进行更好的沟通。

5. 整合营销

整合营销思想是欧洲20世纪90年代以消费者为导向的营销思想在传播宣传领域的具体体现。整合营销是一种通过对各种营销工具和手段的系统化结合，根据环境进行即时性动态修正，以使交换双方在交互中实现价值增值的营销理论与营销方法。它以企业由外向内的战略为基础，以整合企业内部、外部的资源为手段，以消费者为重心而重组的企业行为，适用于所有企业信息传播及内部沟通的管理体制。整合营销以市场为调节方式，以价值为联系方式，以互动为行为方式，是现代企业面对动态复杂环境的有效选择。

6. 网络营销

网络营销是企业整体营销战略的一个组成部分，是为实现企业总体营销目标所进行的以互联网为基本手段，营造网上营销环境的各种活动。它是数字化时代一种崭新的营销模式。作为一种全新的营销模式，它与传统营销模式相比，具有无形化、标准化、个性化和全球化特点。无形化是指书写电子化，传递数据化，支付手段高度电子化，企业经营场地隐形化。标准化包括商品信息标准化、商品交易标准化、市场建设标准化和市场监督标准化。个性化指无店铺经营、无仓储积压、低成本结算。全球化指产品全球化、区域全球化、信息全球化。网络营销为企业架起了一座通向国际市场的绿色通道。在网上，任何企业不受自身规模的绝对限制，都能平等的获取世界各地的信息以及平等的展示自己。同时，能使消费者获得比传统营销更大的选择自由，有利于消费者节省交易成本和交易时间，使顾客让渡价值最大化。

四、传统营销观念与现代营销观念的比较

营销观念的演变是人们在营销研究和实践中，随着社会经济的发展和营销环境的变

化不断更新观念的结果。表 1-2 展示了以生产为中心的传统营销观念和以市场（消费者或顾客）为中心的现代营销观念的区别。

表 1-2　**传统营销观念与现代营销观念的比较**

观念类型	时间	主要观念	出发点	方法	产销关系	目的	市场状态
传统营销观念	20 世纪 50 年代以前	生产观念 产品观念 推销观念	产品	增产/推销	以产定销	扩大销售获利	卖方市场
现代营销观念	20 世纪 50 年代以后	市场营销、社会营销、生态学营销、关系营销、绿色营销、大市场营销、突出 4C 营销、整合营销、网络营销	消费者需求	整体营销	以销定产 产销结合	满足消费者需求获利	买方市场

【案例 1-10】

应聘看门人

许兰兰大学毕业后，到过许多家公司做调查摸底。最后，她选择了一家房地产开发公司，去应聘业务主管。这是许兰兰第二次来到这家公司。她刚走到大门口，上次来调查摸底见过的看门人拦住了她。许兰兰说是来应聘的，又给他看了相关材料和证件，看门人才向里面通报了。一番折腾之后，许兰兰走进了这家很气派的公司。

老总问她来应聘什么职位，许兰兰回答说："我来应聘看门人！"女大学生应聘看门人？老总很不解："为什么？"许兰兰回答说："我本来是来应聘业务主管的，但我想从看门人做起。"老总觉得很难理解，但还是答应了。

许兰兰看门的第一天，有个客户要见老总，许兰兰就放他进去了。事后，老总对她说："你应该告诉客户直接到销售部去。"许兰兰说："老总，如果客户在买房子的时候想见到您都见不到，那么，在买到房子之后，万一房子出现了什么问题，他们还有信心能找到您吗？"老总呆了一下，不置可否。这以后，有什么人想见老总，许兰兰都让他们进去直接见老总。慢慢地，公司的房屋销售有了起色。

一个雨天，来了一位想买房子的大妈，她也想见老总。当她出门时没下雨，所以没带雨具，但当她走到半路上时，天下起雨来，衣服就被淋湿了。天气有点寒冷，许兰兰赶紧找了一件工作服给大妈换上，又倒茶给大妈喝，还开了电炉帮大妈把衣服烘干。大妈看她忙乎了半天，说："连一个看门的女孩都这么好，我相信你们的公司，我不用见你们的老总了，我买这房子心里踏实……"

一年后，这家公司的房产销售一路飙升。许兰兰也从一个看门人一跃成为总经理助理。

（张俊强．楚天都市报，2004-02-13.）

我们从上述案例最少应该感悟到如下几点：（1）企业主要领导人的市场营销观念往往是该企业从事经营活动的指导思想；（2）企业每一个员工的市场营销观念也会对其所在的企业产生影响，有时这种影响是非常巨大的；（3）是金子，迟早会发光的。刚离开学校走入社会的学生们，均应该树立天生我材必有用的信念，从我做起，从基层做起，为企业的生存和发展闯出一片新天地。

第四节　市场营销道德

2011 年 4 月，时任国务院总理温家宝在同国务院参事和中央文史研究馆馆员座谈时指出，近年来，相继发生“毒奶粉”、“ 瘦肉精”、“地沟油”、“彩色馒头”等恶性的食品安全事件足以表明诚信的缺失与道德的滑坡已到了极为严重的地步。因而，无论是消费者利益的维护还是民族道德的危机都要求企业营销活动必须遵循法律及营销道德。一个国家，如果没有国民素质的提高和道德的力量，绝不可能成为一个真正强大的国家、一个受人尊敬的国家。西方国家对于市场营销道德的研究始于 20 世纪 60 年代，而 20 世纪 80 年代则成为学术界研究的热门之一。

一、市场营销道德的概念及其评价标准

1. 有关概念

（1）市场营销道德。

市场营销道德是指在市场营销活动中调整企业与消费者（顾客）、企业与社会之间关系的行为规范的总和。

道德是评价某决定和行为正确与否的价值判断及评价某决定和行为是否被大众所接受。市场营销道德涉及企业市场营销活动的价值取向、伦理规范和社会责任等问题，是依靠人们的内心信念、社会舆论、传统习惯维系的营销观念形态和行为规范，指导企业的市场营销活动。它要求企业杜绝损害社会和公众利益的营销行为，在谋取利润的同时，也要满足消费、引导消费，传递新的生活标准和新价值准则，引导社会道德风尚，推动整个社会的文明进步。

（2）市场营销道德评价：市场营销道德评价是指对企业市场营销学行为进行善恶判断。

2. 市场营销道德评价的标准

关于市场营销道德评价的标准目前主要有三种观点：

（1）后果论。后果论认为，如果企业的市场营销行为能够给社会大多数人带来利益，则该市场营销行为就是有道德的；否则，就是不道德的。这种观点是以行为后果来判断市场营销行为的道德合理性，具有重要的现实意义。但是，单纯地以行为后果来判断市场营销行为的道德合理性，具有一定的局限性，因为，有时行为后果与动机相违背。

（2）动机论。动机论是以市场营销行为的动机作为道德评价标准的，即从直觉和经验中归纳出人们应当共同遵守的道德责任或义务，以这些责任或义务的履行与否来判断市场营销行为的道德合理性。这种观点对市场营销道德建设具有积极意义，但也存在主观性的局限。

（3）结合论。结合论是把动机、手段、后果三者结合起来判断市场营销行为的道德合理性。在这里，“动机”是指市场营销主体自觉追求一定目的的愿望或意图，“手段”是指市场营销主体为实现目的所采取的方式方法，“后果”是指市场营销主体的营销行为给社会和消费者（顾客）带来的实际后果。其中，“手段”在市场营销道德评价中具有重要的评价意义，因为，“手段”表现为企业的市场营销行为，它不仅受到“动机”的支配，而且直接作用于“后果”。

二、市场营销道德问题分析

营销实践就像一只无形的手引导经济活动来满足众多消费者不断变化的需求，但并不是所有的营销者都能遵循营销理念。事实上，部分公司采用值得商榷的营销行为，并且有些看似合理的营销活动其实对社会影响巨大。如香烟的销售，表面上看公司应该有自由销售权，抽烟者也有自由购买权，但这种私自交易却牵扯到圈套的公共政策问题。因为吸烟者在损害自己的健康和缩短生命同时也伤害其身边的人，使家庭和社会背上了很大的财政负担，且还有可能诱发青少年吸烟。社会批评家认为有些营销行为会伤害个体消费者、其他公司以及社会整体利益。

1. 营销对个体消费者的影响

消费者通常对营销行为持有复杂甚至轻度厌恶的态度。消费者协会、政府机构和其他批评人士认为营销可能会通过高价、欺骗行为、高压销售、次品、有害品或不安全产品、故意过时以及对弱势消费者的低质服务而伤害到消费者（见图 1-4）。

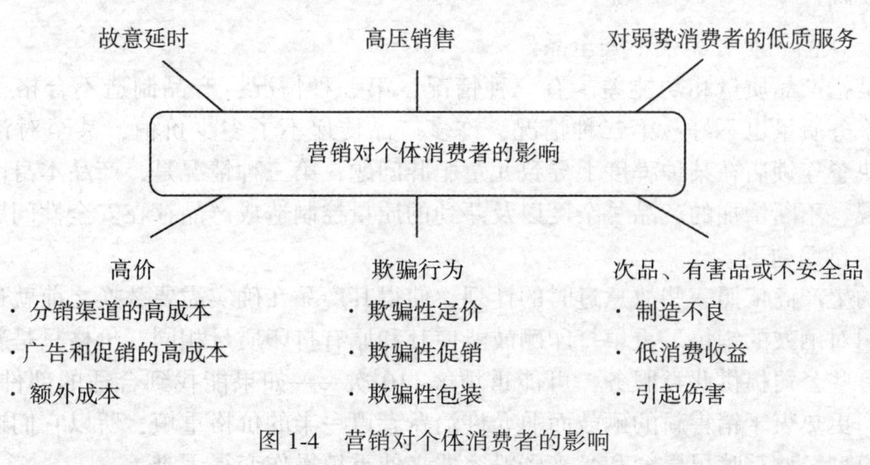

图 1-4　营销对个体消费者的影响

（1）高价。

企业的定价体系通常比“合理”的情况要高，主要是因为增加分销渠道的成本、广告和促销的成本以及额外成本。

① 分销渠道的高成本。企业分销渠道中存在太多的中间商，以至于中间商毫无效率，或者只提供不必要甚至重复性的服务，结果导致分销渠道成本过高，而消费者却要以更高的价格为此买单。

② 广告和促销的高成本。企业通过抬高价格来为大量的广告和促销提供经费。例如，大量发布广告的某促销品牌的 12 片装阿司匹林药片的价格同较少做促销的品牌 100 片装的药片价格相同。差异化程度较高的产品——化妆品、清洁用品等——算上促销和包装费用，零售价可能比出厂价高出 40%。然而，大部分包装和广告只是增加了产品的心理价值，并没有增加功能价值。

③ 额外成本。一些公司给产品标出过高的价格。如殡葬业就是掠夺性的高价，因为这是建立在失去亲人的顾客混乱的情绪之上的；一些带有垄断性的行业的服务或产品也是远超成本。

（2）欺骗行为。

一些营销活动采用欺骗行为误导消费者相信他们获得了比实际更多的价值。这种欺骗行为分为欺骗性定价、欺骗性促销和欺骗性包装三类。欺骗性定价包括一些宣称“出厂价”、“批发价”以及对一些假的高额零售价的大幅降价行为。欺骗性促销包括夸大产品的特色和性能，用已脱销的便宜货把消费者骗到商店等行为。欺骗性包装包括通过一些细微的设计夸大包装的容量、采用有误导作用的标签或者采用迷惑性术语来描述产品。比如，机票的价格除了机票面上的价格外，还有机场建设费、燃油附加费等。

（3）高压销售。

销售人员有时采用高压销售来说服人们购买他们以前从未购买过的产品。通常，人们会说保险、公用设施设备以及二手车是被卖出的，而不是消费者主动购买的。销售人员接受专门训练通过口才诱使人们购买。他们会很努力地去推销，因为他们会从中得到丰厚的奖励。

（4）次品、有害品或不安全品。

这是指产品质量和功能差。有三种情况：第一种情况，产品制造不合格，以次充好，且服务质量也不好；第二种情况，许多产品传递不了多少价值，甚至对消费者有害，如快餐连锁店在某种程度上导致儿童肥胖问题；第三种情况是，产品本身因为生产商的漠视、不断增加的产品复杂度以及差劲的质量控制造成产品存在安全性问题。

（5）故意过时。

有的生产商依照一些故意过时的计划，使得其产品在确实需要替换之前就过时，如打印公司对硒鼓的销售。重填打印硒鼓能使其和原有打印质量相同，价格只是新硒鼓的一半，有些公司提供此类服务，可能重填 8～10 次——如果能找到合适的部件。然而，打印公司更热衷于销售新的硒鼓而非允许消费者以一半的价格重填，所以它们通过不断引进新模型，调整喷墨墨盒和激光碳粉容器来使重填操作变得困难。

有的生产商持续改变顾客对于时尚的观念来刺激更多更早的购买，最明显的例子莫过于不断变化的时尚服装。有的生产商故意隐藏一些有吸引力的产品功能特色，然后在晚一些时候引进这些功能让旧的款式黯然失色。这种情况在消费类电子和计算机产业中时有发生。例如，英特尔和微软就曾被指控故意不发布其新一代的计算机芯片和软件，直到现有的产品的需求基本得到满足。有的生产商故意使用一些比正常情况下更容易折断、磨损、锈蚀或腐蚀的原料和元件。

（6）对弱势消费者的低质服务。

在营销过程中对弱势消费群体的服务质量相对较差，如汽车保险对信用不良者收取较高的保费。尽管保险公司对此声称信用较差的个人更可能获取更多的保险赔偿，以此作为他们收取更高保费的理由。

2. 营销对社会整体的影响

营销一直以来都被指责给社会带来了种种“罪恶”（见图 1-5）。广告一直以来都成为众矢之的。

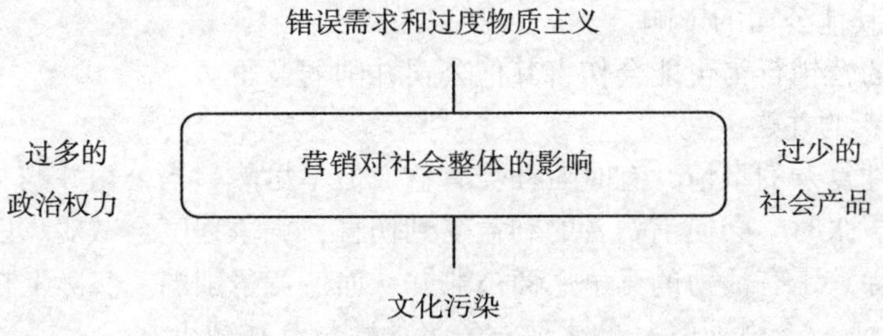

图 1-5　营销对社会整体的影响

（1）错误需求及过度物质主义。

有些市场营销过于重视物质占有，评价的标准变成了看他们用什么东西而非他们是什么样的人。有些口头禅如“贪婪是好的”、“购买吧！直到你一无所有”充分反映了人们对财富和财产的渴求。随着亚洲经济的不断发展，富裕而爱好攀比的消费者可能尤其易被这种看重获得和拥有的营销活动所打动。

批评人士认为这种对物质的兴趣并不是人的自然心理状态，所以这是市场营销所创造的错误需求。商业机构利用大众媒体创造了各种所谓的高品质的生活方式，并以此来刺激人们对产品的需求。因而，市场营销通常被视为通过创造错误需求来使企业获利，而非使消费者受益。

（2）过少的社会产品。

随着私人产品的增加，他们需要更多的社会服务，而后者并未跟上前者的步伐。例如，私家车（私人产品）的增多，需要更多的高速公路、交通管制、停车位以及交警服务（社会产品）。私人产品的繁荣导致了“社会成本”。对汽车而言，社会成本包括交通拥挤、空气污染、石油短缺以及车祸伤亡。

恢复私人与公共产品平衡的方法有两种：第一种方法是让厂商承担其行为所带来的全部社会成本，如政府可以要求汽车制造商生产安全性更好、发动机效率更高以及更环保的汽车，但汽车制造商会通过提价将这部分成本转嫁给消费者。第二种方法是让消费直接支付社会成本，如世界上许多城市征收“交通拥挤费”来减少交通拥挤。新加坡使用一种叫做电子道路收费系统（ERP）的工具来使道路畅通，湖北武汉的ETC也属此类。

（3）文化污染。

营销带来了严重的文化污染，我们的感官不停地受到营销和广告的冲击。如商业广告会打断严肃的节目，数页广告使杂志变质，广告牌玷污了优美的风景，垃圾邮件堆满了电子信箱。这些滋扰不停地以包含物质主义、性、权力和地位的信息来污染人们的思想。

（4）过多的政治权力。

商业活动支配了太多的政治权力。广告商往往对大众媒体拥有太大权力，限制了政府独立客观报道的自由。试想当媒体接受了食品广告商的赞助时，它怎么能够承受将其不合格食品公布于众的后果？

3. 营销对其他公司的影响

一家公司的营销行为可能会伤害其他公司并削弱竞争。

（1）竞争者的并购。

并购是一件复杂的事情，有时对社会有益，但不尽然。当公司并购竞争者而非自己开发新产品来扩张时，会使消费者的利益受到伤害，竞争程度会减弱。以往大量的并购及行业兼并，导致了有活力的竞争厂商被兼并从而使竞争削弱。实际上在每个主要行业（零售业、娱乐业、金融业等）的主要竞争者的数量都在减少。

（2）进入障碍。

有些营销行为阻止了新公司进入某个行业。大公司可以利用专利和大量的促销花费，并且同供应商和经销商联合起来，将竞争者赶出市场，甚至使其根本无法进入。有些障碍则是生意做大之后带来的经济优势所造成的必然结果。

（3）不公平竞争。

有些公司会采用不公平的竞争行为故意伤害或者摧毁其他公司。它们可能会将价格定得低于成本，威胁供应商断绝业务关系，或者是阻碍消费者购买竞争对手的产品。政府制定了大量的法律来阻止这种掠夺性竞争，但对这些行为的取证很难。

三、市场营销道德建设

在企业市场营销活动的每一个环节上都可能出现道德问题，这些问题无论是对消费者的利益、企业自身利益，还是对社会整体的利益均造成严重的后果。因此，必须加强企业营销道德的建设力度，避免不诚信行为的发生，促进企业的良性循环发展。

1. 确立市场营销道德的基本规范

市场营销道德的基本规范应该是“公平、自愿、诚实、信用”。在这里，“公平”是指买卖双方在交换中要等价交换、互惠互利；“自愿”是指买卖双方应该完全按照自己的意愿进行交易活动；“诚实”是指买卖双方应该互通真实信息、实事求是，不弄虚作假；“信用”是指买卖双方应该信守诺言、遵守合约。

2. 加强社会责任感

企业的社会责任是指企业为了所处社会的福利必须承担的道义上的责任，即企业既要重视经济产出，又要重视社会产出。它是市场营销道德在社会层面上的体现。

（1）承担社会责任。在提供传统的经济服务时，企业要对人们所关心的社会事物提供令人满意的服务，为社会的发展作出贡献。

（2）提供具有社会价值的产品。企业在给消费者（顾客）提供产品和服务时，应该在时间和空间上尽力达成社会的价值，而不应该给社会带来危害或不经济。

（3）重视社会利益。企业应致力于维护社会和公众的当前利益和长远利益，建立履行社会责任，达成社会效益的市场营销行为规范，并教育企业员工，帮助他们解决营销活动中的道德问题，培养和造就一批具有高尚营销道德观念的营销人员。

（4）接受社会监督，不仅让社会了解企业，而且也让企业了解社会。

3. 强化市场营销道德信念

市场营销道德信念是企业及其员工对市场营销道德规范、原则、理想的正确性深信不疑，以及履行这种道德义务的强烈责任感。企业管理者应在企业文化的建设中努力地体现营销道德的要求，又要在企业管理过程中帮助企业员工加强营销道德建设，树立正确的道德观、服务观，加强营销道德信念。

【案例 1-11】

AES 公司的社会责任感

AES 公司是美国一家独立的电力供应公司，其发电厂遍布世界各地，在北爱尔兰、阿根廷、中国、印度等许多国家生产出售电力。AES 公司在发电过程中，释放出大量的二氧化碳。作为对各发电厂释放出大量二氧化碳的补偿措施，AES 公司决定在世界各地植树造林。

AES 公司总裁巴吉说，我们现在在世界各地有好几个植树造林的项目，每一个项目都由我们一个工厂负责。例如，康涅狄格州的一个发电厂要在十年内为危地马拉种 520 万棵树，夏威夷的一个发电厂负责巴拉圭的 123 英亩森林的保护工作。

AES 公司认为，应当承担起公司的社会责任，而植树只是公司为此采取的许多行动之一。巴吉说："我们刚把建立的学校交给当地政府时，有一个记者问我，你们为什么要这样做？里面有什么名堂？我说，什么名堂也没有，我们之所以这样做，是因为这是一件好事。我们想对社会负责！"

那么，坚持这种观念是否有利于公司的赢利呢？巴吉说："我们公司经常就这个问题进行讨论。我们认为这样做肯定有好处，至少从长远来说是这样。有人说，这样做实际上是把钱用到别的地方，使公司的竞争力受到影响，还是有损失的。我们并不是说这其中有什么好人有好报的因果关系。我们只是想证明，一个公司可以在做对社会有益的事情的同时，可以保持公司的健康营利经营。"

（高振生．市场营销学．北京：中国劳动社会保障出版社，2000，6：17.）

☞课后训练☜

一、理论知识掌握

1. 什么是需要、欲望和需求？

2. 什么是营销供给？

3. 什么是顾客满意与顾客让渡价值？

4. 什么是交换与交易？

5. 什么是市场？怎样理解？

6. 如何理解市场营销的含义？市场营销有哪些功能？

7. 市场营销学的研究对象是什么？市场营销与市场营销学的区别与联系有哪些？

8. 学习市场营销学有什么意义？

9. 传统营销观念与现代营销观念各有哪些代表观念？传统营销观念与现代营销观念的联系与区别是什么？

10. 营销行为可能对各个层面的消费者、消费团体乃至社会有何影响？

11. 什么是市场营销道德的评价标准？

12. 市场营销道德问题分析中有哪几种观点？

13. 企业如何进行市场营销道德建设？

二、能力素质训练

1. 请列举你在生活中遇到的不当营销行为，并分析对你个人乃至社会的影响。

2. 请列举你在生活中遇到的你认为非常成功营销行为，并分析对你个人乃至社会的影响。

3. 案例分析

［案例］以顾客为中心的日本大荣百货公司

大荣公司是日本最大的百货公司，其创始人中内是个上过大学的退役军人。在1957年9月，中内在日本千林车站前开设了一个面积为53平方米的小商店，职工13人，全部资金仅有8400美元，开始只经营药品，后来扩展到经营糖果、饼干等食品和百货。大荣公司的经营决策是：一切以顾客为中心，由此走上了成功的道路。

大荣公司认为，凡是消费者所需要的商品，只要做到物美价廉、供货及时，总是可以卖出去的。其中，重要的一点是满足消费者对价格的要求。为了满足顾客对价格的要求，他们打破通常意义上的进货价格加上利润和其他管理费作为零售价格的通常观念，在深入调查消费者需要哪些商品的基础上，着重了解消费者认为合适并可以接受的价格，以此为采购和进货的基础。因此，商店确定了“1、7、3”原则，即商店经营毛利润率为10%，经费率仅为7%，纯利润率为3%。从这个原则可以看出，商店的经营盈利率是相当低的。但是由于赢得了广大消费者的欢迎，商品出售很快，销售量很大，资金周转也很快，所以商店的利润还是相当可观的。

与此同时，依据一切以顾客为中心的决策，大荣公司在经营过程中，把所经营的商品整理归类，按合理的计划和适宜的方法进行批发和零售。以衬衫为例，其他商店基本上是统一样式分为大、中、小三种规格，不同规格有不同价格，而大荣公司则不同，他们和生产厂方协调一致，确定一个消费者满意、产销双方又有利可图的采购价格，深受消费者的欢迎，销售量扩大，销售额剧增。

另外，大荣集团在耗资 760 亿日元兴建福冈“巨蛋”体育馆时，全面推行符合 CS（顾客满意）精神的“人性化”经营战略，使大荣公司在消费者心目中树立起美好的形象，生意声誉日隆。1995 年，日本大荣公司营业额高达 250 亿美元，占亚洲第一，在国内拥有 1200 家大型超市，6700 多家便利店、220 多家大型百货商店和 7 个大型配送中心。

分析：

（1）你认为大荣公司的经营指导思想是什么？试分析这种经营指导思想形成的原因，并指出这种经营指导思想的优劣。

（2）在本案例中，大荣公司通过哪些方面来体现一切以顾客为中心？

（3）从大荣公司的成功中，你得到的启示是什么？

第二章　市场营销环境

【案例 2-1】

2003 年我国流行的“非典”疾病对市场的影响

2003 年，我国流行“非典”疾病期间，与治疗和预防“非典”疾病有关的药物、器具、食物等的价格纷纷上扬，并且，市场上出现了卖断档的现象。例如，每瓶一元多的白醋卖到十元一瓶，甚至市场上无白醋可卖；每个批发两毛多、零售五毛钱的口罩卖到五元等。而与“非典”疾病成负相关关系的旅游、交通运输、酒店宾馆等行业的企业凄惨异常，特别是各大酒店宾馆，冷冷清清，门可罗雀。

（作者自编）

【案例 2-2】

2004 年我国流行的“禽流感”疾病对市场的影响

2004 年，我国流行“禽流感”疾病期间，禽类养殖业、饲料工业等与“禽流感”疾病成负相关关系的企业业绩纷纷预测下滑，对应的证券市场的股票价格出现跳水式的下跌。而与“禽流感”疾病成正相关关系的企业，其对应的证券市场的股票价格出现直立式的上升。

（作者自编）

【案例 2-3】

2003 年武汉空调市场脱销

2003 年的夏天，武汉市和往年一样炎热异常，各大空调厂家虽然吸取去年武汉空调市场脱销的教训，准备了充足的货源，但炎炎烈日又一次烧沸了武汉空调市场，武汉空调市场和 2002 年一样再一次脱销。

（作者自编）

上述三个案例告诉我们任何企业的营销活动都是在一定的环境下进行的，它的营销行为既要受到自身条件的限制，又要受到外部条件的限制和制约。在本章，我们将深入探讨市场营销环境的内容，同学们将发现营销环境是多么的复杂多变：环境中的其他参与者与公司可能是合作或者对立；环境中的主要力量形成营销机会、产生威胁，并影响着公司服务顾客和发展长期顾客关系的能力。

第一节　市场营销环境概述

一、市场营销环境的含义

环境，通俗地理解就是指周围的情况和条件，将其科学抽象化，就是指影响某一事物生存和发展的力量总和。市场营销环境是指与企业市场营销活动有关的影响产品供求的各种外界力量和相关因素的集合，即与企业市场营销活动相关联的一切自然的、社会的任何人与事物。这些因素与力量影响和冲击着企业的营销活动，企业可以对它们进行整合和利用，制定科学的营销战略和具体行动计划。

每个企业都和市场营销环境的某个部分相互影响、相互作用，这部分环境称为相关环境。企业的相关环境总是处于不断变化中。在一定时期内，经营最为成功的企业，一般是能够适应其相关环境的企业。企业得以生存的关键在于在环境变化需要新的经营行为时所拥有的自我调节能力，适应性强的企业总是随时关注环境的发展变化，通过事先制订的计划来控制变化，以保证现行战略对环境变化的适应。

二、市场营销环境的特征

1. 客观性

企业总是在特定的社会、市场环境中生存、发展的。这种环境并不以营销者的意志为转移，即企业市场营销环境是不以营销者的意志为转移的，它有着自己的运行规律和发展趋势。企业的市场营销活动只能去适应和利用市场营销环境，但不能改变和违背市场营销环境。

【案例 2-4】

一个生命的消失

2004 年，日本也发生了“禽流感”疾病流行现象。事情的原委是，日本有一家大型养殖场，共养殖了上百万只各种鸡鸭鹅等家禽。一天，这个养殖场发现了少量死鸡现象，并出现大量的精神萎靡的病鸡，总数量达到两三万只，管理人员发现这个现象后及时向老板汇报，技术人员通过检查后，告诉老板，可能是一种高传染的流行病，对这些病鸡要进行隔离处理。可是，老板没有采纳技术人员的意见，指示员工以最快的速度屠宰这些死鸡、病鸡，把这些鸡变成白条鸡，并于第二天投放市场。由于这些带病原的白条鸡分销到日本全国各地，于是，在日本国内，一夜之间迅速地爆发和流行“禽流感”疾病。

日本检疫防疫部门，发现病情后，迅速行动，集全国之力，花大价钱扑灭“禽流感”疾病，控制住“禽流感”疾病在国内流行。这之后，检疫防疫部门调查研究这次“禽流感”疾病为什么会在日本国内流行，这家养殖场老板知道这个消息后，害怕东窗事发，在一棵樱花树上吊自杀。

（作者自编）

这个案例告诉我们，企业经营活动的环境是不以人的意志为转移的客观实在，企业经营者的良好愿望和想法也只能是愿望和想法而已，如果不按照客观环境去办事，那么结果是事与愿违，给企业、乃至国家和全社会带来巨大的损失。

2. 差异性

不同的国家或地域，人口、经济、政治、文化存在很大差异性，企业营销活动必然面对这种环境的差异性，制定不同的营销策略。例如，某些国家广告法明文规定在本国不可以制作和播放比较广告，百事可乐所制作过比较广告在这些国家被禁播。而且同样一种环境因素，对不同企业的影响也是不同的，如海湾危机，造成国际石油市场的极大波动，对石化行业的企业影响十分大，而对那些与石油关系不大的企业影响则小。

3. 关联性与相对独立性

关联性是指企业市场营销环境各个因素之间不是孤立的，而是相互联系的、相互渗透的、相互作用的。市场营销环境是一个系统，系统中的各个影响因素是相互依存、相互作用和相互制约的。这是由于社会经济现象的出现往往不是由某一单一的因素所能决定的，而是受到一系列相关因素影响的结果。例如，企业开发新产品时，不仅要受到经济因素的影响和制约，而且更要受到社会文化因素的影响和制约。再如，受金融危机的影响，2008 年离婚率下降，无独有偶，在 10 年前上一轮经济低谷时的 1998 年，国内离婚率同样出现了此前多年来的首次下降。

相对独立性是指企业的市场营销环境各个因素，在一定的特定时期，它们彼此相对分离，对企业市场营销活动的影响大小不一。

4. 变化性与相对稳定性

变化性是指企业市场营销环境各个因素都会因其他因素的改变而发生变化或因内部子因素的改变而变化。因此，市场营销环境总是处于不断变化的动态过程中。市场营销环境是一个多变的动态环境，企业的营销活动必须适应环境的变化，不断地调整和修正自己的营销策略，否则，将会使其丧失市场机会。例如，外界环境利益主体的行为变化和人均收入的提高均会引起购买行为的变化，影响企业营销活动的内容；外部环境各种因素结合方式的不同也会影响和制约企业营销活动的内容和形式。中国近几十年来所处的间接营销环境发生了很大的变化，国家产业结构由过去的重工业明显向农业、轻工业倾斜，这对企业的营销活动带来了决定性的影响。当然，市场营销环境的变化是快慢大小之分，如科技、经济等因素的变化相对快而大，因而对企业营销活动的影响相对短且跳跃性大；而招聘人口、社会文化、自然因素等相对变化较慢较小，对企业营销活动的影响相对长而稳定。

相对稳定性是指对企业市场营销活动影响强烈的环境因素，在一定的时期内，相对静止不变。这为企业制定一定时期内的市场营销战略提供可能。

5. 不可控性与企业的能动性

不可控性是指企业市场营销环境的整体以及其各个因素都是客观存在着的，不以人的意志而转移。例如，一个国家的政治法律制度、人口增长以及一些社会文化习俗等，企业不可能随意改变。

企业的能动性是指在适应和利用市场营销环境的同时，企业可以通过自己的努力，冲破市场营销环境的制约或改变某些环境因素。

虽然营销环境的变化是不以企业的意志为转移的，但企业可以利用环境。企业可以通过对内部环境要素的调整与控制，来对外部环境施加一定的影响，甚至可以通过众多的联合力量去冲破环境的制约，最终促使某些环境要素向预期的方向转化。

【案例 2-5】

近些年来，我国北方绝大部分地区都受到了沙尘暴的影响，一时间天昏地暗，尘土飞扬。2008 年 9 月 8 日，沙尘暴突袭了敦煌、瓜州和玉门，风沙最大时，局部地区能见度不足 400 米，气温突降 10℃左右。

沙尘暴这一环境的特征如下：沙尘暴是客观的自然现象；它给不同行业带来了不同的影响。给旅游、农作物、交通运输、室外活动等相关的行业带来了极大的危害；给墨镜、口罩、吸尘器、车辆刷洗、家政服务等的生产经营者带来了机会；沙尘暴这种自然现象可能会越来越严重，也可能会越来越轻；沙尘暴会使人们的环保意识加强，国家也制定了相应的法律法规；我国已启动了一系列重大环保工程来恢复沙尘暴发源地及路经区域的植被和生态环境，力图从源头控制沙尘暴的爆发。企业可积极开展有关环保的公益活动。

（作者自编）

三、市场营销环境的分类

虽然市场营销环境的内容随着时间和空间的改变有所增减和侧重，但是，在一定时间内，市场营销环境的内容是相对稳定的。因此，在一定时间内，各家各派市场营销环境的内容是相同的，但“类型”上，因各自的研究重点、方向、需要以及采用的发生方法不同而不同。

常见的类型有：

1. 按环境性质分为自然环境和社会文化环境

（1）自然环境：是指企业所处的自然的各种生态状况。

（2）社会文化环境：是指企业所处的社会的各种生态状况。

2. 按环境范围分为内部环境和外部环境

（1）内部环境：是指企业内部各个部门的生态状况。

（2）外部环境：是指企业外部所处的自然和社会的各种生态状况。

3. 按对企业营销活动影响时间的长短分为：长期环境与短期环境

我们要区分在环境变化中的流行、趋势与大趋势。

（1）流行：不可预见的、短期的、没有社会、经济和政治意义的。

（2）趋势：更能预见的且持续时间较长，趋势能揭示未来。

（3）大趋势：是社会、经济、政治和技术的大变化。其不会在短期内形成，但一旦形成则会对我们的生活产生较长时间的影响。

4. 按对企业营销活动影响因素的范围分为：微观环境和宏观环境（本书以第二种类型为例来介绍市场营销环境的内容）

（1）微观环境：也叫直接营销环境（作业环境），指与企业紧密相连，直接影响企业营销能力的各种参与者，包括：企业本身、市场营销渠道企业、顾客、竞争者及社会公众。

（2）宏观环境：也叫间接营销环境，指影响企业营销活动的一系列巨大的社会力量和因素，主要是人口、经济、政治法律、科学技术、社会文化及自然生态等因素(见图 2-1)。

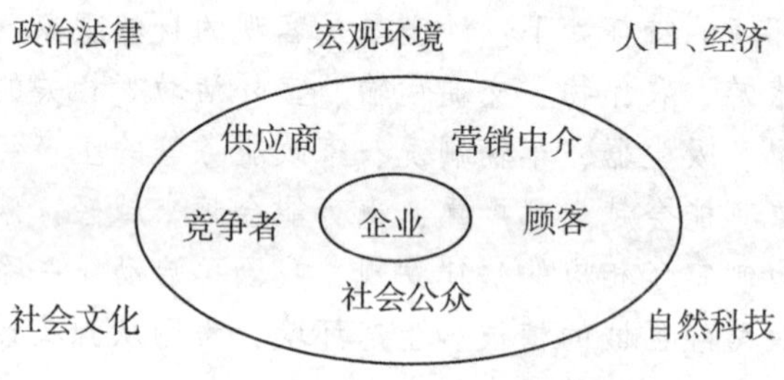

图 2-1　企业经营环境结构图

四、市场营销环境对企业营销的影响

1. 市场营销环境对企业营销带来双重影响作用

（1）环境给企业营销带来的威胁。营销环境中会出现许多不利于企业营销活动的因素，由此形成挑战。如果企业不采取相应的规避风险的措施，这些因素会导致企业营销的困难，即带来威胁。为保证企业营销活动的正常运行，企业应注重对环境进行分析，及时预见环境威胁，将环境威胁减少到最低程度。

（2）环境给企业营销带来的机会。营销环境也会滋生出对企业具有吸引力的领域，给企业带来营销的机会。对企业来讲，环境机会是开拓经营新局面的重要基础。为此，企业加强应对环境的分析，当环境机会出现的时候善于捕捉和把握，以求得企业的发展。

2. 市场营销环境是企业营销活动的资源基础

市场营销环境是企业营销活动的资源基础。企业营销活动所需的各种资源，如资金、信息、人才等都是由环境来提供的。企业生产经营的产品或服务需要哪些资源、多少资源、从哪里获取资源，必须分析研究营销环境因素，以获取最优的营销资源满足企业经营的需要，实现营销目标。

3. 市场营销环境是企业制定营销策略的依据

企业营销活动受制于客观环境因素，必须与所处的营销环境相适应。但企业在环境面前绝不是无能为力、束手无策的，能够发挥主观能动性，制定有效的营销策略去影响环境，在市场竞争中处于主动，占领更大的市场。

【案例 2-6】

海尔沙尘暴里寻商机

自 1999 年起，我国进入新一轮沙尘天气的频发期，2009 年，我国北方地区沙尘暴形势比较严峻，而且是频繁发生，这也是继 20 世纪五六十年代以来我国所遭受的最严重的沙尘暴侵袭。尽管我国已启动一系列重大环保工程来恢复沙尘暴源区和路径地区的植被和生态环境，力图从源头控制沙尘暴的爆发，但这也并不能在短期内解决我国北方地区的沙尘暴问题。沙尘暴给人们带来的危害是巨大的，人们“谈沙色变”。它使沙尘漫天，空气中弥漫着一股土腥味，外出不便，车辆、楼窗、街道乃至整个城市都蒙上了层层灰尘。但由此也引发了一股“沙尘暴经济潮”，精明的商家看出了其中蕴含的无限商机，采取了相应的策略，从而带动了车辆洗刷、家政服务、环卫清扫、吸尘器、空调、墨镜、口罩等行业的兴旺。如海尔集团便在沙尘暴再现之际迅速开发推出了“防沙尘暴Ⅰ代”商用空调，受到我国北方地区人们的欢迎，其销售业绩在短期内便得到了大幅度提高。

应该说有了市场需求才有相应的产品产生，既然在短期内我国北方地区无法从根本上解决沙尘暴的问题，只有采取种种防御措施，尽可能将沙尘暴给日常生活所带来的负面影响降低到最小程度。海尔“防沙尘暴Ⅰ代”商用空调的应运而生，给处于沙尘之中的人们带来了重新享受清新生活的希望。这种采用多层 HAF 过滤网技术、独特的除尘功能、离子集尘技术的海尔“防沙尘暴Ⅰ代”商用空调，可以清除房间内因沙尘暴带来的灰尘、土腥味及各种细菌微粒，经过滤后的空气犹如森林中的一般清新，从而在人们日常生活中为抵御沙尘暴的侵袭筑起了一道道绿色的防护城。

海尔“防沙尘暴Ⅰ代”商用空调的推出，在诸多“沙尘暴经济”中是一个较为成功和经典的案例。这种新产品一推出便热销市场，海尔这一次又把握住了“天时地利人和”的优势，给国内企业上了极为生动的一课。把握住了“天时”，在沙尘暴于 3 月 19 日刚一开始之际，海尔便迅速推出了“防沙尘暴Ⅰ代”商用空调，时机把握恰到好处。此种空调的推出也充分反映出了海尔的“速度”优势，即“市场应变的速度”、“新产品开发的速度”、“生产订单转化的速度”，海尔商用空调科研开发人员连夜开发出了“防沙尘暴Ⅰ代”商用空调。利用了“地利”之便，海尔并不是将这种产品盲目地推向市场，而是进行了精心的市场定位、市场细分，借用在当地营销渠道的优势，将这些产品推向受沙尘暴影响较大的华北、东北、西北及华东部分地区，在第二次沙尘暴到来之际，很多的用户已用起了这种空调，除尘换新风效果异常的好。赢得了“人和”，由于人们饱受了沙尘暴带来的空气污浊、灰尘到处飞舞的苦处，于是，具有独特防沙除尘多层过滤网、健康负离子技术的海尔“防沙尘暴Ⅰ代”商用空调便赢得了民心，受到了宠爱。

营销实践证明：不断变化的市场环境，既给企业的市场营销提供机会也可能带来威胁。同一环境的变化，对某些企业是机会，对另一些企业则可能是威胁。即使在经济不景气时期，企业也常常可以捕获到一些新的市场机会，其中还有相当一部分企业通过出色的营销活动，创造了不寻常的业绩。营销管理者的任务就在于，了解把握营销环境的变化趋势，适应环境的变化，提高应变市场的能力，趋利避害地开展市场营销活动，使企业更好地生存和发展。

（中国营销传播网 http：//www. emkt. com. cn）

第二节　市场营销的宏观环境

微观环境中的所有要素都要受宏观环境中各种力量的影响。宏观环境主要以微观营销环境为媒介间接影响和制约企业的市场营销活动。宏观环境是指那些给企业产生市场机会和威胁的主要社会力量，包括人口环境、经济环境、政治法律环境、社会文化环境、技术和自然物质环境。

一、人口环境

人口环境指企业市场营销过程中所面对的人口变化状况，包括人口变动的结构、数量、质量等。市场是由有购买欲望同时又有支付能力的人构成的，人口是构成市场的第一位因素。人口的多少直接决定着市场的潜在容量，人口的年龄结构、地理分布、婚姻状况、出生率、死亡率、人口密度、人口流动性及其文化教育等人口特性会对市场格局产生深刻影响，并直接影响着企业的市场营销活动。

1. 人口总量

人口总量是决定市场规模、潜在容量的重要因素。人口越多，对食物、衣着、日用品等基本生活资料的需要量也越多，市场也就越大。随着世界科学技术进步、生产力发展和人民生活条件改善，世界人口平均寿命大大延长，死亡率大大下降；发展中国家的人口出生率上升，人口迅速增加。预计世界人口将以每年8000万~9000万的速度增长，其中80%的人口属于发展中国家。众多的人口及人口的进一步增长，给企业带来了市场机会。而另一方面，众多的人口，会造成基本生活资料、基本原材料、运输、能源等的供应紧张，给企业的市场营销活动带来压力与危害。

2007 年，国民经济与社会发展统计公报数字显示，截至 2007 年底，我国人口已达 13.2129 亿，新增人口 1594 万，相当于一个中等国家的人口数。庞大的人口数量及增长速度使我国成为世界上最大的潜在市场，吸引着众多国外企业。沃尔玛、家乐福选择市场时首先考虑的都是人口数量。

2. 人口结构

人口结构主要包括人口的年龄结构、家庭结构以及民族结构。

（1）年龄结构。

人口可以细分为六个年龄组：学龄前，学龄前儿童，少年，青年人（25~40 岁），中年人（40~65 岁），老年人（65 岁及以上）。许多国家尤其是发达国家的人口死亡率普遍下降，平均寿命延长，出现了人口老龄化的趋势。据我国 2007 年国民经济和社会发展统计公报，目前中国是世界上老龄人口最多的国家，60 岁以上老年人口已超过 1.3 亿，占总人口的 10%以上，65 岁以上老年人口已超过 1.0636 亿，占总人口的 8.1%，也就是说，中国已进入了老龄化国家行列，对药品、保健品、老年公寓、家庭护理娱乐、老年大学等老年人用品与服务的需求增加了。

美国等发达国家人口出生率下降，出生婴儿数和学龄前儿童减少，给儿童食品、童装、玩具等生产经营者带来威胁，但同时也使年轻夫妇有更多的闲暇时间用于旅游、娱乐和在外用餐，旅游和餐饮、娱乐的消费增加给这些服务行业带来机会。

（2）家庭结构。

家庭是社会的细胞，也是商品采购的基本单位。家庭单位的数量和家庭平均人口的多少都会引起市场需求量及购买习惯的变化。如家庭数目多，对家电、家具等生活必需品的需求量就大；否则，需求量就小。在我国家，家庭结构在不断地缩小，丁克、单亲、独身家庭的比重不断增加，使得家庭的数量不断地增多，因此对住房、家庭用品的需求也在不断地增加。

家庭生命周期状况对企业的市场营销也有重大影响。家庭生命周期一般由七个阶段构成：

①未婚期：单身一人，空闲时间多，可以进行广泛的社交活动。无经济负担，对于书籍、娱乐用品和名牌服装等需求较大。

②新婚期：夫妇二人，无子女，在家具、电器等耐用消费品、度假和时装等方面花费较大。

③“满巢”Ⅰ期：年轻夫妇和 6 岁以下孩子。婴幼儿的食品、玩具、婴幼儿常用药品、幼儿书籍、服装、保育费、教育支出等较大。

④“满巢”Ⅱ期：年轻夫妇和 6 岁以上儿童，需要大量的文教用品、书籍、日常用品、教育支出等等。

⑤“满巢”Ⅲ期：年龄较大的夫妇和已经自立的子女。经济上比较宽裕。

⑥“空巢”期：子女已婚独居，家中只剩夫妇二人，主要需要医药用品和保健品、娱乐和社会服务等。2007 年，我国“空巢老人”约占老年人口总数的 25%。

⑦孤独期：丧偶独居，需求与空巢期基本形同。

（3）民族结构。

美国人口基本上是由过去两个世纪以来的移民构成的，因而是个多民族的国家。我国也是由多民族人口构成。民族不同，其生活习性、文化传统也不相同。因此，企业营销者要注意民族市场的营销，重视开发适合各民族特性、受其欢迎的商品。

3. 人口性别

一般来说，在一个国家或地区，男性和女性的人口总数相差并不大。不同性别的人，在购买动机和购买行为等方面也有所不同。女性操持家务较多，大多数家庭生活用品和儿童用品多由女性采购，而耐用品、高科技产品往往由男性购买。

4. 地理分布

人口的地理分布因素是进一步分析市场潜力的重要依据，是人们形成不同区域消费偏好的重要原因。

居住在不同地区的人有着不同的需求。由于地理位置、气候条件、传统文化、生活习惯和经济发展水平不同，人们会表现出消费习惯和购买行为的差异。我国第五次全国人口普查数据显示，居住在乡村的人口占 63. 91%，居住在城镇的人口占 36. 01%。在农村，由于农民普遍存在求廉心理，产品辨别能力较低，加上地方监管能力的局限，假冒伪劣产品更多地在农村市场泛滥。大中城市居民健康意识、防伪意识较强，三无产品在城市生存空间很小。

人口迁移。从世界经济发展看，人口迁移的规律是由农村到城市，再由城市到郊区。当前，我国有一个突出的现象就是农村人口向城市或工矿地区流动，内地人口向沿海经济开放地区流动，使这些地区的消费需求不仅在量上增加了，而且在消费结构上也发生了一定的变化。企业应该提供更多的适销对路产品满足这些流动人口的需求，这是潜力很大的市场。如在深圳、上海和北京，外来人口众多，给当地的旅馆、饭店和个人房屋出租等带来了收益。

5. 教育和职业

世界人口的受教育水平越来越高。受教育人口数量的上升会带来对高质量产品、书本、杂志、旅游、个人电脑和网络服务的需求的增长。劳动力中白领工人的比例也在上升。

二、经济环境

经济环境是指影响企业市场营销方式与规模的经济因素，主要包括收入与支出水平、储蓄与信贷及经济发展水平等因素。

1. 消费者收入水平

消费者的收入水平决定着消费者的购买力水平。消费者个人收入是指消费者所得的各种货币收入的总和。包括工资、奖金、退休金、助学金、馈赠、红利、出租收入等。消费者个人收入分为个人可支配收入和个人可任意支配收入两部分。

个人可支配收入是指扣除税款和非税性负担后用于消费支出或储蓄的那部分个人收入。它构成实际的购买力，是影响消费者购买力和消费者支出的决定性因素。个人可随意支配收入是指在个人可支配收入中减去用于维持个人与家庭生存的固定费用（如房租、水电、食物、燃料、衣着、分期付款、抵押贷款等各项开支）后剩余的部分。这部分收入主要用于满足人们购买高档耐用消费品、旅游、储蓄等，它是影响非生活必需品和劳务销售的主要因素。

国民生产总值、人均国民收入及家庭收入的变化同样影响着企业营销。从国民生产总值的增长幅度，可以了解一个国家经济发展的状况和速度。国民生产总值增长越快，对工业品的需求和购买力就越大；反之，就越小。人均国民收入大体反映了一个国家人民生活水平的高低，也在一定程度上决定了商品需求的构成。家庭收入的高低会影响很多产品的市场需求。一般来讲，家庭收入高，对消费品需求大，购买力也大；反之，需求小，购买力也小。

2. 消费者支出模式

消费者支出模式是指各种消费支出比例关系。它主要取决于消费者收入水平，没有收入就没有支出，人们的需要和欲望就不能转化为有货币支付能力的需求。

德国统计学家恩格尔提出了著名的恩格尔定律，反映了消费者收入与支出模式之间的关系的一般规律，即：(1) 家庭收入增加，用于购买食物的支出占家庭收入的比重即恩格尔系数下降；(2) 家庭收入增加，用于住宅建筑和家务经营的支出占家庭收入的比重大体不变（燃料、照明、冷藏等支出占家庭收入的比重会下降）；(3) 家庭收入增加，用于其他方面的支出（服装、交通、娱乐、卫生保健、教育）的支出和储蓄占家庭收入的比重就会上升。

此外消费者支出模式还受以下因素影响：(1) 家庭生命周期所处的阶段；(2) 家庭所在地与消费品生产、供应状况；(3) 城市化水平；(4) 商品化水平；(5) 劳务社会化水平；(6) 食物价格指数与消费品价格指数变动是否一致等。中国近几年推进住房、医疗、教育等改革，个人在这些方面的支出增加，无疑影响恩格尔系数的变化。

3. 消费者的储蓄与信贷

(1) 储蓄是指消费者将可任意支配收入的一部分储存待用。包括银行存款、公债与股票等有价证券的购买。当收入一定时，储蓄的增加，会使消费者的现实需求减少，而使潜在需求增加；反之，储蓄的减少，会使消费者的现实需求增加，而使潜在需求减少。

居民储蓄会受到利率、物价等因素变化的影响。企业应关注居民储蓄的增减变化，了解居民储蓄的不同动机，制定相应的营销策略，获取更多的商机。

(2) 消费者信贷是消费者凭信用取得商品使用权，然后按期归还货款。如短期赊销、分期付款和信用卡信贷。

消费者信贷是一种经济杠杆，可用来调节供与求的矛盾。供大于求时，可以发放信贷，刺激需求；供小于求时，可收缩信贷，适当地抑制需求。信贷允许人们购买超过自己现实购买力的商品，创造了更多的消费需求。信贷在西方国家普遍存在，美国的消费者信贷在全世界最高，而且越是富人越容易得到贷款，欠债也就越多。

4. 经济发展水平

一个国家或地区的经济发展水平制约着企业的营销活动。在不同的经济发展阶段，消费者的需求不同，企业的营销策略也不相同。美国学者罗斯托在《经济发展阶段论》一书中把世界各国的经济发展归纳为五种类型：（1）传统经济社会；（2）经济起飞前的准备阶段；（3）经济起飞阶段；（4）迈向经济成熟阶段；（5）大量消费阶段。凡属前三个阶段的国家称为发展中国家，而处于后两个阶段的国家称为发达国家。经济发展阶段的高低，直接影响企业市场营销活动。就消费品市场而言，处于经济发展水平较高阶段的国家和地区，在市场营销方面，强调产品款式、性能及特色，侧重大量广告及促销活动，其品质竞争多于价格竞争；而处于经济发展水平较低阶段的国家和地区，则侧重于产品的功能及实用性，其价格因素重于产品品质。就生产资料市场而言，处于经济发展水平较高阶段的国家和地区，着重资本密集型产业的发展，需要高新技术、性能良好、机械化和自动化程度高的生产设备；而处于经济发展水平较低阶段的国家和地区，以发展劳动密集型产业为主，侧重于多用劳动力而节省资金的生产设备，以符合劳动力低廉和资金缺乏的现状。

三、自然环境

自然环境，主要是指自然物质环境，即自然界提供给人类各种形式的物质财富，如矿产资源、森林资源、土地资源、水力资源等。自然环境也处于发展变化之中。当代自然环境呈现了以下发展动向：

1. 自然资源日益短缺

自然资源短缺，使很多企业将面临原材料价格大涨，生产成本大幅度上升的威胁，但另一方面又为企业提供了营销机会，迫使企业去研究更合理地利用资源的方法，开发新的资源或代用品。如木材短缺对家具生产商、建筑业造成威胁，但为新型建筑材料地开发带来了机会。面对煤、石油短缺，各国加强了可再生资源的开发，使太阳能、风能、水能、生物能、核能等行业有了突飞猛进的发展，从目前情况看太阳能前景看好。2008 年 3 月 5 日，时任美国总统布什在国际可再生能源大会上说，可以想象一下，有一天每家每户的屋顶变成了太阳能发电站，发的电不仅能自给，而且可以把多余的电输送到电网上，这绝非异想天开，日本有的小城镇已经这样做了。

2. 环境污染日益严重

随着人类社会进步和科学技术发展，世界各国都加速了工业化进程，一方面，创造了丰富的物质财富，满足了人们日益增长的需求；另一方面，对自然环境造成了很大的影响，许多地区的污染已经严重影响到人们的身体健康和自然生态平衡。如森林遭大面积砍伐，工业废气、废液、废渣大范围污染大地、海洋和空气，水土流失，土地沙漠化，酸雨等。

3. 政府对自然资源的管理和干预不断加强

资源短缺和环境污染问题已引起各国政府和公众的密切关注，为实现社会长远利益和可持续发展，许多国家的政府对自然资源管理加强干预，这往往与企业的经营战略和经营效益相矛盾，使传统企业面临强大的约束和威胁。但为了兼顾社会利益和企业利益，必须统筹解决这种矛盾，不能仅仅用简单关闭污染生产工厂的方法来减少环境污染。

所有这些，都会直接或间接地给企业带来威胁或机会。因此，企业必须积极从事研究开发，尽量寻求新的资源或代用品。同时，企业在经营中要有高度的环保责任感，善于抓住环保中出现的机会，推出“绿色产品”、“绿色营销”，以适应世界环保潮流。譬如，控制污染的技术及产品，如清洗器、回流装置等创造一个极大的市场，并探索一些不破坏环境的方法去制造和包装产品。

【案例 2-7】

2008 年 6 月 1 日，中国全国范围内禁止生产、销售和使用超薄塑料袋。“限塑令”的实施，使 2/3 的塑料袋生产企业将被淘汰或转产，而原来不温不火的环保袋生产企业却大获商机。业内人士预测，“限塑令”之后全国环保购物袋年需求量可达到几百亿个，作为环保购物袋生产主要原料的无纺布在未来 5 年将进入高速发展阶段。无纺布又被称为非织造布，是一种不需要纺纱织布而形成的织物，已经被广泛运用于手术服、口罩、桌布等产品的制造上，无纺布不仅生产快速、成本低，而且能够自然分解，燃烧时无毒、无味，且无任何遗留物质，不污染环境，所以也是目前最流行的环保袋生产原料。

与此同时，在这样一个新的市场需求拉动下，必然会有更多的企业投建新的无纺布生产线，这将使行业内的竞争更加激烈。统计数据显示，2008 年一季度，无纺布行业计划投资总额为 68. 69 亿元，同比增加 174. 78%；1—3 月份实际完成投资额 8. 60 亿元，同比增加 80. 56%，占计划投资额的 12. 51%；到目前为止，施工项目总数为 78 个，同比增加 52. 94%；其中新开工项目数 40 个，同比增加 37. 93%；截至 3 月底，已实现竣工项目数 6 个，同比增加 20. 00%，占施工项目总数的 7. 69%，表明该行业投资项目进展顺利。

（中国营销传播网 http：//www. emkt. com. cn）

四、技术环境

科学技术是指人类在长期实践活动中积累起来的经验、知识和技能的总和，它是社会生产力中最活跃的因素，是推动人类历史进步和经济发展的内在动因之一。科学技术直接影响着企业的产品开发、设计、销售和管理。技术环境不仅直接影响企业内部的生产和经营，而且还与经济环境和文化环境产生交互作用。

科技的发展，给企业创造了市场机会，使企业可以通过寻找或利用新的技术，不断地满足新的需求。同时，也可能对企业形成威胁，使企业现有产品变得陈旧，使企业人员原有的价值观发生变化。

图 2-2 展示了影响营销的技术环境的趋势。新技术创造新的市场和机会，并代替了老的技术。跟不上发展步伐的公司很快发现产品过时了，也失去了新产品和市场机会。因此，营销者应紧密关注市场的变化。

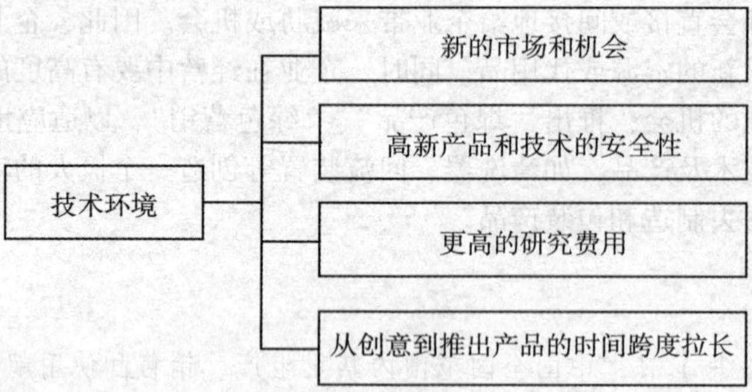

图 2-2　技术环境

随着产品和技术变得越来越复杂，公众需要知道产品或技术的安全性能，政府部门需要调查和禁止潜在的危险产品。为此，企业需要性能与安全的研发，政府需要为测试新产品设立复杂的规章，为消费产品设置安全标准并处罚不达标的公司，这些都大大提高了企业的研发成本费用。与此同时，新产品的创意要更具有前瞻性，从产品创意的产生到新产品上市的时间也变得更长。

五、政治法律环境

政治和法律环境是指在特定社会中强制和影响社会上各种组织和个人的法律、政府机构、群众利益团体等因素。政治环境引导着企业营销活动的方向，法律环境则为企业规定经营活动的行为准则。政治与法律相互联系，共同对企业的市场营销活动产生影响和发挥作用。

1. 政治环境

政治环境包括政治形势和制定的方针政策。政治形势包括政治稳定性、社会治安、政府更迭、政策衔接、政府机构作风、政治透明度等。国家政局稳定，经济就能顺利地发展，人民就能安居乐业，企业就有了良好的营销环境。

国家政府所制定的方针政策，如人口政策、能源政策、物价政策、财政政策、货币政策等，都会对企业营销活动带来直接或间接的影响。如国家通过降低存款利率来刺激消费的增长；通过征收个人收入所得税调节消费者收入的差异；通过对香烟、酒等商品的增税来抑制人们的消费需求。

【案例 2-8】

美国巨富哈默一生中最活跃的 25 年是 1931 年从俄国回来后开始的。当哈默回国时，正是富兰克林·罗斯福逐渐走近白宫总统宝座的时候。罗斯福提出的解决经济危机的“新政”，获得了一些人的赞许。但此时，“新政”还没得势，一些人对“新政”能否成功持怀疑态度。哈默研究了当时美国国内的政治形势，认为罗斯福肯定会掌握美国政权，“新政”一定会成功。正是从这点出发，具有商人头脑的哈默找到了一条可以发财的新路。他认为：一旦罗斯福新政得势，1920年公布的禁酒令就会被废除，为了满足全国对啤酒和威士忌酒的需求，那时将需要空前数量的酒桶，特别是需要用经过处理的白橡木制成的酒桶，而当时市场上却没有酒桶。

哈默在苏联住了多年，他清楚地知道苏联人有制作酒桶用的桶板可供出口，于是，他订购了几船桶板，并在纽约码头俄国货轮靠岸的泊位上设立了一个临时性的桶板加工厂。由于供不应求，他又在新泽西州的米尔敦建造了一个现代化的酒桶工厂，名字就叫哈默造桶厂。当哈默的酒桶从生产线上滚滚而出的时候，恰好赶上废除禁酒令，人们对啤酒、威士忌等酒的需求量大大增加，各酒厂生意量急剧增加，这就需要大量酒桶。于是，哈默的酒桶被那些最大的威士忌和啤酒制造厂用高价抢购一空。哈默又获得了成功。

（中国营销传播网 http：//www. emkt. com. cn）

作为营销者，不仅要了解国家现行的方针政策，而且还要有敏锐的政治头脑，能预测出国家未来可能出台的政策，提前做好准备，抢占市场先机。

2. 法律环境

法律环境是指国家或地方政府颁布的各项法规、法令和条例等。为了建立和维护经济秩序，保障企业、消费者利益，保护社会长远利益，国家都有许多法律法规。企业要研究并熟悉法律环境，依法进行管理和经营，运用法律手段保障自身和消费者的合法权益。

与市场营销有关的法律主要是针对消费者和企业的。为了保护人民健康，防止环境污染，我国制定了《中华人民共和国消费者权益保护法》、《中华人民共和国食品卫生法》、《中华人民共和国产品质量法》、《环境保护法》、《大气污染防治法》等。同时，为了防止企业间的非法竞争规定了诸条法律法规，如《企业法》、《反不正当竞争法》、《经济合同法》、《商标法》、《专利法》、《广告法》。为了适应对外开放的需要，近年来，我国还制定和颁布了一大批经济法律法规，如《中华人民共和国外贸法》、《中华人民共和国外汇管理暂行条例》、《涉外经济合同法》、《中外合资经营企业法》、《进出口货物许可制度暂行条例》、《中华人民共和国进出口关税条例》、《进出口商品检验条例》等。

3. 政治团体和公众团体

政治团体如工会、共青团、妇联组织等。公众团体如消费者协会、企业家协会、个体劳动者协会、残疾人协会等。这些团体通过影响国家立法、方针政策、社会舆论等，对企业营销活动产生着影响。

目前，世界各国的消费者协会（或联盟）所起的作用很大，消费者运动已经成为一种强大的社会力量。它们监视企业的活动，发动群众与企业的欺骗行为作斗争，给企业施加压力，以保护消费者利益。企业在制定营销决策时，必须认真考虑这种政治动向。

在我国，经国务院批准，中国消费者协会于1985年1月在北京成立。其任务是：宣传国家的经济（特别是有关消费方面）的方针政策；协助政府主管部门研究和制定保护消费者权益的立法；调查消费者对商品和服务的意见与要求；接受消费者对商品和服务的质量、价格、卫生、安全、规格、计量、说明、包装、商标、广告等方面的投诉。中国消费者协会及相继成立的地方协会认真受理广大消费者的投诉，积极开展对商品和服务质量、价格的监督检查，并采取多种形式指导消费，千方百计保护消费者利益，受到广大消费者的好评。

六、社会文化环境

社会文化主要指一个国家、地区的民族特征、价值观念、生活方式、风俗习惯、宗教信仰、伦理道德、教育水平、语言文字等的总和。文化起凝聚整个国家和民族的作用，由千百年的历史所形成的文化，包括价值观、人生观等。主体文化是占据支配地位的；次级文化是在主体文化支配下所形成的文化分支，包括种族、地域、宗教等。文化对企业营销的影响是多层次、全方位、渗透性的，它对所有营销的参与者都有着重大影响。它不仅影响企业营销组合，而且影响消费心理、消费习惯等。

1. 价值观念

价值观念是指人们对社会生活中各种事情的态度和看法，是区分不同文化类型、不同社会、不同群体的根本。价值观是社会文化的核心内容。它包括人们对时间、社会成就、财富和创新、过程和结果、变化和个性的态度和评判标准，这些都影响着消费者的消费需求和消费行为。在不同的国家或民族之间，甚至是同一国家或民族的不同群体之间，人们的价值观念差异很大。对于具有不同的价值观念的消费者，企业要采取不同的市场营销策略。在美国，新奇变化的事物较受欢迎，而同样的事物在一些保守的国家中就有可能被当做冒险和另类遭到抵制。

2. 宗教信仰

不同的宗教有不同的思想观念、生活方式、禁忌和消费习惯，对人们的生产、生活有着较大的影响。企业产品在进入一国或地区之前，必须认真了解目标市场的宗教信仰，避免与当地消费者发生冲突。

【案例 2-9】

指南针和地毯本是风马牛不相及的两件东西，比利时一个商人却把它们结合起来，从而赚了大钱。有个叫范德维格的比利时商人，专门做地毯生意的。有一次，他到阿拉伯国家去推销地毯，发现阿拉伯的穆斯林教徒每天都准时地跪在地上，朝着圣城麦加的方向祷告——他灵感来了，这就是商机！他马上开发出一种特别有指明方向功能的祈祷地毯。在一块方便携带的地毯上，镶嵌一个类似指南针的针，能指示方向，它不指南也不指北，只指向圣城麦加！所以，穆斯林教徒只要买一块这样的地毯，不管在哪个角落，把地毯一铺，就能立即找到麦加的方向，跪下来祷告就可以了！这种地毯，十分方便，这对穆斯林教徒来说，仿佛是真主赐给他们的圣物，所以在阿拉伯一上市，立刻成了抢手货！一块平常的地毯，经范德维格稍做加工，把它的价值与穆斯林这个特定的人群以及朝拜这个特定的方向关联起来，马上就有了新的价值，地毯像“麻雀飞上枝头变凤凰”一样，身价倍增了！

（作者自编）

3、教育水平

教育水平不仅影响消费者的收入水平，而且影响着消费者对商品的鉴别力，影响消费者心理、购买的理性程度和消费结构，对企业的市场营销调研、目标市场选择、产品定价、促销方式和产品形式等均有重大影响。例如，在教育水平低的地区，适合采用操作使用与维修保养都较简单的产品，采用电视、广播和当场示范表演的形式进行宣传。而教育水平高的地区，则需要先进、精密、功能多、品质好的产品。因此，在设计产品和制定产品策略时，应考虑当地的教育水平，使产品的复杂程度、技术性能与之相适应。

4. 风俗习惯

风俗习惯是指由文化传统的长期积淀和熏陶而形成的固定行为模式。消费习俗是其中的一项重要内容，指历代传递下来的一种消费方式。消费习俗在饮食、服饰、居住、婚丧、节日、人情往来等方面都表现出独特的心理特征和行为方式。例如在饮食方面，我国的云贵川地区喜辣，江浙地区喜甜，山西喜酸，广东喜鲜，各具特色。再如在我国，人们在新年前夕，要购买各种食品、礼品，烟花爆竹，贴春联进行庆祝；而在西方国家，人们每逢 12 月 25 日圣诞节前，就购买圣诞树、礼品、食品，欢度圣诞节。

古人云：“入境而问禁，入国而问俗，入门而问讳。”如对港台商人忌送梅花、茉莉花；日本人忌讳 4、9，我国的传统工艺品紫砂壶在日本很受欢迎，但 4 件组合包装的紫砂壶却无人问津。白色在日本、欧洲和美国代表纯洁、光明、坦率和美好，而在印度却代表不受欢迎。绿色在日本和巴西代表不吉利、不吉祥，是一种恶兆，但在多数国家却代表着春天、青春、生机、平静和安全。市场营销者了解了目标市场的禁忌、习惯和避讳以后，就能提供符合消费者需求的产品，并且能正确、主动地引导消费。

5. 消费流行

由于社会文化多方面的影响，使消费者产生共同的审美观念、生活方式和情趣爱好，从而导致社会需求的一致性，这就是消费流行。消费流行在服饰、家电以及某些保健品方面，表现最为突出。消费流行在时间上有一定的稳定性，但有长有短，有的可能几年，有的则可能是几个月；在空间上还有一定的地域性，同一时间内，不同地区流行的商品品种、款式、型号、颜色可能不尽相同。近年来，我国人民的审美观念随着物质水平的提高，发生了明显的变化。表现为追求健康的美、追求形式的美、追求环境美。在这种趋势下体育用品、运动服装需求上升。鲜艳、明快、富有活力的色调以及对环境的美感体验成为消费的重点。

第三节　市场营销的微观环境

市场营销微观环境是指与企业紧密相连、直接影响企业营销能力和效率的各种力量和因素的总和，主要包括企业自身、供应商、营销中介、顾客、竞争者及社会公众。这些因素与企业有着双向的运作关系，在一定程度上，企业可以对其进行控制或施加影响(见图 2-3)。

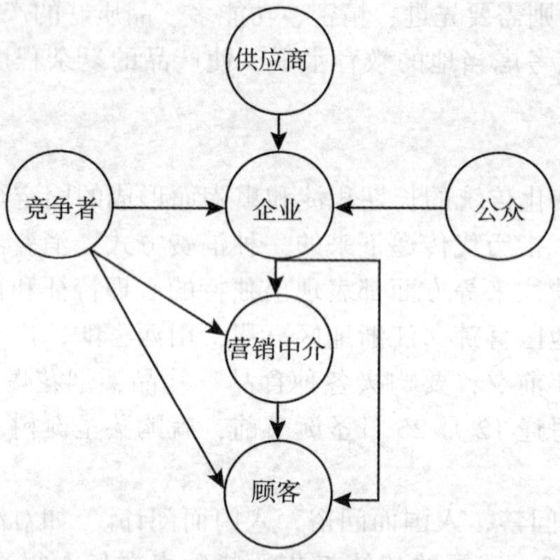

图 2-3　企业微观环境结构图

1. 企业自身

企业对营销活动产生的影响主要来自于企业内部的各个部门。企业内部各管理层次之间分工的合理性、科学性和合作的协调性均影响着营销管理的决策和实施。在设计营销计划时，需要考虑高层管理人员、财务部门、研究与开发部门、生产和采购部门、人力资源管理等部门的现实情况，这些相互关联的群体构成了企业营销活动的内部营销环境。通过协作研究制定和完善营销计划，最终通过各部门的配合实现计划目标。

2. 供应商

供应商是指向企业及其竞争者提供生产经营所需资源的企业或个人。供应商所提供的资源主要包括原材料、零部件、设备、能源、劳务、资金及其他用品等。供应商对企业的营销活动有着重大的影响。供应商供货的稳定性与及时性影响着企业的生产活动正常开展，影响着企业能否按期完成生产和交货任务；供应商供货的价格直接影响企业的成本，影响着企业的销售量和利润；供应商提供资源的数量和质量将直接影响产品或服务的数量及质量。在物资供应紧张时，供应商更是起着决定性的作用。

企业要正确认识并处理好与供应商的关系。在寻找和选择供应商的时候要充分考虑供应商的信用、货源、价格与生产能力等；要使自己的供应商多样化，减少对一家或少数几家供应商的过分依赖。

3. 营销中介

营销中介是指为企业融通资金、销售产品给最终购买者提供各种有利于营销服务的机构，包括中间商、实体分配公司、营销服务机构（调研公司、广告公司、咨询公司）、金融中介机构（银行、信托公司、保险公司）等。

（1）中间商。即协助企业寻找消费者或直接与消费者进行交易的商业企业，包括代理中间商和经销中间商。代理中间商不拥有商品所有权，专门介绍客户或与客户洽商签订合同，并由此获得佣金，包括代理商、经纪人和生产商代表。经销中间商购买商品并拥有商品所有权，再出售商品，主要有批发商和零售商。

（2）实体分配公司。主要是指协助生产企业储存产品并将产品从原产地运往销售目的地的仓储物流公司。实体分配包括包装、运输、仓储、装卸、搬运、库存控制和订单处理等方面，基本功能是调节生产与消费之间的矛盾，弥合产销时空上的背离，提供商品的时间和空间效用，以利适时、适地和适量地将商品供给消费者。

（3）营销服务机构。协助企业选择市场并帮助他们向选定的市场进行产品促销的机构，包括市场调研公司、广告公司、各种广告媒介及市场营销咨询公司。对此类服务，企业可以自设机构也可以委托外部的专业机构。有些大公司，如杜邦公司和老人牌麦片公司，他们都有自己的广告代理人和市场调研部门。但是，大多数公司都与专业公司以合同方式委托办理这些事务。在企业决定委托外部专业公司提供这些服务时，除根据需要进行筛选外，还必须定期检查委托机构的业绩，以确保质量和服务水平。

（4）金融中介机构。协助企业融资或分担货物购销储运风险的机构，包括银行、信托投资公司、保险公司、证券公司等。金融中介机构虽不直接经营产品，却对企业生存发展起重要作用。在市场经济中，企业与金融机构关系密切，企业间的财务往来要通过银行结算，企业财产和货物要通过保险取得风险保障，而贷款利率与保险费率的变动也会直接影响企业的成本，信贷来源受到限制更会使企业处于困境。因此，企业应与金融中介机构保持良好的关系，保障融资信贷业务的稳定和渠道的通畅。

【案例 2-10】

诺基亚遭遇中国滑铁卢

诺基亚 2008 年第二季度财务报道，期内其净利润同比下滑 61%，但若扣除裁员和会计方法等特别项目的影响，其净利润为 21.8 亿美元，同比增长 8%。然而，在这份差强人意的成绩单中，中国市场俨然已成为诺基亚手机业务的滑铁卢——诺基亚中国区市场第二季度的手机销量比第一季度下滑 16.2%，这也是诺基亚全球销售版图中唯一一个出现手机销量下滑的区域。2008 年以来，国内手机销售出现了整个行业性的“滞涨”现象，不仅是诺基亚，而且包括摩托罗拉、三星、夏新、金立等中外品牌手机，均出现不同程度的销售下滑。

一位手机经销商表示，在国内手机行业销售整体不振的大背景下，诺基亚的销售下滑还有着更为深层次的原因。长期以来，诺基亚在中国市场一直坚持“低利润”的渠道策略，渠道商与厂商之间一直积怨颇深，代理诺基亚手机的代理商利润空间仅1%~2%，而零售终端一般也只有5%~7%。相比之下，摩托罗拉、三星等品牌手机的渠道毛利率一般都超过10%，而国产手机一般都在20%以上。渠道层面要想从诺基亚手机销售中获利，就必须要做到一定的量，在行情好的时候，销售占据手机市场份额超过40%的诺基亚手机，能够保证走量，渠道和终端尚能保证一定的利润。但是，在市场销售疲软的情况下，销量走低带来渠道层面的利润受压，这种此前被掩盖的“厂商矛盾”随即浮出水面。这种矛盾不可避免地传导至销售终端。相对低廉的利润空间，导致诺基亚终端销售人员积极性不高。在一些综合性手机卖场，相比较销售天语、金立等品牌手机的“积极主动”，销售人员在推介诺基亚手机时，明显的动力不足。目前部分手机卖场已在开始减少诺基亚手机的展示空间，与此相配套的销售资源也在减少。

手机渠道人士分析，诺基亚为了维持其市场份额和利润水平，长期以来对渠道采取了“低利润”的策略，但在中国手机市场出现放缓的情况下，诺基亚“应该适时改变其渠道策略”。

（中国营销传播网 http：//www. emkt. com. cn）

4. 顾客

顾客就是企业的目标市场，是企业服务的对象，也是营销活动的出发点和归宿。企业的一切营销活动都应以满足顾客的需要为中心。因此，顾客是企业最重要的微观环境因素。

按照顾客的购买动机，可将顾客市场分为：消费者市场，即为了个人消费而购买的个人和家庭所构成的市场；生产者市场，即为了生产、取得利润而购买的个人和企业所构成的市场；中间商市场，即为了转卖、取得利润而购买的批发商和零售商所构成的市场；政府市场，即为了履行职责而购买的政府机构所构成的市场；非营利组织市场，即为了维持正常运作和履行职能而购买产品和服务的各类非营利组织所构成的市场；国际市场，即由国外的消费者、生产者、中间商、政府机构等所构成的市场。顾客不同的变化着的需求，要求企业以不同的方式提供相应的产品和服务予以满足，从而形成对企业营销决策和行为的影响力。

5. 竞争者

竞争者是指与企业存在利益争夺关系的其他经济主体。企业不能独占市场，企业的营销活动常常受到各种竞争者的包围和制约。每个企业都必须认真研究主要竞争对手的战略和策略及双方的实力对比情况，这样才能知己知彼，扬长避短。企业要在激烈的竞争中获胜，就要做出比竞争对手更好、更快地满足消费者的需要与欲望的有效的营销活动。在和竞争对手竞争的过程中，企业不仅要识别消费者的需求，而且要进行有效的市场定位，使其产品和品牌在消费者心目中与竞争对手具有明显的差异。

（1）品牌竞争者：为满足同一需要而提供同种形式不同品牌产品的竞争者。品牌竞争者提供的产品的档次和价位基本相同，只是品牌不同，如高档香烟品牌中的中华、红塔山、利群、金圣等，微波炉品牌中的格兰仕、美的。消费者在对它们的选购上存在着品牌偏好。

（2）形式竞争者：为满足同一需要而提供同种类别不同形式产品的竞争者。如自行车包括各种形式：普通自行车、赛车、山地车等；洗衣机有波轮式、滚筒式、半自动式、全自动式，这些不同形式产品的提供者即为形式竞争者。

（3）属类竞争者：又称为平行竞争者，是指为满足同一需求而提供不同产品的竞争者。例如，消费者为了满足代步的需要打算购买交通工具，他可以在家用轿车、摩托车和自行车中进行选择。这样，家用轿车、摩托车、自行车的提供者就成了平行竞争者。

（4）愿望竞争者：为满足消费者当前的各种愿望而提供不同产品的竞争者，是最广义的竞争者。如消费者当前可能有许多愿望：买住房、买家用轿车、自费出国旅游，而在购买力有限的条件下，消费者不可能同时获得所需的各种产品或服务，他只能选其中的一个。在这种情况下，房地产开发商、轿车制造商、提供出国旅游服务的旅行社就成了愿望竞争者。对彩电制造商而言，生产 VCD、家庭音响、个人电脑和家用空调等不同产品的厂家都是愿望竞争者。

6. 社会公众

公众是指对企业实现营销目标有实际或潜在利害关系和影响力的团体或个人。企业面对的社会公众，他们的态度，意见、与企业的信任合作的程度，形成两种影响作用，既能为企业顺利的发展提供和谐的社会舆论环境和社会人事环境条件，也会形成威胁或妨碍影响企业营销活动的正常开展。所有的企业都必须采取积极措施，树立良好的企业形象，力求保持和主要公众之间的良好关系。公众主要包括：

（1）金融公众：即影响企业取得资金能力的机构，如银行、投资公司、证券公司、保险公司等。企业可以通过发布乐观的年度财务报告、回答关于财务问题的询问、稳健地运用资金等，在融资公众中树立良好的信誉。

（2）媒介公众：即报纸、杂志、广播、电视等具有广泛影响的大众媒体。大众媒体对企业有着很大的影响，它能传播企业的正面信息，也会传播负面信息。企业要与之保持沟通和联系，争取通过大众媒体树立良好的企业及产品形象。

（3）政府公众：即负责管理企业业务经营活动的有关政府机构。如财政、工商、税务、物价、商品检验等部门。企业应自觉地遵守政府的各项政策和规定，积极参加政府倡导的各项公益活动，与政府部门保持较密切的联系，争取得到政府部门的信任和支持。

（4）社团公众：即各种有影响力的公众团体，如保护消费者权益的组织、环境保护组织、少数民族组织等。企业要注意倾听社团公众的各种相关的意见和建议，妥善地解决问题，树立良好的企业形象。

（5）社区公众：即企业所在地附近的居民、社团组织等。企业要保护社区环境，防止“三废”污染，积极支持社区的各项公益活动与公益事业，争取社区公众理解和支持，与社区建立起融洽的关系。

（6）一般公众：上述以外的社会公众，对企业形象有着重要的影响。

（7）内部公众：包括企业决策层、管理人员、工人等。只有处理好内部关系才能使企业的各项营销计划得到全体职工的充分理解、支持和具体执行，才能发挥员工的积极性与创造力，保证各项活动有效地进行。

第四节　市场营销环境分析方法及企业应对策略

【案例 2-11】

鲁巷广场购物中心——适应市场营销环境的运作

（一）鲁巷广场购物中心的企业背景

鲁巷广场购物中心（以下简称“鲁广”）地处历史文化名城武昌，位于国家级开发区——东湖高新技术开发区（武汉·中国光谷）的中心地带，紧邻全市最大的城市绿化广场——光谷广场。珞喻路东、鲁磨路、珞喻路西、光谷步行街、民院路、卓豹路等在此交汇，门前 20 余条公交线路通达武汉三镇。“鲁广”四周，拥有 50 多万消费者。坐拥华乐山庄、柠檬特区、双塘小区、中医小区、尖东智能花园、龙安小区、紫菘花园、当代花园等居民生活小区；坐拥武汉体育学院、中国地质大学、中南民族大学、中南财经政法大学、武汉工程大学、华中科技大学、邮电科学研究院、七〇九所等全国著名高等学府和国家大型科研机构；NEC、西门子、正大集团、长飞光纤等大型企业。下面是鲁巷广场购物中心局部地理图（见图 2-4）。

2000 年开业初期，“鲁广”所在地是武汉市东部的一个城郊结合部，知名大学和农村田园风光交相辉映。从商业选址角度看，本地商圈发育不足，有效消费偏低，本地主力消费人群已经形成双休进城购物的消费习惯，而且，由于地处武汉东大门，消费布局呈现单边格局，即东边辐射区为人口稀少的农村。

2000 年，武汉商界名家吴建社先生（湖北商业协会副会长、武汉商业协会会长）受聘“鲁广”的总经理。“鲁广”开业第一年营业收入就达到 3.2 亿元，稳居我市商业同行前列。2004 年，“鲁广”年营业收入就达到 6.39 亿元，2005 年，“鲁广”年营业收入就达到 6.5 亿元，销售业绩跻身武汉市商业同行前五名，与洪山亚贸、中南商业大楼销售业绩基本持平，被称为“江南三大商业巨头”。现在，鲁巷广场购物中心已经发展成为集购物、休闲、娱乐为一体的大型综合性购物广场，经营面积近 5 万平方米，停车场面积 1 万余平方米。

随着我国改革开放的深入，随着南方及沿海地区经济的发展腾飞，西部开发和中部崛起已成为我国当前改革开放的首要任务之一。西部崛起的关键在于中部崛起，中部崛起的关键之一在于湖北，湖北的崛起关键在于武汉，而武汉崛起的关键之一在于“武汉·中国光谷”。由于国家、省、市政策的扶持，高科技制造业公司，像富士康、中原电子等许多实力强大的软件公司、激光公司、物流公司等云集

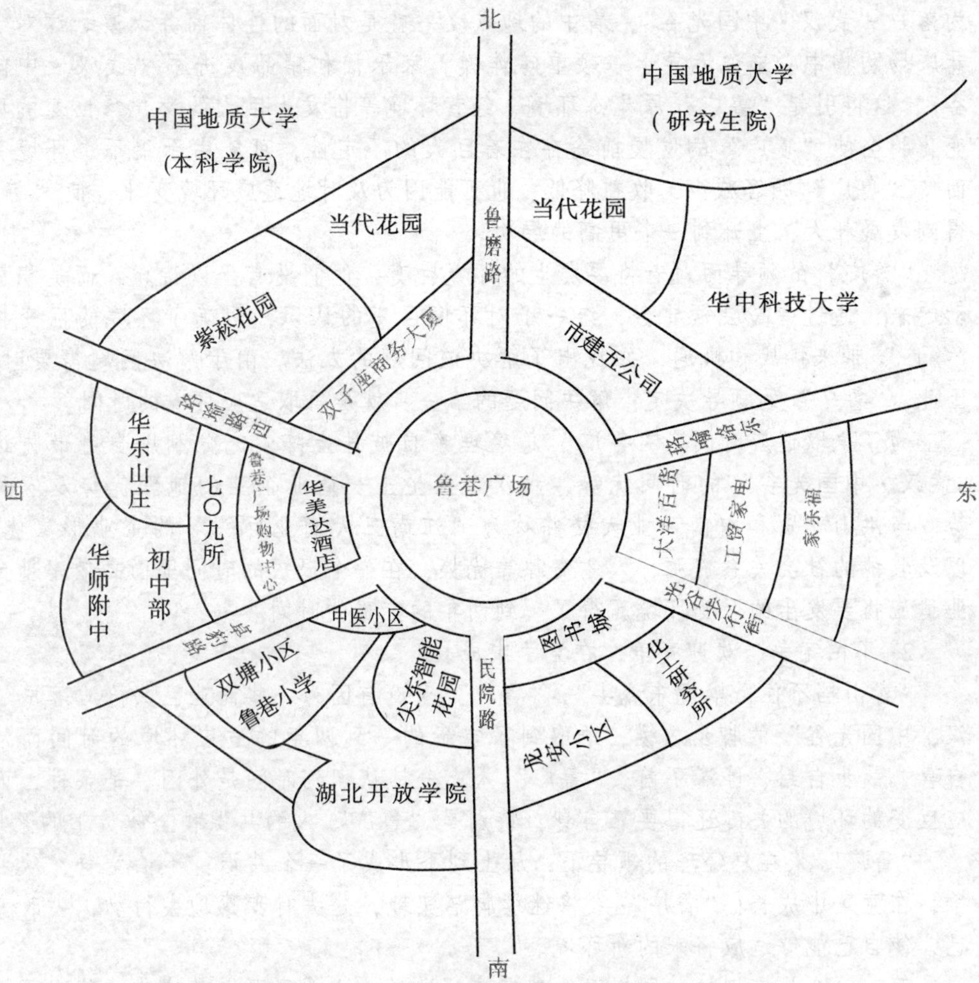

图 2-4　鲁巷广场购物中心局部地理图

“武汉·中国光谷”，国内外一些大商家也纷纷抢滩落户光谷，像家乐福、中百仓储、大洋百货、沃尔玛、销品茂等都有向光谷进军的强烈愿望。更为严重的是，随着武汉市发展规划的落实，相隔一个广场，距离不到 100 米的 60 万平方米的光谷步行街的开街，落户光谷步行街的商家的抱团冲击，“鲁广”的原生态一时间风起云涌，经营环境将面临着发生巨大的变化。

俗话说：双拳难敌四手，一两个知名商家本身就不好竞争，而多个不同业态的商家抱团，就会改变一个地区的商业生态环境，那就更不好竞争。新的经营环境将给“鲁广”带来巨大的竞争和挑战。“鲁广”将何去何从？如何应对呢？

(二) 鲁巷广场购物中心的实际运作

1. 积极适应环境、主动影响环境，争取宝贵的适应时间

2006 年，随着“鲁广”前门对面，相隔一条马路，距离不到 50 米的双子座联

体商务大厦的封顶，市场上传言，家乐福和销品茂跃跃欲试，它们想要在最短时间内落户“武汉·中国光谷”，看中的地点之一就是对面的连体商务大厦。这对于鲁巷广场购物中心来说无异于一颗重磅炸弹。家乐福和销品茂进军“武汉·中国光谷”，这将引起“鲁广”原生态环境、经营环境等将发生巨大的变化，巨变的环境变化将会使“鲁广”的发展前途存在着巨大的不定性，可能由于跟不上环境变化而使“鲁广”顾客减少，收益降低；也可能因为及时地适应环境变化，使“鲁广”得到发展壮大，上升到一个更高的层次。

“鲁广”的领导面对着将要发生的环境巨变，他们没有坐以待毙，而是积极行动起来，通过中高层领导会，统一了对环境巨变的认识，明确了环境的巨变将给“鲁广”带来挑战和机遇，并找出了解决该问题的方法。由于解决问题需要时间，因此，“鲁广”的领导决定：解决问题的第一步就是争取适应环境的时间。

为了争取适应时间，“鲁广”总经理亲自披挂上阵，充分利用自身最先进入“武汉·中国光谷”的时间优势、武汉市土生土长商业企业的地理优势及人和优势、与洪山亚贸和中南商业大楼并称为“江南三大商业巨头”的企业形象优势，以及其他的社会关系资源、人才资源等优势，在一个很短的时间里面高效率地为企业适应将要发生的巨变环境赢得了一到两年的宝贵的时间。

2. 不怕竞争、欢迎竞争，在竞争中成长

“青山挡不住，毕竟东流去”，“鲁广”人没有因为一些商业巨头抢滩落户“武汉·中国光谷”的脚步放缓，争取到了宝贵的一到两年的适应环境的时间而沾沾自喜、故步自封、停滞不前。“鲁广”人充分地认识到时间是外因、是条件，而适应巨变的环境的关键还得要靠自身，特别是“鲁广”人的共识和全体员工的素质。

“鲁广”人在总经理的领导下，从上到下形成了一个共识：不怕竞争、欢迎竞争，在竞争中成长！“鲁广”人将继续脚踏实地，分头有步骤地去行动，去改变自己，使自己能够适应将来的新环境。

第一，全员培训，共同提高。鲁巷广场购物中心为了既节约成本又能全面提高全体员工的思想认识和素质，采取了分步、分层级的人员培养模式培养自己的员工。首先，鲁巷广场购物中心充分利用大学城的智力优势，花钱聘请市场专家教授给自己的中高层员工上课，提高他们的认识和环境意识。然后，再利用中高层员工中学的比较好的给一线的其他员工进行培训，帮助他们提高认识，增强他们的环境意识。

通过人员培训，“鲁广”人由原来“一个都不能少”的百货、超市和家电等多种业态混合经营理论迅速地转变为“篮子里抓鳝鱼，抓自己该抓的”的“错位经营”理论；管理人员从上到下，都接受了“权变管理”教育，明白了“权变管理”的本质就是企业经营管理对市场营销环境的适应。并且，“鲁广”率先在武汉商业企业中通过了ISO9000国际认证。

第二，抓住有利机会，努力开拓市场，全面提高服务质量。2004年以来，“鲁广”商圈，随着“武汉·中国光谷”带动当地经济的升温，房地产飞速发展引起周边居民的扩容，同时，高校的扩招使高校在校人数翻番增长，消费明显活跃，有了一定发展，“鲁广”人不仅是紧盯着环境变化所带来的威胁，而且也紧盯着环境变化带来的机遇，挖掘自己潜力，努力开拓市场，充分把握好机遇。为此，他们主要做了如下五个方面的事：

(1) 延长服务时间，满足消费者购物需求。鲁巷广场购物中心在此之前，每天开门迎接消费者的时间是上午九点半，每天送走顾客关门的时间是晚上八点半，现在，每天开门迎接消费者的时间是上午八点半，每天送走顾客关门的时间是晚上九点半。由于鲁巷购物中心开门时间延长了一个小时，关门时间也延长了一个小时，这样，他们每天的营业时间延长了两个小时，极大地方便了周边消费者的购物，为将来环境的巨变，稳定自己的客源打下了坚实的基础。今天的事实证明，鲁巷广场购物中心延长服务时间的决定是非常英明果断、富有成效的。

(2) 合理安排超市摊位，增加服务内容。“鲁广”站在全局的角度调整自己超市摊位的设置和分配，充分利用厂家产品特点，合理利用营业场所空间，使摊位布置方便消费者购买，同时，引进新的厂家，增加服务内容，更好地服务消费者，更好地满足消费者的需求，为吸引客源作出了巨大的贡献。

(3) 百货业一年一变样，三年大变样，每年作出适应性品牌升级和先期修正调整。由于“鲁广”地处一个飞速变化的新城区，这里的周边居民成分不断变化，村民越来越少，居民越来越多，农村变为城区，新建小区林立，各类成功人士进驻“武汉·中国光谷”，学生人群迅猛增长等。因此，“鲁广”有效盯住市场，主动求变，不断升级和提高百货的经营档次，每年商品更新率达到30%以上，适应了周边消费人群的需求变化。百货业态成为“鲁广”业绩增长最快的区域。

(4) 剥离家电业务，打造运动休闲城。随着家电业从百货商场中脱离衍生成专业家电连锁经营方向发展，家电业态的经营格局已经开始变化。“鲁广”人敏锐地抓住商业发展潮流，将原有四楼近7000平方米的家电经营，移交给本土家电巨头——武汉工贸家电。率先实现了适应家电业营销体制的变革，靓女先嫁，先走一步，卖了一个好价钱，首开武汉乃至全国的先河。

大学扩招后，“鲁广”本地消费构成发生了巨大的改变。在校学生总量，据称达100万人以上。为适应这一营销变化，“鲁广”在腾出家电业务7000平方米的经营面积后，扩大耐克、阿迪达斯、真维斯等运动休闲服饰的面积，打造了武汉最大的休闲卖场，年销售额达1亿元以上，利润达到1500万元以上。“鲁广”针对周边消费人群有效的消化了营销资源，做足了销售。诚于《楚天金报》对“鲁广”这一适应市场营销环境的报道中所说，“剑走偏锋亦英雄”。

(5) 摒弃恶意竞争陋习，坚持“蛋糕理论”。2007年，60万平方米的光谷步行街开业后，以大洋百货和家乐福以及其他以时尚为主题的各类近千家专卖店抱团迎市，吸引了周边的消费。“鲁广”人不畏强敌，在深入调查研究对手的营销特点后，在总结了自己八年来的社区营销特点的基础上，“鲁广”人决定错位经营以我为主，扬长避短，走自己的特色道路——“以‘实惠’迎战光谷步行街的‘时尚’”。“鲁广”的“蛋糕理论”告诉我们，市场这个蛋糕竞争者之间不仅可以分食，而且竞争者可以共同培育这个蛋糕，把这个蛋糕做大。“鲁广”人摒弃恶意竞争陋习，错开竞争者的“时尚”，紧抓自己的“实惠”，不断改变自己，完善服务体系，提高服务质量，努力培养市场，把市场做大。由于，“鲁广”人的明智决策，“鲁广”的经营业绩不仅没有随着光谷步行街的开街而下滑，反而在新进入的商家亏本经营的情况下，得到了长足的提高：2006年“鲁广”年营业收入就达到6.8亿元，2007年“鲁广”年营业收入就达到7.2亿元。

第三，改进营销组合，提高工作效率。“鲁广”充分利用营销组合的可控性特点，根据当时的具体环境，灵活机动地采用不同的营销组合方式，使自己的销售效率实现最优化。他们主要采用了如下一些方式：

(1) 加大宣传力度。例如运用彩色报纸广告，随着楚天都市报、楚天金报、武汉晚报、武汉商报一起进入周边的千家万户，把自己的商品信息及时地传递给广大消费者。

(2) 实施会员制度。例如，凡一次性购满300元或累计小票500元可以升级成会员，将享受10%的折扣。

(3) 组建个人或家庭装柜台，多购多优惠。例如蔬菜、水果等保鲜食品在公司打烊最后两个小时统一降价20%出售，形成超级市场，减少存货。

(4) 提高售后服务质量。例如在电子产品或使用周期长的产品方面，做好售后服务，大宗货物实施送货上门等一线服务。

(5) 不定时降价处理个别商品，这样给消费者更多的让利，使消费者更加喜欢到这里来购物。

(6) 采取公益广告模式，由员工代表本公司展开义务活动。例如义务卖报、义务捡垃圾等。

(7) 树立良好公司形象。例如，公司在前台设立咨询台，为消费者提供免费服务。

(8) 虚心听取消费者的意见，及时改进自己的不足，提高自己的服务质量。例如在出口处挂有意见簿，及时收集消费者对鲁巷广场购物中心的意见，由大堂经理检查员工的改进情况。

3. 充分利用商业中的“扎堆效应”，把企业做强做大

扎堆效应就是所谓的羊群效应的通俗说法。“羊群效应”也称“从众心理”，是指管理学上一些企业的市场行为的一种常见现象，即市场中经济个体的从众跟风现象。扎堆效应一般出现在一个竞争非常激烈的行业中，而且这个行业上有一个领先者（领头羊）占据了主要的注意力，那么整个羊群就会不断模仿这个领头羊的一举一动，领头羊到哪里去吃草，其他的羊也去哪里淘金。同样的在企业扎堆的地方，由于品种的齐全，竞争的激烈，消费者有一个比较鉴别的机会，前来购物的消费者也会出现扎堆现象。也就是说，在适度竞争的前提下，随着竞争者的增加，企业的销售量和销售收益没有因为竞争者的出现而减少，销售量和销售收益反而增加。

“鲁广”不仅把一些商业航母进驻“武汉·中国光谷”看做是挑战，而且更是把它看做是机遇。

商业航母进驻“武汉·中国光谷”，自然给“武汉·中国光谷”的商业带来扎堆效应，这体现在如下两个方面：一方面，商业企业的经营的扎堆效应；另一方面，消费者购买的扎堆效应，它们是前所未有的显现出来。“鲁广”清醒地认识到环境的巨变，不仅给企业带来竞争和挑战，而且也将给企业带来前所未有的机遇。因此，“鲁广”“苦练内功”，利用环境巨变带来的挑战，全面提高企业服务社会、服务广大消费者、提高自身的经济效益，同时，实施服务创新，在服务形式和服务内容上不断改进不断提高，更是充分利用环境巨变所带来的机遇，提高经济效益，把企业做强做大，使自己在竞争中立于不败之地。

“鲁广”不断地优化自己的产品组合，增加自己产品的种类和层次，既可以满足周边大学生的购物需要，又可以满足周边白领人士购物需要，更可以满足周边居民购物需要，同时，对慕名而来的非周边消费者既能够满足他们购物需要，又能够留住他们，使他们再一次回来购物。“鲁广”提高服务质量，整顿停车场的环境和秩序，延长消费者购物时间，使消费者购物、休闲一体化，这极大地方便了消费者购物，增加了消费者购物时间，增加了消费者的消费内容和消费量，使消费者在“鲁广”享受一站式消费服务，满足多方面的需求。

“鲁广”认识到位、行动到位，充分而准确地利用和把握了商业中的“扎堆效应”，在竞争激烈的情况下，企业经济效益得到了极大的提高。

4. 审时度势，及时把握机遇，提高企业的经济效益

“鲁广”时刻关注着环境的变化，确保自己以最优、最适合的姿势去适应环境，与环境合拍，及时把握住环境巨变给自己带来的机遇。

“鲁广”充分利用季节变化、节日变化给企业带来的机遇，狠抓销售，提高企业的经济效益。有规律的环境变化所带来的机遇，“鲁广”能够很好地把握，没有规律的环境变化所带来的机遇，由于“鲁广”时刻关注着环境的变化，因此，偶发事件给企业所带来的挑战和机遇，“鲁广”也能够很好地把握，躲避环境变化带来的威胁，把握环境变化带来的机遇，提高企业的经济效益。

例如，家乐福是一家法国商业航母。由于家乐福的历史悠久、理念先进、手段现代化，家乐福在市场上攻城略地。因此，家乐福在我们国家各大中心城市都有其销售网点，对我们本土商业形成了巨大的挑战和威胁。尽管如此，“鲁广”没有知难而退，而是，稳扎稳打、迎难而上，充分利用环境变化所带来的机遇，做好自己服务社会，服务消费者的工作。在我们国家举办第二十九届奥运会期间，由于西方列强的亡我之心不死，在重大事件上，故意给中国出难题，因此，法国总统萨科奇宣布不参加北京奥运会开幕式。这件事，在中国引起了巨大的反响，广大消费者自觉的拒绝购买法国货，甚至主动拒绝到家乐福去购物。面对如此环境巨变，“鲁广”敏感地抓住，充分地利用这次环境巨变，一方面，大力宣扬爱国，支持北京奥运会；另一方面，兢兢业业做好自己的事，努力去提高自己的服务质量。通过努

力，终于重新挽回了因家乐福和大洋百货在自己对面开张而流失的消费者，并且借此赢得了消费者赞扬首肯的口碑，树立了企业的良好形象。

（三）鲁巷广场购物中心的实际运作剖析

企业的市场营销环境是指与企业市场营销有关的，影响产品的供给与需求的各种外界条件和因素的综合。市场营销环境具有客观性、关联性与相对分离性、变化性与相对稳定性、不可控性与企业的能动性等特点。

对企业营销环境的分析和评价，始终是营销者制定营销战略、策略和计划的依据。一般来说，企业营销者对环境分析的基本态度有以下两种：（1）消极适应。这些态度认为环境是客观存在、变化莫测、无规律可循的。企业只能被动地适应而不能主动地利用。（2）积极适应。此种态度认为，在企业与环境的对立统一中，企业既依赖于客观环境，同时又能够主动地认识、适应和改造环境。“鲁广”采取积极主动改变自己，始终使自己与市场营销环境相适应的策略，使自己与周围市场营销环境合拍，最终取得良好的经营业绩，“鲁广”适应市场营销环境的案例，是一个企业非常成功地适应市场营销环境的典型案例。

企业的市场营销环境的特点之一是变化性与相对稳定性，相对稳定是暂时的，而变化是永恒的，但是，市场营销环境的变化是渐进的，是一个过程，需要一定的时间，同样，适应环境也是渐进的，也是一个过程，也需要一定的时间。“鲁广”深深地明白这个道理，因此，他们把争取适应环境的时间作为他们解决适应环境这个问题的关键。在“鲁广”的原生态环境和经营环境将发生巨大变化之前，“鲁广”的总经理亲自披挂上阵，合理利用各方资源优势，阻滞了一些商业巨头进入“武汉·中国光谷”的步伐，延长了这些商业巨头进入“武汉·中国光谷”的时间。为“鲁广”适应将要发生的巨变环境赢得了一到两年的宝贵的时间。

企业适应市场营销环境，首先是人的适应，然后才是物的适应、技术等内容的适应。“鲁广”分清问题的轻重缓急、主要和次要方面，根据自己的情况和节约成本的原则，首先，采取了分步分层级的人员培养模式培养自己的员工。其次，“鲁广”充分利用营销环境的不可控性与企业的能动性特点，根据当时的具体营销环境，积极主动、灵活机动地采用不同的营销组合方式，使自己的销售效率实现最优化。再次，“鲁广”充分挖掘自己潜力，努力开拓市场，全面提高服务质量，以适应今天商业巨头群聚“武汉·中国光谷”的市场营销环境，为自己的生存和发展创造了最佳的条件。

高明的营销者总是严密地监视和及时预测相关环境的发展变化，善于分析、评价和鉴别由于环境变化造成的机会与威胁，以便采取相应的态度和行为。“鲁广”时刻关注着环境的变化，确保自己以最优、最适合的姿势去适应环境，与环境合拍，及时把握住环境巨变给自己带来的机遇。这充分体现了“鲁广”具有高超的分析研究环境、适应环境的能力，以及及时抓住或把握住环境给企业带来机遇的能力。

（四）结束语

企业适应市场营销环境的能力是企业的核心竞争能力，企业的其他核心竞争力都是由这个核心竞争力衍生而来。当环境需要企业创新，而企业顺应环境要求，组建一支发明创新队伍，大力发明创新，因而击败竞争对手，赢得好的经济效益，使企业得到长足的发展，这时说企业的核心竞争力是创新。而这种核心竞争力的本质是企业适应环境的适应能力！“鲁广”就是具有这种核心竞争力，因此，在市场营销环境巨变中，“鲁广”经受了考验，得到了长足的发展。

随着在“鲁广”后门对面，一条马路之隔，相距不到50米，位于中医小区和双塘小区之间的武汉地铁二号线终点站，2006年胜利开工，“鲁广”人已经敏锐注意到这一点，他们将有更大手笔去适应地铁站开通后的市场营销环境，争取有一个更大的发展机会。

（作者自编）

上述案例告诉我们，市场营销环境分析是企业经营活动中非常重要的活动，将为企业决策提供重要的依据。市场营销环境分析就是监测跟踪市场营销环境发展趋势，发现市场机会和威胁，从而调整营销策略以适应环境变化。企业的营销活动不可能脱离周围环境而孤立地进行。一方面，环境是企业不可控制的因素，营销活动要以环境为依据，企业要主动地去适应环境；另一方面，企业可以了解和预测环境因素，不仅主动地适应和利用环境，而且通过营销努力去影响外部环境，使环境有利于企业的生存和发展，有利于提高企业营销活动的有效性。因此，重视研究市场营销环境及其变化，是企业营销活动的最基本的实务。

一、机会/威胁分析法

机会/威胁分析法是综合市场机会吸引力的大小以及环境潜在威胁严重性的大小两个因素，通过矩阵分析，对市场机会和环境威胁进行评估，综合权衡，以提供企业进行市场营销决策的依据。

1. 市场机会分析

市场机会是指在某种特定的营销环境条件中，企业可以通过一定的营销活动创造利益。市场机会可以为企业赢得利益的大小表明了市场机会的价值，市场机会的价值越大，对企业利益需求的满足程度也越高。市场机会的产生来自于营销环境的变化，如新市场的开发、竞争对手的失误以及新产品新工艺的采用等，都可能产生新的待满足需求，从而为企业提供市场机会。

企业通过对外部营销环境的分析，找出有利因素，分析有利因素可能为企业带来的利益的多少，即吸引力；分析企业利用此机会的可能性的大小，即成功概率。按吸引力大小和成功概率可构成市场机会的价值评估矩阵（见图2-5），其评估分析见表2-1。

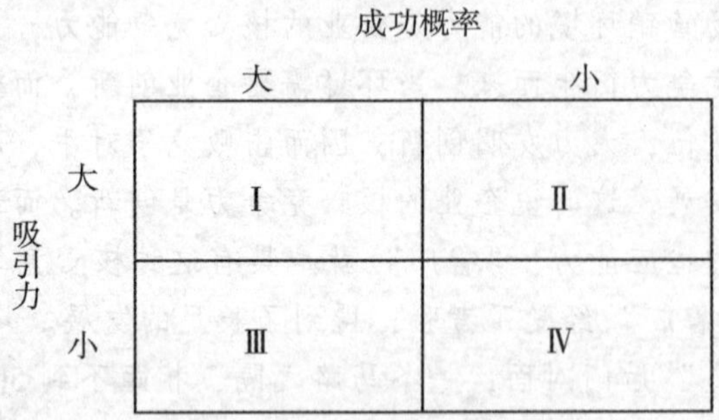

图 2-5　市场机会价值评估矩阵

表 2-1　**市场机会价值评估分析**

	成功概率大	成功概率小
市场机会吸引力大	Ⅰ区市场机会的吸引力大，而且成功的概率也大，是企业最理想的市场营销机会，应该充分利用。	Ⅱ区市场机会的吸引力大，但成功的概率小，企业应该关注决定成功可能性的环境条件的变化，做好准备抓机会。
市场机会吸引力小	Ⅲ区市场机会的吸引力小，但成功的概率很大，弱企业利用它，但强企业一般静观其变、伺机进入。	Ⅳ区市场机会的吸引力小，而且成功的概率也小，通常企业是不会去利用这类价值最低的机会。但仍可静观其变。

企业利用市场机会的对策也有三种：

（1）及时利用。它是指当市场机会出现时，企业马上通过自身可控因素的调整，为目标市场提供产品或服务，以充分利用市场机会。

（2）准备条件、适时利用。它是指对在一定时间内不会发生变化的市场机会，而企业目前各种条件又暂时不完全具备时，积极准备条件，待各方面条件成熟后，再利用这一市场机会。

（3）放弃不用。它是指企业对于即使通过自身努力也无法取得理想效果的市场机会，也就是利用该市场机会反而会得不偿失，做不如不做，企业则主动放弃，另觅蹊径。

2. 环境威胁分析

环境威胁是指环境中不利于企业营销的因素及其发展趋势，给企业带来的压力与危害。如市场上新产品的出现、销售商拖延结款、原材料供应紧张、竞争对手结盟、市场成长放缓、目标市场购买力下降等。

企业通过对外部营销环境的分析，找出不利因素，分析不利因素对企业的影响程度，即威胁的潜在严重性；分析此威胁出现的可能性的大小，即出现概率。按严重程度和出现概率可构成环境威胁矩阵（见图 2-6），其文字分析见表 2-2。

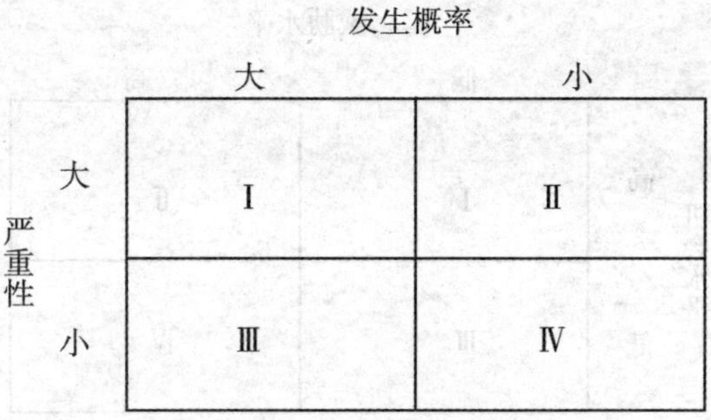

图 2-6　环境威胁矩阵

表 2-2　　　　　　　　　　　**环境威胁矩阵分析**

	出现概率大	出现概率小
潜在威胁严重性大	Ⅰ区潜在威胁严重性大，而且出现的概率也大，是企业最严峻的环境，企业应高度重视，采取措施，降低不利影响。	Ⅱ区潜在威胁严重性大，但出现的概率小，企业应该关注决定威胁严重性的环境条件的变化，做好准备，及时应对。
潜在威胁严重性小	Ⅲ区潜在威胁严重性小，但出现的概率大，企业应该关注决定威胁严重性的环境条件的变化，做好准备，及时应对。	Ⅳ区潜在威胁严重性小，而且出现的概率也小，但企业不能掉以轻心，应该经常注意其发展变化，并及时应对。

营销者对环境威胁分析，目的在于采取对策，避免不利环境因素带来的危害。企业对环境威胁，一般采取三种不同的对策：

（1）反抗对策。又称正面对抗或促变对策，是指企业通过各种手段扭转不利的环境或限制不利环境的发展。如企业联合起来要求取消不利于企业发展的某项法令、政策等。又如，当前我国电动自行车生产经销企业，面临某些政府限令，成立行业协会与有关管理部门协商，以争取有利的政策。

（2）减轻对策。又称改良市场营销组织对策，指企业适应环境的变化要求，通过调整自身市场营销组合来适应环境，以减轻环境威胁的程度。例如，造纸厂适应政府出台的污染治理政策、法规，采取新的污水处理设备，使排放污水达到排放标准要求。

（3）转移对策。又称改变市场营销组合对策，指企业遇到不可逆转的环境威胁，果断地主动将投资转移到其他有利的行业或市场上去，或实行多元化经营等。例如，生产卷烟企业的转为生产食品，或减少卷烟生产，增加食品和饮料等业务，实行多元化经营。

3. 机会/威胁分析

在一般情况下，市场机会与环境威胁是并存的。机会威胁分析将机会分析和威胁分析结合起来，以了解企业所处的外部环境，为企业决策提供依据。按机会水平和威胁水平可构成机会威胁矩阵（见图 2-7），其分析及企业应对之策如下：

（1）Ⅰ区——理想业务。机会水平高、威胁水平低、利益大于风险，是企业难得

威胁水平

机会水平		低	高
	高	Ⅰ	Ⅱ
	低	Ⅲ	Ⅳ

图 2-7 机会威胁矩阵

遇上的好环境，企业必须抓住机遇，开拓经营，创造营销佳绩，万万不可错失良机。

（2）Ⅱ区——冒险业务。机会和威胁同在，利益与风险并存，在有很高利益的同时存在很大的风险。对此，企业应加强调查研究，全面分析自身的优势与劣势，发挥专家优势，审慎决策，扬长避短，创造条件，以降低风险，争取突破性的发展。

（3）Ⅲ区——成熟业务。机会与威胁处于较低水平，可作为企业的常规业务，用来维持企业的正常运转，并为开展理想业务和冒险业务准备必要的条件。

（4）Ⅳ区——困难业务。机会水平低威胁水平高。对于此类业务，要么努力改变环境走出困境、减轻威胁；要么立即转移，摆脱困境。

【案例 2-12】

如某空调生产厂商通过其市场营销信息系统和市场营销研究了解到以下能影响其业务经营的环境动向：

① 为保护大气环境，国家将颁布法令，完全禁止使用氟利昂制冷技术；

② 据专家预测，全球气候变暖，夏季持续高温天数越来越多；

③ 消费者收入水平普遍提高，空调逐渐改变奢侈品形象，成为生活必需品；

④ 企业科技人员有望成功地开发无氟制冷技术；

⑤ 竞争者开发出节能空调；

⑥ 由于能源紧张，电费将大幅度提高。

显然，在这些环境动向中，①、⑤、⑥造成威胁，②、③、④带来机会。对企业而言，每一种威胁的危害和每一种机会的吸引力不尽相同。我们用出现危害的可能性和潜在严重性来评价环境威胁，如果可能性和严重性都很大，则构成主要威胁，企业必须非常重视。在上面三个威胁中，⑤、⑥是主要威胁力量，①虽然严重性很大，但在目前可能性不大，企业应继续监视。同理，我们用成功的可能性和潜在的吸引力来评价环境变化带来的市场机会，如果两个指标都高，则是企业理想的市场机会，在上面三个机会中的②、③是重要的市场机会。④的潜在吸引力大，但成功的可能性小。

（作者自编）

采用“机会/威胁分析法”来分析、评价企业在该环境中的业务，可能会出现四种不同的结果：理想业务、冒险业务、成熟业务和困难业务。

二、优势劣势分析法

优势劣势分析是指企业对内部影响市场营销活动的各种因素进行分析，找出自身所拥有的优势和劣势的过程。竞争优势实际上指的是一个企业比其竞争对手有较强的综合优势，但是应当明确企业究竟在哪一个方面具有优势更有意义，因为只有这样，才可以扬长避短，或者以实击虚。所以企业在做优劣势分析时必须从整个价值链的每个环节上，将企业与竞争对手做详细的对比衡量一个企业及其产品是否具有竞争优势，只能站在现有潜在用户角度上，而不是站在企业的角度上。

1. 竞争优势

企业的竞争优势是指在执行策略、完成计划以及达到确立的目标时可以利用的能力、资源以及技能。它可以是以下几个方面：

（1）技术技能优势：独特的生产技术，低成本生产方法，领先的革新能力，雄厚的技术实力，完善的质量控制体系，丰富的营销经验，上乘的客户服务，卓越的大规模采购技能。

（2）有形资产优势：先进的生产流水线，现代化车间和设备，拥有丰富的自然资源储存，吸引人的不动产地点，充足的资金，完备的资料信息。

（3）无形资产优势：优秀的品牌形象，良好的商业信用，积极进取的公司文化。

（4）人力资源优势：关键领域拥有专长的职员，积极上进的职员，很强的组织学习能力，丰富的经验。

（5）组织体系优势：高质量的控制体系，完善的信息管理系统，忠诚的客户群，强大的融资能力。

（6）竞争能力优势：产品开发周期短，强大的经销商网络，与供应商良好的伙伴关系，对市场环境变化的灵敏反应，市场份额的领导地位。

2. 竞争劣势

企业的竞争劣势是指某种公司缺少或做得不好的东西，或指某种会使公司处于劣势的条件。可能导致内部弱势的因素有：

（1）缺乏具有竞争意义的技能技术。

（2）缺乏有竞争力的有形资产、无形资产、人力资源、组织资产。

（3）关键领域里的竞争能力正在丧失。

企业的优势和劣势分析可以采用企业内部因素评价矩阵，通过加权计算，进行定量分析。

三、SWOT 综合分析法

企业只进行机会威胁分析或优势劣势分析，是无法全面了解企业营销环境，并做到知己知彼的。因此，要企业对内外部环境进行全面的分析。常用的方法是 SWOT 综合分析法。

1. SWOT 分析法的含义

SWOT 分析方法是指通过对企业内外部条件的综合和概括，来分析企业机会（O）和威胁（T）、优势（S）与劣势（W）的一种方法。通过分析，既能找出企业的优势劣势，使企业在营销活动中扬长避短；又能发现企业面临的机会和威胁，使企业在营销活动中趋利避害。因此，SWOT 分析法是机会/威胁分析法与优势劣势分析法的结合。

2. SWOT 分析法的步骤

（1）通过市场调研，找出企业所面临的各种机会和威胁企业本身存在的各种优势和劣势。

（2）建立 SWOT 分析矩阵，将各种机会、威胁、优势、劣势分别按重要程度依次排列在矩阵中，确定企业在市场中的位置（见图 2-8）。

企业外部环境	市场机会（O）	环境威胁(T)
企业内部条件	优势（S）	劣势（W）

图 2-8　SWOT 分析矩阵

（3）制定营销战略。

企业应本着发挥优势、趋利避害的原则，对矩阵进行系统的分析，制定出最佳的营销战略。

扩张战略：当企业遇到较好的市场机会并具备较强的内部优势时，要抓住良机，集中人力、财力、物力扩大生产和经营，推动企业快速发展。

防卫战略：当企业面临外部市场机会，但自身缺乏利用机会的条件时，应想办法创造条件，努力克服自身的弱点，将劣势转化为优势。

退出战略：当企业面临外部威胁，自身条件也较差时，应果断退出。

分散战略：当企业面临严重的威胁，而自身条件较好时，应利用企业自身优势，采用多元化经营战略，分散风险。

【案例 2-13】

2008 年上半年戴尔竞争情报分析

2007 年，戴尔全球 PC 市场老大的宝座被惠普夺走。为了重振旗鼓，戴尔采取了一系列的措施，不仅从单一直销拓展到零售渠道，快速向分销领域转身，而且还一改过去的品牌形象，设计出新的消费 PC。2008 年是戴尔进入中国的第十年，戴尔开始向昔日的王位重新发起攻击，希望在中国市场有所突破。那么，戴尔的优劣势、机遇与挑战又何在呢？以下是ZDC对2008年戴尔笔记本的竞争情报方面的研究，其研究方法是SWOT分析法。

1. 优势

（1）大规模定制。戴尔通过电话或互联网向客户直接销售电脑而去除了中间商，并根据用户的要求定制电脑。这种方式带来的竞争优势是显而易见的，通过客户定制化，使得戴尔通常能以比零售价还低的价格向客户提供产品。

（2）直销。按照客户要求制造产品，并向客户直接发货，使戴尔能够最有效和最明确地了解客户需求，继而迅速做出回应。这种模式除了中间商，减少了不必要的成本和时间，让戴尔更好地理解客户的需要。

（3）零库存管理。戴尔发现管理存货流动的速度可以成为赢利的战略，这种战略的一部分是去建立强大的零售关系，并且不管产品在哪里进行生产都要保证产品的质量全部合格。

（4）价格优势。由于直销模式摒弃了中间渠道，按照客户需求制造电脑，“以信息代替库存”，加速了资金周转速度，降低了成本，实现了价格优势。

2. 劣势

（1）厂家与消费者之间缺少缓冲环节，容易形成矛盾冲突。戴尔的直销模式既可能因其高效率低成本实现与消费者的双赢，也可能会在双方直接面对不可避免的利益分歧时，由于缺乏灵活的处理机制，加深消费者的不满。

（2）直销模式遭遇发展瓶颈，很难再维持其成本优势，惠普、联想和Acer等竞争对手已将供应链缩短至两周，从而削弱了戴尔的优势。

（3）中国的本土化战略不彻底，造成营销体制的混乱。虽然戴尔一直坚持直销模式，但是在中国戴尔通过代理商来销售已经不是什么秘密，一些代理商以大客户的名义从戴尔拿货，然后销售，这样消费者所面对的所谓戴尔的销售代表有可能只是代理公司的销售代表，销售代表良莠不齐，也易造成消费者的不满。

（4）戴尔笔记本产品价格战线失衡较为突出，其产品价格策略的重点集中在中低端市场上，树立品牌形象的中高端产品较少，这将导致戴尔品牌影响力的下滑。

（5）在PC市场上，由于采取低价策略，与本土企业相比，戴尔的国际品牌优势并不强。

3. 机会

（1）消费PC市场的发展机会。据有关资料预计，在未来三至五年，我国个人电脑市场预计将保持25%的年增长率。这无疑将给戴尔在消费市场的发展提供了良好契机。

（2）进军零售卖场带来发展机会。目前，3C卖场融合IT产品的步伐在加快，很多PC厂商也越来越重视3C卖场。而随着众多领导厂商对3C卖场的重视提高，整个IT零售终端正在发生着演变。目前，戴尔与中国零售市场最具实力的两家3C卖场（苏宁与国美）都建立了合作关系，未来还将包括宏图三胞、五星、美承、恒昌与和雍等。这有望拉动戴尔的销售业绩，成为其进一步提升业绩的有效措施。

4. 威胁

(1) 直销和分销同时运作是戴尔面临的一大挑战。目前，戴尔开始快速向分销领域转身。但是对于坚持直销、所有的管理模式都是按照直销体系打造厂商来说，要做好渠道销售要面临不小的挑战。业务模式的调整，意味着内部管理和人员结构都要进行一定的调整，这些需要一个很长的过程。另外，戴尔同时运作直销和分销业务，产生冲突是无法避免的事情。

(2) 消费市场面临惠普、联想强有力竞争对手的挑战。在消费市场上，惠普先知先觉，依靠在消费市场的飞速发展，从戴尔手中夺回全球 PC 老大的位置。联想在 2008 年初的新品牌战略浮出水面，推出 Idea 品牌进军全球消费 PC 市场。戴尔虽然在消费市场也有举措，但竞争力稍显不足。

从 2008 年初开始，戴尔在中国就开始了战略布局。欲用零售渠道围剿在华市场，国美、苏宁、宏图三胞等 3C 卖场也被陆续纳入戴尔的零售版图，再加上其成熟的直销模式，相信对惠普、联想都将是一个不小的威胁。

根据 Gartner 数据，2008 年第一季度与第二季度，戴尔的出货量增长速度均超越了惠普，可见其战略转型已经初见成效。

(作者自编)

☞课后训练☜

一、理论知识掌握

1. 市场营销环境有哪些特点？市场营销环境对企业营销有何影响？

2. 微观环境由哪些要素构成？宏观环境由哪些要素构成？

3. 市场营销环境分析的方法有哪几种？

二、能力素质训练

1. 假设你是一位即将走入社会的求职者，请用 SWOT 分析法分析自己的优劣势及即将面对的社会中存在的机会与威胁，并在以后的学习中针对性地努力消除不足，提高自身的社会竞争力。

2. 案例分析

[案例 1] 从豆浆到维他奶

一碗豆浆、两根油条是三顿美餐中的第一餐。这是许多中国人的习惯。豆浆以大豆为原料，是豆腐作坊的副产品，在中国已有 2000 多年的历史。它的形象与可乐、牛奶相比，浑身上下冒着“土气”，以前喝它的人也是“土老帽”。

但是，豆浆现在在美国、加拿大、澳大利亚等国的超级市场上都能见到，和可乐、七喜、牛奶等国际饮品并列放着，而且价高位重，有形有派。当然，豆浆此时已改名叫“维他奶”。

豆浆改名维他奶，是香港一家有 50 多年历史的豆品公司，为了将街坊饮品变成一种国际饮品，顺应不断变化的价值观和世人生活，不断改善其产品形象而特意选择的。

50多年前，香港人的生活并不富裕，营养不良很普遍。当时生产维他奶的用意就是要为营养不良的人们提供一种既有营养又便宜的牛奶代用品即一种“穷人的牛奶”。在往后的20年中，维他奶都是以普通大众的营养饮品这个面貌出现的。

可是到了20世纪70年代，香港人的生活水平大大提高，人们反而担心营养过多的问题。维他奶既是营养品又加上价格低，喝它让人感觉掉价。于是，该公司业务陷入低潮。20世纪70年代中期，该公司把维他奶树立为年轻人消费品的形象，使它像汽水一样，与年轻人多姿多彩的生活息息相关。这时期的广告摒弃了“解渴、营养、充饥”或“令你更高、更强、更健美”等字眼，而是以“岂止像汽水那么简单”为代表。1983年，又推出一个背景为现代化都市，一群年轻人拿着维他奶随着明快的音乐跳舞的电视广告。这一时期的维他奶是一种“消闲饮品”的形象。

然而，到了20世纪80年代，香港的年轻人喝维他奶怎么也喝不出“派”来，于是，从1988年开始的广告便重点突出它的亲切、温情的一面。对于很多香港人来说，维他奶是个人成长过程的一个组成部分，大多数人对维他奶有一种特殊的亲切感和认同感。它是香港本土文化的一个组成部分，是香港饮食文化的代表作，维他奶对香港人如同可口可乐对美国人一样。由此，维他奶又开始树立起一个“经典饮品”的形象。

在同一时期，维他奶开始进入国际市场 。这一时期，太多的脂肪成了发达国家消费者的一大问题。在美国，维他奶被标榜为高档“天然饮品”。被标榜为天然饮品，当然受美国人的欢迎，于是便出现了这种历史性趣事：维他奶创始之初，被标榜为“穷人的牛奶”，强调它与牛奶的相似之处，并且价格比牛奶要低；今天在美国市场，维他奶强调的是与牛奶不同的地方即有牛奶的营养而无牛奶的高脂肪，其价格比牛奶要高。

[案例2] 湖南卫视的市场营销环境分析与策略

湖南卫视经过十年的探索和运作，成功地确立了国内领先娱乐频道的地位。2007年，在“中国品牌五百强”排行榜中，湖南卫视排名113位，成为各媒体学习的榜样。湖南卫视的成功，源自于对营销环境的准确分析把握和超前的创新意识及策划。

1. 湖南卫视营销环境分析

(1) 政治因素。21世纪以来，整体社会局势向着开放、自由、个性的方向发展；国内政治体系不断完善，政局稳定，保证了整个社会能够理性地面对存在的弊端和问题，并能够合理引导社会发展的多样化趋势。

(2) 经济因素。随着经济的发展，人们的生活水平不断提高，消费层次、消费水平、消费能力都发生了变化。人们不再满足于枯燥乏味的单一电视新闻，而是期望更多的个性化的节目；同时，新型网络媒体显然已经远远走在电视媒体之前。其庞大的网络资源、实时的新闻效果及点播式的自助娱乐方式，成为彰显个性化、满足特定需求的重要基础资源。电视媒体传统的经营方式面临着新型网络媒体的冲击。

(3) 社会因素。中国人有着强烈的家庭观念，而电视是聚集家庭成员的最佳工具。当老老少少难得齐聚一堂时，新闻电视节目的吸引力有限，娱乐性节目才是家庭媒体所关注的重点；高节奏、网络化的生活在不断吞噬着城市人群时间的同时，越来越多的农村家庭方在辛苦劳作之余聚集到新买的电视机前，通过电视了解世界。而国内70%的农村人口是电视媒体的潜力市场，他们的需求将在一定程度上左右电视台的运营策略；

在消费者的消费习惯顽固作用之下，央视牢牢占据着国内新闻的头把交椅，留给地方电台的只能是差异化的竞争方式，“娱乐”成为差异化最主要的工具。

（4）技术因素，技术的不断进步，造就了互联网，并催生了现今的新媒体时代，传统的电视节目受到新技术的不断挑战。但新技术同样也赋予电视节目以新生，IPTV、数字电视等技术的产生在一定程度上消除了被动的接收方式。与此同时，技术的进步实现了各媒体间的相互支持，造就了新型的综合媒体时代，并创造了前所未有的市场价值。电视媒体作为其中的核心媒体之一，有着显著的价值空间。

2. 湖南卫视的营销策略

根据上述分析，湖南卫视在全国所有电视媒体中率先对自身品牌进行了清晰的定位——“打造中国最具活力的电视娱乐品牌”。围绕这一定位，湖南卫视构建了整合营销模式。

第一，要求广告部、总编室、覆盖办、节目部四大部门密切合作，相互配合抓创收，从根本上改变过去广告部单一运作的传统营销模式。

第二，与各地方电视台合作，如超级女声在海选阶段与广州、长沙、郑州、成都、杭州等电视台合作，设立五个赛区进行选拔赛。

第三，充分利用网络、短信等现代传播手段，通过网络互动、短信互动将全国各地的歌迷聚集到一起，在歌迷极力推销歌手的同时，超级女声影响力也随之扩大。

第四，对赞助商的资源进行整合，在赞助商传播其品牌的同时，扩大超级女声的影响力。

与蒙牛合作，拉开“2005 快乐中国蒙牛酸酸乳超级女声”大幕。蒙牛不仅冠名湖南卫视“2005 超级女声年度大选”活动，而且选用 2004 年超级女声季军做代言人，所有的广告与推广全部与超级女声密切结合。这种将企业的一个产品完全与电视台举办的活动捆绑在一起的做法，是一个十分大胆的举动。

[案例 3] 摩托罗拉手机市场营销案例：作秀精彩 MOTO

2002 年初，摩托罗拉公司推出了 MOTO 策略，借此拉近了与消费者之间的距离，在 2002 年末，摩托罗拉在中国手机市场全年市场份额中依旧保持了第一的位置（并且是中国 CDMA 手机市场份额第一，各省手机市场占有率第一）。这表明，在手机激烈竞争的市场环境中，摩托罗拉摆脱了过去沉稳僵化的营销风格，重新引领了时尚潮流，并保持了自己的市场地位。显然，MOTO 策略成功了，那么，MOTO 到底是什么？它的神奇之处在哪里？请看“摩托罗拉手机市场营销案例”。

第一次听到“MOTO！MOTO！”的声音时，以为是摩托车的广告，看了才发现原来是摩托罗拉的新招。在 MOTO 的广告里，一帮像“有病”似的年轻人到处喊着：“MOTO！MOTO！”摩托罗拉将自己的名字减去了一半，从严格的营销理论意义上讲，等于是换了自己的“CI”，绝对是冒险行为。但摩托罗拉似乎并不在乎，它脱掉了“西装”，换上了“休闲服”，把自己从“老摩”变成“小摩”，市场果然又火了起来。细想，一个一贯以推崇技术领先为最高荣誉的企业，到了新时代，也不能不幽默自己一下，这确实值得市场营销人士深思。

这个时代确实是“感性时代”，多数人都受到了“时尚病毒”的传染，有大名不叫，非叫小名才过瘾。如果是消费者“得病”了，那么是先治好了他们的“病”再卖东西，还是反过来顺应潮流呢？看来摩托罗拉选择了后者。他们明白，这个时代的主流就是，“不断变化的时尚潮流”，产品想要卖得好，必须迎合甚至带动“时尚潮流”才行，反之则死。

如果说，带动时尚潮流太难，那么迎合时尚潮流对企业来讲，就不失为最有效的一招。不仅是摩托罗拉，而且这两年来迅速增长的中国手机企业在迎合潮流方面也有出色表现。2001年7月，TCL花了1000万元的“天价”请了当红的韩国美女金喜善为产品做广告。说实话，广告拍得确实一般，金喜善的镜头要比产品多得多，不少专家也出文抨击该广告“错位”，混淆了代言人与产品诉求的关系，无法体现产品的科技诉求。但颇有讽刺意味的是，在广告播出后的三个月的时间里，TCL每月基本实现了3亿~4亿元的销售额，比没播广告之前上涨了3倍以上。“韩国第一美女”没有让TCL失望，2001年，TCL手机卖了30多亿元，利润超过3个亿，消费者似乎并不在乎“科技诉求”和“产品定位”什么的。他们似乎只关心所谓“时尚的东西”：什么最流行？什么已经被淘汰了？金喜善是否整过容？手机外形“酷不酷”？在感性消费时代，消费者多数都是“病人”，和病人讲理是行不通的，有效的办法应该是：仔细研究是什么让他们得了病，并马上对症下药，让病人舒服。只有他们舒服了，产品才能卖出去。

分析：

（1）各个案例中环境对公司的影响有哪些？

（2）面对环境的影响和变化，公司采取了哪些营销策略？

第三章　市场购买行为分析

【案例 3-1】

雪糕（冰激凌）产品的购买行为

一、背景资料

为了帮助雪糕（冰激凌）厂家更深入、准确地了解消费者对该类产品的动态需求，以便在产品高度同质化的市场中发现新的、有价值的细分市场，满足不断变化的消费心理与消费需求，作为中国专业的食品市场调研与整合营销策划机构的北京英昊亚太咨询有限公司于2002年5月26日至6月2日，对北京雪糕（冰激凌）市场进行了一次有针对性的调研。本次调研方法为入户访问，在北京市八城区采用分层随机抽样的方式成功访问了366个居民家庭，同时，在对问卷数据进行分类录入的基础上，研究人员采用 SPSS for Windows10.0 专业分析软件，对上述调查数据进行了频数、交互及相关分析。经数据分析表明以下特点：

二、调查分析结果

1. 品牌美誉度——伊利最高

超过半数的消费者认为伊利是最好的雪糕（冰激凌）品牌，比率达到 52.2%；以下依次为和路雪、蒙牛和宏宝莱。可以看出，雪糕（冰激凌）是品牌集中度和美誉度很高的食品类别。

2. 品牌力、产品力、销售力三者相辅相成

调查显示，有56.6%的消费者最喜欢伊利品牌，伊利的品牌忠诚度较其品牌美誉度还要高出近5个百分点；和路雪的品牌忠诚度略高于其品牌美誉度。伊利与和路雪除了品牌力强外，同时也有强大的产品力与销售力支持（伊利从苦咖啡、四个圈到小布丁、心多多，和路雪的可爱多、千层雪等产品，占领着不同的细分市场），而且这两个品牌的广告、促销力度优势明显，除了电视广告外，几乎在所有的销售终端都有伊利、和路雪的广告展牌和各类产品陈列。品牌力、产品力和竞争力的有机统一是伊利、和路雪市场成功的三个重要的互动因素。

3. 消费者喜欢吃的雪糕（冰激凌）的品牌与品种

调查发现，消费者喜欢吃的雪糕（冰激凌）产品主要有以下几种：（1）伊利：小布丁、心多多、苦咖啡、四个圈；（2）和路雪：可爱多、梦龙、七彩旋、千层

雪；(3) 蒙牛：奶油雪糕棒、大冰砖、鸡蛋奶糕；(4) 宏宝莱：绿豆沙、沙皇枣。

4. 近四成消费者会因吃雪糕（冰激凌）而担心发胖

当被问及吃雪糕（冰激凌）对身体有哪些坏处时，有41.6%的被访者担心会发胖；往下依次是吃多对胃不好（22.1%），对牙齿不好（11.6%），吃多了肚子疼（10.6%）和含糖高，对身体不好（5.6%）。归纳起来，消费者认为多吃雪糕（冰激凌）对身体主要有两大坏处，一是雪糕（冰激凌）含糖、含脂高，担心多吃会发胖；二是雪糕（冰激凌）特别凉，吃多会对肠胃不好。由于该类产品的目标消费群体主要是青少年，因而，如何化解他们吃雪糕（冰激凌）的顾虑，也是各厂家实现销售增长的主要方向之一。

5. 消费者每天吃2支比率接近半数

调查显示，在6—10月份，消费者每天吃2支雪糕（冰激凌）的比率接近半数，为16.2%；每天吃1支的为24.8%；每天吃3支的为16.2%；每天吃4支的为5.7%；而每天吃5支以上的重度消费者也占到6.7%。雪糕（冰激凌）单位价格虽然不高，但整个市场容量巨大，如何增大单一产品的销售规模，这是厂家取得好的经济效益的关键。

6. 价格：1~5元最受欢迎

调查结果显示，有39.0%的消费者经常购买1.5元的雪糕（冰激凌），经常购买1元的也占到33.3%，两项合计达到72.3%。也就是说，在10个购买雪糕（冰激凌）产品的消费者中就有7个人经常购买价位在1~1.5元之间的产品。

7. 每月支出：集中在21~50元

调查显示，在6-9月份中，有32.4%的消费者每月吃雪糕（冰激凌）的花费在21~30元之间；在31~50元之间的占24.8%。可以看出，近六成消费者每月该类产品的消费主要集中在21~50元之间。当然，由于雪糕（冰激凌）季节消费差异明显，6-9月份是该类产品的销售旺季，因而其他月份的消费会相对低。

8. 产品销售：靠终端制胜

与其他众多食品销售渠道不同的是，社区小冰点（30.6%）、超市（28.6%）和路边小冰点（27.7%）共同构成雪糕（冰激凌）产品三个重要的销售终端。雪糕（冰激凌）在销售过程中一直需要冷藏，冰柜需要较高的成本投入，因而每个城市从批发商到零售商的冰柜数量都是有限的，产品的储存也只能到一定的规模。如此，谁能拥有更多的经销商，控制更多的冰柜数量，谁就能在市场中占据有利的位置，并且，可以有效地抑制竞争对手产品的销量。

9. 和路雪广告支持率比产品支持率高

有47.1%的消费者认为伊利的广告做得最好；认为和路雪广告做得好的占38.5%，比率接近伊利。而和路雪的广告（38.5%）比产品（28.1%）的支持率高出10个百分点。通过和路雪与伊利系列产品的对比不难看出，总体而言，和路雪的价格要高于伊利，这可能是和路雪销量相对于广告支持率略少的主要原因。

10. 广告和其他促销方式对购买的影响力

调查显示，广告的影响力集中在50%~90%；其他促销方式的影响力主要集中在50%~80%。因此，广告和其他促销方式对消费者购买雪糕（冰激凌）产品均有着重要的影响。

11. 现有产品的十大不足

调查显示，现有的雪糕（冰激凌）产品有十大不足：（1）没有凉的感觉；（2）奶油太多，越吃越渴；（3）容易融化；（4）含糖量高；（5）有些产品价格太高；（6）纸包装；（7）形状、口味、包装大多数相同，无新鲜感；（8）品种太多；（9）产品的质量不稳定；（10）起不到降火、解暑的作用。

（作者自编）

分析：

（1）根据以上的调查结果，分析雪糕（冰激凌）市场的主要特征是什么？

（2）你认为应开发怎样的适时适销的新雪糕（冰激凌）品种，才能赢得消费的支持和忠诚，使自己在竞争对手如林的雪糕（冰激凌）市场中占据一席之地，并在其中游刃有余呢？

（3）你有什么办法消除现有雪糕（冰激凌）的十大不足？

市场营销环境分析能够灵活分析市场营销的微观环境和宏观环境、科学分析和评价市场机会与环境威胁、对市场营销环境的变化采取对策，从而为决策提供理论依据，进而影响到具体的市场购买行为。

任何一种市场购买行为都是在一定的市场营销环境下进行的，市场购买行为要随着市场营销环境的变化而变化，脱离市场营销环境的市场购买行为将与现实脱节，我们在分析市场购买行为时也应该结合市场营销环境来进行分析与研究，本章就市场购买行为进行详细分析阐述。

本章主要内容包括市场的结构、类型；消费者市场的特点，消费者购买行为的因素，消费者购买决策过程；组织市场的主要类型及其特征，具体包括生产者市场特点、生产者购买行为的类型、生产者购买决策的参与者、影响生产者购买决策的主要因素，生产者的购买决策过程；中间商市场特点、中间商购买行为类型、中间商购买过程的参与者、中间商购买决策过程；非营利组织市场的类型、非营利组织的购买特点、非营利组织的购买方式；政府采购的目的、政府采购方式、政府市场购买过程的参与者、影响政府购买行为的主要因素等。

通过本章内容的学习，使学生体会消费者市场和组织市场的特点、掌握消费者购买行为的模式、独立分析影响消费者行为的基本因素、认识营销者在购买者决策过程中不同阶段的工作内容，从而达到进一步让营销者在购买者决策过程的不同阶段能够采取不同营销对策的目的。

第一节　市场结构组成分析

一、市场的组成结构单位

市场营销学家认为市场是指对某种商品或劳务具有购买欲望并且具有支付能力的潜在顾客的集合。顾客是组成市场的基本结构单位，顾客是每一个进行市场营销的人员必须了解、熟悉和研究的对象。

二、市场的类型

根据顾客对购买商品或劳务的目的和用途，我们可以把市场分为消费者市场和组织市场两种类型。

1. 消费者市场

一部分顾客购买商品或劳务的目的和用途主要是用于个人消费，即这部分人们为了满足个人或家庭生活的需要，购买产品、服务。我们把这一部分的顾客集合称为消费者市场。消费者市场是许多企业从事经营活动的主要场所、服务的主要对象，是商品或劳务的终端消费者。

2. 组织市场

另一部分顾客购买商品或劳务的目的和用途主要是用于组织单位、集团的再生产、再分配等，而不是直接用于个人消费，我们把这另一部分顾客集合称为组织市场。具体是指工商企业为从事生产、销售等业务活动以及政府部门和非盈利性组织为履职责而购买产品和服务所构成的市场。组织市场又可以分为以下几类：

(1) 生产者市场（生产资料市场、工业品市场或产业市场）。它是指购买产品或服务用于制造其他产品或服务，然后销售或租赁给他人以获取利润的单位和个人。其主要由以下产业构成：农林、渔、牧业；采矿业；制造业；建筑业；运输业；通讯业；公用事业；银行、金融、保险业；服务业等各行业。

(2) 中间商市场。它是指购买产品用于转售或租赁以获取利润的单位和个人，包括批发和零售，又称转卖（售）者市场。

(3) 非营利组织市场。它是指为了维持正常运作和履行职能而购买产品和服务的各类非营利组织所构成的市场。如学校、医院、研究所院等，还有各种慈善机构等。

(4) 政府市场。它是指为了执行政府职能而购买或租用产品的各级政府和下属部门。如各级各类政府的采购。

三、市场的特点

1. 消费者市场的特点

（1）普遍性与多样性。普遍性是指人人都是消费者。由于消费者市场人数众多，具有购买次数频繁，购买数量少的特征，因此消费者的购买行为与企业购买行为明显不同，与消费者购买行为相比，企业购买行为具有购买次数少，每次购买量大的特征。多样性是指由于消费者市场人多面广，消费者受到年龄、职业、受教育程度、经济收入、性格及所处的市场环境不同的影响，导致消费者购买行为千差万别。

（2）层次性与发展性。消费需求的层次性是指消费者对同一类产品，在质量、价格、款式、规格、性能等方面需求的差异性在消费品市场以多层次性特征表现出来。如按产品价格高低，可以把产品分为高、中、低三个档次。这种特征有利于企业细分市场，所提供的产品更有针对性。消费需求的发展性是指随着时代变迁，科技进步，经济收入的提高，消费者的需求会经历一种由低到高，由粗到精的发展过程。特别是由于科学技术的迅猛发展，新产品层出不穷，产品生命周期日益缩短，人们更换产品速度加快，进一步促进了消费需求的发展性。

（3）情感性。消费需求的情感性是指消费者购物带有明显的感情色彩。由于消费者缺乏专业知识，大部分是外行，多属非专家购买，往往是根据个人的喜好和情感购物。如在情人节，恋爱中的男女要送玫瑰花、巧克力来表达自己的爱恋之情，因此每年的2月14日的情人节，都是玫瑰花和巧克力最畅销、价格上涨最快的日子。

（4）可诱导性。消费需求的可诱导性是指消费需求受消费者收入、嗜好、商品价格、税收和储蓄利率、心理预期、经济发展趋势的影响，购买具有很大的伸缩性，容易受外界因素的诱导。一般来讲，消费者对商品的不同偏好程度决定了他们的购买意愿。消费者的嗜好取决于个人生理和心理需求，也取决于社会消费时尚。企业可以通过示范效应和广告效应来影响消费时尚。示范效应是某一消费团体的消费方式对其他团体的影响；广告效应是广告对形成消费时尚的影响。由于示范效应和广告效应的重要性，许多企业不惜重金利用这两种效应来诱导消费者，如百事可乐不惜重金聘请国际著名足球明星做广告来诱导喜爱这些足球明星的消费者购买百事可乐饮料。

（5）互补性和替代性。消费需求的互补性是指消费者为了满足自己个人的某种需求，需要同时购买两种或两种以上的商品。消费者购买的这些产品一般来讲都是互补品，如购买相机就必须买胶卷，因为相机和胶卷是互补品。其中互补品中的一种商品价格下跌，会引起另一种商品需求的增加；反之，则减少。柯达公司就曾采取低价卖相机，高价卖胶卷的市场价格策略。消费需求的替代性是指商品功能近似可以互相替代满足消费者的同一种需求。如消费者既可买羽绒服御寒，也可以买棉大衣、裘皮大衣御寒。羽绒服、棉大衣、裘皮大衣是替代品。有替代关系的商品，当一种商品价格下跌时，另一种商品的需求就会减少。最近几年由于羽绒服价格大幅度下降，人们对棉大衣的需求急剧减少。

（6）地区性。消费需求的地区性是指同一地区的消费者在生活习惯、收入水平、消费需求等方面具有很大的相似性，因而在消费行为上表现出地区性特点。如羽绒服在北方地区冬季销量很好，在海南岛则无人问津。中国的饮食北咸南甜，山西人喜吃醋，四川人、湖南人、湖北人喜吃辣。

（7）季节性。消费需求的季节性是指由于气候条件、风俗习惯不同而引起的季节性消费。这些商品的供应与消费有显著的淡、旺季之分。如夏天蔬菜价格便宜，冬天贵。2006 年春节“菜比肉贵”，在辽宁省的一些城市中，黄瓜 6 元/斤。另外在中国一些传统节日中会引起某种商品旺销，如元宵节的汤圆，端午节的粽子，中秋节的月饼等。

（8）流动性。消费需求的流动性是指消费品具有在地区间流动的特性。如服装的流动趋势是从欧美流动到日本、韩国、中国香港，然后流动到中国内地的东南沿海，再流动到中国北方地区和西部地区。在消费品流动过程中有两种现象：一种是滴流，即商品的流行趋势从上层社会流动到下层社会；另一种是溯流，即商品的流行趋势从下层社会流动到上层社会。如牛仔服装最初是美国西部牛仔穿的一种从事体力劳动的服装，现在世界各个阶层的人都在穿这种服装，这种服装已成为世界通用的休闲服装。

【案例 3-2】

俞敏洪的“空城计”

1991 年秋天，俞敏洪离开北大，在中关村第二小学租了间平房教室，外面支一个桌子，放一把椅子，正式成立“新东方大学英语培训部”。第一天，来了两个学生，看见破旧的设备，干干净净的花名册，满脸狐疑，虽然经老俞劝说交了钱，但马上又退钱而去。随后两天，来人不少，可只有三个学生报名交钱。俞敏洪疑惑：为什么好多人来，看看花名册就走人了呢？于是，老俞心生一计。第二天，他在托福、GRE 所有花名册上各填 30 个假名字，像是从第 31 名开始的架势。这一招果真灵验，学生一看，认为前面已经有 30 人被骗了，也不是我一个人被骗。俞敏洪统计过，搞了这种诡计后，每四个学生中会有两三个交钱报名，而在这之前，四个学生中最多有一个交钱。

（作者组织自编）

上述案例告诉我们，消费者的消费会因为某一消费团体的消费的示范效应对其他团体的影响而发生。作为市场营销人员要善于运用消费者市场的特点，制定和采用合适恰当的市场营销策略，促使消费者购买自己的产品和服务。

2. 组织市场的特点

组织市场的特点从整体上来说大致有如下几点：

（1）营销人员接触的顾客比较少；

（2）顾客每次购买数量比较大；

（3）供需双方关系密切；

（4）购买者的地理位置相对集中；

(5) 属于派生需求，也称为引申需求或衍生需求；
(6) 需求弹性小；
(7) 需求波动大；
(8) 专业人员采购；
(9) 影响购买决策的人多；
(10) 互惠购买，双方经常互为买方和卖方；
(11) 往往通过租赁方式取得所需产品；
(12) 直接采购，交易时间长。

组织市场与消费者市场相比，具有如下几个显著特点：

(1) 组织市场中组织购买者的购买目的复杂多样；
(2) 组织市场中组织购买者不仅购买大量的生产资料，而且购买大量的消费资料；
(3) 组织市场中参与组织购买决策的人多，尤其是一些重大的购买决策。

每一种具体的组织市场的特点在本章第三节的内容中具体详细阐述。

第二节 消费者购买行为分析

消费者市场是人们为了满足个人或家庭生活的需要，而购买产品或服务的市场。它是市场体系的基础，是起决定作用的市场。消费者市场上，消费者购买实物产品和服务产品的目的是满足自身的最终消费，而不是作为生产资料牟取利润。消费者市场的特点有：非营利性、非专业性、层次性、替代性、广泛性、流行性等特点（见前面的详细阐述）。

一、消费品的分类

1. 依据人们购买、消费的习惯分类，可分为便利品、选购品和特殊品

(1) 便利品是指顾客经常购买或即刻购买，并几乎不作购买比较和购买努力的商品，如香烟、肥皂、报纸、食盐等。为顾客提供购买该类产品的便利性很重要。

(2) 选购品是指消费者在选购过程中，对产品的适用性、质量、价格和式样等基本方面要作有针对性比较的产品。如服装、家具、家用电器等。对于选购品，企业必须备有丰富的花色品种，以满足不同消费者的爱好。同时，要拥有受过良好训练的推销人员，为顾客提供信息和咨询。

(3) 特殊品是指具有独有特征和（或）品牌标记的产品，有相当多的消费者愿意对这些产品作特殊的购买努力。如高级服装、轿车、专业摄影器材等。对特殊品的营销，企业不必太多考虑销售地点是否方便，但是要让可能的顾客知道购买地点。

2. 依据产品的有形与否分类，可分为有形产品（物品）、无形产品（服务）

(1) 有形产品是指使用价值必须借助有形物品才能发挥其效用，且该有形部分必须进入流通和消费过程的产品。

(2) 服务，也称无形产品，是指一方能向另一方提供的基本上无形，并且不导致任何所有权的产生的活动或利益。服务是无形的、市场和消费不可分离的、可变的和易消失的。如理发、修理、培训教育等。作为一种活动的结果，他们一般要求更多的质量控制、供应者信用能力和适用性。

3. 依据产品耐用性分类，可分为耐用品和非耐用品（耐用品和非耐用品都是有形产品）

(1) 耐用品一般是指使用年限较长、价值较高的有形产品，通常有多种用途，如冰箱、电视机、高档家具等。耐用品一般需要较多地采用人员推销，提供较多的售前售后服务和担保条件。

(2) 非耐用品一般是指有一种或几种消费用途的低值易耗品，如解渴饮料、食盐、肥皂等。这类产品消费快，购买频率高，企业的营销战略应该是：使消费者能在许多地点方便地购买到这类产品；价格中包含的盈利要低；加强广告宣传以吸引消费者试用并形成偏好。

4. 依据按照消费品的用途，可分为生存消费品、发展消费品和享受消费品。(1) 生存消费品是指维持人们生存的生活必需品。

(2) 发展消费品是指用于发展人们智力和体力所需要的消费品。

(3) 享受消费品是指用于人们生存和发展之外的其他消费品。

二、影响消费者购买行为的因素

消费者市场上不同购买者的需求和购买行为存在着很大的差异。经济学家曾把在市场上进行购买的消费者都看做是“经济人”，在购买过程中总能进行理智而聪明的判断，作出最经济的选择。但经济学家们的理论很难解释现实中人们的购买选择为什么会如此千差万别。显然，除了经济因素以外，还有其他因素：除了理性的思考以外，还有其他非理性的情绪在影响人们的购买决策。消费者购买行为取决于他们的需求和欲望，而人们的要求、欲望、消费习惯，以至购买行为又是在文化因素、社会因素、个人因素、心理因素等许多因素的影响下形成的。

1. 文化因素

文化因素包括文化、亚文化和社会阶层等，这些因素对消费者购买行为具有最广泛和最深远的影响。

文化是人类在社会实践过程中所获得的物质、精神的生产能力和创造物质、精神财富的总和。文化是一种历史现象，具有历史的继承性、阶段性、民族性、地区性、多样性等特征，文化背景不同，人们的需求就不同，因此文化是影响消费者购买行为的最基本的因素。文化差异引起消费者购买行为的不同，主要表现在婚丧嫁娶、服饰、饮食、建筑风格、传统节日、礼仪等方面。如东方文化强调集体精神，孝道等。

亚文化亦称“副文化”、“小群体文化”，是因社会或自然因素而形成的，在某些方面有别于整体文化的地区性文化或群体文化。社会越复杂，亚文化越多，总体来讲，主要有民族亚文化群体、宗教亚文化群体、种族亚文化群体、地理亚文化群体等。

社会阶层也称社会分层，是指根据财富、权力、知识、职业或声望等标准将社会成员区分为高低不同的等级序列，即在一个社会中具有相对同质性和持久性的群体。它最早是由德国社会学家“组织理论之父”马克斯·韦伯（Max Weber，1864—1920 年）提出的。同一社会阶层的人往往具有相同的价值观倾向、社会地位、经济状况、受教育程度等，他们的生活方式、思维方式、审美观和消费行为大致相似，这一切将影响消费者的购买行为。

2. 社会因素

消费者购买行为也会受到诸如相关群体、家庭、社会角色与地位等一系列社会因素的影响。

相关群体是指对个人的态度、偏好和行为有直接或间接影响的群体。一个人的消费习惯、生活方式、对产品品牌的选择，都在不同程度上受相关群体的影响。相关群体对消费者购买行为的影响，主要表现在：一是示范性，二是仿效性，三是一致性。每个人周围都有许多亲戚、朋友、同学、同事、邻居，这些人都可能对他的购买活动产生这样或那样的影响，他们就是他的相关群体。尤其在中国，顺从群体意识是中国文化的深层结构之一，因此人们往往有意无意地按照或跟随周围人的意向决定自己购买什么、购买多少。按照对消费者的影响程度分类，相关群体可分为基本群体、次要群体和其他群体(渴望群体)。

家庭是最重要的相关群体。家庭是由婚姻、血缘或收养而产生的亲属间的共同生活组织，家庭是社会组织中的基本单位，是消费者最基本的参照群体，对消费者的购买行为有重要影响。一个人从出生就生活在家庭中，家庭在个人消费习惯方面给人以种种倾向性的影响，这种影响可能终其一生。而且，家庭还是一个消费和购买决策单位，家庭各成员的态度和参与决策的程度，都会影响到以家庭为消费、购买单位的商品的购买。家庭购买决策权主要掌握在夫妻手中，夫妻决策权的大小取决于购买商品的种类、双方工资收入、生活习惯、家庭内部劳动分工等各种因素。由于我国独生子女家庭多，子女在家庭购买决策中所起的作用也不容忽视。

社会角色是与人的社会地位相联系并按规范执行的行为模式。社会角色是人的各种社会属性和社会关系的反映，是社会地位的外在表现。社会生活中任何一个人都要扮演不同的社会角色，如一个人在家庭中是妻子、母亲，在社会上是公司职员等。社会角色的不同在某种程度上影响消费者购买行为。如女儿在母亲节购买康乃馨花送给母亲，恋爱男女在情人节购买玫瑰花和巧克力送给自己的爱人。

社会地位是人们在各种社会关系网中所处的位置，是对决定人们身份和地位的各种要素综合考察的结果。这些要素包括个人的政治倾向、经济状况、家庭背景、文化程度、生活方式、价值取向、审美观及其所担任的角色和所拥有的权利等。消费者的购买行为会随着社会地位的变化而发生显著的变更。

3. 个人因素

消费者购买决策也受其个人特性的影响，特别是受其年龄所处的生命周期阶段、职业、经济状况、生活方式、个性以及自我观念的影响。生活方式是一个人在世界上所表现的有关其活动、兴趣和看法的生活模式。个性是一个人所特有的心理特征，它导致一个人对其所处环境的相对一致和持续不断的反应。

关于年龄，不同年龄层消费者的购物兴趣，选购商品的品种和式样也不同。如青年人多为冲动性购买，容易受外界各种刺激的影响改变主意；老年人经验丰富，多习惯型购买，不容易受广告等商业信息的影响。

【案例 3-3】

"80 后"妈妈消费心理分析

一、以前的人们注重好不好，"80 后"妈妈注重喜不喜欢！首先要喜欢，才会考虑产品好不好！只要针对是"80 后"的消费者，都应该特别注重产品的外包装的吸引力。

二、信息面广："80 后"妈妈会大量从网络（主要是妈妈论坛、社区）、电视、杂志上了解相关的产品信息，所以应对"80 后"的年轻妈妈，没有"真功夫"，很难让她服你。

三、崇尚个性：一般的婴童店，品牌的婴儿外出服一直没有明显的销售起色，销量远不如外贸装，主要原因是：品牌的婴儿外出服款式传统，花色单一，更多注重保暖，严重忽视了款式的时尚性。"80 后"的妈妈，宝宝两岁开始后，在购买服饰时就会考虑款式的时尚问题了。

四、挑剔：店面装修要看得上眼，营业员要看得顺眼，产品包装要养眼。需要选择余地大，需要被重视，舒服了，才考虑购物。"80 后"的妈妈是被宠大的，自己还在被宠着，不经意间已当妈妈，所以我们不能把她们当妈妈，要把她们当小孩。

五、感性：大部分妈妈没有特别依赖的品牌（食品除外）产品，其实都有可能改变他们的消费习惯，她们之所以只会选择一些知名品牌，是因为对知名品牌的产品品质放心，并不一定是看上款式。改变她们的消费习惯比较容易，因为她们本身就在不断改变消费习惯。

六、随机性强：身份是妈妈，心理是小孩，所以随机消费强。

（第一赢销网 http：//www. yingxiao360. com/）

【案例 3-4】

"90 后"消费心理分析

"90 后"独特的价值观、生活方式和消费方式，让商家有些茫然，传统的营销方式在"90 后"面前面临失效的风险，企业必须深谙打动"90 后"消费时代的营销之道，针对 90 后一代的消费心理特点，相应的营销策略如下：

策略 1：互动式体验营销

"90 后"更注重消费和使用过程中的感受和体验，追求产品或服务与自己情感体验的一致性。因此，互动式体验营销更能激发他们的购买欲望，引导消费，刺激消费。具体体验营销形式有：第一是功能体验。它是通过对产品的试用体验，将使消费者对产品功能有更真实的感受和认知。如 iPhone、iPad 就是建立品牌体验店，为年轻消费者特别是90后一代提供不一般的视听享受，大大激发了他们的购买欲望。第二是娱乐体验。“90后”们喜爱娱乐、追逐娱乐。企业可将产品或品牌的理念特质融入到娱乐之中。同时，“90后”是注重感受的一代，给予他们视觉、听觉、触觉、味觉、嗅觉五感的综合感受，才更能让他们感觉到酷、有意思、好玩。

策略2：个性化的限量营销

什么样的产品最酷、最值钱？当然是稀缺的产品。对于崇尚自我个性、追求与众不同的“90后”来说，得到一款稀缺产品该让他们多么的疯狂、炫耀。

如何制造稀缺？第一是限量。如耐克将限量策略运用到了疯狂的境地。耐克 Pigeon Dunks 的推出使得数十位骨灰级耐克迷在耐克销售店争抢时发生冲突，直到警察赶到才解决了问题。物以稀为贵，限量制造疯狂。第二是限人。英国滑板品牌西拉斯 & 玛丽亚的东京店，消费者每次只能进20人，其他人需要站在门外等待。在前一批购物者离开之后，货架上的产品会重新更换。消费者乐此不疲，将进入“限制范围”作为自己个性的体现和身份的象征，实现了情感沟通。

策略3：自我式的网络购物

宅在家里上网，是众多“90后”的写照。商家自然也要把营销战场摆到了网络上。相较于网络广告，网络“圈子营销”似乎更能深入的影响消费者。

“90后”在追求自我的同时，又有很强的群体主义意识。QQ圈子、博客圈子、MSN圈子、开心网圈子……大行其道。在这些圈子里，他们乐于分享自己的体验，也乐于接受别人的经验，进而作为自己消费的依据。影响圈子内的一部分人，进而形成圈子内的口碑传播，或者企业去建立一个圈子，打造圈子的知名度，都是高效的营销手段。

另外，手机营销也是一个重要策略。就现在的3G手机功能来看，完全具有上网、听歌、看电影、看视频、拍照、玩游戏、翻译等功能。人们常可以看到一个孩子，只要拿着手机，他这一天就不会寂寞。如果没有手机，90后一代则简直不敢想象。

总之，中国的90后一代人作为一个独特的消费群体正在迅速崛起，他们的喜好、他们的心理特征以及消费意识都会影响和左右着当今这个时代的消费潮流趋势，而他们不断强大的话语权力也让不少企业觉察到其所带来的商机及威胁。正如比尔盖茨他都要聘请两名十几岁的少年作为公司的潮流顾问，定期向微软公司的高层管理者讲述近期青少年群体中的流行话题、热衷的游戏、感兴趣的玩具等。如何深度解读新一代消费群体的消费密码，把握未来潮流发展趋势，微软等公司的成功或许给了我们最好的启示，而我们的经营者想到了吗？

（第一赢销网 http：//www.yingxiao360.com/）

上述两个案例告诉我们，尽管影响消费者购买行为的因素很多，但对于不同的消费者，各种因素的影响力是不同的，营销人员应该好好分析影响消费者购买行为的因素，分析各种不同消费群体的特点，制定出具有较强针对性的影响策略。

性别、职业、受教育程度。由于生理、心理和社会角色的差异，不同性别的消费者在购买商品的品种、审美情趣、购买习惯方面有所不同。职业不同、受教育程度不同也影响到人们的需求和兴趣的差异。

经济状况。经济状况指一个人可支配收入的水平，还有他是否有其他资金来源、借贷的可能及储蓄倾向。在一个经济社会中，经济状况对个人的购买能力起决定性作用。消费者一般要在可支配收入的范围内考虑其开支。

生活方式。生活方式是在一定社会制度下社会群体及个人在物质和文化生活中各种活动形式和行为特征的总和。包括劳动方式、消费方式、社会交往方式及道德价值观念等。具有社会性、民族性、时代性、类似性、多样性、差异性等特点，生活水平、生活质量是生活方式在质和量两个方面的反映。有些人虽然处于同一社会阶层，有相同的职业和相近的收入，但由于生活方式不同，其日常活动内容、兴趣、见解也大相径庭，人们的消费重点也有所区别。如“娱乐型”人，生活丰富多彩，紧跟时尚；“生活型”人，购物以满足家庭舒适生活为主，“事业型”人喜欢购买书籍。因此，了解顾客的生活方式及产品与生活方式之间的关系，显然也是营销人员的任务之一。

个性。个性也称做人格，是指个人稳定的心理品质。包括人格倾向性和人格心理特征。人格倾向性包括人的需要、动机、兴趣和信念等，决定人对现实生活的态度、趋向和选择。人格心理特征包括人的能力、气质和性格，决定人行为方式上的个人特征。由于各人的遗传素质尤其是社会活动各不相同，使每个人在人格倾向性和人格心理特征方面各不相同，形成不同的人格，这种个性的差别导致购买行为的不同。如在选择服装方面，性格外向的人喜欢色彩明亮、款式新颖的服装，性格内向的人喜欢简洁、色彩深沉的服装。性格外向的人活泼多言，容易受推销人员、广告等外界因素影响，性格内向的人沉默寡言，在购物时往往犹豫不决。因此营销人员要针对消费者个性特点，展开促销。有学者认为，根据个性不同可将购买者分为六种类型：习惯型、理智型、冲动型、经济型、感情型和不定型。

【案例 3-5】

广州女人大胆消费没商量

假如广州、北京、上海三地的女人手里均握着 100 块钱，那么，北京女人掂量再三才花 50 块然后把剩下的 50 块存起来，上海女人则在考虑如何用这 100 块去赚 100 块，而广州女人则想也没想就把 100 块迅速消费掉，然后就向北京女人和上海女人借……

广州女人是非常实惠，崇尚及时享乐，也很懂得享受，举凡有什么衣食住行的新鲜玩意，她们奔走相约，第一时间去玩乐，大手笔地花钱，有多少花多少而不考虑储蓄起来未雨绸缪以备不时之需，所以，广州女人的银行存折里通常空空如也。广州女人，最能体现广州人的精明。在言谈举止上，不像京妞们大大咧咧冲口而出的豪爽劲，广州女人说话总要琢磨再三。打扮上，广州女人更比不上“上海宝贝”

们善于打扮得花枝招展；广州乃繁华之地，却非时装中心便是一证，广州女人精打细算，不会将钱花在打扮上，所以广州女人务实，贤惠，强悍。走在西关街道上，你随处可见广州女人勤劳的身影，在大小商铺里她们往往是掌事人，雷厉风行，指挥若定，男人也只是她们的配角。广州女人在家庭里任劳任怨，大小事务一揽在身。

（作者自编）

4. 心理因素

消费者购买行为要受动机、知觉、学习以及信念和态度等主要心理因素的影响。

动机。它是指人发动和维持其行动的一种内部状态，是一种升华到一定强度的需要，它能够及时引导人们去探求满足需要的目标。它是引起人去行动或者抑制这个行动的一种内在原因，是直接促使人去行动的推动力量。动机是有意识的，它是由需要而产生的。而且，需要的水平不同，动机的水平也不同。消费者的购买动机也是多种多样的，包括：求实动机、求新动机、求美动机、求名动机、求廉动机、求便动机、好癖动机。关于人的需要，美国心理学家、人本主义心理学创始人马斯洛（AbrahamH. Maslow，1908—1970年）在1954年发表的《动机与人》一书中，提出人类“需求层次理论”（The hierarchy of needs theory），也称为马斯洛动机。他认为人类的需求是以层次的形式出现的，由低级需求开始逐级向上发展到高级需求。他将个人需求分为五个层次：生理需求、安全需求、社交需求、尊重需求、自我实现需求。我国大部分居民的生理需求得到满足，正向安全需求、社交需求过渡，企业针对这种需求特征，要创新产品、改变产品来满足消费者的需求。

知觉。它是人们的一种基本心理现象，是人们对外界刺激产生反应的首要过程。知觉具有整体性、选择性、理解性三个特征，是消费者一系列心理活动的最初阶段。

学习。它是指由于经验而引起个体行为变化的过程。消费者的大多数行为都是学习得来的，通过学习，消费者获得了商品知识和购买经验，并用之于未来的购买行为。

信念。是是指人们对事物所持有的自己认为可以确信的看法。消费者对产品的信念，实际上是产品或品牌在消费者心目中的形象，它将影响消费者的购买决策。

态度。它是指一个人对待事物所持的一种具有持久性和一致性的心理倾向。消费者的态度与其购买行为直接相关，即消费者对某产品或品牌态度的肯定或否定，直接影响着消费者的购买行为。

【案例3-6】

可口可乐：失败的新配方

1985年，可口可乐公司更换配方以及宣布传统的可口可乐品牌将永久性地退出市场的不明智之举，使其品牌与消费者的情感背离，遭遇了一场20世纪最严重的营销危机。新可口可乐的溃败备受指责，许多美国消费者和资深的装瓶商都嘲笑郭思达及公司高层的无能，因为他们不是“纯正的”美国人，又如何能理解美国人对美好的可口可乐的那份深情呢？但这一民族界限的解释并不适用于基奥。在公司里，基奥戏称自己是“美国人的代表”，但他和郭思达一样坚信新可口可乐终会成功。所以，公司盲目的根源并不在于地理或文化背景，更多的是20世纪80年代心理作用的结果——激进、执著、自负的新决策团队企图再现健怡可乐震撼性的成功，然而他们却忽略了最重要的感情——爱。

美国公众高声而清楚地给了公司的战略家们一个沉痛的教训。可口可乐已经成为美国象征的饮料，她快乐自信、嘶嘶作响、增进感情，能即刻成为陌生人的朋友，给人们注入新的活力，犒劳他们烈日下工作的辛苦。这种和他们的生活息息相关的饮料——第一次约会，成败时分，快乐的庆祝会，冥想时的独处——都离不开它。

（作者自编）

三、消费者购买行为决策过程

在分析了影响购买者行为的主要因素之后，还需了解消费者如何真正作出购买决策，即了解谁做出购买决策，购买决策的类型以及购买过程的具体步骤。

1. 参与购买的角色

人们在购买决策过程中可能扮演不同的角色，包括：

（1）发起者，即首先提出或有意想购买某一产品或服务的人。

（2）影响者，即其看法或建议对最终决策具有一定影响的人，这些人不能对购买行为的本身进行最终决策，但是他们的意见会对购买决策者产生影响。

（3）决策者，即对是否买、为何买、如何买、何处买等方面作出购买决策，完全或部分作最后决定的人。

（4）购买者，即实际采购人，具体执行采购任务的人。其会对产品的价格、质量、购买地点进行比较后选择，并同卖主进行谈判和成交。

（5）使用者，即实际消费或使用产品或服务的人。其决定了对产品的满意程度，会影响买后的行为和再次购买的决策。

2. 购买行为类型

根据参与者的介入程度和品牌间的差异程度，可将消费者购买行为分为四种：

（1）习惯性购买行为。指对于价格低廉、经常性购买的商品，由于各种牌子间的差别极小，消费者对此也非常熟悉，因此不需要花时间进行选择，随买随取即可。因而，其购买行为最简单，消费者只是被动地接收信息，出于熟悉而购买，也不一定进行购后评价。这类产品的市场营销者可以用价格优惠、电视广告、独特包装、销售促进等方式鼓励消费者试用、购买和续购其产品。

（2）寻求多样化购买行为。有是指些产品品牌差异明显，但消费者并不愿花长时间来选择和估价，而是不断变换所购产品的品牌。例如，点心之类的商品，虽然品种差别很明显，但消费者往往不花长时间选择和评估，只是下次买时再换一种花样。这样做并不是因为对产品不满意，而是为了寻求多样化。针对这种购买行为类型，市场营销者可采用销售促进和占据有利货架位置等办法，保障供应，鼓励消费者购买。

(3) 化解不协调购买行为。有些产品品牌差异不大，消费者不经常购买，而购买时又有一定的风险，所以，消费者一般要比较、看货，只要价格公道、购买方便、机会合适，消费者就会决定购买。购买以后，消费者也许会感到有些不协调或不够满意，在使用过程中，会了解更多情况，并寻求种种理由来减轻、化解这种不协调，以证明自己的购买决定是正确的。经过由不协调到协调的过程，消费者会有一系列的心理变化。针对这种购买行为类型，市场营销者应注意运用价格策略和人员促销策略，选择最佳销售地点，向消费者提供有关产品评价的信息，使其在购买后相信自己作了正确的决定。

(4) 复杂购买行为。当消费者购买一件贵重的、不常买的、有风险的而且又非常有意义的产品时，由于产品品质差异大，消费者对产品缺乏了解，因而需要有个学习过程，广泛了解产品性能、特点，从而对产品产生某种看法，最后决定购买。对于这种复杂购买行为，市场营销者应采取有效措施帮助消费者了解产品性能及其相对重要性，并介绍产品优势及其给购买者带来的利益，从而影响购买者的最终选择。居民购买住宅的行为就属于复杂购买行为。

按照购买者的心理状况分类：

(1) 习惯型：这类消费者往往习惯使用一种或几种商品，容易形成重复购买。

(2) 理智型：这类消费者头脑冷静，行为慎重，分析比较，反复权衡，再做决策。

(3) 经济型：这类消费者对商品价格非常敏感，并以价格为选购商品的依据。

(4) 冲动型：这类消费者心理反应敏捷，容易受外部刺激的影响。

(5) 感情型：这类消费者的感情、想象力、联想力特别丰富，容易受到诱导。

(6) 疑虑型：这类消费者性格内向，观察细致且多疑，行动谨慎且迟缓。

(7) 不定型：这类消费者往往是某种商品的初次购买者，容易受外部刺激的影响。

【案例 3-7】

消费者购车的三种心态

众所周知，现在的进口车或合资车大致可分为日系、美系、欧系和韩系。比如，日系车比较常见的有马自达、日产、丰田、本田、凌志等；欧系车常见的有大众、宝马、奔驰、雪铁龙、菲亚特等。两者在外观和内部构造上都有一定区别；日系车的发动机多采用“小马拉大车”的形式，比较省油，这和它的整体设计有关。日系车设计力求物尽其用，没有多余的累赘，由此车身重量较轻，耗油自然要少。欧洲人个头比较大，而且他们比亚洲人更重视舒适实用，欧系车一般车内空间大，车身较重；他们崇尚张扬个性，偏爱动力功能好，因而多采取“大马拉小车”的驱动形式，发动机功率大，油耗相应也大。消费者购车心态大致分为三类：

一见钟情派

有些消费者买车就像找女朋友，看重所谓“第一眼感觉”。一款车或者是其外观，或者是其整体风格能够引起他的认同和舒适感，再加上足够的品牌质量系数，

“移情别恋”的可能性就很小了。在长沙一中学就职的晏先生不久前买了一辆别克凯越。他对笔者说，他比较喜欢美系车随意简洁的外形设计，而凯越这一车型就很对他的胃口，第一眼看到就比较喜欢，而别克又是个不错的品牌，他毫不犹豫就买了下来。

慎重比较派

就消费者目前的购买力而言，添置一辆新车对大多数人来说毕竟不是小事，很多消费者买车除了自己在汽车市场转悠上一段时间外，还得拉上七大姑八大姨去给自己出谋划策。李先生是省直单位公务员，计划买车已经有一段时间了，但目前尚未实施。说到买什么车，他有些无所适从地表示，从经济的角度考虑，日系、韩系车比较省油，但欧系、美系车的使用寿命又要长一些，真不知道怎么选择。刘先生现在开的是一辆一年前买的风神，他说当时也考虑了许久，最后综合各种情况觉得买车已是不易，油费是一笔不小的开销，所以还是选择了省油的车型。

理性分析派

有些消费者对车的了解比较深入，他们也就完全有资本站在专业角度对目前的车市进行一番分析再下定论。张先生可谓是“汽车发烧友”，对各种车的性能以及车市动向了如指掌。他认为，买车不仅要看车的情况，而且还要看本地的路况更适合什么车。日系车比较划算，但实际上湖南的路况并不好，日系车“小马拉大车”式的发动机不太适合，这样更易产生磨损，从而缩短车的实际使用寿命。

思考：

1. 消费者购车的三种心态各有什么特色和区别？
2. 汽车生产商应该如何分别满足购车心态不同的消费者的需求？

（作者自编）

3. 购买决策过程

购买决策的内容：

（1）为何买：确定购买原因。
（2）买什么：确定购买对象。
（3）买多少：确定购买数量。
（4）何时买：确定购买时间。
（5）何处买：确定购买地点。
（6）如何买：确定购买方式。

在复杂购买行为中，购买者的购买决策过程由引起需要、收集信息、选择评价、决定购买和购后行为五个阶段构成。

（1）引起需要。

引起需要是消费者购买决策过程的起点。当消费者在现实生活中感觉到或意识到实际与其需求之间有一定差距，并产生了要解决这一问题的要求时，购买的决策便开始了。购买者的需要往往由两种刺激引起，即内部刺激和外部刺激。市场营销人员应注意识别引起消费者某种需要和兴趣的环境，并充分注意到两个方面的问题：一是注意了解那些与本企业的产品实际上或潜在的有关联的驱使力；二是消费者对某种产品的需求强度，会随着时间的推移而变动，并且被一些诱因所触发。在此基础上，企业还要善于安排诱因，促使消费者对企业产品产生强烈的需求，并立即采取购买行动。

（2）收集信息

当消费者产生了购买动机之后，便会开始进行与购买动机相关联的活动。一般来讲，认识的需要不是马上就能满足，消费者需要寻找某些信息。消费者信息来源主要有个人来源（家庭、朋友、邻居、熟人）、商业来源（广告、推销员、经销商、包装、展览）、公共来源（大众传播媒体、消费者评审组织等）、经验来源（处理、检查和使用产品）等。市场营销人员应对消费者使用的信息来源认真加以识别，并评价其各自的重要程度，以及询问消费者最初接到品牌信息时有何感觉等。

（3）评价行为。

当消费者从不同的渠道获取到有关的信息后，便对可供选择的品牌进行分析和比较，并对各种品牌的产品作出评价，最后决定购买。消费者对产品的判断大都是建立在自觉和理性基础之上的。消费者的评价行为一般要涉及产品属性（即产品能够满足消费者需要的特性）、属性权重（即消费者对产品有关属性所赋予的不同的重要性权数）、品牌信念（即消费者对某品牌优劣程度的总的看法）、效用函数（即描述消费者所期望的产品满足感随产品属性的不同而有所变化的函数关系）和评价模型（即消费者对不同品牌进行评价和选择的程序和方法）等问题。

（4）购买决定。

评价行为会使消费者对可供选择的品牌形成某种偏好，从而形成购买意图，进而购买所偏好的品牌。但是，在购买意图和决定购买之间，有两种因素会起作用：一是他人的态度；二是意外情况。也就是说，偏好和购买意图并不总是导致实际购买，尽管二者对购买行为有直接影响。他人的态度：消费者的购买意图会因他人的态度而增强或减弱。他人的态度对消费意图影响力的强度，取决于他人态度的强弱以及他与消费者的关系。一般来说，他人的态度越强、他与消费者的关系越密切，其影响就越大。比如，丈夫想买一台大屏幕的彩色电视机，而妻子坚决反对，丈夫就极有可能改变或放弃购买意图。意外的情况：消费者购买意向的形成，总是与预期收入、预期价格和期望从产品中得到的好处等因素密切相关的。但是当他欲采取购买行动时，发生了一些意外的情况，如因失业减少了收入，因产品涨价而无力购买等，这一切将会使其改变或放弃原有的购买意图。

（5）购后行为。

产品在被购买之后，就进入了购后阶段，此时，市场营销人员的工作并没有结束。消费者在购买产品后会产生某种程度的满意感和不满意感，进而采取一些使市场营销人员感兴趣的购后行为。购买者对其购买活动的满意感（s）是其产品期望（e）和该产品可觉察性能（p）的函数，即 $s=f(e, p)$。若 $e=p$，则消费者会满意；若 $e>p$，则消费者不满意；若 $e<p$，则消费者会非常满意。消费者根据自己从卖主、朋友以及其他来源所获得的信息来形成产品期望。如果卖主夸大其产品的优点，则消费者将会感受到不能证实的期望；这种不能证实的期望会导致消费者的不满意感。它们之间的差距越大，

消费者的不满意感也就越强烈。所以，卖主应使其产品真正体现出其可觉察性能，以便使购买者感到满意。事实上，那些有保留地宣传其产品优点的企业，反倒使消费者产生了高于期望的满意感，并树立起良好的产品形象和企业形象。

消费者对其购买的产品是否满意，将影响到以后的购买行为。如果对产品满意，则在下一次购买中可能继续采购该产品，并向其他人宣传该产品的优点。如果对产品不满意，则会尽量减少不和谐感，因为人的机制存在着一种在自己的意见、知识和价值观之间建立协调性、一致性或和谐性的驱使力。具有不和谐感的消费者可以通过放弃或退货来减少不和谐，也可以通过寻求证实产品价值比其价格高的有关信息来减少不和谐感。市场营销人员应采取有效措施尽量降低购买者买后不满意的程度。

调查发现：96%的不满意的顾客不会向你投诉，但其中63%的人以后不会再买你的东西。另外，生气的顾客会先后对11人诉说，11人又各自向另5人说此事，1+11+(11×5) = 67（人）。

顾客追踪调查和衡量的方法：

1. 投诉和建议制度

以顾客为中心的组织为其顾客投诉和提建议提供方便。许多饭店和旅馆都备有不同的表格，请客人诉说他们的喜忧。有些顾客导向的公司，开设了800免费电话热线，增加了网站和电子信箱，以方便双向沟通。

2. 顾客满意度调查

研究表明，顾客每四次购买中会有一次不满意，而只有不足5%的不满意的顾客抱怨。大多数顾客会少买或转向其他供应商。所以，公司不能以抱怨水平来衡量顾客满意度。敏感的公司通过定期调查，直接测定顾客满意状况。

3. 佯装购物者

公司可以雇一些人，装扮成潜在顾客，报告潜在购买者在购买本公司及其竞争者产品的过程中发现的优缺点。这些佯装购物者甚至可以故意提出一些问题，以测试公司的销售人员能否适当处理。

4. 分析流失的顾客

对于那些已停止购买或转向另一个供应商的顾客，公司应该与他们接触，以了解发生这种情况的原因。

研究和了解消费者的需要及其购买过程是市场营销成功的基础。市场营销人员通过了解购买如何经历引起需要、寻找信息、评价行为、决定购买和买后行为的全过程，就可以获得许多有助于满足消费者需要的有用线索；通过了解购买过程的各种参与者及其对购买行为的影响，就可以为其目标市场设计有效的市场营销计划。

【案例 3-8】

微调口味，击败强手

菲律宾乔比利公司于1975年由一名菲籍华人开办，起初是一家冰激凌厅，并学习了美国的快餐技术。后来，他们发现了汉堡包是最受欢迎的一种三明治，于是决定做汉堡包生意。在十多年生产经营中，由于乔比利公司经营有方，不断探索，使得这家公司生意越做越红火，而且击败了汉堡包鼻祖麦克唐纳的有利竞争。到1990年，乔比利公司的总销售额达到6600万美元，比1989年的5300万美元增加了19%。目前，这家公司占菲律宾快餐市场的42%，占汉堡包市场的59%，而麦克唐纳只占菲律宾快餐市场的17%，汉堡包市场的24%。

乔比利公司是如何击败麦克唐纳的呢？

1. 强有力的威胁

1982年，麦克唐纳汉堡包获得菲律宾政府许可，打入菲律宾市场。这对当时经营状况较好的乔比利公司来说是一个强大的竞争威胁。乔比利公司想尽办法与之抗争，终无良策。于是试图利用降价手段击败麦克唐纳。不料这一策略不仅没有使乔比利占据竞争优势，反而导致一些误解。如在短时间内，谣言四起，有人传说乔比利公司的小馅饼中会有蚯蚓肉，还有人说这家公司竭力利用自己的多种关系将麦克唐纳挤出某些地方的销售中心。多种不利因素的影响，使得这家公司信誉严重受损，经营几乎陷于崩溃的边缘。

2. 注重口味，吸引顾客

面对竞争的威胁和消费者的多种误解，乔比利公司经过深入的调查研究，认为要与历史悠久、声誉极佳的麦克唐纳竞争，就必须根据菲律宾人的消费特点，生产出符合当地人口味的快餐食品。经营方向一经确定，公司便全力以赴，改进生产工艺，如将肉馅在油炸之前，掺入整只鸡蛋和调味品，而不是像其他餐厅只是用牛肉。他们还请一些老顾客免费品尝，品尝者大都认为这种汉堡包正中自己的口味。一位老顾客艾文斯说："他们的食品不错，我喜欢它的口味。"乔比利公司终于通过自己的努力，改变了公司的形象，吸引了顾客。

3. 抓住偏好，扩大销售

菲律宾人在购买食品时大都有其独特的偏好。乔比利公司充分意识到并抓住这一点。于是该公司在研制特色食品的同时，又在广告上大作文章，如制造一些印有可爱吉祥物的宣传品，像杯子、玩具、书包和小饰物等，全部折价卖给老顾主，这种做法也正迎合了当地人的偏好。于是乔比利公司最终还是顾客盈门。对于该公司独特的生产经营策略，就连其老对手麦克唐纳在菲律宾的代理人也很佩服："他们抓住了顾客的口味和爱好，这一点就连我们也是望尘莫及的。"

（《市场营销学》高振生第41页）

第三节　组织者购买行为分析

组织市场包括生产者市场、中间商市场、非营利组织市场和政府市场四种，因而，组织者购买行为分析也将从生产者市场购买行为、中间商市场购买行为、非营利组织市场购买行为和政府市场购买行为四个方面进行阐述。

一、生产者市场购买行为分析

1. 生产市场特点

（1）派生需求。派生需求也称引申需求、衍生需求，是指产业市场的所有行为都是为满足最终市场，即消费者市场服务的，并随消费者市场需求的变化而变化。

（2）购买者少，每次购买数量大，购买次数少，能获取价格优惠。

（3）购买者往往集中在少数地区。

（4）需求弹性小，价格变动对需求影响不大。

（5）专家购买，影响购买决策的人多。

（6）需求波动大。消费品市场需求的少量增加会引起产业市场购买需求大幅度上升。

（7）直接采购，互惠购买，并运用租赁方法购买价格昂贵、更新换代快的产品。

2. 生产者购买对象分析

（1）生产装备。

生产装备是指生产经营过程中使用的主要设备。它们是企业生产经营的基本条件，它们大多价格昂贵、技术复杂、使用时间较长。

（2）辅助设备。

辅助设备是指对主要设备起辅助作用的设备。它们的价值量较低、使用寿命通常较短、更换频率较高。

（3）原材料。

原材料是原料和材料的合称，它们被用来构成产品的实体。原料是指在生产中用作劳动对象的没有经过加工的原始产品；材料是指在生产中用作劳动对象的已经经过加工的产品。

（4）零部件。

零部件是指已经加工完毕的、用来装配整机的产品，是用户产品的一个组成部分。

除了上述四大类购买对象外，生产者还必须购买能源类产品、辅助材料、办公类用品、服务产品等。

3. 生产者购买行为的类型

（1）直接重购。

直接重购是指企业采购部门按过去的订货目录和基本要求继续向原有的供应商购买产品，是一种最简单的购买方式，属于重复性购买。现在直接重购大部分采用自动化再订购系统，减少采购时间，降低采购成本。直接重购要求供应商与企业保持良好的关系，提供优秀服务，保质、保量、准时供应产品，在有条件的情况下，及时向企业提供新产品，以保证供应商在企业采购中的市场份额。

（2）修正重购。

修正重购是指企业采购部门由于某些原因适当修改采购产品规格、价格等其他交易条件的购买行为。修正重购也是购买以前买过的产品，但是，由于生产的需要，或者供应商没有能力满足购买者的需要，或者其他供应商推出了更好的新产品等原因，对所购产品的规格、型号、价格、供应商等作了部分改变。它是一种较为复杂的购买行为，其目的是寻找价格低、服务好、交易条件优惠的产品。这对现有供应商造成威胁，给新供应商提供市场机会。

（3）新购。

新购指企业新购是指生产者首次购买某种产品或服务。这往往是生产者面临某项新任务引起的，新购产品大多是不常购买的项目，如大型生产设备，建造新的厂房或办公大楼等，它是最复杂的购买类型，购买的成本和风险越大，参与购买决策的人就越多，需要收集的信息就越多，购买过程就越复杂。

4. 生产者购买决策的参与者

购买类型不同，购买决策的参与者也会表现出不同。在大多数情况下，买方的采购决策受到许多人直接或间接地影响，这些人分别扮演着以下六种角色中的一种或几种。

（1）使用者。即生产者用户内部使用这种产品或服务的成员。使用者往往首先提出购买建议，并协助确定产品规格。

（2）影响者。即生产者用户的内部和外部能够直接或间接地影响采购决策的人员。他们协助确定产品规格和购买条件，影响供应商的选择。

（3）决策者。即有权决定买或不买，决定产品规格、购买数量和供应商的人员。有些购买活动的决策者很明显，有些却不明显，供应商应当设法弄清谁是决策者，以便有效地促成交易。

（4）批准者。即有权批准决策者或购买者所提购买方案的人员。

（5）采购者。即被赋予权力按照采购方案选择供应商和商谈采购条款的人员。如果采购活动较为重要，采购者中还会包括高层管理人员。

（6）信息控制者。即生产者用户的内部或外部能够控制信息流向采购中心成员的人员。比如，采购代理人或技术人员可以拒绝或中止向某些供应商提供产品的信息，接待员、电话接线员、秘书、门卫等可以阻止推销者与使用者或决策者接触。

5. 影响生产者购买决策的主要因素

影响产业市场购买行为因素主要有环境因素、组织因素、人际因素和个人因素。

（1）环境因素。

环境因素是指企业所面临的宏观环境因素，包括政治法律、经济、社会文化、自然、科技等因素。它是影响产业购买行为的主要因素。如美国攻打伊拉克以后，世界原油产量下降，导致石油价格迅速上升，每桶甚至超过 70 美元，从而导致石油衍生品价格上涨。

（2）组织因素。

组织因素是指企业内部因素，包括企业经营目标、战略、组织、规章制度、程序系统等。

（3）人际因素。

人际因素是指企业内部的人事关系。由于产业用品采购活动比较复杂，为了购买物美价廉的原材料，一些大中型企业设立了采购中心。采购中心包括使用者、影响者、采购者、决策者和信息控制者五种购买成员，他们在企业中的职务、地位、态度、利益和相互关系决定了购买成员之间的人际关系，其中决策者是决定购买与否的关键人物。供应商应该要充分了解各成员在采购决策中的角色和地位以及彼此之间的关系，以利于交易的达成。

（4）个人因素。

个人因素是指企业参与购买决策人的年龄、性别、职务、受教育水平、个性特点、偏好及风险意识等因素对购买行为的影响，是影响产业购买行为的重要因素。

【案例 3-9】

一些社会与业务的礼节规则

法国：穿着保守，除非在南方是随便的。不要随便提及姓名中的名为好，法国人对陌生人是规矩的。

德国：特别准时，一位美国商人在访问德国人家庭时，应带上没有包装的鲜花，并递给女主人，在介绍时，首先问候女士，并等待，如果女士先伸出手后，你才能与她握手。

意大利：意大利商人对式样是关心的。访问前要先预约。对意大利打官僚主义要有准备和耐心。

英国：在正式的晚餐上经常干杯。如果主人敬你一杯，那么你一定要回敬。业务款待中午宴比晚宴多。

沙特阿拉伯：虽然在会面时经常接吻，但在公共场合千万不能与妇女接吻。当沙特人请你喝饮料时，接受它，拒绝是不礼貌的。

日本：不要学日本人鞠躬，除非你全面了解它——谁向谁鞠躬、鞠几次、什么时候鞠，这是一个复杂的礼节。递送名片是另一礼节。带许多名片，双手捧上，以便看清你的姓名，按身份大小依次递上名片。日本商人在没有花费时间详细阅读资料和作决策之前，是不会许诺什么的。

（作者自编）

6. 生产者的购买决策过程

企业新购某种产品决策一般要分以下几个阶段：

（1）认识需求。

认识需求是指企业认识到需要购买某种产品来满足自己新的需要。它是生产者购买决策过程的起点。认识需求是由内在刺激和外在刺激引起的。内在刺激是由于企业开发新产品，改进老产品等因素引起的；外在刺激是指企业采购人员通过广告、展销会、卖方推销员介绍、网上查询等途径获取更有价值产品而产生的需求。

（2）确定需求。

确定需求是指企业通过价值分析确定所需产品的品种、性能特征、数量和服务，作出详细的技术说明。

价值分析是指有组织，有步骤地分析一种产品、一个系统或一种劳务的价值与其获得最优价值的经营管理技术。其核心是功能分析，即产品使用价值分析，它用于设计阶段，最能发挥作用。价值分析后来逐渐发展为价值工程，价值工程是指设计过程中，对设计对象的功能以及设计、用料、加工等方面进行分析研究，寻求改进办法，提供必要功能，以最低的总成本，获得最优价值的经营管理技术。价值分析最早是由通用电气公司的采购经理迈尔斯于 1947 年提出的，目的是降低成本。

（3）说明需要。

说明所购产品的品种、规格、质量、价格、数量和购进时间，写出详细的采购说明书，作为采购人员的采购依据。在这个阶段供货企业要及时与买方联系，通过价值分析向潜在购买者详细介绍本企业产品在价格、功能上的优势，争取市场机会。

（4）物色供应商。

物色供应商是指企业采购人员根据产品技术说明书通过各种途径寻找最佳供应商。其中最便捷有效的方法是网上查询，征求供应建议书。

（5）征求供应建议书。

邀请合格的供应商提交供应建议书，筛选后留下少数选择对象。

（6）选择供应商。

选择供应商是指企业对供应商的建议书进行分析评价，确定企业的供应商。分析评价内容包括供应商产品质量、价格、及时交货能力、性能、产量、技术、服务和信息等属性，这些属性的权重随着购买类型的不同而有所改变。企业在这个阶段要极力争取业绩卓著的供应商成为自己价值链上的伙伴，现在精明的采购者一般都选择几位供应商，第一位是使其供应量占企业所需原料的 60%，第二位是占 30%，其他是 10%，形成一个供应商自动竞争的环境。

（7）签订合约。

签订合约是指企业根据所购产品技术说明书、价格、需要量、付货时间、退货条件、担保书等要求与供应商签订最后订单。现在大多数企业都采取“一揽子合同”，也叫“无库存采购计划”。“无库存采购计划”是指企业与供应商建立长期供货关系，采购经理能在任何需要产品的时候通知供应商按原条件供货，“无库存采购计划”使供应商成为制造商的原材料仓库，降低了流通成本，增加企业经济效益。

（8）绩效评估。

绩效评估是指对各供应商的绩效进行评估。采购部门收集企业使用者对供应商产品的使用意见，检查和评估各个供应商履行合同的情况。这种绩效评估成为企业是否继续购买某个供应商产品的主要依据。

二、中间商购买行为分析

中间商是指为了转卖或租赁给他人从中盈利而购买产品的个人或组织。中间商购买行为是指中间商在寻找、购买、转卖或租赁商品过程中所表现的行为。由于中间商处于流通环节，是制造商与消费者之间的桥梁，因此企业应把其视为顾客采购代理人，全心全意帮助他们为顾客提供优质服务。中间商的购买行为跟生产者的购买行为一样也会受到环境、组织、人际、个人等因素的影响。

1. 中间商市场特点

中间商市场除了具备生产市场的一些特征之外，又有自己独有的特征。

（1）从事商品买卖的目的是获取买进与卖出的差价。

（2）在地理分布上比产业购买者分散，比消费者集中。

（3）时间性强，对时间要求苛刻。由于中间商本身是“转手买卖”，决定他们对选购时间要求苛刻，这是因为产品在消费者市场具有很强的时间性和时尚性，因此中间商在购买、出售商品的时间必须赶在时尚的前沿，否则就会造成大量产品积压。

（4）具有集中、平衡和扩散产品的特点。

（5）及时沟通信息。

（6）技术复杂，知识含量大的产品需要供应商提供培训专业推销员的服务。

2. 中间商购买行为类型

（1）选购新产品。

选购新产品是指中间商是否购进以及向谁购进以前未经营过的某一种新产品。中间商会通过对该产品的进价、售价、市场需求和市场风险等因素分析后作出决定，其购买过程复杂，与生产市场的产品新购类似。

（2）选择最佳供应商。

选择最佳供应商是指中间商已经确定需要购进的产品，再寻找最合适的供应商。一是指企业选择货源充裕、价格优惠、提供服务与支持力度大的名牌产品的制造商为自己的供货者；二是指实力雄厚的中间商有自己的品牌，选择愿意为其定牌生产的供应商。现在国内外许多大型的中间商都有自己的品牌。

（3）寻找更好的供货条件。

寻找更好的供货条件是指中间商希望寻找到能提供更好供货条件的供应商，希望现有供应商在原交易条件上再作些让步，使自己得到更多的利益。如要求供应商加大折扣、增加服务、信贷优惠、促销支持等，但他们往往并不想更换供应商，只是作为一种施加压力的手段。

（4）直接重购。

直接重购是指中间商的采购部门按照过去的订货目录和交易条件继续向原有的供应商购买产品。中间商会对以往的供应商进行评估，选择感到满意的作为直接重构的供应商，在商品库存低于规定水平时就按照常规续购。

3. 中间商购买过程的参与者

（1）商品经理。

商品经理是连锁超市公司总部的专职采购人员，分别负责各类商品的采购工作，收集同类产品不同品牌的信息，选择适当的品种和品牌。通过对商品的审查和甄别向公司采购委员会提出采购或拒购某种商品的建议。有些商品经理权力较大，可以自行决定接受或拒绝某种新产品或新品牌，有些商品经理权力较小，只负责审查和甄别，之后向公司的采购委员会提出接受或拒绝的意见。商品经理的偏好对决定新供应商的产品是否被购买起到直接的作用。

(2) 采购委员会。

采购委员会通常是由公司总部的各部门正副经理和商品经理组成，负责审查商品经理提出的新产品采购建议，作出是否购买的决定。采购委员会只是起着平衡各种意见的作用，并代替商品经理向供应商提出拒绝购买的理由，充当两者之间的调解人。采购委员每周召开一次审核会议，它对新产品购买决策起间接作用。

(3) 分店经理。

分店经理是连锁店下属的各零售店的负责人，掌握着分店一级的采购权，决定分店实际购买产品。他掌握分店近 70% 的产品采购权，是供应商推销员的主要公关对象。每个连锁超市各个分店的货源有 2/3 是由分店经理自行决定采购的。

4. 中间商购买决策过程

跟生产者用户一样，中间商的购买决策过程也分为八个阶段，即认识需要、确定需要、说明需要、物色供应商、征求供应建议书、选择供应商、签订合同和绩效评价。改善交易条件的采购和最佳供应商选择可能会跳过某些阶段，但是新产品的采购还是会完整地经历各个阶段。

(1) 认识需要。即中间商认识自己的需要，明确所要解决的问题。认识需要可以由内在刺激和外在刺激引起。

(2) 确定需要。即中间商根据产品组合策略确定购进产品的品牌、规格和数量。

(3) 说明需要。即说明所购产品的品种、规格、质量、价格、数量和购进时间，写出详细的采购说明书，作为采购人员的采购依据。

(4) 物色供应商。即采购人员根据采购说明书的要求通过多种途径收集信息，寻找最佳供应商。

(5) 征求供应建议书。即邀请合格的供应商提交供应建议书，筛选后留下少数选择对象。

(6) 选择供应商。即采购部门和决策部门分析评价供应建议书，确定所购产品的供应商。

(7) 签订合同。即中间商根据采购说明书和有关交易条件与供应商签订订单。

(8) 绩效评估。即中间商对各个供应商的信誉、绩效和合作诚意等因素进行评估，以决定今后是否继续合作。

三、非营利组织购买行为分析

非营利组织是指不以盈利为目的的社会机构。

1. 非营利组织市场的类型

(1) 履行国家职能的非营利组织。即服务于国际和社会，以实现社会整体利益为目标的有关组织。

(2) 提供社会服务的非营利组织。即为某些公众的特定需要提供服务的非营利组织，包括学校、医院、图书馆、福利和慈善机构等。

(3) 促进全体交流的非营利组织。即促进某群体内成员之间的交流，沟通思想和情感，宣传普及某种知识和观念，推动某项事业的发展，维护群体利益的各种组织，包括各种业余团体、宗教组织、行业协会等。

2. 非营利组织的购买特点

(1) 限定总额。非营利组织的采购经费总额是既定的，不能随意突破。

(2) 价格低廉。非营利组织大多数不具有宽裕的经费，在采购中要求商品价格低廉。

(3) 保证质量，非营利组织购买商品不是为了转售，也不是使成本最小化，而是维持组织运行和履行组织职能，所购商品的质量和性能必须保证实现这一目的。

(4) 受到控制。为了使有限的资金发挥更大的效用，非营利组织采购人员受到较多的控制，只能按照规定的条件购买，缺乏自主性。

(5) 程序复杂。非营利组织购买过程的参与者，程序也较为复杂。比如，政府采购要经过许多部门签字盖章，受许多规章制度约束，准备大量的文件，填写大量的表格等。

3. 非营利组织的购买方式

(1) 公开招标选购。即非营利组织通过传播媒体发布广告或发出信函，说明拟采购商品的名称、规格、数量和有关要求，邀请供应商在规定的期限内投标。采用这种方法，非营利组织处于主动地位，供应商之间却会产生激烈竞争。

(2) 议价合约选购。即非营利组织的采购部门同时和若干供应商就某一采购项目的价格和有关交易条件开展谈判，最后与符合要求的供应商签订合同，达成交易。这种方式适用于复杂的工程项目，因为它们涉及重大的研究开发费用和风险。

(3) 日常性采购。即非营利组织为了维护日常办公和组织运行的需要而进行采购。这种采购金额较少，一般是即期付款，即期交货，如购买办公用品等。

四、政府市场购买行为分析

政府市场是最大的市场，其购买产品种类繁多，涉及国计民生的各个方面。政府购买力在有的国家占国民生产总值20%左右，它是最大的社会购买力。政府采购的目的是维护国家安全，维护社会公众利益，维持政府组织正常运转。

近几年来，我国政府为了加强对政府采购的管理，提高财政支出的使用效益，促进公开、公平和公正交易，对使用财政性资金采购物资或服务的各级政府机构和社会团体的采购行为进行法律约束和规范，颁布一些政府采购条例，对政府购买行为进行监管。在这种市场环境下，研究政府市场购买行为，对于有效满足政府市场的需求，扩大企业销售的收入具有重要意义。

1. 政府采购的目的

政府采购的范围极其广泛，采购的目的不像工商企业那样是为了盈利，也不像消费者那样是为了满足生活需要，而是为了维护国家安全和社会公众的利益。

2. 政府采购方式

政府采购方式有公开招标、议价合约选购和日常性采购三种，其中以公开招标为最主要方式。

（1）公开招标。

它是指招标人通过媒体公开提出自己的招标条件，邀请投标人书面应征，到规定日期，由招标人召集至少三家符合招标条件的投标人当场开标，选择报价最低并且在其他方面符合招标条件的供应商为中标单位，双方签订合同。采取这种采购方式使政府采购部门处于主动地位，而供应商之间竞争激烈，中标的关键在于报价是否最低。

（2）议价合约选购。

政府采购部门在某些采购业务计划复杂，风险大，竞争性小的情况下，会采取议价合约选购方式。它是指政府采购部门和一个或几个供应商进行谈判，最后只和其中一个符合条件的供应商签订合同，达成交易。

议价合约选购方式定价方法有：成本加成定价法、固定定价法、固定价格加奖励法。

（3）日常性采购。

日常性采购是为了维持政府部门日常办公和组织运行需要而进行的采购，它一般属于直接重购，购买过程简单，如购买办公用品。

3. 政府市场购买过程的参与者

各个国家和各级政府机构都有采购组织，一般分两大类：

（1）军事部门的购买组织。

军事部门主要采购军事装备（武器）和一般军需（生活消费品），国防部采购军事装备，国防后勤部（局）采购一般军需品。各大军区、各兵种也由后勤部（局）负责采购军需品。

（2）行政部门的购买组织。

行政部门的购买组织是指各级政府机构都设有的采购组织。行政部门采购经费由财政拨款，具体采购业务由各自的采购办负责。

4. 影响政府购买行为的主要因素

影响政府购买行为因素除了环境因素、组织因素、人际因素和个人因素影响之外，还受以下因素的影响：

（1）受社会公众的监督。

尽管各个国家的政治经济制度不同，但是政府采购工作都受到了各方面的监督，政府采购行为的监督者有：国家权力机关和政治协商会议、行政管理和预算办公室、传播媒体、公众和社会团体组织。

（2）受国内外政治形势影响。

如果国家处于战争时期或感到安全受到威胁，则军备开支和军需品需求大，军费开支相应增加；如果国与国经贸往来增多，援助项目增加，就会扩大政府采购力度；在和平时期，基础建设投资和社会福利的支出就大。

（3）受国内外经济形势影响。

在经济繁荣期，政府投资加大，支出增加，政府购买力增强，促进经济发展；在经济疲软时期，政府减少开支，政府购买力减少。国家经济形势不同，政府用于调节经济的支出也会随之增加或减少。

（4）受到自然因素的影响。

各种自然灾害会使政府增加政府救灾资金和物品的投入。

☞ 课后训练 ☜

一、理论知识掌握

1. 消费者市场与组织市场有何特点？
2. 消费品有哪些类型？
3. 影响消费者购买行为的因素有哪些？
4. 消费者购买行为有哪些类型？
5. 消费者购买决策的内容和一般过程是什么？
6. 生产者市场需求的特点是什么？
7. 生产者的购买对象和购买类型有哪些？
8. 影响生产者购买行为的因素有哪些？
9. 简述生产者的购买决策过程。

二、能力素质训练

1. 单项选择题

（1）消费者的购买单位是个人或（　　）。

A. 集体　　B. 家庭
C. 社会　　D. 单位

（2）生活消费是产品和服务流通的（　　）。

A. 起点　　B. 中间点
C. 终点　　D. 极点

（3）个人为了人身安全和财产安全而对防盗设备、保安用品、保险产生的需要是（　　）。

A. 生理需要　　B. 社会需要
C. 尊敬需要　　D. 安全需要

（4）（　　）指存在于人体内驱使人们产生行为的内在刺激力，即内在需要。

A. 刺激物　　B. 诱因
C. 反应　　D. 驱使力

（5）消费者购买过程是消费者购买动机转化为（　　）的过程。

A. 购买心理　　B. 购买意志
C. 购买行动　　D. 购买意向

（6）同类产品不同品牌之间差异小，消费者购买行为就（　　）。

A. 简单　　B. 复杂
C. 一般　　D. 困难

（7）（　　）是购买活动的起点。

A. 消费动机　　B. 需要
C. 外在刺激　　D. 触发诱因

(8) 对于减少失调感的购买行为，营销者要提供完善的（　　），通过各种途径提供有利于本企业和产品的信息，使顾客确信自己购买决定的正确性。
A. 售前服务　　B. 售后服务
C. 售中服务　　D. 无偿服务

(9) 一般说来，消费者经由（　　）获得的信息最多。
A. 公共来源　　B. 个人来源
C. 经验来源　　D. 商业来源

(10) 消费者的购后评价主要取决于（　　）。
A. 心理因素　　B. 产品质量和性能发挥状况
C. 付款方式　　D. 他人态度

2. 多项选择题

(1) 一个国家的文化包括的亚文化群主要有（　　）。
A. 语言亚文化群　　B. 宗教亚文化群
C. 民族亚文化群　　D. 种族亚文化群
E. 地理文化群

(2) 按照对消费者的影响程度分类，相关群体可分为（　　）。
A. 示范群体　　B. 基本群体
C. 次要群体　　D. 其他群体（渴望群体）
E. 比较群体

(3) 个人因素指消费者（　　）等因素对购买行为的影响。
A. 经济条件　　B. 生理
C. 个性　　D. 社会地位
E. 生活方式

(4) 影响生产者购买决策的主要因素有（　　）。
A. 环境因素　　B. 组织因素
C. 人际因素　　D. 个人因素

(5) 中间商购买行为类型有（　　）。
A. 选购新产品　　B. 选择最佳供应商
C. 寻找更好的供货条件　　D. 直接重购

3. 判断题

(1) 消费者大多根据个人的好恶和感觉作出购买决策。（　　）
(2) 消费品尽管种类繁多，但不同品种甚至不同品牌之间不能相互替代。（　　）
(3) 文化是决定人类欲望和行为的基本因素。（　　）
(4) 不同亚文化群的消费者有相同的生活方式。（　　）
(5) “意见领袖”的行为会引起群体追随者、崇拜者的仿效。（　　）
(6) 消费者通常会买那些与否定群体有关的产品。（　　）

(7) 家庭不同成员对购买决策的影响往往由家庭特点决定。( )

(8) 归属于不同生活方式群体的人，对产品和品牌有着相同的需求。( )

(9) 消费者的个性影响着消费需求和对市场营销因素的反应。( )

(10) 通常，保龄球馆不会向节俭者群体推广保龄球运动。( )

(11) 环保产品的目标市场是自我意识强的消费者。( )

(12) 顾客的信念并不决定企业和产品在顾客心目中的形象，也不决定他的购买行为。( )

(13) 通常企业并不试图去改变消费者对其产品、服务的态度，而是使自己的产品、服务和营销策略符合消费者既有态度。( )

(14) 消费者习惯性购买行为是指消费者购买时介入程度低且没法弄清品牌之间差异的购买行为。( )

(15) 在价格不变条件下，一个产品有更多的性能会吸引更多的顾客购买。( )

4. 实训操作题

实训内容：选择所在城市的一个超市或者一个公司进行了解，全班分成几个小组进行，平均 6~8 人为一组，每组提交一份分析报告。

实训目标：通过市场调查，进一步认识影响消费者行为的关键要素或者了解公司采购行为与个人采购区别。

实训提示：在两周内需完成该项操作训练。

实训成果：评分标准：(1) 按时完成，提交一份分析报告；(2) 分析报告的准确性；(3) 分析报告的建设性。

第四章　竞 争 分 析

【案例 4-1】

海南乐普生商厦规避恶性竞争

乐普生商厦规避恶性竞争的策略之一制造行业进入门槛。

1997 年 12 月，海南乐普生商厦举办了“国产品牌家电直销月”活动。国内 12 家国产品牌家电近百余类产品在此一展风采，让海南消费者着实尝到了“国货不比洋货差”的甜头。在此次活动中，乐普生正是有效地运用了规避恶性竞争的手段，在海南家电市场上取得了优势地位，体现了乐普生企业竞争战略的成功。

乐普生规避恶性竞争的策略之一是制造参与障碍，缓和竞争行为。要想获取利润，必须缓和竞争行为，即限制参与竞争企业的数量，制造参与障碍。乐普生商厦在直销月活动中，在企业形象、资金规模、进货渠道等方面制造了竞争对手难以逾越的参与障碍，赢得了优势地位。

首先，乐普生在消费者心目中塑造了良好的企业形象。乐普生商厦曾获中国“首批最佳购物环境商业企业”、“95 全国畅销国产商品产销月优质服务企业”等国家、省及市颁发的 15 项荣誉称号。其中“全国亿万商业企业柜台商品质量检查活动光荣榜”和“全国百家积极参加百城万店无假货活动优秀企业”是海南唯一的获奖者。最近，该商厦又被中国质量管理协会指定为海南唯一的质量跟踪站。乐普生与众不同的良好的企业形象，构成其他企业参与竞争的障碍。

其次，制造资金规模障碍，即以大额投资阻止其他企业的进入。这次直销月活动采取的是银、企、商强强合作的营销模式，银行在其中发挥了十分重要的作用。1 亿元的银行承兑汇票，使这次活动有雄厚的资金保障。在结算方式上，银行也给予方便，省建行龙华支行作为代收乐普生国产家电款的主办行，指导全省建行各营业网点作为代收行，利用网络缴纳购买家电款，都能享受到优惠、安全、方便的服务。这种大规模的资金来源和独特便捷的结算方式形成了一道无形的障碍。

最后，制造货源渠道的参与障碍。乐普生商厦在这次活动中与国内 12 家国产品牌家电企业签订了购销合同，供货商的数量之多、资源规模之大、品种种类之多，在海南实属罕见。更重要的是供货商均为国内最著名的家电企业，如长虹、海尔、康佳、容声、创维等，他们在中国家电行业率先获得 ISO9000 国际质量认证和 ISO14000 国际环境认证，其质量与管理的水平与国际标准接轨。这样与名厂联合，形成了强大的货源渠道的参与障碍。

乐普生商厦规避恶性竞争的策略之二是制造企业差别化。

所谓差别化，即企业在创造顾客需求的过程中，创造与竞争对手之间的差别，差别产生在产品、价格、性能、款式、品质及广告、售后服务、支付条件、销售渠道等各种因素上，差别化策略是满足顾客需求的最佳选择。它有两层含义：一是产品差别化，即在产品品质、性能、价格上创造出有别于其他商品的差异性；二是经营机制的差别化，即经营资源及运用资源手段的差异化，包括为开发商品、服务所需的各种要素技术、生产技术、流通机制及企业的组织功能、企业员工素质、企业形象等方面有别于其他企业。乐普生商厦在此次活动中，在产品差别化上，做到品牌上人无我有，有十多种品牌是第一次进入海南市场，造成先入为主之势；质量上人有我优，严格把住进货关，建立严格的合同审查、商品质量、价格监督、处罚制度体系，使每一个品牌的开箱率达到同行中最高水平，筑起一道严密的质量防线。在销售价格上，由于此次活动资金规模大、货源广，形成了规模效益；加上采取的是银、企、商强强合作的营销模式，乐普生作为分销商直接从厂家进货，直销产品售价比平常售价下降18%左右，获得了价格上的绝对优势。乐普生家电直销月活动对海南家电市场的直接影响是平均价格下降了8%。家电直销，受益的是普通老百姓。家电直销活动是“乐为普通百姓，创造美好生活”企业理念的完美体现。家电直销月活动的成功，也是乐普生企业理念的成功。

（高振生．市场营销学．北京：中国劳动社会保障出版社，2000，6：61.）

该案例告诉我们，商场如战场，企业在市场竞争中，只有知己知彼，才能百战不殆，才能击败竞争对手赢取长足的进步发展。

竞争者就是与本企业争夺市场和资源的对手。企业要在市场竞争中获得成功，既要充分认识自身的优势、劣势，也要对行业竞争对手有清晰的了解。商场如战场，面对竞争，不仅需要勇气，而且更需要计谋。市场环境是不断变化的，市场竞争形势也是变幻莫测，因此，竞争分析不仅是市场营销人员的一项基础工作，而且也是一项常规工作。

本章的主要内容是从行业和市场两个方面介绍企业所面临的竞争结构，企业竞争对手的特点、策略、目标、优劣势，以及竞争中的反应模式。识别竞争者的方法、波特的五种竞争力量分析模型、竞争者策略分析、竞争反应，以及企业如何制定竞争策略。

本章对于学生技能培养的重点：（1）对于任何一个行业，能够从市场分析的角度和行业分析的角度，准确找出各个层次的竞争者，进行各种竞争力量分析；（2）掌握收集竞争对手信息的方式；（3）针对处于不同市场地位的企业，分析制定相应的竞争策略；（4）培养学生分析竞争对手反应模式，并相应采取预防行动的能力。

第一节　竞争者识别

竞争者是指与本企业争夺市场和资源的对手。识别企业的竞争者应该从行业和市场两个方面来分析。

企业参与市场竞争，不仅要了解谁是自己的顾客，而且还要弄清谁是自己的竞争对手。从表面上看，识别竞争者是一项非常简单的工作，但是，由于需求的复杂性、层次性、易变性，技术的快速发展和演进、产业的发展使得市场竞争中的企业面临复杂的竞争形势，一个企业可能会被新出现的竞争对手打败，或者由于新技术的出现和需求的变化而被淘汰。企业必须密切关注竞争环境的变化，了解自己的竞争地位及彼此的优劣势，只有知己知彼，方能百战不殆。

从行业角度看，一个企业的竞争者来自于行业竞争结构的五个方面，其中，潜在加入者、行业内现有竞争者、替代品生产者等是企业产生竞争者的最主要的三个方面。通过行业竞争结构分析，无论竞争者是显性的还是隐性的，我们都不难把它们识别出来。

从市场角度来分析竞争者，就是把竞争者看做服务于同一顾客群体或者满足相同消费需要的一组企业。竞争者一般被分为如下四个层次或者说四种类型：品牌竞争者、行业竞争者、形式竞争者和一般竞争者。品牌竞争者和行业竞争者是同行业的显性竞争者，容易识别；形式竞争者和一般竞争者是潜在的或不同行业的隐性竞争者，不易识别。

一、从行业竞争角度分析竞争者

著名的营销专家波特指出，从行业角度看，一个企业的竞争者来自于行业竞争结构的五个方面，也称五种竞争力量，它们是行业内现有竞争者、潜在进入者、替代品生产者、供应商、购买者（见图 4-1）。

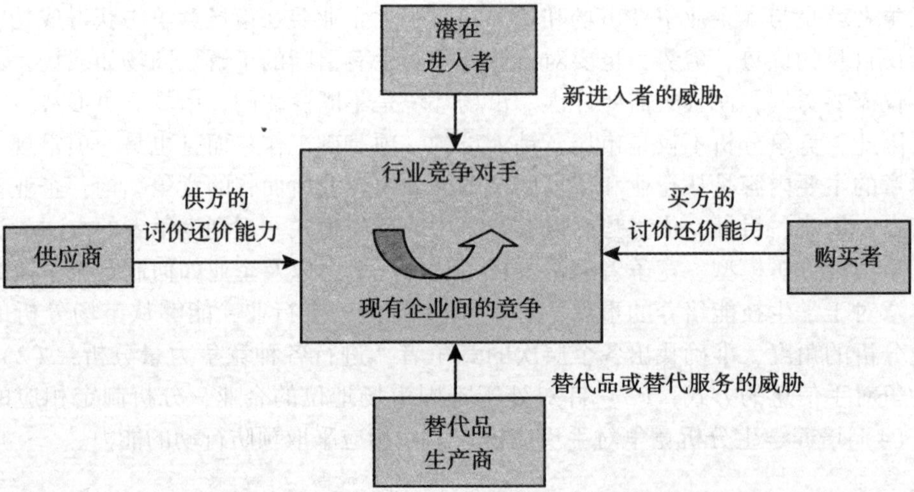

图 4-1

1. 行业内现有企业的竞争

行业内现有企业都会为了加强自己的市场地位而展开竞争，但是，不同行业的竞争激烈程度是不同的。行业内竞争激烈程度取决于如下几个因素：

（1）企业数量的多少：数量越多，竞争越激烈；反之，竞争缓和。

（2）企业力量的对比：企业间力量越相当，竞争越激烈；反之，竞争缓和。

（3）行业所处的发展阶段：缓慢发展时期，竞争激烈；快速发展时期，竞争缓和。

（4）行业产品的供求关系：供大于求，竞争激烈；供小于求，竞争缓和。

（5）行业产品的差异性：行业产品的差异性越小，竞争越激烈；行业产品的差异性越大，竞争越缓和。

（6）固定成本：固定成本高，增加产量降低，将会导致供大于求，竞争激烈；反之，竞争缓和。

（7）库存成本：库存成本高或产品不易保存，急于卖出，竞争激烈；反之，竞争缓和。

（8）退出壁垒：退出壁垒是指企业在退出某一个行业时所遇到的困难和付出的代价，它主要表现在资产损失、退出费用、战略影响、心理因素、政府和社会的限制几个方面。退出壁垒越高，竞争越激烈；反之，竞争缓和。

注：退出障碍是指企业在退出某一个行业时所遇到的困难和付出的代价，它主要表现在资产损失、退出费用、战略影响、心理因素、政府和社会的限制几个方面。

进入障碍与退出障碍组合如表 4-1 所示：

表 4-1

	退出障碍小	退出障碍大
进入障碍小	低利润低风险	低利润高风险
进入障碍大	高利润低风险	高利润高风险

2. 潜在进入者的威胁

潜在进入者的主要目标，是要分享该行业的资源和市场份额，因此，新进入者对所进入的行业带来很大的威胁，它使竞争加剧。

一个行业是否会有大量的新的企业进来，取决于行业进入壁垒（新进入者进入某一行业所遇到的困难和所付出的代价）和该行业内现有企业的反击程度。因此，新进入者的威胁程度取决于行业进入障碍（新进入者进入某一行业所遇到的困难和所付出的代价）和该行业内现有企业的反击程度。一般而言，进入壁垒越高，威胁就越小；进入壁垒越低，威胁就越大。新进入者的进入障碍的大小取决于如下几个因素：

（1）规模经济：有的行业需要在土地、厂房、设备等方面进行很大的投资，行业内现有企业如果形成了规模经济，那么对新进入者来说，进入的资本壁垒就很高。因为，新进入者以较小的规模进入该行业，将在生产成本上处于劣势地位；新进入者以较大的规模进入该行业，又将冒很大的风险。

（2）产品技术诀窍：现有企业拥有某项技术专利权或掌握其诀窍，对于新进入者来说，是一道难以逾越的技术壁垒。

(3) 消费者的转换成本：转换成本是指客户从购买一个供应商的产品转向购买另一个供应商的产品时所增加的费用。如果消费者对行业内现有企业越信赖，在市场上已建立了信誉和顾客忠诚，那么新进入者的进入壁垒就越高；如果转换成本越高，客户的购买越指向原来的供应者，那么新进入者的进入障碍就越大。

(4) 销售渠道：销售渠道的建设是企业经营的一个很重要的内容。由于行业内现有企业往往已经建立了自己的销售网络，新进入者要想建立自己的销售渠道，往往向中间商提供比现有企业更加优惠的条件，这样必然降低赢利能力和赢利，因此，销售渠道也是新进入者的进入障碍。

(5) 人才等资源可获得性：企业经营资源有人、财、物、信息等多个方面，对新进入者也会形成进入障碍。因为，企业经营需要专门的技术人才、资金的融通、原材料的供给、信息的传递和交流，行业内现有企业一般都已建立了较好的资源供应关系，新进入者必须付出更大的努力和代价才能建立这种较好的资源供应关系。特别是对于进入到一个新的行业的企业来说，尤其是技术、市场营销、经营管理等人才资源，更是难以轻易全面地获得。

(6) 行业现在的竞争激烈程度：竞争者的多寡及力量对比、市场增长率、固定成本和库存成本、产品差异性及转换成本、生产能力的增加幅度、退出壁垒高低等，都会影响一个行业的竞争程度，竞争会越来越激烈，行业利润随之降低，因此，对于新进入者的吸引力就会降低。

(7) 消费者信赖：如果消费者对行业内现有企业越信赖，对新进入者的进入障碍就越大。因为，行业内现有企业的历史较长，在市场上已建立了信誉和顾客忠诚，消费者心理上已形成了差别优势，新进入者必须经历一个较长的时间，付出一定的代价，才能改变在消费者信赖方面的劣势地位。

(8) 现有企业的反应与报复程度：当新进入者对现有企业在市场份额与资源方面产生直接影响的时候，现有企业会立即进行有针对性的报复，尤其是行业内规模较大的企业，报复措施会更加激烈，如降价以迫使新进入者出现亏损而退缩。

(9) 其他因素：除了上述因素外，政府政策等均可形成新进入者进入某一个行业的进入障碍。

进入壁垒与退出壁垒对企业投资进入一个行业的利润和风险有直接的关系，如表4-2所示：

表 4-2

	退出壁垒低	退出壁垒高
进入壁垒低	低利润低风险	低利润高风险
进入壁垒高	高利润低风险	高利润高风险

3. 行业替代品的压力

行业替代品是指那些与该行业产品具有相似或相同功能的产品。行业替代品的出现，对该行业的产品具有价格影响力，进而降低该行业的获利能力。这种影响力的大小取决于替代品的价格水平和客户购买替代品的转换成本，即：（1）替代品的价格越低，影响力就越大；反之，就越小。（2）客户购买替代品的转换成本越低，影响力就越大；反之，就越小。

行业替代品的出现，会对整个行业构成威胁，与行业替代品的竞争是整个行业所有企业的集体行为。一般，企业应对该竞争有两种策略：排挤性竞争策略和积极引进性竞争策略。

一个行业出现替代品是一种常见的市场现象，一个企业也会不断开发新产品来替代自己的现有产品。企业应对替代产品的主要措施，一是要坚持技术创新，主动开发新产品，获得技术竞争优势；二是要更多地了解消费者，不断地进行市场细分，开发新功能适应不同的消费人群。

【案例 4-2】

柯达公司破产原因分析

柯达成立于1880年，柯达胶卷是世界上最成功的胶卷品牌之一。柯达，一个美国式成功品牌的代表，一个曾经占有寡头地位的企业，在2012年迎来自己131岁生日的时候，生命走到了尽头。

柯达公司一直是胶卷行业以及胶卷相机的行业巨头，在相当长的时间占据最高的市场份额。在柯达最辉煌的2003年前还投巨资在中国建起了8000多家胶卷彩扩点，当信息技术突飞猛进的发展，数码相机出现以后，数码影像产品对传统胶片影像市场"创造性的破坏"，柯达逐渐丧失其市场地位，胶卷和胶卷相机市场急剧萎缩。

早在本世纪初，当数字科技刚给传统影像部门带来冲击时，柯达的管理层作风偏于保守，满足于传统胶卷产品的市场份额和垄断地位，缺乏对市场的前瞻性分析，柯达公司的市场策略是将主要精力放在专业摄影与工业胶卷领域，但是很快这些领域也逐步被数码技术所替代，而同类的其他企业早就将主要精力致力于数码技术的研究开发，适应技术的进步与消费者的需求，获得了新的市场机会。最终，柯达公司坚守的最后一块冰岛逐渐消融，著名的百年企业柯达公司难逃破产的命运。

分析柯达破产的原因，主要反映在以下几个方面：

（1）战略定位不清晰。由于担心其胶卷销量受到影响，一直未敢大力发展数字业务，仍将重点放在传统模拟相机的胶卷生意上，放在如何防止胶卷销量的下降上。柯达在1935年推出的彩色胶卷到2009年才停止生产，"一直在转型而又一直未转型"，也就错过了最佳战略机遇期。

（2）市场战略的失误。柯达淡漠了市场需求趋势变化，导致产品更新缓慢。我们知道，只有那些成功转型的公司才能更好地体现差异化竞争，持续创造利润并锁定忠诚的顾客，而基于产品创新和顾客需求的企业经营转型才是柯达迫在眉睫的事情。柯达转型缓慢的真实原因是市场，市场才是本质。在云时代、物联网时代到来的今天，我们回头看，当时柯达固执的经营投资和市场战略才是其遭遇灭顶之灾的根本原因。

正如柯达的广告语："你只要按下按钮，其余的都交给我们！"而今按下按钮的人越来越多，但交给柯达的事情却越来越少。柯达疏忽了消费者拍摄图片的存储习惯和用途变化，一时的创新，却被持续的创新"干掉"，这也是柯达走到今天的必然。

(3) 缺乏创新。这里的创新当然不是指技术上的创新，柯达在数字成像技术方面还是很厉害的，但是却不能将其转化成可持续的商业模式，不能将其真正市场化。所以，技术创新与市场创新才是企业应对市场竞争的核心手段。

创新是把双刃剑。任何企业的成败都是不可复制的，什么时候做什么事情，不是每个企业、企业家都能踏准基点，错误的时间干了正确的事或正确的时间干了错误的事都不会成功，做正确的事情比把事情做正确更重要，创新也是如此。柯达在需要转型的时间里却固执地干起了重复投资的事儿，没有把握准趋势，再大的创新注定是失败。

(4) 面对危机，迷失自我。胶片时代，柯达依据其独特的竞争力和行业地位设计了冲洗和打印的健全经营体系，成为20世纪世界胶片市场的霸主。柯达数码转型的最大障碍或失败是因为它的胶卷太成功了，成为很难改变的东西。沉浸在成功的光环下，柯达迷失了，它没有充分重视数码时代的到来，即便是后来每年投入巨大的数码相机研发费用，但终因机体庞大、效率太低、固执的战略而将市场拱手相让于佳能和尼康等竞争对手。

柯达公司一直是胶卷行业以及胶卷相机的行业巨头，在相当长的时间占据最高的市场份额。当信息技术突飞猛进的发展，数码相机出现以后，胶卷和胶卷相机市场急剧萎缩，柯达公司调整市场策略，将主要精力放在专业摄影与工业胶卷领域，但是很快这些领域也逐步被数码技术所替代，而同类的其他企业早就将主要精力致力于数码技术的研究开发，适应技术的进步与消费者的需求，获得了新的市场机会。最终，柯达公司坚守的最后一块冰岛逐渐消融，著名的百年企业柯达公司难逃破产的命运。所以，技术创新与市场创新才是企业应对市场竞争的核心手段。

该案例告诉我们，市场竞争是非常残酷的，企业在经营过程中，要做到居安思危，面对纷繁复杂，瞬息万变的市场环境，及时调整自己的发展战略，做好自己的市场定位，在企业管理生产过程中不断创新以求得击败竞争对手，并使自己赢取长足的进步发展。

（第一赢销网 http：//www.yingxiao360.com/）

4. 购买者的讨价还价能力

购买者的讨价还价能力会对该行业形成竞争压力，具体表现为要求该行业的产品价格更低、质量更好、或提供更多的服务。决定购买者讨价还价能力的因素主要有如下几种：

(1) 购买者数量的多少：购买者越多，其讨价还价能力就越弱，如快速消费品；

反之，则越强，如工业设备等大宗产品。

（2）购买者购买产品数量的多少：购买者购买产品数量越少，其讨价还价能力就越弱；反之，则越强。目前，团购网站如雨后春笋般发展，就是利用购买量的增加，来加大与产品生产商的讨价还价能力。

（3）行业产品的差异性：该行业产品的差异性越大，购买者的讨价还价能力就越弱；反之，则越强，因为购买者可以通过比较来迫使企业作出让步。从这个意义上来说，产品的差异性越大，同质竞争就越少，企业盈利能力就越强。

（4）购买者对该行业的依赖性：该行业产品缺乏替代品，或替代品价格高，则购买者对该行业的依赖性就强，那么，购买者的讨价还价能力就越弱；反之，则越强。

（5）购买者的转换成本：购买者的转换成本越高，购买者的讨价还价能力就越弱；反之，则越强。例如，拥有某品牌汽车的消费者，当他在维修点觉得购买该品牌的配件价格高的时候，他的转换成本就是更换另一个品牌的企业；否则，就要继续忍耐接受高价格的配件和维修费用。

（6）购买者对有关市场信息的掌握程度：购买者对有关市场信息的掌握得越少，购买者的讨价还价能力就越弱；反之，则越强。这就是为什么网购价格要比店铺销售价格低的一个重要原因。

5. 供应商的讨价还价能力

供应商的讨价还价能力也会对该行业形成竞争压力，具体表现为要求提高供应产品的价格、降低供应产品的质量、减少紧俏资源的供应、推迟供货时间等。决定供应者讨价还价能力的因素主要有如下几种：

（1）供应商数量的多少：供应者越多，其讨价还价能力就越弱；反之，则越强。比如，对于汽车生产商，一般的汽车配件的供应商很多，他们在与汽车整车厂的价格博弈中就处于十分弱势的地位，整车厂可以随时更换配件供应商。但是，对于汽车发动机来说，供应商很少，他们在与汽车整车厂的价格博弈中就处于较强势的地位。

（2）交易量的大小：供应者提供产品交易量越大，其讨价还价能力就越强；反之，则越弱。对于超市来说，类似于可口可乐这样销售量很大的产品，该公司在与超市之间的谈判中处于较强势地位。

（3）供应商产品的差异性：供应者产品的差异性越小，其讨价还价能力就越弱；反之，则越强。同类竞争产品越少，供应商就越具有定价权，这就是在大型节假日里，商场进行大规模折价促销的时候，新上市产品和有些大品牌产品拒不参加折扣活动的原因。

（4）供应商产品的可替代性：购买者对供应者提供的产品的转换成本越高，则供应者的讨价还价能力就越强；反之，则越弱。如发电厂，电站锅炉一般是按某类型煤质设计的，不适合改烧其他它类型的煤炭；否则，就要对锅炉进行高成本的改造。因此，电厂对于适用煤炭的讨价还价能力就比较弱。

（5）供应品对该行业的重要性：供应品是该行业生产经营不可缺少的资源或起关键性作用的资源，则供应者的讨价还价能力就越强；反之，则越弱。

（6）该行业对供应者的重要性：该行业是供应者重要客户，则供应者的讨价还价能力就越弱；反之，则越强。

(7) 购买者向前一体化的可能性：购买者有可能低门槛地进入或者收购某类外购产品或零配件，则供应者的讨价还价能力就越弱；反之，则越强。也就是说，如果供应商提供的产品价格难以持续地承受，那么购买者就有可能放弃外购，转而自行生产。但这种情况即将发生的时候，供应商的讨价还价能力就降低。

【案例 4-3】

“精武”鸭脖是武汉市著名的地方小吃，以其独特的配方和口味，在卤味产品市场上赢得了较高的市场份额，并且畅销全国。按照波特的五种竞争力量模型，其行业竞争结构如下：

(1) 行业内现有竞争者：在湖北省范围内，行业内现有竞争者有“久久”鸭脖、“周黑鸭”等，在全国范围内，有关卤鸡、卤鸭之类的小吃产品，都是直接的行业竞争者。在同行业的竞争中，品牌影响力是最重要的影响因素。

(2) 潜在进入者：一些经营小吃类产品的企业，都有可能成为潜在进入者，通过调整配方，生产销售卤鸭产品。因为此类产品的进入壁垒和退出壁垒都很低，因此属于低利润低风险行业，潜在进入者就会层出不穷。

(3) 替代品生产者：开发独特口味的卤鸡、卤肉等类产品，就可能使部分喜欢“精武”鸭脖的顾客转而喜欢新的卤制品。

(4) 购买者：如果没有新的进入者，那么购买者可选择的余地就小，因而在价格方面，“精武”处于强势地位。另外，由于顾客在口味方面的尝新追求，也会使顾客对“精武”鸭脖逐渐失去新鲜感，迫使“精武”在价格方面做出让步。

(5) 供应商：“精武”鸭脖的主要原料包括鸭子、卤料等，以鸭子为例，如果没有其他同类的卤鸭制品企业，那么作为供应商的鸭子养殖场对于“精武”鸭脖的讨价还价能力就较弱。而且，“精武”作为比较大的采购者，在与养鸭场的价格谈判中也处于强势地位。另外，为了降低主要原料的成本，“精武”也有可能自己创办或收购一些鸭子养殖场。

五种竞争力量模型是一个非常重要的分析工具，它能够帮助企业理解自身在产业链中的地位，从而针对行业内现有竞争者、潜在进入者、替代品生产者、供应商、购买者分别制定不同的竞争策略，获得优势。另外，五种竞争力量是一种动态结构，根据内外环境会发生微妙变化，在变化中达到新的平衡，因此，企业必须保持高度警惕，预见各种变化，并采取积极的应对措施，这样才能始终保持主动。

(作者自编)

二、从市场竞争角度分析竞争者

从市场角度来分析，竞争者就是服务于同一顾客群体或者满足相同消费需要的一组企业。竞争者一般被分为如下四个层次或者说四种类型：

（1）品牌竞争者：以与企业相似的价格向相同的顾客提供类似的产品或者服务，只是品牌的不同而已。

这类竞争者通常是直接竞争者，在市场的各个层面均存在着不同程度的竞争关系。例如，对海尔电视来说，TCL、海信、长虹、SONY 等电视品牌都是海尔直接的品牌竞争对手。

对于品牌竞争者，一般竞争最激烈的领域，在于通过技术创新，不断推出新产品来占领市场；通过营销创新来获得更大的市场份额。

（2）行业竞争者：把制造同类产品的制造商均视为竞争者。

海尔属于家电行业，生产电视、冰箱、彩电、厨房电器等各类家电产品，面临的竞争对手更多，如美的、格兰仕、方太，都属于家电行业的竞争对手。

对于行业竞争者，一般通过产品结构的调整来保持自己的核心优势，通过设备技术改造来提高生产效率，降低成本，获得价格竞争优势。

（3）形式竞争者：把所有能够满足相同需求的企业或者产品均视为竞争者。

如铺地的材料，可以铺木质地板，也可以铺地毯，还可以铺地砖等，虽然木质地板、地毯、地砖的生产方式有很大的差别，分别属于不同的行业，但对于消费者来说，只要选择了其中一种产品，满足了铺地的需求，就排斥了另外的产品，因此，他们是形式竞争者。

对于形式竞争者，主要竞争策略就是宣传本类产品在功能性、适用性、性价比等方面的独特优势，来吸引消费者，打动消费者。

（4）一般竞争者：把所有能够争取的顾客一定销售额度的企业均视为竞争者。

也就是说，顾客的消费能力是有限的，买了这个，就没钱买那个。例如，对汽车制造商而言，会把地产商、旅行社以及高档耐用产品的制造商视为竞争对手。

对于一般竞争者，企业一般不能够仅凭自身的努力就能够获得竞争优势的，例如，一个汽车制造厂是不能去和整个房地产行业竞争的。每个企业都会面临一般市场的竞争，这就要求企业要不断关注政治、经济、社会、科技等外部环境的变化，采取相应的应对策略。例如，当国家实施房地产限购政策时，会抑制房地产的消费，因此居民会把消费转向汽车等其他大额消费方面。

以上四种形式的竞争者，品牌竞争者和形式竞争者是同行业的显性竞争者，容易识别，也是企业应该高度关注的，对于竞争对手的重要经济活动，都要尽量掌握，这样才能及时采取应对措施，否则就会被动挨打；对于形式竞争者和一般竞争者，是潜在的或不同行业的隐性竞争者，不易识别。虽然在表面上没有直接的竞争，但也要随时关注。

第二节　竞争者策略分析

在知晓了企业所面临的外部竞争环境之后，下一步就要进一步了解和分析竞争者的策略，以便企业制定有针对性的竞争策略。

一、识别竞争者的策略

在行业竞争中，采取相同或相似策略的一组竞争者被称为一个策略群体。同一个策略群体中的成员，由于采用的竞争策略相同，相互竞争最为激烈，因此，相互成为主要的竞争对手。

企业在参与行业竞争时，应该了解各个竞争者在技术、产品、价格、分销、促销、服务等方面分别采取的是何种策略，分析本行业有哪些重要的策略群体以及各个策略群体进入障碍的大小，同时，分析自身所具有的相对策略优势，以便选择合适的策略群体参与其中的竞争。

二、了解竞争者的目标

竞争者的目标反映着竞争者在市场上的追求，它是竞争者行为的驱动力。了解竞争者的目标，有助于了解竞争者的发展方向以及可能采取的营销行动，从而有利于企业评估自己营销方案的合理性、可行性以及实施后的效果。

追求利润是每一个企业的终极目标，但不是唯一目标。企业在不同的发展时期，其目标也会不同。常见的目标有追求市场占有率、技术领先、质量领先、服务领先、信誉领先等。因此，竞争者的目标往往不是某一个单一的目标，而是几个目标组合而成的目标组合。分析竞争者的目标组合时应注意掌握如下几点：

（1）竞争者追求的是长远发展，还是短期利润？

（2）在竞争者的目标组合中，各个子目标的先后顺序是怎样的？

（3）随着企业经营环境的发展和变化，竞争者的目标组合以及目标组合中各个子目标的先后顺序将会发生怎样的变化？

三、分析、评价竞争者的优劣势

竞争者的优劣势主要表现在技术、市场、生产、财务、管理等方面，分析、评价竞争者的优劣势是一个了解竞争对手的过程。常常采用的方法有如下几种：

1. 调查竞争者的市场表现

企业的市场表现主要体现在两个方面：一个方面是近几年的重要经营指标如销售额、市场占有率、投资收益率、生产能力及其利用率、新的投资项目等；另一个方面是顾客的评价如产品质量、价格、分销、服务、履约情况等。竞争者的市场表现可以通过市场调查，搜集第二手资料来了解。市场表现主要体现在两个方面：一个方面是近几年的重要经营指标（销售额、市场占有率、投资收益率、生产能力及其利用率、新投资等）；另一个方面是顾客的评价（产品质量、价格、分销、服务、履约情况等）。此外，心理占有率和情感占有率两个指标的测定对评价竞争者有一定的意义。

2. 跟踪分析竞争者的财务状况

跟踪分析竞争者的财务状况主要是对竞争者的资产负债率、利润率、资金周转率等重要财务指标进行分析。判断竞争者的实力、竞争者在行业内的竞争地位，以及判断行业竞争的未来走势。

3. 分析竞争者对市场的假设、判断是否正确

每一个企业的经营决策都是基于自己对市场的假设和判断而作出的。这种假设、判断可能是正确的，也可能是不正确的，也可能是过去正确现在随环境变化而不正确的。因此，分析竞争者对市场的假设、判断是否正确有利于企业捕捉战胜竞争者的机会。

四、判断竞争者的反应模式

任何企业在实施自己的经营战略和策略时，竞争者都会做出不同程度的反应。企业如果能事先对竞争者的反应程度作出准确的判断，就能预先制定出应对的方案，以确保自己的目标顺利实现。

1. 竞争反应的内部动力

在一个行业，由于企业所处的竞争地位不同，竞争者的反应也会不同。例如，行业内的一个很小的企业采取降价行动，由于品牌不知名或知名度很低，在市场上引起的影响力很小，对其他企业的市场份额不会产生多大影响，因此，行业内的大企业，以及其他绝大多数企业，都不会立即采取针对性的竞争措施。但是，如果行业内排名靠前的大企业采取降价行动的话，则将会在行业内引起极大的轰动，势必对各个企业的市场份额产生巨大影响，引起行业竞争格局的重新洗牌。因此，行业内各个企业都会相应的采取应对措施。例如，饮料行业，如果可口可乐采取降价措施，或者举行大型促销活动，或者推出一种新产品，那么对于百事可乐以及其他饮料企业来说，都是一件重大的市场竞争事件，他们必须做出反应，针锋相对地展开行动。

另外，一个行业对于新的进入者，反应模式也是不尽相同的。例如，房地产行业，如果一个不知名的小企业投资进入房地产行业，那么对于万科、恒大、金地等房地产巨鳄来说，产生不了多大冲击，因而它们会不屑一顾。但是，当体育产业的巨头李宁公司宣布进入房地产行业的时候，那些房地产大鳄就会大吃一惊，因为李宁公司无论从资金实力，还是品牌等各方面来讲，一旦进入房地产行业，都会瓜分较大的市场份额。

2. 竞争反应模式

竞争者做出报复性或保护性的反应，一般有两种行为模式：一种反应是针锋相对，你降价，我也降价；你加大广告投入，我也加大广告投入。另一种反应是迂回策略，你降价，我不降价，而是采取促销措施；你进入到新的行业来，我就在供应商、其他行业资源方面采取保护措施，提高你进入的门槛。所以，企业在做出某项行动之前，一定要谨慎地分析行业竞争现状，必须制定战略来预测这种反击并加以应对；否则，企业就有可能无法实现既定的目标。

根据竞争者的反应程度，通常把竞争者的反应分为如下四种反应模式：

（1）冷静型：这类竞争者的反应迟缓或不激烈，其原因可能是很自信（对自己的经营前景或对顾客的忠诚有信心），也可能是没有反应的能力或确实是反应迟钝。

(2) 选择型：这类竞争者的反应是有所为有所不为，具有很强的目的性和针对性。对那些自认为有威胁的就会做出激烈的反应；反之，则不予理会。

(3) 强烈型：这类竞争者的反应是，无论何种情况都很强烈而迅速。

(4) 随机型：这类竞争者的反应带有不确定性，使人很难根据其实力、历史及其他方面的情况作出预测。

参考资料：

竞争对手是最强的精神支柱

在市场上，竞争不可避免，相信大多数的企业都曾为竞争头疼不已，不少企业因为竞争大打出手，争得头破血流。但是我们说并非所有的竞争都会导致这种结果，适当的竞争甚至还能促进企业的发展，让企业之间进入一种良性的互动当中，共同推动行业的发展，在彼此共同分割市场蛋糕的同时，也使消费者最终受益。

没有竞争对手的时候，人们往往会陷入一种不思进取的状态，缺乏前进的动力，有竞争就有压力，竞争常常能让一个人迸发出很强的斗志和能力，激发人的潜能，俗话说狭路相逢勇者胜，竞争可以让双方或者多方都倍加努力奋斗。企业也同样如此，适当的市场竞争压力会转变成动力，促进企业努力提升自身的品牌。

辩证法告诉我们，事物的发展是由内外因共同决定的。内因起主要作用，外因起影响作用。竞争对手就是外在因素的一个，竞争对手水平的高低一定程度上会对企业自身的心理产生影响，当对方水平越高时，在通常情况下，也能激发自己的上进心，会努力向竞争对手看齐。当对方水平越低时，在通常情况下，也会让我们有懈怠的心理，不会付出太大努力。这就是人们常说的，遇强更强，遇弱更弱的道理。从这个意义上来说，竞争对手的确是企业最强的精神支柱。因为外在压力存在，它会逼使企业努力提高自身品质，不断完善自我，超越自我。如此经历过暴风雨的洗礼之后，便逐渐变得强大起来。

再者，有了竞争的对手，就有了参照物和看齐的标准，也就在无形中有了动力，你高我更高，不断的改进企业的服务质量和推出新品，在暗暗的竞争和较量，由此促进了彼此的进步，没有比较就没有发展，没有竞争就不能出新，就不能推动社会的发展和社会前进，甚至没有人类社会的进步。

与狼共舞方显英雄本色。在竞争中尊重对手，在竞争中学习对手，如此在竞争中超越对手方才成为可能，因为他们给我们带来压力的同时也给我们带来了动力，他们的存在迫使我们不断提升、不断进步。事实证明，与强手交锋，最终会有助于自身的成长，就如申包胥之于伍子胥，管仲之于鲍叔牙，司马懿之于诸葛亮，竞争对手的强大才突显出其价值，当诸葛亮去世时，司马懿就颇有英雄落寞之感慨。

总而言之，我们不仅要重视每一位对手，而且更重要的是要加强自己的学习能力，提高自己的办事水平，注重内因的培养，让自己变得强大起来。每一个企业由于具体情况不同，或者实力，或者在市场的处境，或者能力等原因，其在市场的表现也会有所不同。如果选择好的对手，那么可能会成为你前进的动力，你可以由此得到一种激励，使自己时刻保持一种紧迫感；反之，如果对手能力与自己相去甚远，那就达不到激励的效果，甚至有可能让你高估自己的能力，导致骄傲自满的现象；如果自己与对手差距悬殊，那么可能成不了动力，反而变成压力，导致自己妄自菲薄，不利于进步。最重要的还是要提高自身的实力，根据自己实力的提升选择不同的对手，促进自己的进步。

第三节　企业竞争策略

竞争战略，又称经营战略或商业战略，其中心内容是寻找在某一特定产业或市场中建立竞争优势。而所谓的竞争优势，不外是指企业具有某种其竞争对手所没有或相对缺乏的特殊能力，以便能更有效、更经济、更快捷地为顾客提供所需的产品和服务。

一、一般竞争策略

营销学家波特认为，“当影响产业竞争的作用力以及它们产生的深层次原因确定之后，企业的当务之急就是辨明自己相对于产业环境所具备的强项和弱项”。据此，他提出了可应用于任何性质及规模的企业，其涵盖面甚广的一般竞争战略。

（一）成本领先战略

面对庞大的市场、消费者众多，企业可考虑采用成本领先战略去建立竞争优势。此种战略的要诀是通过规模经济以减低平均支出，同时借大量生产取得专业化的工作效率，使整体成本下降，产品价格得以定位于较同业低，竞争优势由此产生。

1. 成本领先战略的特点

（1）在整体上成为行业的低成本生产者；

（2）在运营领域中通过高效率获得成本领先优势；

（3）制造费用保持在尽可能低的水平上；

（4）产品或服务在质量上必须不低于竞争对手。

2. 成本领先战略的目标层次

（1）成本领先战略的最低要求是降低成本。

以最低的成本实现特定的经济目标是每个企业都应当追求的，当影响利润变化的其他因素不变时，降低成本始终是第一位的。但成本又是经济活动的制约因素，降低成本意味着对企业中每一个人都有成本约束，而摆脱或减轻约束是人的本性所在。因此，实施成本控制、加强成本管理，在企业中是一个永恒的话题。在既定的经济规模、技术条件和质量标准条件下，不断地挖掘内部潜力，通过降低消耗、提高劳动生产率、合理的组织管理等措施降低成本，是成本领先战略的基本前提和最低要求。

（2）成本领先战略的高级形式是改变成本发生的基础条件。

成本发生的基础条件是企业可利用的经济资源的性质及其相互之间的联系方式，包括劳动资料的技术性能、劳动对象的质量标准、劳动者的素质和技能、企业的管理制度和企业文化、企业外部协作关系等各个方面。在特定的条件下，生产单位产品的劳动消耗和物料消耗有一个最低标准，当实际消耗等于或接近这个标准时，再要降低成本只有改变成本发生的基础条件，可通过采用新设备、新工艺、新设计、新材料等，使影响成本的结构性因素得到改善，为成本的进一步降低提供新的平台，使原来难以降低的成本在新的平台上进一步降低，这是降低成本的高级形式。这一点在一些对安全和质量要求高的产品上，显得尤为重要和困难。如航空产品的制造和维修，降低成本的困难在于承担技术革新的风险；又如，建筑行业，由于终身追究质量责任，过剩设计的现象已是不争的事实，而设计的浪费恰恰是最大的浪费。

（3）成本领先战略的最低目标是增加企业利润。

在其他条件不变时，降低成本可以增加利润，这是降低成本的直接目的。在经济资源相对短缺时，降低单位产品消耗，以相同的资源可以生产更多的产品、可以实现更多的经济目标，从而使企业获得更多的利润。但成本的变动往往与各方面的因素相关联，若成本降低导致质量下降、价格降低、销量减少，则反而会减少企业的利润。因而，成本管理不能仅仅着眼于成本本身，要利用成本、质量、价格、销量等因素之间的相互关系，以合适的成本来维系质量、维持或提高价格、扩大市场份额等，使企业能够最大限度地获得利润。同时，成本还具有代偿性特征，在不同的成本要素之间，一种成本的降低可能导致另一种成本的增加；在成本与收入之间，降低成本可能导致收入下降，通过高成本维持高质量可提高收入，也有可能获得高利润。

（4）成本领先战略的最终目标是使企业保持竞争优势。

企业要在市场竞争中保持竞争优势，在采取诸多的战略措施和战略组合中，成本领先战略是其中的重要组成部分，同时，其余各项战略措施通常都需要成本管理予以配合。战略的选择与实施是企业的根本利益之所在，降低成本必须以不损害企业基本战略的选择和实施为前提，并要有利于企业管理措施的实施。成本管理要围绕企业为取得和保持竞争优势所选择的战略而进行，要适应企业实施各种战略对成本及成本管理的需要，在企业战略许可的范围内，在实施企业战略的过程中引导企业走向成本最低化，这是成本领先战略的最终目标，也是成本领先战略的最高境界。

3. 成本领先战略的主要类型

（1）简化产品型成本领先战略；

（2）改进设计型成本领先战略；

（3）材料节约型成本领先战略；

（4）人工费用降低型成本领先战略；

（5）生产创新及自动化型成本领先战略。

【案例 4-4】

沃尔玛的成本领先战略

美国沃尔玛连锁店公司是世界上最大的连锁零售商。沃尔玛发展的一个重要原因是成功运用了成本领先战略并予以正确实施。

沃尔玛的经营策略是“天天平价，始终如一”，即所有商品（非一种或若干种商品）、在所有地区（非一个或一些地区）、常年（非一时或一段时间）以最低价格销售。为做到这点，沃尔玛在采购、存货、销售和运输等各个商品流通环节，采取各种措施将流通成本降至行业最低，把商品价格保持在最低价格线上。

沃尔玛降低成本的具体举措如下：

1. 将物流循环链条作为成本领先战略实施的载体

(1) 直接向工厂统一购货和协助供应商减低成本，以降低购货成本。

沃尔玛采取直接购货、统一购货和协助供应商降低成本三者结合的方式，实现了完整的全球化适销品类的大批量采购，形成了低成本采购优势。

①直接向工厂购货。零售市场的很多企业为规避经营风险而采取代销的经营方式，沃尔玛却实施直接买断购货，并对货款结算采取固定时间、绝不拖延的做法（沃尔玛的平均“应付期”为29天，竞争对手凯玛特则需45天）。这种购货方式虽然要冒一定的风险，却能保护供应商的利益，这大大激发了供应商与沃尔玛建立业务的积极性，赢取了供应商的信赖，保证沃尔玛能以最优惠的价格进货，大大降低了购货成本。据沃尔玛自己统计，实行向生产厂家直接购货的策略使采购成本降低了2%~6%。

②统一购货。沃尔玛采取中央采购制度，尽量由总部实行统一进货，特别是那些在全球范围内销售的高知名度商品，如可口可乐等，沃尔玛一般对1年销售的商品一次性地签订采购合同。由于数量巨大，沃尔玛获得的价格优惠远远高于同行。

③协助供应商减低产品成本。沃尔玛通过强制供应商实现最低成本来提高收益率，如对供应商的劳动力成本、生产场所、存货控制及管理工作进行质询和记录，迫使其进行流程再造和提高价格性能比，使供应商同沃尔玛共同致力于降低产品成本及供应链的运作成本。

(2) 建立高效运转的物流配送中心，保持低成本存货。

为解决各店铺分散订货、存货及补货所带来的高昂的库存成本代价，沃尔玛采取建立配送中心、由配送中心集中配送商品的方式。为提高效率，配送中心内部实行完全自动化，所有货物都在激光传送带上运入和运出，平均每个配送中心可同时为30辆卡车装货，可为送货的供应商提供135个车位。配送中心的高效运转使得商品在配送中心存放的时间很短，一般不会超过48小时。通过建立配送中心，沃尔玛大大提高了库存周转率，缩短了商品储存时间，避免了公司在正常库存条件下由各店铺设置仓库所付出的较高成本。在沃尔玛各店铺销售的商品中，87%左右的商品由配送中心提供，库存成本比正常情况下降低50%。

(3) 建立自有车队，有效地降低运输成本。

运输环节是整个物流链条中最昂贵的部分，沃尔玛采取了自建车队的方法，并辅之全球定位的高技术管理手段，保证车队处在一种准确、高效、快速、满负荷的状态。一方面，减少了不可控的、成本较高的中间环节和车辆供应商对运输环节的中间盘剥；另一方面，保证了沃尔玛对配送中与和各店铺之间的运输掌握主控权，将货等车、店等货等现象控制在最低限度，保证配送中心发货与各店铺收货的平滑、无重叠衔接，把流通成本控制在最低限度。

2. 利用发达的高技术信息处理系统作为战略实施的基本保障

沃尔玛开发了高技术信息处理系统来处理物流链条循环的各个点，实现了点与点之间光滑、平稳、无重叠的衔接，使点与点之间的衔接成本保持在较低水平。

3. 对日常经费进行严格控制

沃尔玛对于行政费用的控制非常严格。在行业平均水平为5%的情况下，沃尔玛整个公司的管理费用仅占销售额的2%，这2%的销售额用于支付公司所有的采购费用、一般管理成本、上至董事长下至普通员工的工资。为维持低成本的日常管理，沃尔玛在各个细小的环节上都实施节俭措施，如办公室不配置昂贵的办公用品和豪华装饰、店铺装修尽量简洁、商品采用大包装、减少广告开支、鼓励员工为节省开支出谋划策等。另外，沃尔玛的高层管理人员也一贯保持节俭作风，即使是总裁也不例外。首任总裁萨姆与公司的经理们出差，经常几人同住一间房，平时开一辆二手车，坐飞机也只坐经济舱。沃尔玛一直想方设法从各个方面将费用支出与经营收入比率保持在行业最低水平，使其在日常管理方面获得竞争对手无法抗衡的低成本管理优势。

（中国营销传播网 http：//www. emkt. com. cn）

（二）差异化战略

通过利用匠心独具的构思，先进的科学技术和施工程序，新奇奥妙的原料配方，别具一格的服务形式，企业可以设计出一种与众不同的产品，即使产品本身并无稀奇之处，通过广告及包装也能树立产品的独特品牌形象，达到差异化的效果。

差异化战略可实施于广阔范围市场或狭窄范围市场。在狭窄范围市场的情形下，差异化战略付诸实行的对象是一小群有特别需要或嗜好的消费者，所以有称为聚焦式的差异化战略。应当指出，虽然采用一般战略可以帮助企业建立竞争优势，但此种优势能否有惊无险地长期维持下去，都不是绝对可以如愿以偿的。原因是惟妙惟肖的模仿能够打破差异化的优势，而低成本的优势也会因技术转变而烟消云散。因此，要获得持续性的竞争优势，企业应密切注视竞争对手的一举一动和产业中的各种变化，结合实际情况，有的放矢。

差异化战略的特征：

（1）提供与众不同的产品，并得到顾客的广泛认同，有别于竞争者，独树一帜；

（2）差异化的领域有质量、服务、产品设计、品牌形象等；

（3）顾客必须愿意支付超过差异化所增成本的溢价。

【案例 4-5】

长虹智能战略铸就差异化竞争优势

在IT和互联网技术广泛应用发展的时代，互联网与传统家电边际逐渐模糊。电视正由数字化、网络化、平板化向信息化、绿色化、智能化转变。同时，智能冰箱、智能空调等这些家用电器在三网融合、物联网的未来发展领域也方兴未艾。特别是移动互联网使个人消费电子终端产品在不同物理空间的丰富应用，给整个信息家电行业带来了无限机遇和更广阔的增值空间。

国家强调自主创新，着力支持消费电子产业在变频技术、智能化技术、关键零部件技术等行业共性技术上拥有自主知识产权的核心技术，并实现产业化，以此增强企业的核心竞争力。这些都为长虹的加速发展提供了良好机遇。

基于对家电行业发展方向敏锐的洞察和前瞻性的布局，蓄势多年的长虹也迎来了全面跨越的战略性机遇和关键发展时期。

面对全新的产业发展环境，长虹重新审视和梳理了自身的发展机遇、发展基础和发展方向，提出了“长虹智能战略”，并以此为落脚点，以价值发展和规模发展作为选择路径，这将有助于重铸长虹在e时代下差异化竞争优势，提升长虹的综合竞争力与盈利能力。

在技术创新方面，长虹近年来坚持每年研发投入超过10亿元，已经形成了工业设计、嵌入式软件、IC设计、工程技术、可靠性技术和变频技术六大核心能力，并将围绕技术能力培育、差异化产品研发等方面进一步发挥知识产权平台的作用，保障长虹在关键核心器件、数字电视、制冷家电、高通用芯片、基础软件、信息技术等重要领域形成行业的比较优势，提升长虹可持续发展综合竞争力与盈利能力。

长虹正通过加强与国际大公司之间的合作，正在积极推进在智能手机、三网融合、LED、云计算设备和供应链配套等方面的投资合作，为提升长虹价值培育更多和更新的增长点。

在技术创新方面的努力和取得的成绩，为长虹推进“智能战略”提供了强有力和独具竞争力的比较优势和可持续增长。

在智能终端的关键核心器件方面，长虹已全面建立起差异化的竞争优势。例如，智能电视的核心器件——高端显示屏，等离子显示屏凭借其大屏、高清、3D、快速响应、节能的独特优势，已成为智能电视显示终端最佳的显示器件之一。今年长虹42英寸以上的高清、全高清3D等离子屏已全面量产，综合良品率超过92%，单日良品率超过95%，与三星、松下等处于同等水平，随着产能进一步释放，2011年，长虹等离子屏将实现产量110万片，预计明年会超过160万片。等离子屏确立了长虹电视最大差异化的竞争优势，也有望为长虹智能电视带来巨大的增值空间。

对于长虹来说，掌握了提升终端产品差异化竞争能力的核心技术、探索出适应e时代竞争的新商业模式、实现高附加值的核心器件制造能力、建立起充分发挥活力的组织管理体系、具备展开积极高效的资本运作的可能，这些都将奠定长虹在e时代下厚积薄发和实现新跨越的扎实基础，助其最终成为智能家电时代的王者。

（中国营销传播网 http：//www. emkt. com. cn）

（三）集中战略

管理大师彼得·德鲁克说过：“没有一家企业可以做所有的事情，即使有足够的钱，它也永远不会有足够的人才。”这句话的含义就是：做最具竞争优势的事。集中型战略即聚焦战略，是指企业把经营战略的重点放在一个特定的目标市场上，为特定的地区或特定的购买者集团提供特殊的产品或服务。即指企业集中使用资源，以快于过去的增长速度来增加某种产品的销售额和市场占有率。该战略的前提思想是：企业业务的专一化，能以更高的效率和更好的效果为某一狭窄的细分市场服务，从而超越在较广阔范围内竞争的对手们。这样可以避免大而弱的分散投资局面，容易形成企业的核心竞争力。

采取聚焦战略的公司，拥有其服务于目标小市场的专业能力，使其防御五种竞争力量的基础更加坚实。相对于实行聚焦战略的厂商而言，定位于多个细分市场的竞争厂商很难透彻理解目标客户的期望，也很难拥有服务细分目标小市场的独特能力。再则，竞争者进入聚焦厂商的目标细分市场变得越来越困难，而这种赶上聚焦厂商的能力所遇到的障碍，可以有效地阻止潜在的新进入者。

聚焦战略的特征：

（1）具有完全不同的用户群。购买群体在需求上存在差异，用户有独特的偏好或需求；

（2）在相同的细分市场中，其他竞争对手不打算实行重点集中战略。定位于多个细分市场的竞争厂商，很难满足目标小市场的专业化或特殊需求，或者如果要满足这个市场的专业化需求，其代价往往非常昂贵；

（3）企业的资源不允许追求广泛的细分市场。整个行业有很多小市场和细分市场，本企业资源实力有限，没有足够的资源和能力进入整个市场中更多的细分市场，从而选择与自己的强势和能力相符的有吸引力的目标小市场；

（4）没有其他的竞争厂商在相同的目标细分市场上进行专业化经营。其他竞争对手尚未打算在企业的目标市场上采用聚焦战略；

（5）行业中各细分市场在市场容量、成长速度、获利能力、竞争强度等方面存在很大差异，致使某些细分市场比其他部门更有吸引力；

（6）小市场具有很好的成长潜力，目标小市场足够大，可以盈利；

（7）拥有有效服务目标细分市场的资源和能力；

（8）采取聚焦战略的公司，凭借其建立起来的顾客商誉和能力，可以有效地防御行业中的挑战者，其产品和服务有较高的客户忠诚度；

（9）服务小市场的成本比竞争对手的成本低；能够给小市场的购买者提供他们认为更好的东西。

采取集中资料的典型例子很多，如美国吉利公司凭一把剃须刀、麦当劳公司凭一包汉堡包加薯条、可口可乐公司凭一瓶饮料而进入世界500强行列。这些企业几十年来坚持聚焦，一以贯之，精心耕耘，不仅丰厚利润，而且已经发展成世界级的大企业。

（四）高质量战略

高质量战略是指企业以高质量为竞争手段，致力于树立高质量的企业形象，并希望在竞争中以高质量超越竞争对手。

高质量战略的特征：

（1）注重产品的性能质量，包括功能、耐用、牢固、可靠、经济和安全性；
（2）以顾客需求为依据；
（3）高质量反映在企业各项活动和创造价值中；
（4）高质量在比较中不断进取。

二、市场领导者的竞争战略

一个成熟的行业，发展到一定程度，都会出现“长尾现象”，即出现2~3个行业老大，称为市场领导者；一个紧跟其后的中型企业群，称为市场挑战者；以及为数众多的小企业，称为市场追随者，其行业企业群体结构就像彗星。在行业竞争中，对于处于不同地位的企业，采取的竞争策略是各不相同的。

市场领导者是指某一行业中拥有最大的市场占有率，在产品价格变动、新产品开发、产品分销覆盖面和促销强度等方面都起着主导作用的某一个大企业。

市场领导者占据了大量的市场份额，他们的主要目标是保持甚至进一步扩大市场份额，因此，市场领导者的竞争策略，要么是防御性策略，要么是主动进攻型策略。

1. 扩大总需求的竞争策略

（1）增加产品新的购买者和使用者。每一种产品都具有吸引消费者购买的潜力，企业一般可以通过低价渗透策略，教育说服和诱导消费者等生产开发策略以及地理扩展策略来增加产品新的购买者和使用者。

（2）挖掘开发产品新的用途，创造产品的新卖点，以实现扩大产品需求的目的。

（3）扩大产品的使用量和使用频次。例如，牙膏通过扩大出口来增加每次牙膏的使用量，通过宣传教育和提倡早晚刷牙的习惯来增加使用牙膏的频次，进而实现扩大产品需求的目的。

2. 保护市场份额的竞争策略

（1）阵地防御：就是市场领导者在企业现有阵地周围建立防线。这是一种消极被动的静态防御，是一种典型的市场营销近视。

（2）侧翼防御：就是市场领导者企业在保卫自己的阵地外，还建立一些基地或者前哨，以保护现有的薄弱防线，以及在必要时候以这些基地或者前哨作为反攻的基地。

（3）以攻为守：就是市场领导者企业采用先发制人的积极防御策略，即企业在进攻者尚未行动之前，先主动攻击并挫败进攻者。

（4）防守反击：就是市场领导者企业在进攻者发动攻击时做出积极的及时的反击。

（5）运动防御：就是市场领导者企业通过市场扩大化和市场多角化，把自己的势力范围扩展到新的领域，这些新扩展的领域，可能成为未来防御和进攻的中心。

（6）收缩防御：就是市场领导者企业放弃某些疲软的市场，把力量集中于主要的市场。这是一种集中优势兵力、以退求进的策略。

例如，饮料行业巨头可口可乐公司，面对众多饮料企业的竞争，一方面，通过持续的广告与分销手段，保护传统可乐的市场份额；另一方面，积极开发适应世界不同地区人群口味的新可乐，甚至进入水果饮料和其他功能饮料领域，对其他竞争对手进行防御性进攻，从而稳固了自己的市场地位。

例如，宝洁公司在居家日用品行业属于行业领导者，它在牙膏产品方面市场占有率也是最高的，为了进一步提高产品销量，它采取了一系列的措施，如开发新配方的牙膏，解决不同的牙病问题；对使用者按照儿童、成年人、老年人进行细分，开发适合不同人群使用的牙膏等，使牙膏产品市场总量出现增长，从而继续保持宝洁公司在该领域的领导地位。

【案例 4-6】

宝洁公司洗发护发产品的市场竞争策略

宝洁公司是世界上最大的日用消费品公司之一，公司全球雇员超过 10 万人，在全球 80 多个国家设有工厂及分公司，所经营的 300 多个品牌的产品畅销 160 多个国家和地区，其中包括洗发、护发、护肤用品、化妆品、婴儿护理产品、妇女卫生用品、医药、食品、饮料、织物、家居护理及个人清洁用品。

在中国的洗发水领域，该公司推行多品牌的差异化市场细分策略，旗下拥有飘柔、海飞丝、潘婷、润妍、沙宣等多个强势品牌，建立了相当高的品牌忠诚度，在洗发水市场中占据绝对优势地位。

1. 市场定位

中国的洗发护发产品市场可以分为高、中、低档三个部分；同时，在每个部分市场又可以根据不同的标准划分出更细的细分市场：如根据适合不同发质的和不同消费者喜好分成各种专用功能市场；如根据市场的人口密度又可以分为都市、市郊、和乡村；根据年龄可分为青年、中年和老年市场等。

对于宝洁这样的公司，必须考虑到每个细分出来的市场，并对其加以分析和衡量，根据自身和市场的特点去选择目标市场。

宝洁公司采用的集中性的营销策略，选择城市市场上比较注重个人形象和生活品位的人群，他们通常收入和教育水平都比较高，能够比较容易接受新鲜事物，只要是好产品，也通常不会太在意价格。

2. 竞争策略

通过分析竞争对手的市场战略状况，扬长避短，采用差异性营销的策略，力求在每个细分的市场有一定的占有率，实现更高的销售额。宝洁把自己定位于洗发水的高级市场，生产高档产品。主要的竞争对手就是联合利华。面对外部环境的挑战，宝洁公司选择了多品牌的营销策略。宝洁公司旗下拥有飘柔、海飞丝、潘婷、润妍、沙宣等多个强势品牌，在洗发水市场中占据绝对优势地位。其旗下品牌通过功能细分牢牢占据了去屑、营养头发、滋润头发等细分市场。

宝洁公司在中国市场的竞争战略是成功的。从以上的分析可以看出，宝洁公司通过品牌策略，在一般人认为没有缝隙的产品市场上寻找到差异，生产出个性鲜明的商品，成功地运用营销组合的理论，成功地将这种差异推销给消费者，并取得他们的认同，进而心甘情愿地为之掏腰包。正如其广告词“世界一流产品美化您的生活”所传达的一样，“宝洁”已成为追求高品质生活的象征，也正是因为这样，宝洁公司可以在中国如此酣畅地推行它的多品牌策略。

到目前，宝洁公司还依然在努力发现新的细分市场、开发新的目标市场，宝洁将开始实施对染发市场的挺进与开拓。宝洁还预测如今的洗发水市场，润发护发领域有着极大的发展空间，未来的几年，宝洁将会对润发护发产品进行大力开发，力图在竞争中取得更大的胜利。

结果显示宝洁的品牌也占据了市场的半壁江山。宝洁的飘柔、海飞丝、潘婷、沙宣几乎占领近70%的市场份额，而在剩余约30%的市场份额中，联合利华（力士、夏士莲）、日本花王（诗芬等）等跨国企业品牌又占去了约25%，总共约有5%的市场份额留给了国有品牌。

（第一赢销网　http：//www. yingxiao. 360. com/）

三、市场挑战者的竞争战略

市场挑战者是指在市场上居于次要位置，但又不安于现状，向市场领导者发出挑战，争取取而代之的企业。

市场挑战者的地位一般不太稳定，一方面，很容易受到市场领导者的攻击和报复；另一方面，同等规模的企业也会相互竞争，以扩大自己的份额，防止掉队；而且，后面的追随者为数众多，防不胜防。因此，市场挑战者采取的竞争策略，绝大多数是进攻策略。

1. 市场挑战者的进攻对象

（1）直接攻击市场领导者；

（2）攻击规模相同的公司；

（3）攻击小公司。

2. 市场挑战者的进攻策略

（1）差异化：也叫侧翼进攻，由于竞争对手力量太强，因而采取侧面进攻是一项较为安全的进攻方式。开发功能独特的差异化产品，获得更多的市场份额。

（2）成本领先：通过降低成本，获得价格竞争优势。

（3）创新：包括技术创新、市场创新等，通过创新获得独特的竞争优势。

（4）成长：通过扩大市场份额、兼并同类企业、投资新的项目等方式，壮大自己的实力。

（5）联盟：抱团是中小企业常常采取的竞争策略，可以与同行进行联合，也可以与供应商、与经销商进行联合，使自己获得更多的竞争优势和实力。

【案例 4-7】

百度与谷歌的竞争分析

谷歌（Google）是世界互联网搜索引擎的老大，但是百度（Baidu）出现以后，一直以谷歌为主要竞争对手，采取各种挑战策略瓜分谷歌的市场份额，使谷歌一刻也不得安宁。

1999年底，百度公司由李彦宏筹集120万美元风险资金成立。2000年，互联网概念低潮的时期，百度获得了支持成长最重要的1000万美元融资。2005年，百度公司通过复制Google的基本商业模式，成功上市，谷歌是其股东之一。分析人士指出，让谷歌入股是一步计算精准的棋。李彦宏未接受谷歌的收购提案，却同意让对方入股2.6%。上市前，百度降低融资额和公开募股比例，意在防范谷歌等公司在证券市场上可能发起的收购行为。但许多投资人认准百度是中国的谷歌（因为谷歌是百度股东），而加入追买行列。

百度在中文搜索市场的成功，令谷歌大吃一惊。百度在中国市场立即超越谷歌。对于百度的挑战，谷歌也采取了很多应对措施。

谷歌和百度的竞争，不是大网站对小网站的纯粹的规模势力的竞争，也不是简单的国外搜索引擎服务商对国内搜索服务的竞争，随着谷歌服务器在中国本土安家落户，关于谷歌搜索对于中国的战略风险问题可以得到一定程度上的缓解。随着时间的推移，我们可以日益深刻地感受到谷歌和百度之竞争的实质，那便是两个真正有核心实力的未来互联网之星的强者对强者的竞争。

在这样一场超级大战中，真正决定胜负的因素既不是资本也不是既有的用户格局，更不是过去的静态的商业力量对比，对互联网先进文化的学习和把握能力才是制胜关键。正如两个武者的搏斗，只有腾挪、内力、招数、套路、反应、力量等各方面细节的综合，才可以决定他们的高下，而贯穿各种细节并且凝聚之成为制敌杀招的，便是文化。正如百度的广告所说，百度更懂中文。这是百度在中文搜索市场挑战谷歌、超越谷歌的关键，百度击中了谷歌的软肋。

（第一赢销网　http：//www.yingxiao.360.com/）

四、市场追随者的竞争战略

市场追随者是指在市场上居于次要位置，而且安于现状，参与市场竞争但不扰乱市场局面，力争在共处的状态下求得尽可能多的利益的企业。

市场追随者在各方面都处于弱势地位，随时都有被淘汰的可能。他们有一个显著的优势，就是行业内的大企业一般对他们无暇顾及，不会对他们采取报复性行动。他们在市场竞争中，一般采取温和的行动，以生存为主要目标，小富即安。

1. 市场追随者的追随方式

（1）紧密跟随：尽可能效仿市场领导者，但又是尽可能的低调，避免与市场领导者发生冲突。

（2）距离跟随：与市场领导者始终保持合适的距离，即在大的市场诸如目标市场、价格策略、分销渠道等方面，保持追随效仿市场领导者，但又在一些小的市场方面保持一定的距离，保持或发明创新出自己的特点来。

（3）选择跟随：追随市场领导者，但追随的方面有选择，即择优追随，对自己有利的紧密追随市场领导者。同时，发明创新并举。

2. 市场追随者的追随竞争策略

（1）仿制：仿制市场领导者的产品和包装，以低价在市场上销售。

（2）紧跟：不是简单模仿，而是在产品功能方面紧跟市场领导者的产品。

（3）改变：学习市场领导者的产品，并进行改变或改进，开发新的产品。

【案例 4-8】

腾讯的 QQ 农场

面对残酷的市场环境，各种机会的不确定性，使创新的风险增加，第一个吃螃蟹的很容易成为先烈。而作为一家企业，必须考虑规避风险，考虑把握外部环境的变化，在这种情况下，做追随者可以有效规避风险。

通常采取跟随策略的企业有两种方式：一种是试图通过创造性跟随，追随先驱者，但同时又对其策略和自己的优势加以分析，在作出有变化的追随，成为行业或区域市场的主流，这种方式很简单，追随前者，然后加以一定程度的创新；另一种是无奈的追求，受制于企业的研发能力和总体实力，选择跟随策略，成为市场的补充，不求大富大贵，但求偏安一隅，这些通常都是中小型企业或非重点市场采取的竞争策略。

但是，像腾讯这样大型企业，采用追随战略的，在传统企业中确实少见。众所周知，腾讯是中国最大的互联网公司之一，腾讯喜欢“抄袭”，被大家也骂得不行。就连腾讯的内部人士也承认，腾讯不喜好做“第一个吃螃蟹的人”，而是更多地倾向于跟随，哪怕这种跟随的做法会招来业界的种种非议。不过从商业角度来说，有这个名词“跟随战略”。

通常对于一个新产品，没有人知道真正符合消费者需求的是什么样子。再者，开拓者一般都着迷于自己的技术，忽视顾客的深度需求，所以开拓者的产品往往和消费者的需求是有差距的。比如，价格太高、使用不便、性能的缺陷等。而快速追随者可以在开拓者推出新品后，对消费者的反馈做出迅速反应，对产品加以改进，然后先于竞争对手推出真正符合或更加符合顾客需求的产品。

在追随战略上，腾讯的 QQ 农场是个非常经典的案例。开心农场是一款十分流行的网络游戏。腾讯经过模仿和改进，立即推出了 QQ 农场。有人这样评价，“QQ 农场就充分考虑了自己的消费人群并进行准确定位，在游戏功能上，QQ 农场去除了更多复杂的游戏部分如奴隶买卖，充分借助自己现有的 QQ 用户群，QQ 用户只需从 QQ 上导入程序即可，无须其他任何手续，这样让 QQ 农场成为非常简单的休闲游戏，即使你是一个从未玩过游戏的人，也可以很快学会”。在玩家之间的互动上，QQ 农场更是充分发挥自己的优势：鼓励 QQ 好友之间相互邀请增加玩家数量，提高在线时间，这样 QQ 农场让玩家自娱自乐的同时，更成为一种和好友沟通和交流的工具，这一点是开心网所不具备的，它的更多的玩家之间是没有相互关系的。

如此这般，QQ 农场迅速成为好友之间的很时髦的沟通话题。

腾讯采用追随战略，是有他根本的原因的。腾讯最大的优势是什么？相信所有人回答都是相同的，即拥有数亿 QQ 会员。这样一来，任何应用其实都可以是为对 QQ 会员的一种服务。任何一款创新的应用，如果它在中国大陆真的有市场的话，那么拥有数亿 QQ 会员（几乎是所有网民都是 QQ 会员的情况下）里面，必然有一定的需求。那么腾讯为什么不做这一件事呢？

（作者自编）

所以，在成熟的市场，追随策略不是生存之道，但是对于成长迅速的新市场，变化无处不在，快速追随者合理运用追随策略经常会后来居上，代替开拓者成为行业新的领导者。所以，当你无法做到创新和领先的时候，当你看不清未来方向的时候，可以看一下领先者，考虑找个模仿对象，用跟随策略一样能获得成功。

五、市场补缺者的利基战略

利基市场是指企业选定一个很小的产品或服务领域，集中力量进入并成为领先者，从当地市场到全国再到全球，同时建立各种壁垒，逐渐形成持久的竞争优势。

在整个市场上占有较低份额的公司可以通过灵活巧妙地拾遗利基，见缝插针，从而实现高额利润。根本原因就在于进行市场利基的公司事实上已经充分了解了目标顾客群，因而能够比其他公司更好、更完善地满足消费者的需求。并且，市场利基者可以依据其所提供的附加价值收取更多的利润额。

利基市场一般具有如下特征：

（1）该市场具有足够的规模和购买力，能够盈利；

（2）该市场具备发展的潜力；

（3）强大的竞争者对该市场不屑一顾；

（4）公司具备所必需的能力和资源以对这个市场提供优质的服务；

（5）公司已在顾客中建立了良好的声誉，能够以此抵挡竞争者的入侵。

【案例 4-9】

海尔小小冰箱在美国的成功

海尔冰箱在进入美国市场之前，作了很详细的市场调研，他们发现美国的大学公寓一般是几个学生合租，每人一个房间，共用厨房、厕所。学生们都在厨房的共用的冰箱里存放自己的蔬菜、水果、饮料，但是容易搞混，而且从寝室到厨房经常拿东西也不方便。海尔的市场人员将这个信息报告给研发部门，希望开发一种更小的冰箱，大学生们能够放在自己的寝室里，更加方便使用。于是，价格仅几十美元的海尔小小冰箱在美国的家电市场出现了，大受美国大学生们欢迎，几乎人手一台。海尔小小冰箱牢牢占领了大学生公寓这个利基市场，获得了巨大的商业成功。

（中国营销传播网 http：//www. emkt. com. cn）

☞课后训练☜

一、理论知识掌握

1. 从市场竞争角度看，有哪些竞争者？
2. 从行业竞争角度看，有哪些竞争者？
3. 行业竞争力量是如何影响行业的竞争强度的？
4. 什么是竞争者？怎样识别？
5. 从哪四个方面评价分析竞争者策略？
6. 市场领导者策略有哪几种类型？
7. 一般竞争者策略有哪几种类型？
8. 市场挑战者策略有哪几种类型？
9. 利基市场一般具有哪些特征？
10. 市场追随者的追随竞争策略是什么？

二、能力素质训练

1. 从市场竞争角度，分析联想平板电脑的四个层次的竞争者。
2. 从行业竞争角度，对光明牛奶进行五种竞争力量分析。
3. 面对苹果 iPhone 手机的市场冲击，作为世界手机行业的领导者，你认为诺基亚公司会作出哪些竞争反应？诺基亚公司应该采取哪些针对性的竞争措施？

第五章　市场营销调研与预测

【案例 5-1】

2004 年武汉市商业诚信服务调查（问卷）

一、标题：2004 年武汉市商业诚信服务调查（问卷）

二、问卷说明：围绕今年“3·15”“诚信·维权”的活动主题，湖北日报报业集团、湖北省商务厅、湖北省消费者委员会联合举办“2004 年武汉市商业诚信调查”活动，并将隆重举行 2004 年武汉市“诚信商企”授牌仪式。覆盖全市百货、仓储、家电三大业态的主流商企。

评奖办法：此次问卷调查，设立幸运读者抽奖，按有效答卷的身份证号公开抽取。一等奖（2 名）每人奖金 1000 元；二等奖（3 名）每人奖金 600 元；三等奖（10 名）每人奖金 300 元。获奖者将报纸公布并电话通知。

投票方法：1. 邮寄地址：武汉市黄鹂路 65 号 湖北日报报业集团 商业工作室（430077）2. 邮箱投票：gttg6608@sina.com 请注明投票字样，留下姓名、身份证号等资料及联系方式；[如售后服务 A：15/14/6] 3. 传真投票：027—86791862 咨询热线：027—86790037　86791862

三、被调查者情况：

姓名		性别		年龄		职业	
身份证号			联系电话				
居住区域	市	区				街	

四、调查内容：（注：按三个业态划分，请将您所选的“参评单位”序号，填在空格内）

1. 商品质量：

A. [好] 品质优良、健康卫生：百货________超市________家电________

B. [差] 伪劣商品、粗糙过期：百货________超市________家电________

2. 购物环境：

A. [好] 舒适宽敞、空气清新：百货________超市________家电________

B. ［差］拥挤憋闷、广告喧嚣：百货________超市________家电________

3. 员工素质：

A. ［好］亲切自然、实事求是：百货________超市________家电________

B. ［差］假扮殷勤、夸大其辞：百货________超市________家电________

4. 解决顾客投诉：

A. ［好］主动礼貌、快速解决：百货________超市________家电________

B. ［差］被动不理、耗时狡辩：百货________超市________家电________

5. 打折促销活动：

A. ［好］真实让利、低价回馈：百货________超市________家电________

B. ［差］明降暗涨、捆绑强售：百货________超市________家电________

6. 售后服务：

A. ［好］热情快捷、技术娴熟：百货________超市________家电________

B. ［差］拖拉敷衍、技术生硬：百货________超市________家电________

7. 综合评比（以下综合选择填写项数不限）：

您心中的武汉市“诚信商企”：________________________

您其他的表扬或投诉文字意见：________________________

五、参评单位及编码：（共36个企业参评，排名不分先后）

A. 百货类：

1. 武汉广场；2. 世贸广场；3. 亚贸广场；4. 武商建二；5. 中商百货；6. 中百百货；7. 汉阳商场；8. 新世界百货；9. 群光广场；10. 凯旋门广场；11. 华氏百货；12. 明日广场；13. 洪山商场；14. 时尚名都；15. SOGO；16. 21世纪购物中心；17. 鲁巷广场；18. 王府井；

B. 超市类：

1. 中百仓储；2. 武商量贩；3. 中尚平价；4. 华联超市；5. 华普超市；6. 中百超市；7. 普尔斯马特；8. 家乐福；9. 麦德龙；10. 易初莲花；11. 好又多；12. 大福源；

C. 家电类：

1. 工贸家电；2. 国美家电；3. 中商家电；4. 中百电器；5. 武商家电；6. 灿坤电器

六、调查者情况：略。

（《楚天都市报》报社编辑部 2004.03.07）

以上是2004年武汉市为了了解市“商业诚信服务”情况，通过楚天都市报所进行的一次问卷调查。

没有调查就没有发言权。本教材前面章节涉及的企业外部环境分析、行业竞争分析等，都是以通过市场调查获得基本的信息作为分析依据的。从某种意义上说，市场调查是市场营销的一项重要的基础工作，市场调查能力是营销人员必须掌握的一项重要的专业技能。

本章主要内容：市场调查的意义、内容、类型、程序；常用的市场调查的方法与技巧；问卷设计的结构与基本技巧；市场预测方法简介。

本章对于学生技能培养的重点：

1. 理解市场调查对于营销工作的重要意义，知道什么时候应该进行市场调查、调查什么内容、采用何种方法进行调查；

2. 掌握问卷设计的基本技巧；

3. 掌握文案调查、面谈访问、观察调查、实验调查的方法与基本技巧；

4. 理解几种基本的市场预测方法。

第一节　市场调查概述

一、市场调查的含义和意义

1. 市场调查的含义

市场调查就是用科学的方法和客观的态度，以市场和市场营销中的各种问题为研究对象，有目的地、有系统地有效收集、记录、整理和分析各种有关的资料、情报、信息，从而掌握市场的历史和现状，了解现有的或潜在的市场需求，为企业经营预测和决策提供基础性数据和客观正确的资料，进而使企业达到进入市场、占有市场、取得预期效果的目的。

市场调查是以顾客为核心对象展开的，市场调查就是对消费者进行调查研究，是运用科学的方法和手段收集消费者对产品购买及其使用的数据、意见、动机等有关资料，并分析研究，从而作出相应的营销决策，以期更好地满足顾客的需求。

2. 市场调查的意义

企业营销成功的关键是要对市场进行科学有效的市场调查与预测，市场调查的意义在于：

（1）有效的市场调查能够提供及时、准确和充分的市场情报资料，有助于企业分析和研究营销环境状况的变化，从而有预见性地安排市场营销活动，减少决策风险。

（2）市场调查是预测的基础和前提，而预测和决策是检验市场调查是否有效的重要标准。

（3）对企业营销决策和计划进行调查，可以对企业营销决策的得失作出客观的评价和建议。

3. 市场调查特征：针对性、普遍性、经营性、科学性、不确定性和时效性。

二、市场营销信息调查的内容

市场调查的范围涉及市场营销的全过程。市场营销的各个方面、各个环节的情况都可能成为市场调查的内容。

（1）宏观环境调查：即对政治法律、经济、科学技术、自然、社会文化、人口等因素的历史和现状进行调查，研究其对市场以及企业市场营销的影响。具体的调查内容可以是市场的购买力水平、经济结构、国家的方针、政策和法律法规、风俗习惯、科学发展动态、气候等各种影响市场营销的因素。

（2）购买动机和行为调查：即对消费者的购买动机和购买行为特性进行调查，主要了解消费者为什么买、买什么、买多少、什么时间买、什么地点买、购买频率、购买方式、购买习惯、购买偏好和购买后的评价等。

（3）市场分析：研究市场需求的动向，现实的和潜在的市场需求、市场上的供求平衡状况、本企业和竞争者的市场占有率状况、企业营销策略变化对产品销售的影响等。市场需求调查主要包括消费者需求量调查、消费者收入调查、消费结构调查等。

（4）市场供给调查：市场供给调查主要包括产品生产能力调查、产品实体调查等。具体为某一产品市场可以提供的产品数量、质量、功能、型号、品牌等，生产供应企业的情况等。

（5）竞争状况调查：主要是对竞争者的生产能力、市场占有率、技术水平、销售量、销售地区、经营目标、经营策略、竞争优势和劣势等的调查分析，以及对竞争产品的质量、性能、规格、用途、款式、价格、包装等的调查分析。竞争状况调查的具体内容主要包括：直接或间接的竞争对手有哪些？竞争对手的生产经营规模和资金状况如何？竞争对手生产经营商品的品种、质量、价格、服务方式及在消费者中的声誉和形象如何？竞争对手技术水平和新产品开发情况有哪些？竞争对手的销售渠道有哪些？竞争对手的宣传手段和广告策略是什么？竞争程度（市场，占有率、市场覆盖面等）、范围和方式是什么？潜在竞争对手状况如何？

（6）营销因素调查：市场营销因素调查主要包括产品调查（新产品开发情况、产品设计情况、消费者使用情况、消费者的使用情况、消费者的评价和意见、产品的市场生命周期阶段、产品的组合情况、老产品的改进建议等）、价格调查（影响价格的主要因素、顾客对企业价格策略的反应、需求价格弹性、替代品价格、互补产品价格、竞争者的价格策略等）、分销渠道调查（销售渠道的结构和覆盖范围、中间商的经营状况、客户对中间商的满意程度、运输和仓储的情况等）、促销调查（广告媒体资源和广告效果、人员推销的效果、营业推广的效果、社会公众对企业公关活动的反应等）。

三、市场调查的对象

市场调查主要是以顾客为核心对象展开的，市场调查就是对消费者进行调查研究，是运用科学的方法和手段收集消费者对产品购买及其使用的数据、意见、动机等有关资料进行调查，并分析研究，从而做出相应的营销决策，以期更好地满足顾客的需求。

消费者行为研究一般需要了解的信息：

（1）WHAT：消费者购买或使用什么产品或品牌？

（2）WHY：消费者为什么购买或使用？

（3）WHO：购买和使用产品/品牌的消费者是谁？

（4）WHEN：在什么时候购买和使用？

（5）WHERE：在什么地方购买和使用？

（6）HOW MUCH：购买和使用的数量是多少？

（7）HOW：如何购买和使用的？

（8）WHERE：从哪里获得产品/品牌的信息？

消费者行为研究的具体指标：

（1）消费者对产品/品牌认知状况；

（2）消费者对产品/品牌态度与满意度评价；

（3）消费者购买行为与态度；

（4）消费者使用行为与态度；

（5）产品/品牌促销活动的认知及接受程度；

（6）产品/品牌相关信息来源；

（7）消费者个人资料信息。

【案例 5-2】

2011 年汽车行业动向

据中国汽车工业协会分析，我国“十一五”期间汽车产销年均增速超过 20%。2010 年生产与销售汽车高达 1826.47 万辆和 1806.19 万辆，分别比上年增长 32.44%和 32.37%。“十二五”期间，由于受到能源、环境和交通等因素的制约和高基数减速效应的影响，汽车产销增速会比“十一五”期间有所放缓。然而，从中国人均汽车保有量（2010 年中国千人汽车保有量为 48 辆，世界平均水平为 140 辆）和人均 GDP 的增长情况来看，中国汽车市场特别是二、三线市场和农村市场仍有较大的发展空间。据悉，汽车工业“十二五”中，规划 2015 年汽车年产量为 2500 万~3000 万辆。

思考：汽车的生产对钢铁、工程塑料、橡胶、汽车零部件、汽车电子等行业具有直接的市场需求，在汽车制造过程中，机床、数控等加工设备将得到大量的应用。如果你在以上行业的企业从事市场营销工作，那么你认为这份由中国汽车工业协会发布的信息，你所在的企业将获得怎样的市场机遇？你应该如何调整和制定企业的市场营销策略？你怎样制定自己的营销工作重点？

（作者自编）

四、常见的市场调查形式

（1）消费者调查：针对特定的消费者作观察与研究，有目的地分析他们的购买行为，消费心理演变等。

（2）市场观察：针对特定的产业区域做对照性的分析，从经济，科技等有组织的角度来作研究。

（3）产品测试：在产品上市前，提供一定量的试用品给指定消费者，透过他们的反应来研究此产品未来市场的走向。

（4）概念测试：针对指定消费者，利用问卷或电话访谈等其他方式，测试新的销售创意是否有其市场。

（5）口味测试：对于食品、饮料、药品等产品，测试消费者对口味的偏好。

（6）神秘顾客：安排隐藏身份的研究员购买特定物品或消费特定的服务，并完整记录整个购物流程，以此测试产品、服务态度等。

（7）客户满意度调查：利用问卷或访谈来量化客户对产品的满意程度。

（8）价格调整测试：研究产品价格改变时，消费者的接受程度。

（9）消费者购买决定过程研究：针对容易改变心意的消费者去分析，什么因素影响他买此产品，以及他改变购买决定时的行为模式。

（10）品牌命名测试：研究消费者对新产品名称的感觉。

（11）品牌喜好度研究：量化消费者对不同品牌的喜好度。

（12）广告研究：了解顾客对产品广告的接受程度、喜好以及促销的效果。

五、市场调查类型

（1）探测性调查：是指企业对所研究的市场现象缺乏认识，甚至很不了解，为明确其范围、性质、原因等而进行的调查，它有助于认识问题和界定问题，以便确定调查的重点和方向。探测性调查的目标是回答“为什么”的问题。例如，为什么华北地区销售业绩远远低于华南地区？为什么用诺基亚的人比用摩托罗拉的人多呢？为什么进入夏季以来彩妆品种销量明显下滑？为什么近期有这么多员工辞职？

【案例 5-3】

××公司人力资源情况的调查

××公司近期陆陆续续有员工提出离职，公司总经理感到十分担忧，找人力资源部门了解情况，为什么近期有这么多员工辞职？辞职的原因是什么？员工离职既有个人的考虑因素，也会有企业自身的问题。于是，人力资源部设计了一份调研问卷，请已离职和申请离职的员工填写。根据问卷分析，找出员工离职的主要原因，分析公司在内部管理、员工激励等方面的缺陷，针对性的制定提高员工对企业的忠诚的措施，从而留住人才，保持企业发展的核心优势。以下是调研问卷样稿：员工离职调查问卷

亲爱的同事：

您好，感谢您为公司付出的辛勤劳动，为您即将离开公司，我们表示深切的遗憾，并送上真挚的祝福。

首先感谢您参加本次问卷调查！本问卷调查旨在了解您主动离开公司的真实情况，从而改进我们的工作，提高我们的管理及运营水平，对于您没有任何不利影响，一切有关您所反馈的信息，行政部将做好保密工作。感谢您的合作！

1. 基本信息：

填表人：　　　　部门：　　　　职务：

直接主管：　　　　填表日期：

2. 离职原因

2-1 管理类

A. 什么因素促使您申请离职？

○薪资福利　○晋升　○工作环境

○工作性质　○人际关系　○家庭因素

○其他，请说明

B. 您是否经常与直接主管交流沟通？

○经常　○偶尔　○没有

C. 您是否认同直接主管的工作能力、管理能力和综合素质？

○ 认同　○一般　○不认同

D. 在工作中，直接上级是否对您有不公平的行为？

○有　○很少　○没有

E. 您感觉部门工作气氛是否很压抑？

○是　○有一点　○没有

F. 在工作中，您是否经常得到主管的激励？

○经常　○偶尔　○没有

G. 您认为部门的管理、考核是否合理公平？

○都合理　○其中　合理　○不合理

H. 您对您的主管的意见：

2-2 后勤工会类

A. 您是否认为工作量大，压力大，加班频率高？

○ 是　○一般　○否

B. 您认为公司的住宿条件如何？

○一般　○很差　○ 好

C. 您对公司的伙食是否满意？

○满意　○一般　○不满意

D. 您对公司的环境是否满意？

○满意　○一般　○不满意

E. 您对后勤方面的意见是：

2-3 企业文化类

A. 在工作中，您能经常得到同事的帮助吗？

○经常　○偶尔　○没有

B. 您的主管是否指导您做过相应的发展方向？

○ 是　　　　　　　○否

C. 进入公司后，您是否能经常得到培训的机会？

○能；　（培训的水平如何？○很好 ○一般 ○差）

○有时；（培训的水平如何？○很好 ○一般　○差）

○不能。

D. 您对公司给您的工资是否满意？

○满意　　　　　　○一般　　　　　　○不满意

E. 您认为公司提供的升迁机会多吗？

○多　　　　　　　○一般　　　　　　○不多

F. 您认为您在入职以来收获大吗？

○多　　○一般　　○不多

G. 您对公司的意见：

3. 离职后打算

A. 目前您是否已经确定好了工作单位？

□　否，那您打算：○马上找新工作　○ 先休息一段时间再做打算

○ 继续深造或接受短期培训　○自主创业　　○ 不确定

□　是，新单位与我公司相比，在哪些方面优于我公司（可多选）：

① 工作环境优越　　② 企业文化　③ 工作内容更丰富或自己更感兴趣

④ 培训、学习机会更多　⑤ 收入更高　⑥ 福利待遇更完善

⑦ 公司品牌/形象　　⑧ 工作地点因素

⑨其他（请说明）：

B. 如果公司在哪一方面作出改善，您觉得会继续留在公司工作？（可多选）

① 提高薪资/福利待遇　　② 制定个人职业发展规划

③ 提供升迁机会　　　　④ 调换部门/主管领导

⑤ 提供更多培训和学习机会　⑥ 调换自己的岗位

⑦其他

C. 如果公司需要，您是否会愿意重新回公司工作？

□ 愿意　联系电话：　　　　邮箱：　　　　QQ/MSN：

□ 不愿意　○ 不一定

最后，再次感谢您对我们工作的支持，祝您前程似锦！

（公司提供）

（2）描述性调查：是指针对所研究的市场现象进行详细调查、收集和整理有关的事实，对研究对象的特征作出客观的描述。描述性调查的目标是回答“是什么”而不说明为什么。例如，华南地区销售业绩增长的主要品种是什么？哪些人在用诺基亚手机？进入夏季以来化妆品消费习惯有哪些改变？员工在公司里干得开心吗？

【案例 5-4】

员工调查表

为了提高员工的工作积极性，并达到完善公司各方面管理制度的目的，现对我公司员工进行此次调查，希望大家从公司及自身的利益出发，积极配合，认真、详实地填写该调查表。同时为耽误您的工作时间表示歉意!

第一部分（员工个人部分）

1. 你是否已经适应工作环境和生活环境?

A. 是　　B. 否　　C. 适应中

2. 你认为公司目前的工作环境

A. 很好　　B. 较好　　C. 一般

D. 较差　　E. 很差

如果选 D 或 E，你希望哪方面有所改进:

3. 你认为目前的岗位适合你吗?

A. 很适合　　B. 适合　　C. 不太适合

D. 不适合

4. 现在工作时间的安排是否合理

A. 很合理　　B. 较合理　　C. 一般

D. 较不合理　　E. 很不合理

如果选 D 或 E，你希望哪方面有所改进:

5. 你对公司的食宿感到如何

A. 非常满意　　B. 还可以　　C. 不满意

6. 你的工作是否得到了领导及同事的认可

A. 非常认可　　B. 较认可　　C. 一般

D. 较不认可　　E. 非常不认可

如果选 D 或 E，你希望哪方面有所改进:

7. 你对目前的待遇是否满意

A. 很满意　　B. 较满意　　C. 一般

D. 较不满意　　E. 不满意

如果选 D 或 E，那么你希望哪方面有所改进:

8. 你与同事的工作关系是否融洽

A. 很融洽　　B. 较融洽　　C. 一般

D. 较不融洽　　E. 很不融洽

如果选 D 或 E，那么你希望哪方面有所改进:

9. 你与其他部门的合作是否融洽

A. 很融洽　　B. 较融洽　　C. 一般

D. 较不融洽　　E. 很不融洽

如果选 D 或 E，那么你希望哪方面有所改进:

10. 是否受多重领导管束

A. 经常是　　B. 偶尔　　C. 从来没有

11. 工作职责是否明确

A. 是　　B. 不是

如果选B，那么你希望哪方面有所改进：

12. 你对哪层领导寄予希望

A. 直接上级　　B. 主管经理　　C. 总经理

13. 你希望公司用什么样的方式奖励你的出色表现（请概述）：

14. 你对公司的其他建议（请概述）：

第二部分（行政人事管理部分）

1. 你认为公司的招聘程序是否合理？如果不合理，应在哪方面还须改进？

A. 很合理　　B. 较合理　　C. 一般

D. 较不合理　　E. 很不合理

需改进的方面：

2. 你认为公司目前的福利政策（节日礼品、年终福利、社会养老/失业保险）是否完善，若不完善，还需进行哪方面的改善。

A. 是　　B. 否　改善：

3. 你认为自己最需要哪些培训？

4. 除薪酬外，你最看重：

A. 提高自己能力的机会　B. 好的工作环境　　C. 和谐的人际关系

D. 工作的成就感　　E. 其他

5. 你认为目前的工作：

A. 很合适，并且有信心、有能力作好

B. 是我喜欢的工作，但自己的能力有所欠缺

C. 不是我理想的工作，但我能够做好

D. 不太适合，希望换一个岗位

6. 公司内部，后期你的理想岗位：

A. 车间一线操作　　B. 技术设计研发　　C. 技术品管、质检

D. 业务、销售方面　　E. 后勤管理文职　　F. 管理层

7. 你认为公司环境卫生情况如何？

A. 很好　　B. 良好　　C. 一般

D. 较差　　E. 很差

8. 你认为当前的人事管理存在问题吗？如果有是哪些？

补充事项：

1. 你了解企业现在的发展规划吗？

A. 非常了解　　B. 了解　　C. 不太了解　　D. 不了解

2. 你认为公司的未来前景如何？

A. 好　　B. 一般　　C. 不好　　D. 说不清

3. 你认为公司工作环境的气氛如何？

A. 活跃　B. 平淡　C. 沉默　D. 压抑

4. 在过去的半年里，有没有人在工作中跟您谈到您的进步？

A. 有　B. 没有　C. 不确定

5. 你对工作紧迫性的感受如何？

A. 很紧迫　B. 较紧迫　C. 一般　D. 较轻松

E. 很轻松

6. 你认为工作的挑战性如何？

A. 很有挑战性　B. 较有挑战性

C. 一般　D. 较无挑战性

E. 无挑战性

如果选 D 或 E，那么你希望哪方面有所改进：

7. 你认为自己的能力是否得到了充分发挥？

A. 已尽我所能　B. 未能完全发挥

C. 没感觉　D. 能力有些埋没

E. 没有能让我施展的机会

8. 你认为目前公司存在的问题是什么（可多选）？

A. 缺乏优秀的企业文化　B. 管理层次太多

C. 管理幅度太宽　D. 领导素质欠缺

E. 权力与责任不对称　F. 工作乏味枯燥

G. 物质激励不够　H. 人际间沟通不畅

I. 职责分工不清　J. 没有提高自身能力的机会

K. 公司未能提供很好的培训晋升机会

9. 根据个人能力，你认为目前你的工资应该在哪个水平？

1000~1500　1500~2000　2000~2500　2500~3500

（公司提供）

（3）因果关系调查：因果关系调查是指找出市场现象之间的因果关系的市场调查，它分为定性研究和定量研究两大类。因果关系调查的目标是回答"为什么"、或者"如果……会怎样"。例如，如果华北地区的广告投放增加 10%，那么销售业绩能增长多少？如果摩托罗拉产品价格降低 10%，那么市场销量会增长多少？如果适当减少彩妆中的油质成分，那么夏季销量能够保持吗？公司技术人员工资增加多少，才能够避免群体性辞职？

（4）预测性调查：预测性调查是对市场未来变化趋势进行的调查，即在描述性和因果关系调查的基础上，对市场可能的变化趋势进行估计和推断。预测性调查的目标是回答"将来会怎么样"。例如，华南地区销售业绩明年预计还会增长多少？2012—2015 年，中国手机市场销量增长趋势如何？2012 年，中国房地产价格变化与居民购买意愿有什么关系？人口老龄化对健身产品的需求影响如何？

上述四种调查类型是相互联系、逐步深入的，探测性调查有助于识别问题和界定问题，描述性调查有助于说明问题，因果关系调查有助于分析问题的原因，预测性调查有助于估计问题的发展趋势，从而为企业经营决策提供依据。

【案例 5-5】

市场调查报告实例——武汉零售业顾客满意度调查报告

研究背景：近几年来，武汉经济取得较快发展，随着国家城镇化战略的推进，全市人口平稳增长，城乡居民收入水平不断提高。城乡居民消费支出稳步增长。年末全市常住人口数××万人，实现地区生产总值（GDP）××亿元，全年实现社会消费品零售总额××亿元。在国家、省、市继续大力拉动内需宏观政策指引下，武汉零售业迎来新一轮大发展：市场消费需求刺激上升，商业零售业项目进一步放量，国内外各路零售商贾纷纷进军武汉零售市场。为了进一步了解武汉市零售业顾客满意度，提升武汉零售企业服务质量，为消费者创造良好的购物环境，特开展本调查项目。

调研目的：通过市场调查，了解目前武汉零售业的服务质量、不同业态不同企业提供的服务质量的差别、行业的标杆企业、消费者的行为特征，深度挖掘消费者的相关服务需求，从管理的角度进行有效的资源调配。

研究内容：以消费者满意度评价为基础，分别对武汉主要零售商圈——百货、超市、购物中心三大业态和消费者行为习惯进行专项研究。

执行样本：计划完成 5000 个样本，实际完成 4980 个样本，其中电话访问（商圈研究）1000 个，拦截访问（业态和消费者行为习惯研究）3980 个。调查涉及的零售企业主要包括 25 家零售企业计 46 家分店。

技术模型运用：满意度模型采用的是国际先进的满意度分析模型，并利用专门针对满意度测评数据特征的算法进行分析处理，消费行为的数据分析采用了相关专业统计软件，并对行业总体状况进行了深入分析。

武汉零售行业顾客满意度市场调查报告目录

一、项目背景和目的

二、项目说明

1. 项目执行情况说明

2. 调查样本分布

3. 研究指标说明

三、武汉市商圈分布情况

1. 购物商圈分布情况

2. 餐饮商圈分布情况

3. 休闲娱乐商圈分布情况

4. 购物商圈分布综合分析

四、武汉市三镇商圈特征分析

1. 汉口商圈

2. 武昌商圈

3. 汉阳商圈

五、武汉市三镇商圈比较分析

1. 满意度比较分析

2. 定位消费者认知分析

3. 客流比较分析

4. 特征比较分析

5. 消费者忠诚度比较分析

六、武汉市零售业满意度总体状况

1. 零售业总体状况

2. 零售业三大业态发展状况

3. 历年发展趋势比较分析

七、武汉市零售百货业态发展状况

1. 零售百货业态总体状况

2. 零售百货业态历年发展趋势比较分析

3. 零售百货消费者关注因素分析

4. 零售百货服务环节总体状况

5. 零售百货各服务环节发展具体分析

八、武汉市零售超市业态发展状况

1. 零售超市业态总体状况

2. 零售超市消费者关注因素分析

3. 零售超市服务环节总体状况

4. 零售超市各服务环节发展具体分析

九、小结与建议

（本调查报告由于具体内容篇幅较大，在此省略）

（公司提供）

六、市场调查的程序

不同的市场调研公司或市场调研部门进行市场调查的一般程序大致相同。市场调查的一般程序如图 5-1 所示：

（1）提出调查主题：针对面临的营销问题、重点研究的营销因素、未来市场情况的初步预判等初步情况分析，确定需要分析的问题，对有关问题作出假设推断或提出可能解决的办法。

对于设计范围广泛、调查样本量大、耗用成本高的项目，在开始正式调查前，还要进行小样本量的试调查。进行试调查的目的是了解提出的调查问题及有关假设推断或提

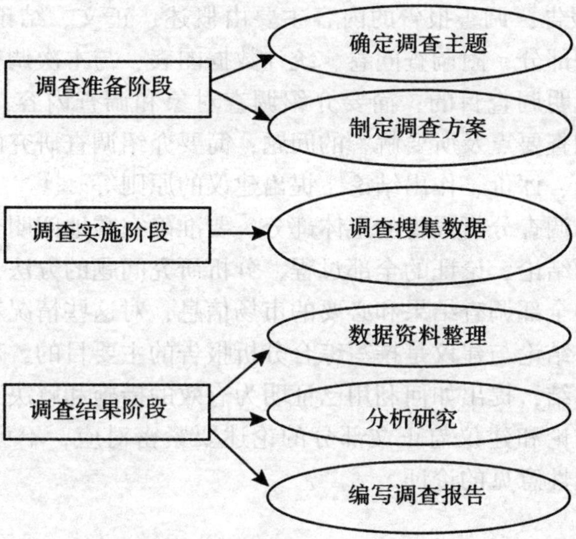

图 5-1

出可能解决的办法是否符合实际，继续探求问题真正所在，修正不合适的假设，确定重点问题，缩小调查范围，以确定最终调查问题。

（2）制定调查方案：一个完整的市场调查方案，一般包括以下内容（见图 5-2）：

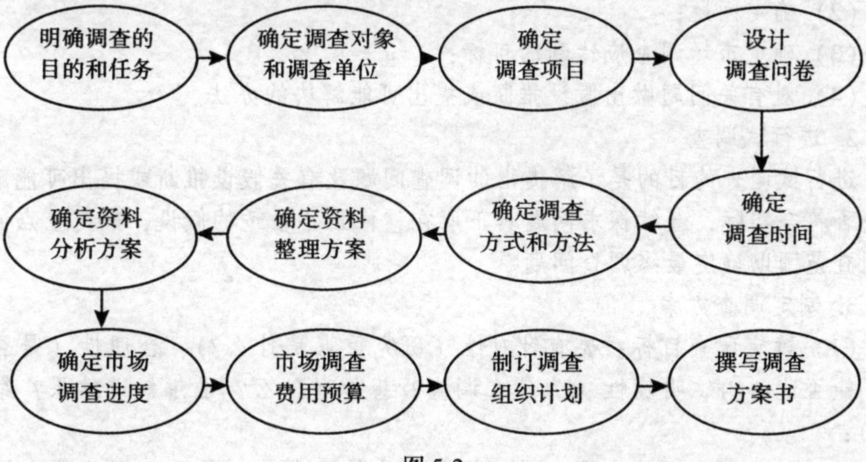

图 5-2

（3）调查实施搜集数据：按照调查方案，调配合适的调研人员，运用合适的调查方法，对选定的样本进行实际的调查，获得各种调研数据信息。

（4）数据资料整理：对获得的市场调查数据信息，甄别真伪，去除不合要求的数据信息，对有效数据信息进行归类、统计。

（5）分析研究：运用各种方法，对调研数据信息进行分析，认清统计数据信息所反映的事实，从而得出调研结论。

(6) 编写调查报告：调查报告的内容主要由概述、正文、结论与建议三个部分组成。另外，还有附件部分，附调查问卷、统计数据图表、与本次调查相关的其他文件。

①概述：简要说明调查目的；简要介绍调查对象和调查内容，包括调查时间、地点、对象、范围、调查要点及所要解答的问题；简要介绍调查研究的方法；阐述对调查的原始资料进行选择、评价、作出结论、提出建议的原则等。

②正文：是市场调查分析报告的主体部分，要准确完整地阐明全部有关论据，调研问题的提出到引出的结论，论证的全部过程，分析研究问题的方法，可供市场活动的决策者进行独立思考的全部调查结果和必要的市场信息，对这些情况和内容的分析评论。

③结论与建议：结论与建议是撰写综合分析报告的主要目的，对引言和正文部分所提出的主要内容的总结，提出如何利用已证明为有效的措施和解决某一具体问题可供选择的方案与建议。结论和建议与正文部分的论述要紧密对应，不可以提出无证据的结论，也不要没有结论性意见的论证。

【案例 5-6】

市场调查实际操作程序

1. 提出调查主题

(1) 初步情况分析：

面临的营销问题；重点研究的营销因素；未来市场情况；

(2) 确定问题；

(3) 确定市场调查应达到的目标；

(4) 对有关问题做出假设推断或提出可能解决的办法。

2. 进行试调查

进行试调查的目的是了解提出的调查问题及有关假设推断或提出可能解决的办法是否符合实际，继续探求问题真正所在，修正不合适的假设，确定重点问题，缩小调查范围以确定最终调查问题。

3. 制定调查方案

(1) 确定调查目标：要有针对性（研究重点是什么?)、合理性（是否符合实际？能否达到?)、明确性（为什么调查？想知道什么？谁想知道结果？结果有何用?)；

(2) 确定调查项目：项目对目标有影响的因素（一般选取影响较大的因素），项目与目标密切的意义明确且容易回答，项目还受到调查经费、调查能力、调查方式等制约；

(3) 确定资料来源：第一手资料（定时间、定地点、定人员）、第二手资料（也称为文案资料）；

(4) 确定调查方法：主要是指确定收集第一手资料的方法；

(5) 确定开支：确定资料费、文件费、差旅费、统计费、交际费、调查费、劳务费、杂费、其他费用等；

（6）提出调查项目计划书（见表5-1）

表5-1　　**调查项目建议书**

调查题目	
调查单位	
调查人员	
调查负责人	
调查日期	____年____月____日——____年____月____日
1. 问题及背景材料	
2. 调查内容	
3. 调查所达目的	
4. 调查方式	
5. 调查对象	
6. 调查地点	
7. 经费估算	
	申请人：________
	申请日期：________
负责人审批意见	
财务审批意见	

（7）制定调查计划表（见表5-2）：

表5-2　　**调查计划表**

调查目的	
调查方法	
调查地区	
调查对象样本	对象的姓名、资格、条件；样本的数量和选取。
调查时间地点	调查起、止时间；外调时间；开会时间、地点。
调查项目	
分析方法	

续表

提交报告	报告书的形式、份数、内容；中间报告；最终报告。
调查进度表	
调查费用	
调查人员	

(8) 制定调查进度表 (见表 5-3)：

表 5-3　**调查进度表**

阶段名称		时间安排	
		起始时间	终止时间
调查准备阶段	确定调查主题		
	试调查		
调查策划阶段	确定调查目标		
	确定调查项目		
	确定调查方法		
	确定开支		
	提出调查项目计划书		
制订调查计划阶段	制定调查计划表		
	制定调查进度表		
计划实施阶段	文案调查		
	实地调查		
	汇总整理资料		
	分析资料		
	报告初稿		
	报告修改、定稿、呈交		
追踪调查阶段	前一阶段工作成效		
	调查结果采纳情况		

4. 实施调查方案

这里主要是指获取第一手资料和第二手资料的过程；

5. 整理分析调查资料

即对调查所获取的资料进行编辑（剔除不真实、不完整、前后矛盾等的资料）、分类、统计、分析。

6. 提出调查报告

调查报告的内容是：

(1) 调查研究的目的；

(2) 调查资料的来源和收集方法；

(3) 调查研究的主要发现；

(4) 调查的结论和建议。

撰写调查报告的原则是：

(1) 突出调查主题；

(2) 调查的资料要真实；

(3) 内容要突出重点；

(4) 分析要客观，观点要明确；

(5) 报告书的形式要力求易读易懂。

7. 跟踪调查

(1) 前一阶段工作成效：建议符合实际否？调查数据准确否？分析结果适用企业否？

(2) 调查结果的采纳情况：调查结果是否被采纳？调查结果未采纳的原因？谁的责任？

(作者自编)

第二节　市场营销调研方法及技巧

常用的市场调查方法有文案调查法、访问调查法、观察调查法、实验调查法，其中每种调查方法又可以细分为多种调查方法。

一、文案调查法

文案调查又称二手资料搜集法，是指通过搜集各种历史的和现实的动态统计资料，从中摘取与市场调查课题有关的情报，在办公室内进行统计分析的调查方法。

1. 文案调查的主要特点和要求

(1) 文案调查的特点：省时、省费用。

(2) 文案调查要求调查人员有较强的专业知识和较强的分析能力；

(3) 文案调查要求调查人员具有实践经验技巧；

(4) 文案调查要求调查人员有耐性、创造性、持久性；

(5) 文案调查中的资料要广泛、全面；

(6) 文案调查中的资料要有价值、有针对性；

(7) 文案调查中的资料要有时间性；

(8) 文案调查中的资料要有系统性；

(9) 文案调查中的资料要具备准确性。

2. 文案调查的任务

(1) 为实地调查提供背景资料；

(2) 在代价很高的实地调查之前，确定最有希望的市场；

(3) 有时，在某种特定情况下，可以代替实地调查；

(4) 可以用于对市场趋势分析及总体参数估算；

(5) 可以为企业内部改革提供依据。

3. 文案调查的资料来源

文案调查的资料来源于企业内部资料和企业外部资料。

内部资料有：

(1) 企业市场调查部门所设计、收集、分析和提供与特定的营销问题相关的信息数据汇编资料；

(2) 企业内部信息系统提供的有关订单数量、销售量、存货水平、生产成本费用、生产进度、现金流量、应收和应付账款等各种反映企业经营状况的统计信息资料。

外部资料有：

(1) 各级政府部门发布的有关资料；

(2) 各级统计部门发布的有关统计资料；

(3) 行业协会发布的行业资料；

(4) 各种信息中心和调研咨询公司提供的市场信息资料；

(5) 图书馆保存的商情资料；

(6) 电视、广播提供的各类资料；

(7) 出版社的书籍、文献、报纸杂志；

(8) 国内外各种博览会、展销会、交易会和订货会；

(9) 建立公共关系网获取资料；

(10) 银行的经济调查、商业评论期刊；

(11) 国际互联网、在线数据库；

(12) 专业组织的调查报告，研究机构的调查报告。

【案例 5-7】

医疗仪器信息资料调查

某企业发明了一种能够对假牙在口腔中活动情况进行三维测定的仪器。将这种仪器批量生产推向市场之前，需确定目标消费人群、产品销售渠道、市场的销售潜力等，因此公司决定通过文案调查法开展市场调查。该文案调查的资料来源于企业内部资料和企业外部资料。具体如下：

信息资料内容

1. 假牙的消费人群特征

2. 国内各类医院的牙科数量

3. 牙医专科诊所的数量

4. 全国每10万人口拥有牙医的平均数

5. 未来5年新增牙医专科诊所和牙医数

6. 医疗器械销售机构情况

外部资料的来源

1. 全国卫生部门的年度统计

2. 全国牙医卫生状况普查资料

3. 有关牙医医学发展动态的学术会议、论文等

4. 行业协会的调查和研究报告

5. 其他有关信息

（作者自编）

二、访问调查法

访问调查法是指调查者与被调查者进行直接交流，以搜集调查资料的方法，也称直接访问法。常用的访问调查方法有：

1. 面谈访问

调查人员先拟定好调查事项，以口头的形式向被调查者提问，从被调查者回答中获取所需要的数据资料。常用的访问调查方法有面谈访问和深度访谈两种。其中面谈访问是调查人员先拟定好调查事项，以口头的形式向被调查者提问，从被调查者回答中获取所需要的数据资料；深度访谈是面谈访问中比较常用和很重要的一种方法。深度访谈是一种研究性交谈，通过谈话双方口头交流，对有意识要获得的资料进行收集和梳理。访谈的主要目的就是为了获得一些特殊形式的信息，研究人员希望通过“换位思考”来获得别人的观点。

专业的深度访谈，是拥有专门访问技巧的访问员对待一个符合特定条件的访问对象，使用非结构式的方法进行个人对话式访问，以揭示潜隐的关于特定行为、动机、目的、态度、感受的报告并发现其内在的关联关系。纵观整个定性研究的过程，研究人员是在不断地作选择、作决定，并检验决定的正确与否。

深度访谈的优点：

（1）可以获得比较全面的材料。自由访问没有对问题的答案加以限制，可以获得访问员预料未及的资料。

（2）适合于了解一些复杂和抽象的问题。有些复杂、抽象的问题三言两语说不清楚，用一句话或一个词组更描述不清，只有通过自由交谈才可以谈得详尽、明白。

（3）有较多机会评价所得资料或答案的可信度。访问员可以从被访者的行动、表情和语调上，观察他们的动机和态度，分辨他们的回答是真是假。

（4）访问的弹性相当大。可以重复询问，可以对问题作解释，以保证被访者明白问题的含义，访问员必须明白被访者回答的真正意思。

深度访谈的缺点：

（1）访谈质量的差异性：非结构访谈使得结果十分容易受访问员自身的影响，其结果的质量依赖访问员的技巧。

（2）访谈成本高：占用的时间和所花的经费较多，因而在一个调研项目中深度访谈的数量是十分有限的。

（3）访谈结果分析较难：深度访谈后结果的数据常常难以分析和解释，因此需要熟练的专家服务来解决这个问题。

深度访谈前准备工作：

（1）确定访谈目标；

（2）确认访谈是否是获取信息的最佳途径；

（3）建立访谈背景资料；

（4）设计访谈的时间、地点等细节问题；

（5）尽可能了解与访谈有关的基本情况；

（6）以“问题树”为基础设计访谈提纲，在访谈过程中不断调整访谈议题。

实施深度访谈的注意事项：

（1）在访谈前先进行自我介绍，增进互相的了解，缓解气氛；

（2）感谢被访者能抽空参加，通报访谈的目的及时限；

（3）事先告诉被访者，将在采访时做记录，并说明记录的用途；

（4）重申为访谈内容保密，增加被访者安全感，使之更畅所欲言；

（5）营造良好的访谈环境，利于与被访者的沟通与交流。

被访谈者的行为反应与应变技巧：

（1）被访者表现紧张或焦虑：可以向被访者明确阐述项目背景，解释访谈的目的及被访者将获得的益处，对此要保持轻松、自信的气氛，与被访者建立相互信任的关系。

（2）被访者滔滔不绝：可以避免提开放式的问题，将其分解成具体的小问题，提醒被访者时间有限等。

（3）被访者沉默不语：可以和被访者建立互相信任的关系，找出共同语言及共同经历，避免提封闭式的问题，利用开放式问题引导被访者的思路。

（4）被访者态度不好，充满敌意：要勇于承认错误或在可能时做些让步，避免反过来生被访者的气，也可以解释自己的感受，消除不快；而当被访者因其他人而生气时，我们应该不偏不倚，巧妙地更正错误信息，不要质询被访者的坦诚意见。

2. 留置问卷访问

将产品样品或其他被调查的物品送给被调查者，并附一份调查问卷，要求被调查人员在指定的时间内填写后收回。留置问卷访问一般与入户访问、厅堂检验结合进行。

【案例 5-8】

某公司开发了一种既能有效去屑，又有很好的滋润养发效果的洗发水，为了获得消费者的真实意见，他们决定进入若干消费者家庭，开展入户访问，厅堂检验。他们给消费者提供三种小包装的洗发水：一种是该公司开发的标准配方的产品；另一种是在香型方面作了适当变化的产品；还有一种是竞争对手的同类产品，但是在产品包装上只标明样品 A、样品 B、样品 C，消费者从包装上认不出哪种产品是真正的标准产品。

调研人员将三种样品提供给消费者，并留下一份调研问卷，请消费者在一周内分别将三种样品使用完，结合自己的真实感觉，如实填写调研问卷，寄回公司或由公司派人上门收回。然后，公司市场研究人员再对问卷进行统计，对比分析消费者对三种样品的评价。

（中国营销传播网 http：//www. emkt. com. cn）

3. 拦截式访问

调查人员根据拟定的调查事项设计好问卷，或调研提纲，在合适的地点，拦截合适的人员进行调查访问。

4. 邮寄访问

将调查问卷邮寄到选定的被调查者，填写后邮寄回来。

5. 电话访问

调查人员拟定调查提纲，随机或者选择被调查者，进行电话访问。

6. 小组座谈会

选定若干相关人员召开座谈会，在主持人组织下，就调查主题相关的问题进行讨论。座谈会流程有：（1）确定调研主题；（2）拟定座谈提纲；（3）选定合适的座谈会的对象；（4）邀请；（5）接待、招待、礼品等；（6）按计划主持会议；（7）提问；（8）控制会场；（9）记录、整理、分析报告；（10）作出结论 。

座谈会的主持技巧：

（1）主持人致欢迎词，简短的开场白，简单的自我介绍，介绍座谈会的目的，降低参加人员心中的疑虑；

（2）可以邀请每位成员作一个简短的自我介绍，内容包括姓名、职业以及和此次座谈会讨论的问题关联情况等；

（3）主持人按照拟好的提纲，引导座谈人员开始讨论。由于时间的限制，要避免部分议题占用大部分的时间，导致部分问题被忽略。最好能采用让对方有机会讨论的题目，避免那些只需回答是或不是的问题。直接发问的方式似乎只是一问一答，似乎每个人都向主持人作答，如此将无法引导小组成员相互间的讨论。在一个人回答之后，主持人可以再补充下列问题，例如，主持人：您最不喜欢什么样的食物？成员：这个嘛……我想是×××。主持人：其他人是否也这么想呢？从而达到以邀请其他成员参与讨论。

【案例 5-9】

A品牌服装消费者座谈会提纲

一、调研目的

(1) 了解“款式、面料、颜色、品质、价格”等产品元素对目标顾客群购买A品牌服装及竞争品牌的影响力及影响方式；

(2) 了解A品牌服装及竞争品牌当前的品牌资产（品牌形象、品牌个性及品牌联想）；

(3) 了解A品牌服装及竞争品牌的品牌价值点、人格化特征、品牌内涵和外延；

(4) 了解A品牌服装及竞争品牌所提供功能、情感驱动因素与消费者需求的匹配度；

(5) 寻找A品牌服装市场份额下滑的原因，明确市场提升策略的主攻方向。

二、座谈会时间　20××年×月×日星期×上午9:00—12:00

三、座谈会地点　公司会议室

四、参会对象　在××商场销售专柜预约15位顾客

五、会议主持　市场部经理

六、会议记录　市场部调研专员

七、座谈会提纲

1. 气氛导入及顾客日常工作、生活信息获取【建议时间15分钟】

目的：
1. 让与会者与主持人相互认识
2. 介绍讨论的主题和会议规则
3. 奠定会议气氛，形成全员互动基础
4. 了解消费者出差及旅游的频率及出行方式
5. 了解消费者爱好的体育（运动）、休闲、娱乐活动
6. 了解消费者从媒体接受信息的渠道及媒体使用习惯

○主持人介绍

感谢各位在周末专程赶来参加我们的座谈会，今天我们的座谈会将围绕商务休闲男装展开。我叫×××，是公司的市场调查研究人员。

大家可能对在街头请您填写问卷这种形式比较熟悉，其实调查方法有很多，今天这种座谈会也是一种常用的调查方法，我们这里几乎每个周末都会请一些不同类型的消费者来参与我们的这种研究。大家可能也发现，现在市场上的产品越来越人

性化了，我们的需求被越来越多的商家、厂家满足，但满足程度无止境，如果我们能够把我们的需求真实地表达出来，那就更容易让我们的需要得到进一步满足。所以，今天，我们的发言没有先后之分，也无对错之分，大家可以畅所欲言，不要担心自己的想法有多奇怪，也不必担心自己的想法能否得到其他人的同意。也许就是在您这一闪念之间给大家启发。而且，我们认为，正是这些不同的意见，才可能包含着新的需要呢！

今天我们想和大家讨论的主题是商务休闲男装如何发展的问题。在开始今天的讨论之前，我先简单介绍一下我们今天讨论会上的规则：

我们欢迎每一位与会者充分地表达自己的意见，我们认为不同的意见可能包含着不同的需求，所有这些意见并没有对错之分，大家可以畅所欲言；

我们发言的顺序没有先后之分，当我问及大家某些感受时，只要是问到您有或者是您想发言，您都可以说出来；

当别的朋友在发言时，请您一定要认真听取，看他所说的和您的想法是否一致，在他说完之后，您可以补充或者是发表完全相反的意见，注意一定是要等他发表完毕之后才可以补充哦；

请大家把手机调到振动。

好，现在大家已经认识了我，下面请大家来个简短的自我介绍吧！比如说您的姓名，做什么的？平常出差或者旅游多不多？出差或者旅游时的出行方式是什么？您平常最喜欢的体育（运动）、休闲、娱乐活动（请主持人在出行方式及运动、休闲、娱乐活动两方面稍作引导）喜欢上网吗？上网主要干些啥？喜欢看电视吗？平时喜欢看什么频道什么栏目？喜欢看哪方面的报纸杂志？要是可能的话，大家会后也可以互相交换一下名片，加深印象。

2. 概念导入及品牌拥有相关信息的获取【建议时间10分钟】

目的：
1. 导入商务休闲男装概念
2. 了解消费者目前拥有的休闲服品牌、品牌偏好及穿着爱好
3. 了解各品牌的知名度
4. 了解消费者最近购买的品牌情况

说到商务休闲男装，大家的概念是什么样的？是个什么感觉？

大家买得最多的是哪一类服装？(正装、休闲装、运动装、牛仔装)

那大家都知道有哪些比较有代表性的商务休闲男装品牌？(主持人将品牌名称写到白板上）您为什么感觉它是商务休闲男装，或者说您感觉它像商务休闲男装的特征在哪里？

大家的衣柜里也许不止一套休闲服，到目前为止，大家的衣柜都有哪些品牌的商务休闲服啊？在这些休闲服中，大家最满意的品牌是哪一个？请给出一些理由。

那大家经常穿的是哪个牌子？为什么最经常穿这个牌子？（主持人需要把握品牌之间的差异并分现有品牌以及最常穿品牌两列标注在白板上）

最近这一套商务休闲服（非特指，以下均指商务休闲服）是谁买的啊？是什么牌子的？【自己或者女友或者爱人或者亲戚朋友，或者一起去购买的】自己买的和爱人/女朋友买的哪一个更多？一起去购买的话，爱人或女朋友的参谋作用有多大？

大家一般在什么场合穿着这套休闲服？

3. 消费心理及行为【建议时间60分钟】

目的：
1. 了解消费者的主要购买考虑因素
2. 了解消费者购买现有产品的动因和情境
3. 了解不同产品元素如何影响消费者的价值判断
4. 了解各品牌的推荐率
5. 了解各品牌的可感知利益点
6. 了解消费者的最终购买场所的选择原因
7. 了解消费者的购买购买过程中的品牌对比情况
8. 了解消费者的促销偏好
9. 了解消费者的最终购买场所的选择原因
10、了解消费者的购买决策模式及购买过程中接受的影响

请大家回忆一下，当初是什么原因让您或者您的家人朋友购买了这套男装的？大概多少钱？您觉得在您的眼中这套男装属于什么一个档次？

或是在什么情况下收到了这份礼物？是打折降价、过生日、结婚纪念日给买的还是其他什么原因啊？（请主持人强调是最近这套男装）——探询消费者购买休闲男装的动因；

在购买的过程中都对比了哪些品牌？最终会选择这个品牌的原因是什么？【喜欢这个品牌、价格合适、有促销、款式新、有贵宾卡等】

——如果提到促销。这种促销是什么类型的促销？方式是怎么样的？

——如果提到贵宾卡，贵宾卡的申领标准？有什么特殊待遇？——我们再来看几个品牌的贵宾卡服务准则（出示准备好的资料），哪些待遇对大家来说是可有可无的？除了上述的这些待遇，大家还想得到什么样的待遇？

——提到款式，询问喜欢什么样的款式和风格，在不同季节有什么不一样的偏好吗？【注意区分春夏和秋冬的不同】

——其他，也需要一一进行深入挖掘

请大家回忆一下，当初在选择这套商务休闲男装的时候是在哪里买的？【哪个商业区，哪个商场或者专卖店（商场和专卖店要问得详细）】之前都去了哪些地

方？请大家描述一下当时整个走访各种销售场所的路线（请主持人在白板上以示意图形式记录）。

您喜欢在这个城市哪个区域购买男装，为什么呢？整体上来说您是喜欢在专卖店还是商场的专柜为主？不同的购买场所在您看来有些什么样的不同（从方便性、可及性、信任度等方面进行对比）？——主持人同时注意对不同品牌与会者的回答进行对比。

在购买现场，您觉得您购买这套衣服的营业柜台或者场所整体上给您什么感觉？有啥特别的吗？(从现场装潢、货品陈列、POP布置等硬件方面和销售人员的现场服务、讲解的态度及专业性等软件方面进行追问和挖掘。并请主持人将得到的答案记录在白板上，尽量细化消费者在现场进行评价的方面，以分析不同品牌销售环节的优劣势)？

在选择的过程中，您周围的人（自己/爱人/女友/家人/同事/朋友等）都会给您提出一些什么样的意见或建议？最典型的说法是什么？这些意见或者建议对您的影响力有多大？最后决定的时候有哪些地方是听取了别人的意见的？销售人员呢？(请主持人针对销售人员再询问一次上面的内容)

我们知道，其实很多商场里出售的洋品牌，如“佛罗伦萨”等，实际上是国内厂商经营的，通常冠以“来自×××（如意大利）的设计”的标语。这种情况会下，您会一如既往地选择您原来的品牌，还是会改选这些品牌？这种情况对您的影响有多大？

接下来，我想知道大家穿着这个品牌的感受，整体而言，您对于您这套商务休闲服如何评价？您旁边的人是怎么评价的？您是否很高兴将这个牌子推荐给别人？您会再次购买这个品牌装吗？您觉得您的理由主要有哪些？

现在咱们来谈谈售后服务。大家所知道的目前商务休闲男装厂商能普遍提供的售后服务有哪些？(请主持人将得到的答案记录在白板上)

在刚才大家提到的这些方面，哪些是这几个主要品牌做得好的，哪些是这几个品牌做得还不够，需要改进的？——请主持人逐个品牌进行询问及对比。

还有些什么样的后续服务是大家希望得到，但是目前还没有休闲服厂商提供的？请说说您的理由。

4. 品牌形象评价【建议时间30分钟】

目的： 1. 了解消费者对各品牌价值点的认可程度及偏好 2. 了解各品牌的人格化特征 3. 了解各品牌在消费者心目中的族群（生活、社交圈子）定位 4. 了解各品牌提供高品牌附加值（品牌溢价）的可能方向

好，大家刚才有了很多讨论，我们想请大家对自己选择最近这套休闲服的原因

作一个小结，试给出三个购买的理由，并提供一个您比较过的品牌最终您没有选择这个品牌的理由。请各位将原因写在您面前的白纸上，我们再一起来讨论。我们可以看到，刚才大家提到的品牌主要有卡帝乐、金利来、A品牌、圣大保罗等，前期邀约时已经有意识邀请这些品牌的消费者，还有七匹狼等备选品牌。我们来轻松一下，看一些不同生活场景的图片。请您花5分钟左右的时间看完，并从中选出两张图片：一张是您最向往的生活方式的图片；另一张是您认为最适合您购买的品牌的图片。仔细想想您为什么选择这些图片。然后针对这个最适合您购买的品牌做一个造句的游戏。

"他"是一个大概____岁的____的男士，喜欢喝______酒，开______车，他的生活哲学是______，喜欢______，他给人总的感觉______，（要求具体，我们这里准备了一系列形容词，您可以选择三个最贴切的形容词来形容这个品牌。您可以从卡片中选择，如果卡片中没有合适的，那么您也可以将您自己的形容词写出来。然后，我们再一起来讨论您为什么这么来形容它。）

如果让我在现实中找一个人来比做"他"，那么我觉得"他"非常像【哪一个明星】。

5. 品牌识别【建议时间20分钟】

目的： 1. 了解消费者对"鳄鱼"的评价以及三大鳄鱼品牌的识别能力 2. 了解消费者对鳄鱼品牌原产地的要求 3. 了解消费者因商标之争所采取的行为倾向 4. 了解消费者对A品牌服装换新标的认可程度

一说到"鳄鱼"大家整体上如何评价啊？【假冒多，低档货，知名品牌等】大家知道现在市面上有哪些"鳄鱼"？你们知道他们是来自哪个国家或者地区吗？你们在买"鳄鱼"产品时候是否会特别地注意他们是哪个国家和地区的，那你们喜欢哪里的，为什么？

在座的各位知道如何辨别真假鳄鱼品牌吗？有啥诀窍可以跟大家分享？（出示三大鳄鱼品牌LOGO）这是三个与鳄鱼相关的品牌。你们在购买衣服的时候，能区分开这三个鳄鱼吗？

这些因素会对您在购买"鳄鱼"品牌的服装时产生多大的影响？（对忠诚组的消费者改问：在三个鳄鱼品牌中，您是怎样有效区分的？您辨别真假鳄鱼的诀窍是什么？这几个因素为什么没有影响到您一如既往地选择这个品牌？）

（先出示A品牌服装新LOGO）大家看到过这个LOGO吗？您第一次看到它觉得它是一个什么样的牌子？跟您以前对A××品牌的感觉有啥不一样？您为什么会这么想呢？

（同时出示A品牌新旧LOGO）您觉得这两个LOGO有啥共同的，有啥不同的？

您觉得与旧 LOGO 相比，你更喜欢哪个？新的 LOGO 给各位的印象哪些是更好的？哪些是不足的？（主持人注意从时尚感、色彩搭配、图标和谐等方面进行追问，尤其要注意忠诚顾客对新标的评价，以及新标是否会影响他们对于 A 品牌服装的购买）

大家觉得购买 A 品牌服装的频率是比以前高了还是低了？平均多长时间会买一次？每次买的金额会有多少？增加的原因是什么？减少的原因又是什么？

一提到"金利来"您觉得它是怎样一个品牌【正装、休闲装、商务休闲装】？您觉得它最有名的产品品类是什么【西装、衬衫、T 恤、夹克、领带、皮具、箱包】？圣大保罗呢？A 品牌呢？卡帝乐呢？

八、结束语【建议时间 5 分钟】

如果您是 A 品牌服装的老总，那么您要将新的 A 品牌服装让更多的消费者接受，您觉得您最先做的一件事是什么？

（中国营销传播网 http：//www. emkt. com. cn）

访问调查法的一般程序如图 5-3 所示：

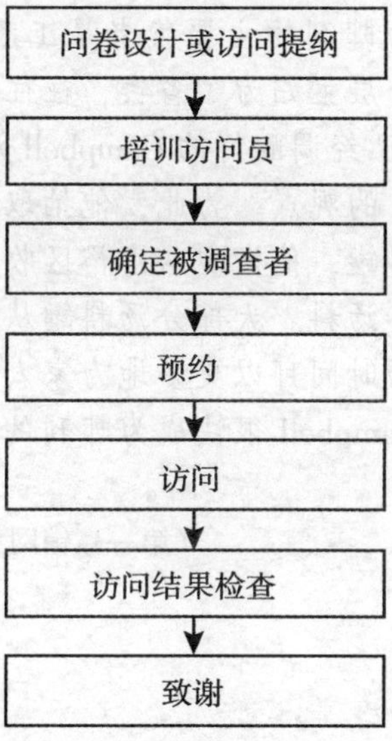

图 5-3

三、观察调查法

观察调查法是指由调查人员利用自身感官或者利用一定的设备直接观察和记录被调查对象的情况，从而获取所需的数据资料。

观察调查法常用于以下几个方面：

（1）测定商场顾客流量或车站码头顾客流量；

(2) 测定主要交通道口车流量;

(3) 对竞争对手进行跟踪或暗访观察;

(4) 消费者购买行为、购买动机、购买偏好调查;

(5) 产品跟踪测试;

(6) 商场购物环境、商品陈列、服务态度调查;

(7) 生产经营者现场考察与评估;

(8) 生产过程的作业研究。

观察法有如下几种形式：秘密观察（调查者不暴露）与公开调查（调查者暴露）、结构性观察（观察内容、步骤和要求调查前已确定）与非结构性观察（调查前只确定目的和任务）、人工观察与用设备观察。

【案例 5-10】

柯的斯出版公司观察调查

柯的斯出版公司设立了世界上最早的调研组织，向美国鼎鼎有名的 Campbell 汤料公司推销“星期六邮刊”的广告版面。但 Campbell 汤料公司告诉他：邮刊不是汤料公司的好媒体，因为邮刊的主要读者是工薪阶层，而 Campbell 的汤则是高收入家庭购买为主。工薪阶层主妇为了省钱，往往自己凑合着自己烧汤，只有高收入家庭才愿意花 10 美分买已经调配好的 Campbell 汤。

帕林要想办法反驳对方的观点。为此，他抽取了一条垃圾运输线，让人从该线路的各个垃圾堆中收集汤料罐，他发现从富裕区收集到的汤料罐几乎没有，因为富裕家庭总是让仆人动手准备汤料。大部分汤料罐从蓝领区收集到，帕林认为对蓝领阶层的妇女来说，节约做汤时间可以更多地为家人做衣服或者其他挣钱的活。

在摆出这些发现后，Campbell 很快成为邮刊的广告客户。从此“垃圾调研法”就产生了。

（第一赢销网 http：//www. yingxiao 360. com/）

四、实验调查法

实验调查法是指调查人员根据市场调查的目的，在对某些市场条件进行人为控制的情况下，研究实验因素（质量、价格、广告、包装等）对市场研究对象的影响，主要应用于市场销售和消费者使用实验。

实验调查法常用于以下几个方面：

1. 产品测试

用科学、专业的调研方法来研究分析企业概念研发的产品，找出产品之间的差异性，选择最好的产品组合或配方。在新产品面市之前，进行产品定位测试，确定新产品的潜在消费群，以便更准确地满足顾客需求。这是为了使营销者寻找一个与消费者接收逻辑相吻合的，触动消费者动机与需求，从而劝说消费者购买产品的逻辑。

（1）产品测试的目的：①发现现有产品的缺点；②评价其他产品/竞争对手产品配方；③发现产品对各个细分市场的吸引力（产品适合什么类型消费者）；④使产品的属性特征最优化（选择最多消费者喜欢的配方组合），从而吸引顾客；⑤识别竞争产品的优势和弱势，来确定产品在目标市场中的位置；⑥与竞争对手相比，产品在哪些特性上更吸引顾客；⑦目前就产品属性而言，是否吸引顾客；是否在某些属性上还可以改进；⑧改进后的产品是否真的比改进前好；顾客能否区分改进前后产品的区别；⑨观看记录消费者实际使用产品的过程；更改产品外包装设计和容量。

（2）产品测试的适用时机：产品测试的目的随着被测试产品的发展的不同阶段而不同，即：

①在产品发展初期，因为只有产品原始模型（产品的概念），测试目标是如何使产品的属性特征最优化，简单地说，在多种配方组合的产品中，找出最多消费者选择一种产品组合，从而更吸引消费者。此外，还可以帮助产品定位。

②当概念产品完成后，初期投入市场时，产品测试可以与竞争对手的产品作属性比较，找出差异性。同时，还可以确定产品在目标市场中的位置。在进入成熟期时，测试作为质量控制，产品检测，延长生命周期。

③产品推出上市，在成熟期末，衰退期前，进行产品测试通常目的是，在这个阶段，企业开始压缩成本，进行产品配方或容量改变，需要对改进产品进行测试，测试目的在于配方和容量改变后可能带来的消费者需要感官的影响；另外，可以测试新配方，准备替代现有产品。

（3）产品测试形式：

①单一产品测试。在单一产品测试中，受访者尝试一种产品，然后对这种产品作出评价。单一产品测试特点是：更加贴近真实的生活；对于效果逐渐显著的产品来说十分适合，如洗发水、沐浴露；对于新型产品，这种测试类型或许是唯一选择（事实上这在产品开发中后期常被采用）；通过运用两个或多个产品同时派发，可获得用以对比的信息；对于形成长期数据库非常有用。

②配对比较产品测试。在配对比较产品测试中，受访者按顺序尝试两种产品。试完后，对每种产品进行评价并说出更喜欢哪种产品。因为在受访者尝试完两种产品后才开始问问题，所以对产品的评价通常是建立在两种产品的比较基础之上的。配对比较测试的特点是：对受访者同时测试两个产品；提示受访者可以同时测试产品，也可以测试完一个之后，再进行第二个，这取决于产品性质、测试性质和用户通常的使用步骤；存在隐性或逐渐显著的效果时，此法将不可行；不同产品的测试顺序必须被平衡，并且应考虑不同顺序产生的效果差异。

③连续的单一测试。受访者顺序评价两个产品。在评价第一个产品时，受访者不知道还有第二个产品。评价完第一个产品后，再评价第二个产品。评价的问题是相同的。最后可以获得两个产品的偏好情况。

④重复配对产品测试方法。当直接偏好是产品测试的主要兴趣时，可以应用重复配对方法。

(4) 产品测试方法：

①产品留置回访测试。

a. 入户派发留置回访：通过 DTD 形式，找出条件符合的消费者，派发相应的测试产品，在制定的时间段内要求消费者使用产品足够次数，使用完后，调查员对消费者进行使用意见收集。优点：这是一种最典型的测试方法，消费者有足够的时间去使用产品，并且在使用产品过程中更接近正常的生活形态，得出更客观的使用感受，因为是 DTD 形式，可以采集较全面的数据，也可以现场观察消费者的使用行为。缺点：测试执行时间较长，成本较高。

b. 日记式访问：通过 DTD 形式，找出条件符合的消费者，派发相应的测试产品，在制定的时间段内要求消费者使用产品足够次数，在消费者使用完产品后，第一时间自行填写使用意见，使用完后，调查员进行日记回收。优点：可以得到消费者在使用完产品后第一感觉的记录。缺点：问卷设计不能多样化，得到数据比较单一，成本比较高。

②产品现场测试。

a. 小组座谈会：通过预约条件符合的消费者，在实验室里完整使用产品，再进行 FTF 或 FGD 意见收集。优点：通过单面镜可以完整观察记录消费者的产品使用过程。能快速得到数据，可以为大样本量派发作前期了解，成本较低。缺点：样本量较小，不能完全代表整体情况。

b. 定点街头拦截访问：在人流密集的商业街或步行街，随机拦截条件符合的消费者，在定点进行产品测试，现场进行意见收集。优点：可以快速得到数据，可以同时测试多种产品配方，对多种产品配方进行比较，成本较低。缺点：测试产品类型有局限性，消费者整体抽样的稳定性比较难确定。

2. 包装测试

一种新包装在正式上货架之前，先在消费者中测试其效果，看看是否达到促进销售的效果，包括包装所用的材料、形状、色彩、文字说明、插图等，是否能提高消费者的视觉兴趣，引起消费者的注意，向消费者传递产品的信息：产品是否值得信赖？产品的档次如何？是否易于使用？消费者都将通过包装这一有利证据来决定产品是否值得购买。

根据以往的调研经验，超过一半的消费者常常在购买地点临场改变购买决定，特别是快速消费品，70%以上的购物者提到他们最后购买的商品经常并不是进商场前打算购买的。另外也有研究表明，人们在挑选商品的时候，存在一个“7 秒钟定律”：面对琳琅满目的商品，只要 7 秒钟，消费者就可以确定对这些商品是否有兴趣。在这短暂而关键的 7 秒内，包装，特别是色彩的作用达到了 67%。在诸多的影响临场购买因素中，包装是一个影响到是否购买某一商品的非常重要的因素。

一种新包装在正式上货架之前，先在消费者中测试其效果，看看是否达到促进销售的效果，包括包装所用的材料、形状、色彩、文字说明、插图等，是否能提高消费者的视觉兴趣，引起消费者的注意，向消费者传递产品的信息。

(1) 产品包装测试的作用：①了解包装传递信息的能力和形象，测量其是否起到了强化品牌的作用；②了解包装与竞品的区别性和吸引力，测量其是否增强了产品被选择的机会；③检验包装的设计与信息的吻合度，测量其是否传递和表达了新的消费者利益点。

（2）产品包装测试内容及分析方法：①测试包装保护产品和提供使用方便的功能，是否符合消费者选购产品的逻辑；②测量包装的区别性，可以了解到包装是否增强了产品被选择的机会；③测试包装传递信息的能力、吸引力、形象，是否传递和表达了新的消费者利益点；④是否起到了强化品牌，强化品质，强化产品价值的作用。

（3）包装测试的研究方法：

①小组座谈会：

a. 了解消费者购买的流程与决策逻辑，及向消费者询问对包装的评价和印象；

b. 不同的包装进行比较，从消费者对不同包装的看法获得改进包装的灵感；

c. 观察消费者对不同包装的使用方法，判定包装的设计是否合理。

②模拟货架，即模拟竞争环境。这种方法通常是要求消费者从模拟货架中找出指定的商品，我们判定的依据是：如果消费者不能在 3 秒钟或更短的时间内找到指定产品，就认为该包装设计不合格。

③定量入户检验，对包装进行评价。

3. 价格测试

消费者的意愿和支付能力是价格的主要决定因素。在消费者心目中，价格必须与商品价值相称；倘若消费者认为物非所值，他们将拒绝购买。从另一方面讲，对企业而言，商品的最理想价格并不一定是促使销售量或销售额达到最大化的价格，而是促使长期利润达到最大化的价格。因此，最理想的价格应以企业所承担的成本及消费者所愿支付的价格为依据而制定。企业所承担的成本应视之为价格的下限，而消费者所愿支付的价格则应视为价格的上限。这就需要企业通过市场调查，了解消费者对价格的理解有深刻的认识。在给新产品进行定价，或对已上市产品进行调价时，进行产品价格测试，了解消费者对价格的接受程度，从而预测价格变化对销售的影响。

大多数企业在不同经营时期都有可能遇到下面的问题：

（1）在研制出一种新产品后，向市场推出时，以何种价格上市能够最大限度地为消费者所接受？对于大多新产品来说，并没有树立完全的品牌观念，品牌形象也没有在消费者心中完全形成，此时，价格就成了消费者反应最敏锐的营销因素，而企业采取的价格决策将直接影响营销的成败。

（2）已上市的产品在调整定价策略后将引起何种市场反应？消费者反响如何？市场竞争态势会发生怎样的变化，对竞争对手会产生多大的打击，有没有伤及本公司的其他产品？

（3）对于竞争对手在产品定价上的新举措，消费者又会作何反应？对本公司的产品产生哪些后果？

价格研究可以有效地解决以下问题：如何确定新产品的价格？如何定价能使收益或市场份额达到最大化？消费者可接受的价格范围如何？当价格变化时，消费者的选择作何变化？价格提升对市场忠诚度的影响如何？降价或提价对销售量或市场占有率有什么影响？市场上竞争产品的价格变化后，自己的品牌和竞争对手的地位会有如何变化？产品的最优价格是多少？……

价格测试的方法主要有：价格测试试验、模拟货架、小组座谈会等。

4. 口味测试

对于食品、饮料、医药、餐饮等行业的产品来说，了解消费者对新产品口味的接受程度，发现并满足消费者的口味偏好，是在产品设计环节需要考虑的核心问题。

（1）口味测试的时机。

①在新产品开发阶段，口味测试的作用在于：主要是了解消费者对新产品口味的接受程度；寻找产品改进的方向；了解新产品口味与概念、包装的契合度；了解新产品口味和竞争对手口味的优劣势等。

②在新产品投放市场阶段，口味测试的作用在于：选择产品口味的目标消费群体和目标市场，确定产品差异化的诉求点；为企业进一步的宣传、推广提供卖点来源。

③在产品市场推广阶段，口味测试的作用在于：了解目标消费群体对产品口味的接受程度；了解产品口味与概念、品牌宣传的匹配程度；发现产品改进空间，寻找新的市场利基点。

④在新的一轮产品开发阶段，产品口味测试的主要目的在于：新旧产品口味比较，为产品口味改进提供决策依据；检验、测试新开发产品的口味效果。

（2）口味测试的分类。

①定性研究。

通过消费者深度访谈、小组座谈，以及专家访问等形式，确定该产品口味的所有属性（如润喉糖类的甜味、苦味、香味、清凉味、刺激味等）。注意这些口味属性的改变必须是企业清楚知道如何通过配方调整来实现，且消费者能切实地通过味觉、嗅觉、触觉等感官感受到。

②定量研究。

一般通过预约访问、定点街访或入户访问的方式，调查主要指标包括：被访者对该产品口味的整体喜好程度；被访者对产品各口味属性的评价（用 1 分表示不够、3 分表示刚好、5 分太过的等级量表来测量）；被访者对该产品所承载的功能的评价；被访者对该产品喜欢与不喜欢方面的描述。

（3）口味测试的内容：

——产品的色泽、香味及总体感觉等指标的评价

——口感、香味、浓度、鲜度、咸度等具体指标的评价

——总体喜好度评价

——对比产品偏好选择评价

（4）口味测试的方法：

——单一产品测试

——全组合配对产品比较测试

——竞争性产品组合配对比较测试

——选择性组合配对产品比较测试

——产品开发型属性组合配对测试

5. 陈列测试

模拟货架，请消费者进行测试，了解本公司产品在同类产品中是否容易被消费者认出，以及陈列位置、陈列数量对销售的影响。

6. 广告测试

广告在未投放前进行测试，可以预测投放后的传播效果，了解受众对广告内容的接受程度，受众对广告的喜欢程度，广告是否能增强受众对新产品或品牌的亲切感。广告的品牌倾向性，是否能够促进购买行为。

五、问卷设计

问卷亦称为调查表，是指根据调查目的而设计的反映具体调查内容的问题的集合。问卷是市场调查的一种重要工具，问卷设计得是否科学、是否合理、直接影响着问卷的回收率和所获资料的质量，进而决定着市场调查的质量。

问卷的格式一般包括标题、开头语、正文、结尾语。

(1) 标题：直接说明调查主题。

(2) 开头语：向被调查者说明调查的意图、填表须知和问候语等。

(3) 正文：先了解被调查者基本情况，然后提及一些易答的、一般性问题，逐步提及实质的、细节性的主要问题，以及敏感的、复杂的问题，最后提出开放式问题。

(4) 结尾语：再次致谢，注明调查人员的姓名、调查日期、时间等。

【案例 5-11】

市场调查问卷范例——大学生上网情况调查问卷

为了了解大学生对各电信营运公司手机卡的使用状况，我们特在本市部分大学组织本次调查活动。本调查问卷采用匿名调查的方式，请您如实填写。谢谢您的合作！

1. 你的性别（　　）

A. 男　　B. 女

2. 你所在的年级（　　）

A. 大一　　B. 大二　　C. 大三　　D. 大四

3. 你有自己的电脑吗？（　　）

A. 有　　B. 没有

4. 你一般在哪里上网？（　　）

A. 网吧　　B. 自己的电脑　　C. 其他

5. 你的网龄有多长了？（　　）

A. 1 年以下　　B. 1~3 年　　C. 3~5 年　　D. 5 年以上

6. 你平均每天上网的时间大概是多长？（　　）

A. 1 个小时以下（包括不上网）　　B. 1~2 个小时

C. 2~5 个小时　　　　　　　　D. 5 个小时以上

7. 一般上网的时候你首先打开的是什么？（　）

A. IE 浏览器（网页）　　　　　B. 电子邮箱

C. QQ 等聊天工具　　　　　　D. 网络游戏

8. 你主要是为了什么而上网？（　）（此题可多选）

A. 浏览网页查资料　　　　　　B. 收发电子邮件

C. 玩游戏　　　　　　　　　　D. 交友聊天

E. 下载软件或资料　　　　　　F. 跟帖灌水

G. 娱乐休闲

9. 你最感兴趣的是以下哪些方面的内容（　）

A. 新闻时事　　B. 校友录　　C. 娱乐　　D. 体育

10. 请列出你最喜欢的几个网站（可多写）：

____

____

11. 你认为上网与学习的关系是怎样的？（　）

A. 上网耽误学习　　　　　　　B. 上网可促进学习

C. 上网可以增强综合素质

12. 对于大学生上网有什么建议？

____

____

再次谢谢您的合作，祝您愉快！

（作者自编）

第三节　市场预测方法及技巧

一、市场预测的概念及特征

1. 市场预测

它是指在市场调查基础上，运用预测理论与方法，对决策者关心的变量的变化趋势和未来可能水平作出估计与测算，为决策提供依据的过程。市场预测是为决策提供信息服务的重要手段，是正确决策的基础。

2. 市场预测的特征

（1）服务性：为企业决策服务；

（2）描述性：对各种可能出现的情况、结果和水平作出客观的科学的描述；

（3）局限性：人们对未来的预测，往往受到经验、知识、时间、工具等多方面的限制，预测误差在所难免，使得预测的应用范围和预测深度受到程度不同的影响。

3. 市场调查与市场预测的关系

市场调查与市场预测是紧密关联的，体现如下：

(1) 市场调查可以为市场预测提供研究方向；

通过市场调查可以发现问题的症结所在，亦可发现需要作进一步预测研究或可行性研究的课题，即为市场预测提供课题和研究方向。

(2) 市场调查可以为市场预测提供信息；

市场调查获得的大量信息资料正是市场预测的资料来源，这些资料为市场预测模型的建立与求解提供了大量历史数据和现实数据。

(3) 市场预测的结论可用市场调查来验证和修订。

市场预测的结论正确与否，最终要由市场发展的实践来检验。市场调查不仅能检验预测结果，还能分析、论证预测成功或失败的原因，并能对预测结果进行修正。

市场调查与市场预测的区别：

(1) 研究的侧重点不同；

市场调查侧重于市场现状和历史的研究，是一种描述性研究，目的是了解市场客观实际的情况，获取市场信息。而市场预测侧重于市场未来的研究，是一种预测性研究，目的是对未来的市场作出推断和估计。

(2) 研究的结果不同；

市场调查所获得的结果是反映市场的各种数据和资料，而市场预测所获得的结果是关于未来市场发展的预测报告。

(3) 研究的过程和方法不同。

市场调查是获取、处理和分析市场信息的过程，而市场预测是利用市场信息进行信息的深加工和作出预测结论的推断过程。

二、市场预测的原理

(1) 可知性原理：是指市场预测对象的未来发展趋势是可知的，人们可以通过对市场规律的认识和运用科学的方法对其进行预测。

(2) 系统性原理：是指把预测对象看做一个系统，以系统管理指导预测活动。

(3) 服务性原理：是指市场预测本身不是目的，而是为企业决策服务的。

三、市场预测的种类

1. 按市场预测要求质与量侧重点不同可分为：

(1) 定性预测：就预测对象目标运动的内在机理进行质的分析，判断未来质的变化，并辅之以量的表述；

(2) 定量预测：运用预测理论和数字模型，就预测对象目标运动质的规律进行描述，据此预测未来量的变化。

2. 按预测未来一段时期的长短分为：

（1）短期：1 周→半年；

（2）近期：半年→2 年；

（3）中期：2 年→5 年；

（4）长期：5 年以上。

四、市场预测的作用

（1）有利于企业更好地满足顾客。

（2）有利于企业利用市场调节，合理配置资源。

（3）有利于企业提高自己的竞争力。

五、市场预测的原则

（1）连续性原则：是指一切客观事物的发展都具有符合规律的连续性。

（2）类推原则：是指许多事物相互之间在发展变化上常常有类似之处。

（3）相关原则：是指世界上各种事物之间都存在着直接的或间接的联系。

（4）质、量分析结合原则：是指在市场预测中要把量的分析（定量预测方法）与质的分析（定性预测方法）结合起来使用，才能取得预测的良好效果。

（5）可控性原则：是指企业对所预测的客观社会经济事件的未来发展趋向和进程，在一定的程度上是可以控制的。

六、市场预测的内容

市场预测包括从国家宏观经济管理部门角度进行的宏观市场预测和从企业角度进行的市场预测，因此市场预测的内容十分广泛，它至少应包括如下几个方面：（1）市场需求预测（市场潜量预测、市场需求趋势分析预测、消费需求倾向变化趋势预测、消费心理变化趋势分析预测等）。（2）市场供应预测。（3）科技发展预测。（4）生产经营能力预测（研究发展能力、营运能力、销售能力等）。（5）企业财务预测。（6）环境意外事件预测。在本讲中主要介绍从企业角度进行的市场预测，即企业在宏观预测的指导下，根据自己拥有的资料，预测自己目标市场的未来发展趋势、市场占有率的变化，以便及时调整经营发展方向，作出正确的经营决策。

七、市场预测的程序

明确预测目标（目的在于把握整个预测工作的重心）——→收集分析资料（收集与预测对象有关的所有资料，研判所获资料是否符合预测需求，并进行资料趋势分析找出资料变化的一般特征）——→选择预测方法（应注意方法的广泛性、准确性、时效性、可用性和经济性）——→拟定预测模型——→进行预测——→确定预测结果。

八、有关观念

（1）市场需求：是指在一定时期内，一定地理区域，一定营销环境，一定营销努力，特定消费者群愿意购买某一产品的总量，称为该产品的市场需求。

（2）市场潜量：是指市场需求的上限，在只考虑营销努力时，它与营销努力是同向变化关系（行业市场潜量与企业市场潜量的关系）。

（3）销售潜量：是指企业的营销努力相对于竞争者的营销努力增大时，企业销售量达到的极限值。（A. 企业销售量=市场需求总量×企业市场占有率；B. 企业市场占有率=企业营销努力÷所有竞争者营销努力之和）

第四节　企业进行市场预测的常见方法

一、市场潜量预测法

1. 总市场潜量预测法

总市场潜量是指在一定的时空、环境条件和营销努力下，一个行业的全部所有企业所能获得的最大销售量（额）。

（1）成熟期产品的总市场潜量等于全行业的市场销售量。（需求增长率很小乃至为负）

（2）新产品或成长期产品的总市场潜量为：

总市场潜量=可能购买者数量×每个购买者平均购买量×同类产品的加权平均单价

总市场潜量的预测为企业进入或放弃或维持一个市场提供决策依据（见表 5-4）：

表 5-4

<table>
<tr><td>企业甲</td><td>企业乙</td><td>企业丙</td><td>……</td><td></td></tr>
<tr><td colspan="4">现有市场规模</td><td>潜在市场规模</td></tr>
<tr><td colspan="5">总市场潜量</td></tr>
</table>

从表 5-4 中，我们不难看出，如果企业甲想扩大生产规模或提高市场占有率，则势必考虑：①潜在市场规模是否值得去开拓（潜在市场规模=总市场潜量-现有市场规模）？②是否抢夺企业乙或企业丙或其他企业的市场份额？或抢夺哪一个企业的市场份额（根据自己及竞争者力量对比而定）？

2. 地区市场潜量预测法

（1）市场拼合法步骤：①将地区市场（A）进行细分（得到a、b、c、d、e五个子市场）（如图5-4所示）；②计算各细分市场的市场潜量；③求和则得到地区市场潜量（Q）。

子市场a	子市场b	子市场c	子市场d	子市场e

图5-4　地区市场A细分示意图

公式表示为：$Q=Q_a+Q_b+Q_c+Q_d+Q_e$

（2）多因素指数法：多因素指数实为地区购买力综合指数（B_i），它是地区（i）个人可支配收入占全国的比例（Y_i）、地区零售额占全国的比例（R_i）、地区人口占全国的比例（P_i）三个因素的加权平均值。其计算公式如下：

$$Bi = 0.5Y_i + 0.3R_i + 0.2P_i$$

地区购买力综合指数（Bi）是企业选择最佳地区市场和分配营销预算的一个重要参考依据。不足之处在于它不能说明某些产品需求的独特因素。

二、调查预测法

1. 购买意向调查法步骤

（1）选择合适的调查对象；（2）调查消费者的购买意向（对产品性能、规格、价格等的要求）和购买能力；（3）预测人员整理、统计、分析并计算出结果。例如，某生产“品牌丁”彩电的彩色电视机厂对地区A购买彩电意向调查步骤如下：

①从地区A的20万居民户中随机抽取1000居民户作为调查对象；

②设计问卷对该1000居民户进行调查；

附：调查问卷题目①请问您家有彩电吗？A. 有；B. 没有（请继续回答）。②请问您家今年购买彩电的概率是多大？（从0；0.1；0.2；0.3；0.4；0.5；0.6；0.7；0.8；0.9；1中任选一个）③如果您买彩电，那么您会买哪一个品牌？A. 品牌甲；B. 品牌乙；C. 品牌丙；D. 品牌丁；E. 其他品牌。

③预测人员整理、统计、分析并计算出结果如表5-5至表5-8所示：

表5-5

有彩电的户数	600
没有彩电户数	400

表5-6

购买概率	0	0.1	0.2	0.3	0.4	0.5	0.6	0.7	0.8	0.9	1
户　数	158	98	56	31	18	13	9	4	3	5	5

表 5-7

品牌	甲	乙	丙	丁	其他
户数	70	134	44	106	46
偏好度（%）	17.5	33.5	11.0	26.5	11.5

今年彩电购买率 = $\sum$（购买概率×户数）÷样本中没有彩电户数 = 16%

今年彩电总需求量 = 没有彩电的总户数×今年彩电购买率

= 400÷1000×20×16%

= 1.28（万台）

今年各个品牌的需求量 = 今年彩电总需求量×品牌偏好度

表 5-8

品牌	甲	乙	丙	丁	其他
偏好度（%）	17.5	33.5	11.0	26.5	11.5
需求量（台）	2240	4288	1408	3392	1472

2. 销售人员意见调查法步骤

（1）聘请若干名经验丰富的销售人员；（2）请他们对某产品在未来一定时期内的销售量及其概率，按照最高需求、最可能需求、最低需求三种情况作出判断；（3）预测人员通过统计分析得出预测结果。例如，甲、乙、丙三名销售人员对某产品的未来三种需求情况给出的预测值和概率以及计算结果为（见表 5-9）：

表 5-9

人员	最高	概率	可能	概率	最低	概率	预测值 1	预测值 2
甲	35	0.2	30	0.6	28	0.2	30.6	
乙	40	0.2	35	0.5	30	0.3	34.5	34.95
丙	44	0.25	40	0.5	35	0.25	39.75	

（注：最终预测值 2 的数值 34.95 是算术平均值，也可以根据甲、乙、丙三名销售人员的经验和能力，对甲、乙、丙三名销售人员赋予不同的全数，求出加权平均值。）

3. 专家调查法

亦称为“德尔菲法”，它是一种通过向有关专家进行咨询，请专家帮助预测市场需求的方法。其步骤为：（1）聘熟悉将要研究预测的问题的专家 10~15 人；（2）将需要研究预测的问题设计成调查表，并将调查表以及有关问题的背景资料发送给各位专家，请他们就所提的问题发表意见、提供资料；（3）预测人员回收、整理、综合专家意见和资料，并将结果反馈给各位专家，再次征询的意见；（4）重复（2）、（3）两个步骤，直到意见一致为止。

三、时间序列分析预测法

时间序列分析预测法就是指对按时间顺序排序的一组市场预测对象的观察值，采用数字法分析研究，找出其变动趋势，并利用趋势外延的方法来估计和推算对象未来的变动。其变动类型有：趋势变动、季节变动、循环变动、不规则变动。

（1）移动平均法：是指在预测对象的时间序列中，选取固定个数（即移动平均数的跨越期）的若干数据求其平均值作为预测值，并且在预测过程中，不断吸收最近数据，删除最远的数据，使预测计算期逐期前移。

移动平均法的作用是：①水平方向波动的短期预测；②修匀原始数据使不规则→规则→揭示规律。

（2）指数平滑法：是指对预测对象的本期观察值和本期预测值（上期的指数平滑值）分别赋予权数 a（平滑系数）和 1-a，两者加权之和即为下期指数平滑值（下一期的预测值）。计算公式如下：

$$下一期的预测值=a\times本期观察值+（1-a）\times本期预测值$$

注：①$0<a<1$，要经过计算选误差最小的 a 值；②初始值一般确定为时间序列中的第一个数值，或前面几个数值的平均值。

（3）趋势外推法：是指据时间序列数据所反映的预测对象的发展规律来预测其今后的变化趋势。其步骤为：①预测对象变动趋势的确定（据本身运动特征来确定或者通过作图来确定）；②确定趋势变动分析模型（线性模型、指数模型、S 形模型）。

（4）季节指数法：①求 n 年内各季需求量的平均值 a；②求 n 年内年需求量的平均值 b；③计算各季的季节指数值（季节指数值=各季需求量的平均值 a÷年需求量的平均值 b）；④预测各季的需求量（季节需求量=季节指数值×年预测值）。

☞ 课后训练 ☜

一、理论知识掌握

1. 什么是市场调查？它有什么意义？
2. 市场调查的内容是什么？
3. 市场调查的原理是什么？
4. 市场调查有哪几种类型？
5. 文案调查的资料来源于什么地方？
6. 什么是时间序列分析预测法？
7. 常见的市场调查形式有哪些？
8. 市场预测的原则是什么？
9. 市场调查的程序是什么？
10. 什么是市场预测？它有什么作用？

11. 市场预测的程序是什么？

12. 试分析市场调研与市场预测联系和区别。

13. 企业进行市场预测常用的方法有哪几种？各有什么特点？

二、能力素质训练

1. 湖北省某粉笔生产厂想研究一种写出的字在30分钟内自动消失的粉笔，即“不用擦无尘粉笔”。该厂在研究、制造技术上估计难度不大，但对市场把握上难度较大，特别是市场的一般容量大小和市场的最大容量很难把握。现假设该厂经过集体研究讨论，决定以付费的方式请你帮忙预测出“不用擦无尘粉笔”在湖北省内的市场潜量和第一年的销售量。

（提示：①采用问案调查掌握粉笔用户的有关资料。②根据预测目的设计市场调查问卷。③所需数据资料，根据需要和方便自己给出。④作出预测。）

2. 请用文案调查法，收集五年来我国CPI数据变化趋势，同时收集城市居民日常消费支出结构，结合两种数据信息，说明CPI变化与居民日常消费支出结构变化的内在联系。

为了了解××城市居民对房地产市场价格的敏感程度，受某房地产公司委托，我们作为调研员将进入该市居民家庭，进行面谈访问，请问访问前要做哪些准备工作，并请制定简要的面谈访问备忘录。

为了了解大学生消费结构与消费态度，请以本校学生为访问对象，设计调查问卷，并开展实地调查（样本量不小于60份），写出调查报告。

第六章　目标市场营销

【案例 6-1】

某品牌的洗衣机市场

某洗衣机厂依靠雄厚的技术力量，有针对性地研制开发了多品种、多规格的洗衣机产品，以满足不同的需求，使某洗衣机成为中国洗衣机行业跨度最大、规格最全、品种最多的企业。

它能同时规模生产亚洲波轮式、欧洲滚筒式、美洲搅拌式洗衣机，使中国消费者可以得到不同风格的洗衣机享受。

它的洗衣机，大到一家人一周所有的衣服，小到孩子的一双袜子，每隔 0.2 千克，它就有一款洗衣机满足消费者的洗衣需要。

它的洗衣机，从双桶半自动、全自动洗衣机到洗衣、脱水、烘干三合一洗衣机，应有尽有。

它根据目前国内许多家庭居住面积小，没有足够的洗衣机空间的情况，设计了中国第一台“极限设计，全塑外壳”的“小神童”系列洗衣机。

它了解到一部分用户在使用全自动洗衣机时，往往不是一次性将洗衣、脱水程序完成，而是希望将不同的衣服分开洗涤，然后一起脱水的愿望，第一台电脑后置，仿生设计的“小神童”全自动洗衣机问世。

它在市场调研、分析中发现：消费者在使用洗衣机时，最烦恼的是同一台洗衣机只有一个洗涤速度（约 150 转/分钟）、一个甩干速度（约 800 转/分钟），使有的衣物因洗涤、甩干转速过高容易磨损，又费电；有些衣物则因转速过低，洗不净，甩不干。它开发出最少耗电、最低磨损、最佳洗涤效果的变速洗衣机。

某洗衣机推到农村市场后，发现洗衣机在农村不仅仅是用来洗衣服，而且还用来洗蔬菜、洗红薯，日子一长，排水管内自然淤积了大量的油污和泥沙。它开发出命名为“大地瓜”的功率更为强劲能专门用于蔬菜洗涤的洗衣机。

某集团为什么要开发品种齐全的洗衣机系列产品？它的洗衣机产品是根据什么来分类的？

（作者自编）

在买方市场条件下，除了极个别的产品外，大多数产品对顾客而言，都有很多种的选择。同时，任何企业也不可能满足一种产品的所有市场需求，而只能满足其中一部分消费者的需要。企业怎样把“这一部分顾客”筛选出来，确定为自己的主攻市场即目标市场，并充分利用企业的资源，发挥企业优势，树立企业的特色，制定出有针对性的市场营销策略。这即是本章所讲的内容，即目标市场营销。

目标市场营销是指企业选择与自己的营销宗旨最相适应的、销售潜力最大的、获利最丰的那一部分市场作为自己争取的目标或对象，然后，采取相应的市场营销手段打入或占领这个市场的过程。

本章主要介绍企业进行目标市场营销的原理、步骤、方式、方法以及策略决策。本章重点是市场细分的概念、原理以及依据，目标市场选择的有关概念、目标市场的条件、目标市场策略以及选择的依据，目标市场定位的有关概念、依据以及策略。其中，市场细分的依据和方法，目标市场的条件的把握、目标市场策略制定以及选择的依据，市场定位依据以及策略等内容是难点。

企业要想实现目标市场营销，首先得进行市场调研，了解自己，了解市场，了解竞争对手，即熟悉和了解把握企业所经营市场的宏观和微观环境，这是一个知己知彼的过程，然后，通过市场细分、目标市场选择、目标市场定位，以及制定具有针对性，切实可行的市场营销组合策略，最后，通过扎实市场营销计划的实施以及执行营销计划过程中的调控，实现企业最终目的。在这里，我们把实现目标市场营销分为五个步骤（如图 6-1 所示）。

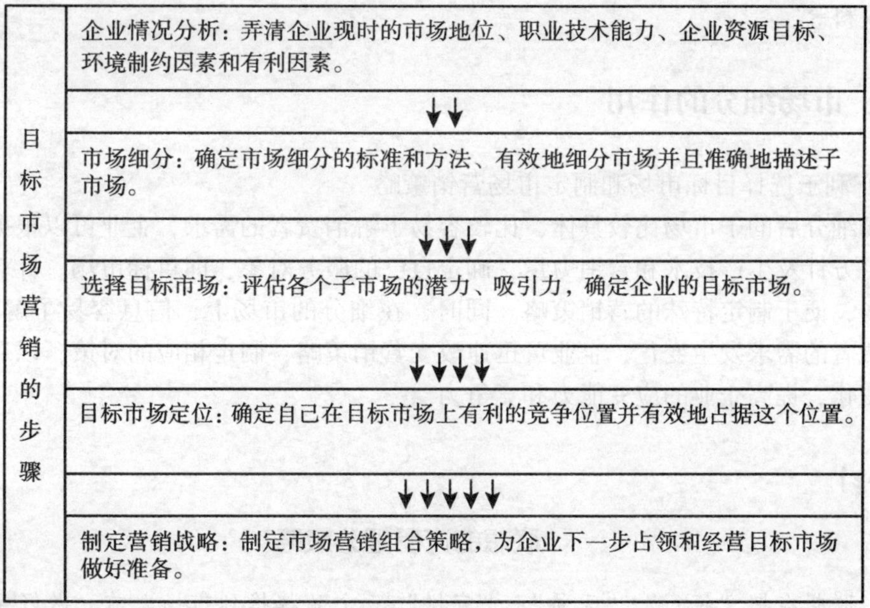

图 6-1

在上面五大步骤中，企业情况在前面章节中已作了讲解和分析，在这里不再详细讲解，营销战略以及市场营销计划的制订、实施以及执行营销计划过程中的调控在后面章节中将进行详细分述，在这里只是粗略讲解，在这里重点介绍的是市场细分、目标市场选择和目标市场定位。

第一节　市 场 细 分

一、市场细分的概念

市场细分（Market Segmentation）是在 20 世纪 50 年代中期，由美国市场营销学家温德尔·斯密（Wendell R. Smith）首先提出来的一个概念。

市场细分是指根据顾客之间的需求差异性，把一个产品市场整体划分为若干个顾客群体，每一个由需求特点相似的顾客组成的顾客群体构成一个细分市场，亦称为子市场。这种把一个产品市场整体划分成若干个细分市场（子市场）的过程称为市场细分。

市场细分的基础和依据是消费需求的异质性理论。即同类产品的消费需求是有差异的。能否对市场进行细分，取决于市场的同质性和异质性。“同质市场”是指消费者对产品的需求基本相同，定期购买量也大致相同，其竞争的焦点在于价格。如盐；“异质市场”是指消费者对产品的需求差异很大，欲望和偏好也各不相同，其竞争的焦点在于定位。同质市场可以向异质市场演化，如可以将水转化为纯净水、矿泉水、碳酸饮料、茶饮料等。

二、市场细分的作用

1. 有利于选择目标市场和制定市场营销策略

市场细分后的子市场比较具体，比较容易了解消费者的需求，企业可以根据自己经营思想、方针及生产技术和营销力量，确定自己的服务对象，即目标市场。针对较小的目标市场，便于制定特殊的营销策略。同时，在细分的市场上，信息容易了解和反馈，一旦消费者的需求发生变化，企业可迅速改变营销策略，制定相应的对策，以适应市场需求的变化，提高企业的应变能力和竞争力。

【案例 6-2】

联想的产品细分策略

联想在把“锋行”、“天骄”、“家悦”三个品牌推到市场之前，做好了市场调研工作，基于“锋行”、“天骄”、“家悦”三个品牌产品的明确区分，把市场进行了有效的准确的细分，它打破了传统的“一揽子”促销方案，围绕“锋行”、“天骄”、“家悦”三个品牌，面向不同用户群需求，推出不同的“细分”促销方案。选择“天骄”的用户，可优惠购买让数据随身移动的魔盘、可精彩打印数码照片的3110打印机、SOHO好伴侣的M700多功能机，以及让人尽享数码音乐的MP3；选择“锋行”的用户，可以优惠购买“数据特区”双启动魔盘、性格鲜明的打印机以及“新歌任我选”MP3播放器；钟情于“家悦”的用户，则可以优惠购买“电子小书包”魔盘、完成学习打印的打印机、名师导学的网校卡，以及成就电脑高手的XP电脑教程。最后，非常有效地占领了这个市场，成为市场的领导者。

（作者收集整理）

2. 有利于发掘市场机会，开拓新市场

通过市场细分，企业可以对每一个细分市场的购买潜力、满足程度、竞争情况等进行分析对比，探索出有利于本企业的市场机会，使企业及时作出投产、移地销售决策或根据本企业的生产技术条件编制新产品开拓计划，进行必要的产品技术储备，掌握产品更新换代的主动权，开拓新市场，以更好适应市场的需要。

3. 有利于企业合理配置和使用资源，集中人力、物力和财力投入目标市场

任何一个企业的资源、人力、物力、资金都是有限的。通过细分市场，选择了适合自己的目标市场，企业可以集中人、财、物及资源，去争取局部市场上的优势，然后再占领自己的目标市场，实现企业经营目标。

4. 有利于企业提高经济效益

前面三个方面的作用都能使企业提高经济效益。除此之外，企业通过市场细分后，可以面对自己的目标市场，生产出适销对路的产品，既能满足市场需要，又可增加企业的收入；产品适销对路可以加速商品流转，加大生产批量，降低企业的生产销售成本，提高生产工人的劳动熟练程度，提高产品质量，全面提高企业的经济效益。

5. 有利于小企业开拓市场，在大企业的夹缝中生存

市场细分对于今天的小微型企业具有非常重要的作用。现代社会的市场，买方市场是主流，竞争非常激烈，对于一些小微型企业，生存环境是非常恶劣和苛刻的，一个不注意，小损失是大亏，大损失就是企业破产。这些小微型企业如果能够有效地进行市场细分，寻找到大中型企业不知道的或者知道因为嫌小而不愿意去占领这个小的子市场，捷足先登，采用合适的市场营销策略，及时把握好这个机遇，定能为企业的生存和发展创造条件。

三、有效市场细分的标准

1. 可衡量性

市场细分的可衡量性主要体现在两个方面：第一个方面是作为市场细分的依据是可以获得的。有些消费者特征虽然很重要，但是不容易获得和衡量，因此是不适宜作为市场细分的依据的。第二个方面是细分后的子市场，其市场的人数、购买量以及潜在购买能力是可以衡量的，否则，市场细分就没有意义。

2. 可实现性

市场细分的可实现性是指企业能够有效地集中营销力量，作用于所选定的目标市场

的程度。造成企业较低可实现性的原因多种多样，但主要原因是如下三个方面：第一个方面是消费者的差异性清晰可见，但企业无法或者不便在此类子市场上应用各种营销手段和策略；第二个方面是子市场虽然有较大的容量和潜量，价值高，但企业的产品和劳务不便或者无条件传送到子市场；第三个方面是企业的信息很难通过适当的媒体传送给市场中的消费者。

3. 可营利性

市场细分的可营利性是指企业将人力、财力、物力投放到子市场，采用合适的市场营销战略，正确地制定和有效地执行营销计划的条件下，能够达到企业赢利的目的，实现企业的经营目标；并且，该子市场还要有足够的潜在需求和潜在的购买能力。企业占领这样的子市场才有发展前途。

4. 可区分性

市场细分的可区分性是指每一个子市场都有自己明确的特征。即子市场的构成群体，在产品和服务需求上都有鲜明的相类似的爱好追求，并且，在获得和满足需求上也有相类似的购买行为。

5. 相对的稳定性

市场细分的相对的稳定性是指细分以后的子市场在一定时间内具有相对稳定的特点。至于稳定期的长短，市场营销环境的方方面面的因素都有影响，而企业对稳定期的长短的追求，一般视市场的变化和商品的特征而定。一般稳定期越长，企业所承担的风险就越小；反之，稳定期越短，企业所承担的风险就越大，企业进行市场细分的成本也越高。

四、市场细分的依据

1. 消费者市场细分依据

消费者市场细分可以按照地理环境因素、人口因素、心理因素、行为等因素为市场细分的依据进行细分。

(1) 按地理位置细分。

不同地理环境下的顾客，由于气候、生活习惯、经济水平等不同，对同一类产品往往会有不同的需求和偏好，以至于对企业的产品、价格、销售渠道及广告等营销措施的反应也常常存在差别。因此，我们可以依据各种地理环境因素将市场进行细分。

①消费者居住的地区。如我国的茶叶市场，南方消费者喜欢红茶和绿茶，华北、华东地区消费者喜欢花茶，而少数民族地区的消费者喜欢砖茶。如食品，不同地区有不同的口味，在我国就有所谓的“东甜南辣西酸北咸”等归纳各地口味特色之说了，又如我国南方光照充足，水分充沛，平均气温相对较高，粮食作物以水稻为主，其他的作物为辅，而北方光照没有南方充足，水分没有南方充沛，平均气温相对南方较低，粮食作物以小麦为主，其他的作物为辅，因此南方食品以米饭为主食，北方食品以面粉为主食。

【案例 1-3】

鸡腿与鸡爪

鸡肉是除了猪肉以外人们最常用的肉类食品。在中国东南部地区，一般家庭在有客人来的时候总会煮一只鸡来款待客户，而且热情待客的家庭，习惯于将他们认为好的食物请客人享用。

20 世纪 90 年代中期，当时中国的经济发展较快，城乡之间的差距也较大。如果你到农村去作客，主人会热情地请你吃鸡腿，而如果你到城市家庭去作客，主人会请你吃鸡爪。后来发现，农村和城市出现这种显著差别的原因在于当时城市人口的生活水平比农村人口提高得快，吃的东西油水太多，不利于身体健康，所以不喜欢吃鸡腿而喜欢吃鸡爪，而农村人口因为生活水平相对城市低，人们认为鸡腿是相对较好的食物。

一些聪明的鸡肉供应商分析这个差别后，把鸡肉分开卖，他们把鸡腿主要供应到农村，把鸡爪主要供应给城市，这样很好地满足了城市和农村的消费需求，而且，农村人一般不吃的也不值钱的鸡爪在城市里也卖了个好价钱，城里人不吃的鸡腿在农村里也卖了一个好价钱。

（中国营销传播网 http：//www. emkt. com. cn）

这个案例说明，不同地区的人们由于他们所处的气候、生活习惯、经济水平等不同，对同一类产品往往会有不同的需求和偏好，最终导致产生对产品需求的差别。

②地形气候。地形可分为山区、平原、丘陵；气温可分为热带、温带、寒带；湿度可分为干旱地区、多雨地区。例如，风扇市场，热带地区一室多扇，而寒带地区则可以常年不需风扇。又如，中国海南岛的居民，一般是不会购买冷热双制式空调的，因为海南岛四季气温高，单制冷的空调受到普遍欢迎，而在湖北武汉，由于四季分明，夏天气温高，是全国三大火炉地区之一，冬天是冰天雪地，寒风劲吹，居住在湖北武汉的人，一般买空调就喜欢买冷热双制式的空调。

（2）人口因素。

按人口统计因素细分，就是按年龄、性别、职业、收入、家庭人口、家庭生命周期、民族、宗教、国籍等变数为依据，将市场划分为不同的群体。由于人口变数比其他变数更容易测量，且适用范围比较广，因而人口变数一直是细分消费者市场的重要依据。

①年龄。不同年龄段的消费者，由于生理、性格、爱好、经济状况的不同，对消费品的需求往往存在很大的差异。因此，可按年龄将市场划分为许多各具特色的消费者群，如儿童市场、青年市场、中年市场、老年市场等。从事服装、食品、保健品、药品、健身器材、书刊等商品生产经营业务的企业，经常采用年龄变数来细分市场。

②性别。按性别可将市场划分为男性市场和女性市场。不少商品在用途上有明显的性别特征。如男装和女装、男表与女表。在购买行为、购买动机等方面，男女之间也有很大的差异，如妇女是服装、化妆品、节省劳动力的家庭用具、小包装食品等市场的主

要购买者，男士则是香烟、饮料、体育用品等市场的主要购买者。美容美发、化妆品、珠宝首饰、服装等许多行业，长期以来按性别来细分市场。

③收入。收入的变化将直接影响消费者的需求欲望和支出模式。根据平均收入水平的高低，可将消费者划分为高收入、次高收入、中等收入、次低收入、低收入五个群体。收入高的消费者就比收入低的消费者购买更高价的产品，如钢琴、汽车、空调、豪华家具、珠宝首饰等；收入高的消费者一般喜欢到大百货公司或品牌专卖店购物，收入低的消费者则通常在住地附近的商店、仓储超市购物。因此，汽车、旅游、房地产等行业一般按收入变数细分市场。

④民族。世界上大部分国家都拥有多种民族，我国更是一个多民族的大家庭，除汉族外，还有55个少数民族。这些民族都各有自己的传统习俗、生活方式，从而呈现出各种不同的商品需求，如我国西北少数民族饮茶很多、回族不吃猪肉等。只有按民族这一细分变数将市场进一步细分，才能满足各族人民的不同需求，并进一步扩大企业的产品市场。

⑤职业。不同职业的消费者，由于知识水平、工作条件和生活方式等不同，其消费需求存在很大的差异，如教师比较注重书籍、报刊方面的需求，文艺工作者则比较注重美容、服装等方面的需求。

⑥教育状况。受教育程度不同的消费者，在志趣、生活方式、文化素养、价值观念等方面都会有所不同，因而会影响他们的购买种类、购买行为、购买习惯。

⑦家庭人口。据此可分为单身家庭（1人）、单亲家庭（2人）、小家庭（2~3人）、大家庭（4~6人，或6人以上）。家庭人口数量不同，在住宅大小、家具、家用电器乃至日常消费品的包装大小等方面都会出现需求差异。

（3）心理因素。

以上地理因素、人口因素相同或相近的顾客，对同一产品的爱好和态度也会截然不同，这主要是由于心理因素的影响而造成的。因此，也是市场细分的重要依据之一。

①生活方式。生活方式是人们生活的格局和格调，表现人们对活动、兴趣和思想的见解上，人们形成的生活方式不同，消费倾向也不一样。如深圳的高级白领就很少去东门一带购物，就和他们的生活格调相关；妇女服装可根据顾客的不同生活方式，分别设计出“朴素型”、“时髦型”、“新潮型”、“保守型”、“有男子气型”。

②购买动机。购买动机是指顾客购买行为的直接原因。有些人为实用而购买，有些人为价格便宜而购买，有些人为追赶时髦而购买。

③性格。内向与外向；追求独特与愿意依赖；乐观与悲观。不同性格的顾客对产品的要求不同。如对产品的色彩，内向的人比较喜欢冷色调，外向的人却喜欢暖色调；对产品的款式，追求独特的人喜欢标新立异，依赖的人却爱跟随众人。

（4）行为因素。

行为因素是按照顾客购买过程中对产品的认知、态度、使用来进行细分的。

①购买时机。按顾客对产品的需要、购买、使用的时机的认知并作为市场细分的标准。如旅行社可为每年的几个公众长假提供专门的旅游线路和品种，为中小学生每年的寒暑假提供专门的旅游服务。公共汽车公司根据上下班高峰期和非高峰期这一标准，把

乘客市场一分为二，分别采取不同的营销策略。如在上下班高峰期加派客车，非高峰期减少客车，以降低成本，提高效益。

②追求利益。根据顾客对产品的购买所追求的不同利益来细分市场的一种有效的依据。如钟表市场，购买手表的消费者追求的利益大致可以分为三类：一是追求价格低廉；二是侧重耐用性和产品的质量；三是注重产品品牌的声望。因此，生产钟表的企业，如果用追求的利益来细分市场，就必须了解消费者在购买某种产品时所寻求的主要利益是什么；了解寻求某种利益的消费者主要是哪些人；还要了解市场上满足这种利益的有哪些品牌；哪种利益还没有得到满足。然后，确定自己的产品应突出哪种特性，以便最大限度地吸引某一个消费者群。美国学者 Haley 曾运用利益对牙膏市场进行细分而获得成功。他把牙膏需求者寻求的利益分为经济实惠、防治牙病、洁齿美容、口味清爽等四种。

③使用情况。许多产品可以按照消费者对产品的使用情况进行分类。使用情况可以分为："从未使用过"、"曾经使用过"、"准备使用"、"初次使用"、"经常使用"等五种类型。对于不同的使用者情况，企业所施用的策略是不相同。一般而言，资力雄厚、市场占有率高的企业，特别注重吸引潜在购买者，通过他们的营销策略，把潜在使用者变为实际使用者。一些中、小型的企业，主要是吸引现有的使用者，提高他们对产品的使用率和对品牌的信赖度和忠诚度；或让使用者从竞争者的品牌转向本企业的品牌。

2. 生产资料市场的细分标准

上述消费品市场的细分标准有很多都适用于生产资料市场的细分，如地理环境、气候条件、交通运输、追求利益、使用频率、对品牌的忠诚度等。但由于生产资料市场有它自身的特点，企业还应采用其他一些标准和变数来进行细分，最常用的有：最终用户要求、用户规模、用户地理位置等变数作为生产资料市场进行细分的依据。

（1）按用户的要求细分。

产品用户的要求是生产资料市场细分常用的依据。不同的用户对同一产品有不同的需求，如晶体管厂可根据晶体管的用户不同将市场细分为军工市场、工业市场和商业市场。军工市场特别注重产品质量；工业用户要求有高质量的产品和服务；商业市场主要用于转卖，除要求保证质量外，还要求价格合理和交货及时。飞机制造公司对所需轮胎要求的安全性比一般汽车生产厂商要高许多。同是钢材，有的用做生产机器，有的用于造船，有的用于建筑等。因此，企业应针对不同用户的需求，提供不同的产品，设计不同的市场营销组合策略，以满足用户的不同要求。

（2）按用户经营规模细分。

用户经营规模也是细分生产资料市场的重要标准。用户经营规模决定其购买能力的大小。按用户经营规模划分，可分为大用户、中用户、小用户。大用户户数虽少，但其生产规模、购买数量大，注重质量、交货时间等；小客户数量多，分散面广，购买数量有限，注重信贷条件等。许多时候，和一个大客户的交易量相当于与许多小客户的交易量之和，失去一个大客户，往往会给企业造成严重的后果。因此，企业应按照用户经营规模建立相应联系机制和确定恰当的接待制度。

（3）按用户的地理位置细分。

每个国家或地区大多在一定程度上受自然资源、气候条件和历史传统等因素影响，形成若干工业区，如江浙两省的丝绸工业区，以山西为中心的煤炭工业区，东南沿海的加工工业区等。这就决定了生产资料市场往往比消费品市场在区域上更为集中，地理位置因此成为细分生产资料市场的重要标准。企业按用户的地理位置细分市场，选择客户较为集中的地区作为目标，有利于节省推销人员往返于不同客户之间的时间，而且可以合理规划运输路线，节约运输费用，也能更加充分地利用销售力量，降低推销成本。

五、市场细分的方法

1. 单一因素细分法

单一因素细分法是指采用一条因素对市场进行细分。如奶粉企业，按年龄细分市场，可分为婴儿、儿童、中老年等奶粉。

2. 综合因素细分法

综合因素细分法是指采用两个及以上因素对市场进行细分。如服装企业，按性别、年龄、收入三个变量细分市场。例如，用生活方式、收入水平、年龄三个因素可将妇女服装市场划分为不同的细分市场，如图 6-2 所示。

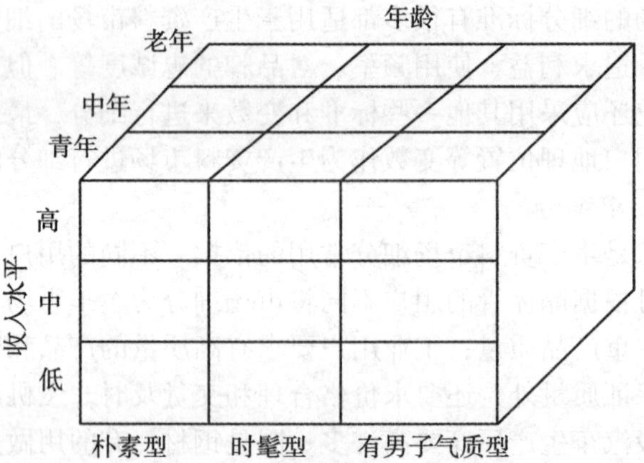

图 6-2

3. 系列因素细分法

系列因素细分法是根据两种或两种以上的因素，且按照一定的顺序，由粗到细依次地对市场进行细分，下一阶段的细分是在上一阶段选定的子市场中进行的。这种方法可使目标市场更加明确具体，有利于企业更好地制定相应的市场营销策略。例如，某地的皮鞋市场就可以用系列因素细分法作如下细分（见图 6-3）：

- 皮鞋市场
  - 城市
  - 农村
    - 男性
    - 女性
      - 老年
      - 中年
      - 青年
        - 求美观
        - 求廉价
        - 求实用
        - 求新潮
      - 儿童

图 6-3

六、市场细分的程序

市场细分作为一个比较、分类、选择的过程，应该按照一定的程序来进行，通常有这样几步：

1. 正确选择市场范围

企业根据自身的经营条件和经营能力确定进入市场的范围，如进入什么行业，生产什么产品，提供什么服务。

2. 列出市场范围内所有潜在顾客的需求情况

根据细分标准，比较全面地列出潜在顾客的基本需求，作为以后深入研究的基本资料和依据。

3. 分析潜在顾客的不同需求，初步划分市场

企业将所列出的各种需求通过抽样调查进一步搜集有关市场信息与顾客背景资料，然后初步划分出一些差异最大的细分市场，至少从中选出三个分市场。

4. 筛选

根据有效市场细分的标准，对所有细分市场进行分析研究，剔除不合要求、无用的细分市场。

5. 为细分市场定名

为便于操作，可结合各细分市场上顾客的特点，用形象化、直观化的方法为细分市场定名。如某旅游市场分为商人型、舒适型、好奇型、冒险型、享受型、经常外出型等。

6. 复核

进一步对细分后选择的子市场进行调查研究，充分认识各细分市场的特点，本企业所开发的细分市场的规模、潜在需求，还需要对哪些特点进一步分析研究等。

7. 决定细分市场规模，选定目标市场

企业在各子市场中选择与本企业经营优势和特色相一致的子市场，作为目标市场。没有这一步，就没有达到细分市场的目的。

经过以上七个步骤，企业便完成了市场细分的工作，就可以根据自身的实际情况确

定目标市场并采取相应的目标市场策略。

【案例 6-4】

市场细分显机遇，均分江山建奇功

日本泡泡糖市场年销售额约为 740 亿日元，其中大部分为“劳特”所垄断。可谓江山唯“劳特”独坐，其他企业再想挤进泡泡糖市场谈何容易。但江崎糖业公司对此却并不畏惧。公司成立了市场开发班子，专门研究霸主“劳特”产品的不足和短处，寻找市场的缝隙。经过周密调查分析，终于发现“劳特”的四点不足：第一，以成年人为对象的泡泡糖市场正在扩大，而“劳特”却仍旧把重点放在儿童泡泡糖市场上；第二，“劳特”的产品主要是果味型泡泡糖，而现在消费者的需求正在多样化；第三，“劳特”多年来一直生产单调的条版状泡泡糖，缺乏新型式样；第四，“劳特”产品价格是 110 日元，顾客购买时需多掏 10 日元的硬币，往往感到不便。通过分析，江崎糖业公司决定以成人泡泡糖市场为目标市场，并制定了相应的市场营销策略。不久，它便推出功能型泡泡糖四大产品：司机用泡泡糖，使用了高浓度薄荷和天然硫黄，以强烈的刺激消除司机的困倦；交际用泡泡糖，可清洁口腔，祛除口臭；体育用泡泡糖，内含多种维生素，益于消除疲劳；轻松性泡泡糖，通过添加叶绿素，可以改变人的不良情绪。它还精心设计了产品的包装和造型，并把价格定为 50 日元和 100 日元两种，避免了找零钱的麻烦。功能性泡泡糖问世后，像飓风一样席卷全日本。江崎糖业公司不仅挤进了由“劳特”独霸的泡泡糖市场，而且占领了一定的市场份额，从零猛升至 25%，当年销售额达 175 亿日元。

（宋小敏，等．市场营销案例实例与评析．武汉：武汉工业大学出版社，1997.）（注：词、句有变动）

七、市场细分的原则

（1）不同的企业在进行市场细分时，应采用不同的标准，要根据企业的实力和产品的特性来确定自己的细分标准。

（2）选用细分标准时，要求这些细分因素是可以度量的，并能使细分市场呈现明显的区别和显著的特性，那些难以度量测定的细分因素尽量少用或不用。

（3）选用细分标准时，要求细分出来的市场是可进入的，即这些市场应是能够对顾客发生影响、产品能够展现在顾客面前的市场。

（4）市场细分不是分得越细越好，市场分得太细，不适合大量生产，影响规模的经济性。

除了上述原则，还应该注意如下几个问题：

第一，市场调查是市场细分的基础。

第二，顾客的需求、爱好和购买行为都是由很多因素决定的。

第三，市场是动态的、经常变化的，细分标准不能一成不变，应经常根据市场的变化，研究、分析与调整。

第四，预期市场细分所带来的收益将大于因细分市场而增加的生产成本和销售费用时，可进行市场细分；否则，不可细分。

【案例 6-5】

旅游市场的细分

(1) 按地理空间可细分为：省内旅游市场、省际旅游市场、国际旅游市场。

(2) 按季节可细分为：春季旅游市场、夏季旅游市场、秋季旅游市场、冬季旅游市场。

(3) 按旅游者年龄可细分为：老年人旅游市场、中年人旅游市场、青年人旅游市场、少年儿童旅游市场。

(4) 按事件可细分为：结婚旅游市场、毕业旅游市场、“五一”旅游市场、暑期旅游市场、“十一”旅游市场、元旦旅游市场、春节旅游市场。

……

通过对旅游市场进行细分的实践活动（或结合教材中市场细分标准的介绍），我们不难发现市场细分的依据是：(1) 任何营销环境因素都可以成为市场细分的依据。(2) 到底确定哪一条因素为市场细分的依据呢？一般，我们在市场研究中，需要哪一个因素作为市场细分的依据，哪一条因素就是我们进行市场细分的依据。(3) 市场细分不等于有效市场细分，市场细分是否有效，应该以有效市场细分的五条标准来衡量。

第二节 目标市场选择

一、目标市场的定义

著名的市场营销学者麦卡锡提出了应当把消费者看做一个特定的群体，称为目标市场。通过市场细分，有利于明确目标市场，通过市场营销策略的应用，有利于满足目标市场的需要。即目标市场就是通过市场细分后，企业准备以相应的产品和服务满足其需要的一个或几个子市场。

所谓目标市场选择，就是指企业在市场细分之后的若干“子市场”中，所运用的企业营销活动之“矢”而瞄准的市场方向之“的”的优选过程。例如，现阶段我国城乡居民对照相机的需求，可分为高档、中档和普通三种不同的消费者群。调查表明，33%的消费者需要物美价廉的普通相机，52%的消费者需要使用质量可靠、价格适中的中档相机，16%的消费者需要美观、轻巧、耐用、高档的全自动或多镜头相机。国内各照相机生产厂家，大多以中档、普通相机为生产营销的目标，因而市场出现供过于求，而各大中型商场的高档相机，多为高价进口货。如果某一照相机厂家选定16%的消费者目标，优先推出质优、价格合理的新型高级相机，就会受到这部分消费者的欢迎，从而迅速提高市场占有率。

二、目标市场应具备的条件

1. 市场有“适当”的规模

“适当”的规模是个相对的概念，大企业一般重视市场容量和潜力大的细分市场，小微企业却经常会选择一些市场容量和潜力小的细分市场，但总的来说，企业总是根据企业自身的条件，衡量细分市场的规模是否值得去开发，即开发这样的市场由于规模过于小而不能给企业带来所期望的销售额和利润，企业就不会去开发；开发这样的市场由于没有足够的市场需求（现实需求和潜在需求）可以满足企业销售的期望水平和赢利水平，企业就不会去开发。

2. 顾客需求相对稳定

对企业而言，开发一个市场不仅对这个市场有规模有容量的要求，而且对市场的稳定期也有要求。不同企业对顾客需求相对稳定时间长短的要求，是为了保证企业自身有足够的时间去开拓这个市场。

3. 市场具有可进入性

对企业而言，企业通过营销活动，能够使自己的产品（包含服务）到达该市场，满足消费者（顾客）的需求，我们就说这个市场具有可进入性。不是所有市场所有产品都可以随便进入的。

【案例 6-6】

韩国慰安妇事件

韩国的一家影视公司，认为第二次世界大战期间所发生的日本军队强制妇女随军慰问日本士兵的事件是一个非常好的题材，于是，组织一班演艺人员把这件题材拍成电影。为了准确定位于市场，把影片卖个好价钱，该公司决定把有关片花片段放在互联网上以考察市场的反应，结果，出人意料的是，韩国全体民众对把“慰安妇事件”搬上银幕强烈反对，对导演和演职人员强烈抗议。为了平息全韩国人民的愤怒，全体主要演员在导演的带领下，都剃着光头，逐个向还活着的韩国“慰安妇”下跪致歉，之后，她们集体退出演艺圈，导演自我流放国外五年。

（中国营销传播网 http：//www.emkt.com.cn）

4. 企业有能力经营

对企业而言，企业应该具备开发和占领该市场的资源、技术条件、人财物和经营管理水平。否则，如果企业自身不具备能力经营，盲目开拓，则会给企业带来亏本的威胁。

5. 企业具有竞争优势

企业在自己选择的目标市场上，相对于其他同层次的同行竞争者具有独特的不可容易复制的竞争优势。如果没有竞争优势，那么企业的市场开发就会为其他同层次的同行竞争者做嫁衣，陷企业于不利的地位。

三、进入目标市场的方式

C^1、C^2、C^3代表三个不同的子市场，P^1、P^2、P^3代表企业三种不同的产品。进入目标市场的方式有如图 6-4 所示的五种：

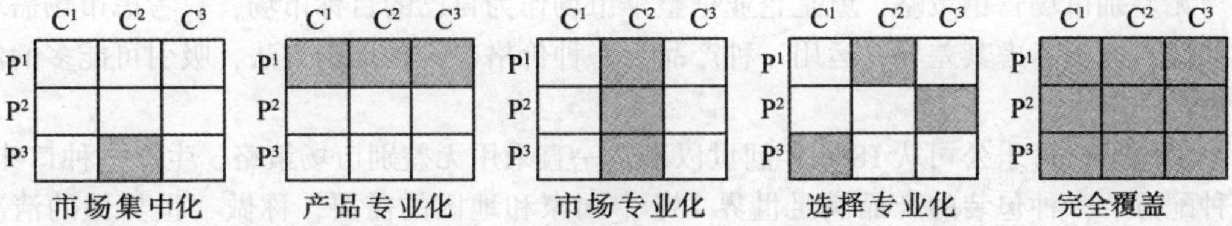

图 6-4

1. 专一市场集中战略

这是一种最简单的目标市场模式。即企业只选取一个细分市场，只生产一类产品，供应某一单一的顾客群，进行集中营销。例如，某服装厂商只生产儿童服装。选择市场集中化模式一般基于以下考虑：企业具备在该细分市场从事专业化经营或取胜的优势条件；限于资金能力，只能经营一个细分市场；该细分市场中没有竞争对手；准备以此为出发点，取得成功后向更多的细分市场扩展。

2. 产品专一化战略

这是企业选取若干个具有良好的盈利潜力和结构吸引力，且符合企业的目标和资源的细分市场作为目标市场，其中每个细分市场与其他细分市场之间较少联系。其优点是可以有效地分散经营风险，即使某个细分市场营利情况不佳，仍可在其他细分市场取得盈利。采用选择专业化模式的企业应具有较强资源和营销实力。

3. 市场专一化战略

这是企业集中生产一种产品，并向各类顾客销售这种产品。如饮水器厂只生产一个品种，同时向家庭、机关、学校、银行、餐厅、招待所等各类用户销售。产品专业化模式的优点是企业专注于某一种或一类产品的生产，有利于形成和发展生产和技术上的优势，在该领域树立形象。其局限性是当该领域被一种全新的技术与产品所代替时，产品销售量有大幅度下降的危险。

4. 选择性专一化战略

这是企业专门经营满足某一顾客群体需要的各种产品。比如某工程机械公司专门向建筑业用户供应推土机、打桩机、起重机、水泥搅拌机等建筑工程中所需要的机械设备。市场专业化经营的产品类型众多，能有效地分散经营风险。但由于集中于某一类顾客，当这类顾客的需求下降时，企业也会遇到收益下降的风险。

5. 覆盖全部市场战略

这是企业生产多种产品去满足各种顾客群体的需要。一般来说，只有实力雄厚的大型企业选用这种模式，才能收到良好效果。例如，美国 IBM 公司在全球计算机市场，丰田汽车公司在全球汽车市场等都采取市场全面化的战略。

四、目标市场的营销策略

选择目标市场一般运用下列三种策略：

1. 无差异性策略

无差别市场营销策略，就是企业把整个市场作为自己的目标市场，只考虑市场需求的共性，而不考虑其差异，运用一种产品、一种价格、一种推销方法，吸引可能多的消费者。

美国可口可乐公司从 1886 年问世以来，一直采用无差别市场策略，生产一种口味、一种配方、一种包装的产品满足世界 156 个国家和地区的需要，称做“世界性的清凉饮料”，资产达 74 亿美元。由于百事可乐等饮料的竞争，1985 年 4 月，可口可乐公司宣布要改变配方的决定，不料在美国市场掀起轩然大波，许多电话打到公司，对公司改变可口可乐的配方表示不满和反对，不得不继续大批量生产传统配方的可口可乐。可见，采用无差别市场策略，产品在内在质量和外在形体上必须有独特风格，才能得到多数消费者的认可，从而保持相对的稳定性。

这种策略的优点是产品单一，容易保证质量，能大批量生产，降低生产和销售成本。但如果同类企业也采用这种策略，则必然要形成激烈竞争。闻名世界的肯德基炸鸡，在全世界有 800 多个分公司，都是同样的烹饪方法、同样的制作程序、同样的质量指标、同样的服务水平，采取无差别策略，生产很红火。1992 年，肯德基在上海开业不久，上海荣华鸡快餐店开业，且把分店开到肯德基对面，形成“斗鸡”场面。因荣华鸡快餐把原来洋人用面包作为主食改为以蛋炒饭为主食，西式沙拉土豆改成酸辣菜、西葫芦条，更取悦于中国消费者。所以，在面对竞争强手时，无差别策略也有其局限性。

另外，无差异营销战略对市场上绝大多数产品都是不适宜的，因为消费者的需求偏好具有极其复杂的层次，某种产品或品牌能够受到市场的普遍欢迎的情况是很少的。即便一时能赢得某一市场，如果竞争企业都如此仿照，就会造成市场上某个局部竞争非常激烈，而其他部分的需求却没有得到满足。

例如，20 世纪 70 年代以前，美国三大汽车公司都坚信美国人喜欢大型豪华的小汽车，共同追求这一大的目标市场，采用无差异市场营销战略。但是 70 年代能源危机发生之后，消费需求发生了变化，消费者越来越喜欢小型、轻便、省油的小型轿车，而美国三大汽车公司都没有意识到这种变化，更没有适当地调整他们的无差异营销战略，致使大轿车市场竞争“白热化”，而小型轿车市场却被忽略。日本汽车公司正是在这种情况下乘虚而入的。

2. 差异性策略

当技术的发展、行业的垂直分工以及信息的公开性、及时性，使越来越多的产品出现同质化时，寻求差异化营销已成为企业生存与发展的一件必备武器。著名战略管理专家迈克尔·波特是这样描述差异化策略的：当一个公司能够向客户提供一些独特的，其他竞争对手无法替代的商品，对客户来说其价值不仅仅是一种廉价商品时，这个公司就把自己与竞争厂商区别开来了。

对于一般商品来讲，差异总是存在的，只是大小强弱不同而已。而差异化营销所追求的“差异”是产品的“不完全替代性”，即企业凭借自身的技术优势和管理优势，生产出在性能上、质量上优于市场上现有水平的产品；或是在销售方面，通过有特色的宣传活动、灵活的推销手段、周到的售后服务，在消费者心目中树立起不同一般的形象。

差别性市场营销策略就是把整个市场细分为若干子市场，针对不同的子市场，设计不同的产品，制定不同的营销策略，满足不同的消费需求。例如，美国有的服装企业，按生活方式把妇女分成三种类型：时髦型、男子气质型、朴素型。时髦型妇女喜欢把自己打扮得华贵艳丽，引人注目；男子气质型妇女喜欢打扮得超凡脱俗，卓尔不群；朴素型妇女购买服装讲求经济实惠，价格适中。公司根据不同类妇女的不同偏好，有针对性地设计出不同风格的服装，使产品对各类消费者更具有吸引力。又如，某自行车企业，根据地理位置、年龄、性别细分为几个子市场：农村市场，因常运输货物，要求牢固耐用，载重量大；城市男青年，要求快速、样式好；城市女青年，要求轻便、漂亮、闸灵。针对每个子市场的特点，制定不同的市场营销组合策略。

企业采用差异化营销策略，可以使顾客的不同需求得到更好的满足，也使每个子市场的销售潜力得到最大限度的挖掘，从而有利于扩大企业的市场占有率。同时也大大降低了经营风险，一个子市场的失败，不会导致整个企业陷入困境。差异化营销策略大大提高了企业的竞争能力，企业树立的几个品牌，可以大大提高消费者对企业产品的信赖感和购买率。多样化的广告，多渠道的分销，多种市场调研费用，管理费用等，都是限制小企业进入的壁垒，所以，对于雄厚财力、强大技术、拥有高质量的产品的企业，差异化营销是良好的选择。

同时，差异化策略有自身的局限性，最大的缺点就是营销成本过高，生产一般为小批量，使单位产品的成本相对上升，不具经济性。另外，市场调研、销售分析、促销计划、渠道建立、广告宣传、物流配送等许多方面的成本都无疑会大幅度地增加。这也是为什么很多企业做差异化营销，市场占有率扩大了，销量增加了，利润却降低了的原因所在。

3. 集中性策略

集中性市场营销策略就是在细分后的市场上，选择两个或少数几个细分市场作为目标市场，实行专业化生产和销售。在少数市场上发挥优势，提高市场占有率。

采用这种策略的企业对目标市场有较深的了解，这是大部分中小型企业应当采用的策略。日本尼西奇起初是一个生产雨衣、尿布、游泳帽、卫生带等多种橡胶制品的小厂，由于订货不足，面临破产。总经理多川博在一个偶然的机会，从一份人口普查表中发现，日本每年约出生250万个婴儿，如果每个婴儿用两条尿布，那么一年需要500万条。于是，他们决定放弃尿布以外的产品，实行尿布专业化生产。一炮打响后，又不断研制新材料、开发新品种，不仅垄断了日本尿布市场，而且还远销世界70多个国家和地区，成为闻名于世的“尿布大王”。

采用集中性市场营销策略，能集中优势力量，有利于产品适销对路，降低成本，提高企业和产品的知名度。但有较大的经营风险，因为它的目标市场范围小，品种单一。如果目标市场的消费者需求和爱好发生变化，那么企业就可能因应变不及时而陷入困境。同时，当强有力的竞争者打入目标市场时，企业就要受到严重影响。因此，许多中小企业为了分散风险，仍应选择一定数量的细分市场为自己的目标市场。

三种目标市场营销策略各有利弊。选择目标市场进行营销时，必须考虑企业面临的各种因素和条件，如企业规模和原料的供应、产品类似性、市场类似性、产品寿命周期、竞争的目标市场等。

选择适合本企业的目标市场营销策略是一个复杂多变的工作。企业内部条件和外部环境在不断发展变化，经营者要不断通过市场调查和预测，掌握和分析市场变化趋势与竞争对手的条件，扬长避短，发挥优势，把握时机，采取灵活的适应市场态势的策略，去争取较大的利益。

五、目标市场策略的选择应考虑的因素

1. 企业的综合实力

企业的综合实力包括企业的人力、物力、财力、信息、技术等方面。当企业资源多，实力雄厚，可运用无差异性或差异性市场策略；当企业资源少，实力不足，最好采用密集型市场策略。

2. 产品的差异性

生产同质性高的产品的企业，如大米、食盐等，由于其差异较少，企业可用无差异性市场策略；生产同质性低的产品，如衣服、照相机、化妆品、汽车等，对于这类产品，消费者认为产品各个方面的差别较大，在购买时需要挑选比较，企业适宜采用差异性市场策略去满足不同消费者的需求。

3. 市场需求的差异性

如果各个细分市场的消费者对某种产品的需求和偏好基本一致，对市场营销刺激的反应也相似，则说明这市场是同质或相似的，这一产品的目标市场策略最好采用无差异性市场策略。如我国的电力，无论是北方市场或南方市场、城市市场或农村市场、沿海地区市场或是内陆地区市场，其需求是一致的，都需要220V、50Hz的照明电，电力应采用无差异市场策略。如果各个细分市场的消费者对同种产品需求的差异性大，则这种产品的市场同质性低，应采用差异性市场策略。如洗衣机市场，城市消费者与农村消费

者的需求不同，南方消费者与北方消费者的需求不同，高收入层与低收入层的需求也会不同。洗衣机应采用无差异性市场策略。

4. 商品市场生命周期

产品处于生命周期不同的阶段，由于市场的环境发生变化，企业应采用不同的市场策略。在产品的投入期和成长期前期，由于没有或很少竞争对手，一般应采用无差异性市场策略；在成长期后期、成熟期，由于竞争对手多，企业应采取差异性市场策略，开拓新的市场。在衰退期，则可用密集型的市场策略，集中企业有限的资源。

5. 市场供求状况

供与求是市场中两大基本力量，它们的变化趋势往往是决定市场发展方向的根本原因。当供不应求时，企业重在扩大供给，无暇考虑需求差异，所以采用无差异市场营销策略；当供过于求时，企业为刺激需求、扩大市场份额殚精竭虑，多采用差异市场营销或集中市场营销策略。

从市场需求的角度来看，如果消费者对某产品的需求偏好、购买行为相似，则称之为同质市场，可采用无差异市场营销策略；反之，为异质市场，差异市场营销和集中市场营销策略更合适。

6. 竞争者数量

如果竞争对手的数目多，则应采用差异性市场策略，发挥自己优势，提高竞争力，如果竞争对手少，则采用无差异性市场策略，去占领整体市场，增加产品的销售量。

7. 竞争者策略

企业可与竞争对手选择不同的目标市场覆盖策略。例如，竞争者采用无差异市场营销策略时，你选用差异市场营销策略或集中市场营销策略更容易发挥优势。

目标市场策略的选择应考虑的七因素归纳如表 6-1 所示：

表 6-1

目标市场策略	企业的综合实力	产品的差异性	市场需求的差异性	产品市场生命周期	市场供求状况	竞争者策略	竞争者数量
无差异性	强	小	小	投入	供小于求	——	少
差异性	强	大	大	成长成熟	供大于求	所有的	多
集中性	弱	大	大	衰退	供大于求	差异性	多

第三节　目标市场定位

一、目标市场定位的概念

目标市场定位是指企业所采取的勾画自身形象及所提供价值的行为，意在塑造企业鲜明的个性，使目标市场上的顾客了解和认识本企业有别于竞争者的特征。即企业决定把自己放在目标市场的什么位置上。

市场定位并不是你对一件产品本身做些什么，而是你在潜在消费者的心目中做些什么。市场定位的实质是使本企业与其他企业严格区分开来，使顾客明显感觉和认识到这种差别，从而在顾客心目中占有特殊的位置。

市场定位可分为对现有产品的再定位和对潜在产品的预定位。对现有产品的再定位可能导致产品名称、价格和包装的改变，但是这些外表变化的目的是为了保证产品在潜在消费者的心目中留下值得购买的形象。对潜在产品的预定位，要求营销者必须从零开始，使产品特色确实符合所选择的目标市场。公司在进行市场定位时，一方面，要了解竞争对手的产品具有何种特色；另一方面，要研究消费者对该产品的各种属性的重视程度，然后根据这两方面进行分析，再选定本公司产品的特色和独特形象。

【案例 6-7】

力士的美容定位

力士是国际上风行的老品牌。它 70 多年来在世界 79 个国家用统一策略进行广告宣传，并始终维护其定位的一致性、持续性，因而确定了它国际知名品牌的形象。力士香皂的定位不是清洁、杀菌，而是美容。相较清洁和杀菌，美容是更高层次需求和心理满足，这一定位巧妙抓住人们的爱美之心。如何表现这一定位，与消费者进行沟通？力士打的是明星牌。通过国际影星推荐，力士很快获得全球的认知。同时，用影星来说“美容”，把握了人们偶像崇拜以及希望像心中偶像那样被人喜爱的微妙心理。

（第一赢销网 http：//www.yingxiao360.com）

二、市场定位的步骤

1. 分析目标市场的现状，确认本企业潜在的竞争优势

这一步骤的中心任务是要回答以下三个问题：一是竞争对手产品定位如何？二是目标市场上顾客欲望满足程度如何以及确实还需要什么？三是针对竞争者的市场定位和潜在顾客的真正需要的利益要求企业应该及能够做什么？要回答这三个问题，企业市场营销人员必须通过一切调研手段，系统地设计、搜索、分析并报告有关上述问题的资料和研究结果。

通过回答上述三个问题，企业就可以从中把握和确定自己的潜在竞争优势在哪里。

2. 准确选择竞争优势，对目标市场初步定位

竞争优势表明企业有能够胜过竞争对手的能力。这种能力既可以是现有的，也可以是潜在的。选择竞争优势实际上就是一个企业与竞争者各方面实力相比较的过程。比较的指标应是一个完整的体系，只有这样，才能准确地选择相对竞争优势。通常的方法是

分析、比较企业与竞争者在经营管理、技术开发、采购、生产、市场营销、财务和产品等七个方面究竟哪些是强项，哪些是弱项。借此选出最适合本企业的优势项目，以初步确定企业在目标市场上所处的位置。

3. 显示独特的竞争优势和重新定位

这一步骤的主要任务是企业要通过一系列的宣传促销活动，将其独特的竞争优势准确传播给潜在顾客，并在顾客心目中留下深刻印象。为此，首先，企业应使目标顾客了解、知道、熟悉、认同、喜欢和偏爱本企业的市场定位，在顾客心目中建立与该定位相一致的形象。其次，企业通过各种努力强化目标顾客形象，保持目标顾客的了解，稳定目标顾客的态度和加深目标顾客的感情来巩固与市场相一致的形象。最后，企业应注意目标顾客对其市场定位理解出现的偏差或由于企业市场定位宣传上的失误而造成的目标顾客模糊、混乱和误会，及时纠正与市场定位不一致的形象。企业的产品在市场上定位即使很恰当，但在下列情况下，还应考虑重新定位：

（1）竞争者推出的新产品定位于本企业产品附近，侵占了本企业产品的部分市场，使本企业产品的市场占有率下降。

（2）消费者的需求或偏好发生了变化，使本企业产品销售量骤减。

重新定位是指企业为已在某市场销售的产品重新确定某种形象，以改变消费者原有的认识，争取有利的市场地位的活动。如某日化厂生产婴儿洗发剂，以强调该洗发剂不刺激眼睛来吸引有婴儿的家庭。但随着出生率的下降，销售量减少。为了增加销售，该企业将产品重新定位，强调使用该洗发剂能使头发松软有光泽，以吸引更多、更广泛的购买者。重新定位对于企业适应市场环境、调整市场营销战略是必不可少的，可以视为企业的战略转移。重新定位可能导致产品的名称、价格、包装和品牌的更改，也可能导致产品用途和功能上的变动，企业必须考虑定位转移的成本和新定位的收益问题。

【案例 6-8】

香港银行如何利用定位谋取市场

香港金融业非常发达，占其产业的1/4。在这一弹丸之地，各类银行多达几千家，竞争异常激烈。如何在这个狭小的市场中找到自身的生存空间？他们的做法是：利用定位策略，突出各自优势。

汇丰——定位于分行最多，全港最大的银行。这是以自我为中心实力展示式的诉求。20 世纪 90 年代以来，为拉近与顾客之间的距离，汇丰改变了定位策略。新的定位立足于“患难与共，伴同成长”。旨在与顾客建立同舟共济，共谋发展的亲密朋友关系。

恒生——定位于充满人情味的、服务态度最佳的银行。通过走感性路线赢得顾客的心。突出服务这一卖点，也使它有别于其他银行。

渣打——定位于历史悠久，安全可靠的英资银行。这一定位树立了渣打可信赖的“老大哥”形象，传达了让顾客放心的信息。

中国银行——定位于强大后盾的中资银行。直接针对有民族情结、信赖中资的目标顾客群，同时暗示它提供更多更新的服务。

廖创兴——定位于助你创业兴家的银行。以中小工商业者为目标对象，为他们排忧解难，赢得事业的成功。香港中小工商业者有很大的潜在市场。廖创兴敏锐地洞察到这一点，并切准他们的心理：想出人头地，大展宏图。据此，廖创兴将自身定位在专为这一目标顾客群服务，给予他们在其他大银行和专业银行所不能得到的支持和帮助，从而牢牢占有了这一市场。

（作者自编）

三、市场定位的依据

1. 根据产品的属性定位

在定位时则重企业产品的主要特色，在有些情况下，质量取决于制作产品的原材料或制作工艺，价格则往往反映其定位。例如，七喜汽水定位于“非可乐”型饮料（即不含咖啡因）。

2. 根据产品的用途定位

即针对提出某些特殊需要的顾客群定位。另外为老产品找到一种新用途也是为该产品创造新的市场定位的好方法。例如，飘柔洗发香波定位于去头皮屑。

3. 根据提供消费者的利益定位

产品本身的属性和由此获得的利益、解决问题的方法以及需求满足的程度，能使顾客感受到它的定位。例如，低糖食品对肥胖者的定位以及各种牙膏的定位。

4. 根据使用者定位

企业常常试图把其产品指引给适当的使用者即某个市场，以便根据该市场的看法塑造恰当的形象。例如，金利来定位为“男人的世界”。

5. 根据竞争状况定位

这是针对市场竞争态势，力求凸现企业优势的定位。企业可以定位于其相似的另一种类型的竞争者或者产品的档次，以便与之对比。也可以定位于与竞争直接有关的不同属性或利益。例如，海尔电器在服务竞争中强调的是“真诚服务到永远”。

事实上，许多企业进行市场定位的依据往往不是一个，而是多个结合使用。因为作为市场定位体现的企业及其产品形象，必须是多维的，是一个多侧面的立体。市场定位及其形象的认识，是一个持续的过程，即不断地由浅入深的过程。

四、目标市场定位的策略

目标市场定位的策略一般有以下几种：

1. 避强定位

避强定位策略：是指企业力图避免与实力最强的或较强的其他企业直接发生竞争，而将自己的产品定位于另一市场区域内，使自己的产品在某些特征或属性方面与最强或较强的对手有比较显著的区别。彩色玻璃的崛起就是采用了这种定位方式。

优点：避强定位策略能使企业较快地在市场上站稳脚跟，并能在消费者或用户中树立形象，风险小。

缺点：避强往往意味着企业必须放弃某个最佳的市场位置，很可能使企业处于最差的市场位置。

2. 迎头定位

迎头定位策略：是指企业根据自身的实力，为占据较佳的市场位置，不惜与市场上占支配地位的、实力最强或较强的竞争对手发生正面竞争，而使自己的产品进入与对手相同的市场位置。例如，美国大众汽车挑战福特；百事可乐与可口可乐。

优点：竞争过程中往往相当惹人注目，甚至产生所谓轰动效应，企业及其产品可以较快地为消费者或用户所了解，易于达到树立市场形象的目的。

缺点：具有较大的风险性。

3. 创新定位

寻找新的尚未被占领但有潜在市场需求的位置，填补市场上的空缺，生产市场上没有的、具备某种特色的产品。如日本的索尼公司的索尼随身听等一批新产品正是填补了市场上迷你电子产品的空缺，并进行不断的创新，使得索尼公司即使在第二次世界大战时期也能迅速地发展，一跃而成为世界级的跨国公司。采用这种定位方式时，公司应明确创新定位所需的产品在技术上、经济上是否可行，有无足够的市场容量，能否为公司带来合理而持续的盈利。

4. 重新定位

公司在选定了市场定位目标后，如定位不准确或虽然开始定位得当，但市场情况发生变化时，如遇到竞争者定位与本公司接近，侵占了本公司部分市场，或由于某种原因消费者或用户的偏好发生变化，转移到竞争者方面时，就应考虑重新定位。

重新定位是以退为进的策略，目的是为了实施更有效的定位。

例如，当万宝路香烟刚进入市场时，是以女性为目标市场，它推出的口号是：像5月的天气一样温和。然而，尽管当时美国吸烟人数年年都在上升，万宝路的销路却始终平平。后来，广告大师李奥贝纳为其做广告策划，他将万宝路重新定位为男子汉香烟，并将它与最具男子汉气概的西部牛仔形象联系起来，树立了万宝路自由、野性与冒险的形象，从众多的香烟品牌中脱颖而出。自20世纪80年代中期到现在，万宝路一直居世界各品牌香烟销量首位，成为全球香烟市场的领导品牌。

5. 比附定位

比附定位即通过与竞争品牌的比较来确定自身市场地位的一种定位策略。其实质是一种借势定位或反应式定位。借竞争者之势，衬托自身的品牌形象。在比附定位中，参照对象的选择是一个重要问题。一般来说，只有与知名度、美誉度高的品牌作比较，才能借势抬高自己的身价。

比附定位的形式有以下几种：

（1）甘居第二。就是明确承认同类产品中另有最负盛名的品牌，自己只不过是第二而已。这种策略会使人们对公司产生一种谦虚诚恳的印象，相信公司所说是真实可靠的，同时迎合了人们同情弱者的心理，这样消费者对这个品牌的印象会更深刻。美国阿维斯出租汽车公司定位为“我们是老二，我们要进一步努力”之后，品牌知名度反而得到很大提升，赢得了更多的忠诚客户。

（2）攀龙附凤。具体来说，就是首先承认同类产品中已有卓有成就的品牌，本品牌虽自愧弗如，但在某一地区或在某一方面还可以与这些最受消费者欢迎和信赖的品牌并驾齐驱，平分秋色。内蒙古宁城老窖打出的广告语“宁城老窖——塞外茅台”，就属于这一策略。

（3）进入高级俱乐部。公司如果不能攀附第二名，那么也可以利用模糊数学的手法，借助群体的声望，把自己归入高级俱乐部式的品牌群体中，强调自己是这一群体的一员，从而提高自己的形象和地位。美国克莱斯勒汽车公司宣布自己是美国三大汽车公司之一，使消费者感到克莱斯勒和第一、第二一样都是知名轿车，同样收到了良好的宣传效果。

市场定位是设计公司产品和形象的行为，以使公司明确在目标市场中相对于竞争对手自己的位置。公司在进行市场定位时，应慎之又慎，要通过反复比较和调查研究，找出最合理的突破口。避免出现定位混乱、定位过度、定位过宽或定位过窄的情况。而一旦确立了理想的定位，公司必须通过一致的表现与沟通来维持此定位，并应经常加以监测以随时适应目标顾客和竞争者策略的改变。

【案例 6-9】

巨人公司多元化的失败

位于珠海的巨人公司，曾经是中国民营高科技公司的一面旗帜。它抓住了国内电脑科技发展的机遇，以经营巨人汉卡起家，短短几年，即成为 20 世纪 90 年代初与联想、四通等齐名的大公司。

然而，随着电脑市场的竞争日趋激烈，该公司转向营养保健市场，生产和经营“巨人”脑黄金、巨不肥等，结果不很成功。同时，涉足高风险的房地产业，投巨资在珠海兴建 70 多层的“巨人大厦”，最终，此工程半途而废，庞大的巨人公司也被拖垮。

（张学中．市场定位方略．广州：广东经济出版社，1999.）

☞课后训练☜

一、理论知识掌握

1. 什么是目标市场营销？它有哪几个步骤？
2. 什么是市场细分？市场细分有什么作用？
3. 怎样进行市场细分？市场细分的依据是什么？
4. 有效市场细分的标准是什么？

5. 什么是目标市场？它应具备哪些条件？
6. 市场细分应遵循哪些原则？
7. 什么是目标市场？什么是目标市场选择？
8. 作为目标市场应具备哪些条件？
9. 目标市场的进入方式有哪些？
10. 目标市场的营销策略有哪几种？怎样选择？
11. 什么是目标市场定位？
12. 目标市场定位的依据是什么？
13. 目标市场定位的策略有哪些？请举例说明。

二、能力素质训练

（一）请设计一个把书卖给文盲的营销方案

（提示：1. 要进行市场细分。2. 写出每一步的依据或原理。3. 所需数据自己给出，但要合情合理。）

（二）案例分析——蒙牛的竞争战略

实力相对较弱的企业，为了尽快赶上领先的企业，经常采取“跟随战略”，选择一个跟随对象，然后在产品、定价、甚至包装等方面模仿领先企业。这是弱势企业避免被领先企业甩开的好战略。蒙牛在起步初期，就是以跟随战略迅速缩短了与伊利的差距，在2004年以后，又逐步开始超越。

1999年初，蒙牛刚成立，但是蒙牛的力量非常弱小，资金只有1000多万元，这在乳品行业实在是微不足道；同时，蒙牛的生存环境却非常恶劣，根源就在于牛根生。

1. 放低姿态：避免和伊利直接冲突

牛根生实质上是被伊利驱除的，伊利当然不希望自己的叛将过得太好，这会让伊利很没有面子。蒙牛的管理团队，几乎都是从伊利叛逃的，这更是“大逆不道”的行为，伊利打压蒙牛，既是为了出气，也是一种震慑，稳定住自己的人马，防止更大规模的叛逃。所以，蒙牛从一诞生起，就遭遇到很多莫名的挫折。例如，蒙牛的一些运奶车半路被人截住，牛奶被当场倒掉。蒙牛做的户外广告牌，刚树立起来就被砸坏好几块。明眼人都知道，这些事情是谁干的。

这时，牛根生的江湖智慧发挥了作用。他明白一个道理：这种事情即使是犯法，蒙牛也很难拿到证据，即使拿到一些证据，以当时蒙牛微弱的地位，也没处说理；如果对着干，就会让矛盾更加激化，甚至断送了蒙牛。所以唯一聪明的做法就是“忍耐”。

为了减少冲突和避免不必要的麻烦，为了不抢夺伊利的奶源，同时也是为了保护自己，牛根生很快制定了三个“凡是”政策：第一，凡是伊利等大企业有奶站的地方蒙牛不建奶站；第二，凡是非奶站的牛奶，蒙牛不收；第三，凡是跟伊利收购标准、价格不一致的事，蒙牛不干。这些措施，把蒙牛和伊利的利益区隔开，从而避免了直接冲突。

2. 暗度陈仓：宣称要做“内蒙古第二品牌”

《道德经》第36章：“将欲去之，必固举之；将欲夺之，必固予之。”忍耐只是防守性的行为，更聪明的是化被动为主动。聪明人善于把坏事变为好事，把危机转化为机遇。在2000年前后，蒙牛提出了“创内蒙古乳业第二品牌”的创意。当时，内蒙古乳品市场的第一品牌当然是伊利，蒙牛当时还名不见经传，连前五名也进不去。但是蒙牛的聪明也就表现在这里，蒙牛通过把标杆定为伊利，使消费者通过伊利知道了蒙牛，而且留下的印象是：蒙牛似乎也很大。

蒙牛首先把这个创意用在户外广告上，地点就选在呼和浩特。2000年，蒙牛用300万元的低价格买下了当时在呼和浩特还很少有人重视的户外广告牌。一夜之间，呼和浩特市区道路两旁冒出一排排的红色路牌广告，上面写着，“蒙牛乳业，创内蒙古乳业第二品牌”，“向伊利学习，为民族工业争气，争创内蒙古乳业第二品牌！”这让很多人记住了蒙牛，记住了蒙牛是内蒙古乳业的第二品牌。

蒙牛还在冰激凌的包装上，打出“为民族工业争气，向伊利学习”的字样；有的广告牌上写着“千里草原腾起伊利、兴发、蒙牛乳业”。蒙牛表面上似乎为伊利和兴发免费做了广告，实际上为自己做了广告，默默无闻的蒙牛正好借这两个内蒙古无人不知的大企业的“势”，出了自己的“名”。这种策略还有一个额外的好处，就是在一定程度上降低了伊利的“敌意”，这对初生的蒙牛来说非常重要。

3. “并驾齐驱”——创造“乳都”的概念

蒙牛的“内蒙古第二品牌”的创意使用的时间很短，在蒙牛业绩突飞猛进，蒙牛真的成为内蒙古的第二品牌之后，就很少使用了。这个时候再使用这个创意就不仅不能借伊利的“势”，反而还会平白地灭了自己的“名”。

在蒙牛成长到一定程度后，蒙牛及时修正了跟随战略，而开始以平等地位和伊利并驾齐驱，并开始放眼全国，提出了“中国乳都”的宣传口号，而且在很长时间内使用。

从2000年9月至2001年12月，蒙牛推出了公益广告——《为内蒙古喝彩·中国乳都》。在所投放的300多幅灯箱广告中，首次推出“我们共同的品牌——中国乳都·呼和浩特”。

“乳都”的概念是一个创新，这不仅有利于蒙牛和伊利，而且对内蒙古的区域经济战略也是一个很好的提升和宣传，蒙牛把自己的命运同整个内蒙古经济的腾飞牢牢维系在一起。同时，在国内其他区域市场，“乳都”的定位也能提升蒙牛奶源的正宗——虽然蒙牛后来的多数奶源不在内蒙古，从而把自己和光明、三元等品牌隔离开，给了消费者一个很好的想象空间。“乳都”概念的提出，突出了内蒙古乳品品牌在全国的地位，而蒙牛作为内蒙古最好的乳品企业之一，同时又是“乳都”概念的创造者、宣传者，自然而然就给人留下印象：蒙牛是“乳都”企业群中的第一品牌，虽然此时的蒙牛比伊利还是有一些差距的。

4. 挑战第一

很多跟随战略的实施者的最终目的是为了实现反超，在实现反超之前要耐心，但是一旦机会成熟就要主动出击。与伊利相比，蒙牛的发展思路与战略操作也有许多惊人之举。

在蒙牛提出“乳都”概念的同一时期，蒙牛依靠从摩根斯坦利等知名投资机构得到的巨额投资，为蒙牛超常规发展奠定了基础。2003年以后，再也没有在宣传中把自己和伊利相提并论，而是开始主动出击，此时的蒙牛已经羽翼丰满。2004年，蒙牛成功在香港上市，解决了资金问题，更是采取了一系列大手笔，力争成为中国乳品行业的第一。

2005年初，蒙牛斥资3亿元、日产量为100吨的通州工厂落成，它是亚洲第一大规模的酸奶研发生产基地。酸奶是一个发展潜力巨大的产品，蒙牛之所以要斥资建设这个基地，而不是采取虚拟经营的方式，就是因为蒙牛要依托这个基地为自己的赶超战略奠定基础。2005年，蒙牛又成功赞助“超级女声”，在乳品行业独领风骚。2005年1到6月，蒙牛酸酸乳在全国的销售额比去年同期增长了2.7倍，很多销售终端出现了供不应求的现象。

从回避与伊利的冲突、到亦步亦趋地跟随伊利，蒙牛在创业之后几年内，很好地采取了跟随战略，从而快速塑造了自己的品牌，同时避免了强大竞争对手的打压，然后，当具备一定实力之后，又及时改变了跟随战略，在产品结构方面蒙牛开始有所侧重，与伊利有所区隔，从而在某些方面超过了伊利。例如，冰激凌市场，伊利第一，蒙牛第二，但是在液态奶市场，蒙牛高居第一。到2004年，蒙牛成为全国第二，此时的蒙牛已经不仅是内蒙古的第二品牌，而且是全国的第二品牌，而且发展势头很猛，后来居上并超越伊利已经为时不远了。

思考：

1. 在各个发展阶段，蒙牛在行业竞争中分别扮演着什么样的角色？
2. 在各个发展阶段，蒙牛分别制定了什么样的战略来适应这些角色？
3. 蒙牛的发展历程对我国其他一些中小企业的发展有何启示？

（三）案例分析——联通CDMA的市场定位路在何方？

中国移动通信市场的竞争渐趋激烈。目前，中国联通是一家综合性的电信运营商，其主要业务为移动通信，它在国内的重要竞争对手是从原中国电信拆分出来的中国移动，无论在规模还是效益上都和后者有不小差距。

现在，中国联通的发展到了关键时刻，一个新的项目——CDMA，给了它挑战中国移动的机会，这关系到公司在未来移动通信市场的地位。联通CDMA项目是国务院授权的唯一负责CDMA网络建设的项目，但又因为被多次叫停而错过了建设的最佳时间。当2001年底，CDMA网络建成时，中国移动通信市场已开始从卖方市场向买方市场过渡，而竞争对手中国移动已经发展壮大。

目前，联通和中国移动都有庞大的GSM网络，市场发展已经成熟。与GSM相比，CDMA网络具有频谱占用率低、保密性强、话音清晰、掉线率低、基站覆盖面广、电磁辐射小等众多优点，并且可以平滑地过渡到2.5G和3G，还具有一定的运营与建设成本优势。从技术看，CDMA占有一定的优势，但从业务来看，目前联通2G阶段的CDMA与GSM并无本质的区别。

因此，市场成为竞争的关键问题，而联通CDMA的市场定位更是争议最多的问题。它现在定位于“中高端用户”，一般指每月通话费在200元以上的用户，他们通常是移动通信业务的最早使用者，也是电信企业利润的最大贡献者。但是，目前90%以上的高端用户已经建立了对中国移动的品牌忠诚，如果改投联通CDMA，不仅要换机，而且要改号，带来的不便令顾客难以接受。同时，考虑到目前的网络不完善和用户量小，

2G 阶段的联通 CDMA 实际可提供给用户的价值可能还要小于中国移动。

联通 CDMA 定位于中高端用户，其主要原因是从现有的 GSM 网络考虑。GSM、CDMA 双网经营是国际性难题，联通需要平衡二者关系，避免两网抢夺客户。而联通 GSM 网络现有客户主要是低端客户，那么 CDMA 网络建成以中高端客户为主自然成为理想目标。从技术和市场角度来讲，CDMA 的现存市场定位也具有一定的合理性。

CDMA 开通后，经历了如号码短缺、换机传闻、手机缺货价高等一系列问题，逐渐走上了正轨。但是，从运行结果来看，联通 CDMA 的市场表现与预期还有不小差距。到 2002 年 6 月，联通 CDMA 用户总数约 100 万户，每月增长速度仍处于 10 万至 15 万户的偏低水平，这与联通 2002 年的目标 700 万用户的要求有较大差距。

而且，联通的市场定位似乎很难实现，并没有出现大批的高端用户从中国移动跳网的情况。ARPU（每用户月平均收益）是衡量移动运营商的一个关键指标，而联通的 ARPU 偏低且不断下跌，与其竞争对手中国移动的差距非常大。有关数据表明，CDMA 并没有成功地吸引中国移动的高端用户。当初联通设想 CDMA 的用户至少 70%~80%是来自中国移动的中高端用户，现在看来可能大部分是来自新用户。

在“中高端用户”的市场定位下，联通 CDMA 采取了相应的营销组合策略，但也出现了一些新的问题和变化。比如，在定价方面，CDMA 在成本上比 GSM 有优势，而且有国家给予的 10%的资费优惠政策，因此有实力实行低价策略去快速开拓市场，但是这与 CDMA“中高端用户”的市场定位是矛盾的。如果选择高定价策略，那么一般来说，最佳的方法是“撇脂定价”，但中国的移动通信市场早已经过了“撇脂”时代。

又如，在广告方面，联通初期以“走进新时空，享受新生活”的形象广告为主，其后的广告诉求是“绿色，健康”概念。最近的广告则趋向多样化，其中有相当多的部分诉求“时尚”概念，像是瞄准追求时尚与潮流的青年一族。同时，CDMA 品牌“绿色健康”概念的传播非常吸引人。但这些似乎与联通 CDMA 当初“中高端用户”的市场定位有一定偏差，这是否意味着联通对其用户定位有了些微调？

与此同时，竞争对手的情况也更加复杂。中国移动加强了自身的宣传和服务，开始用 GPRS 这一法宝对抗联通 CDMA。新中国电信、新网通不仅在积极申请移动牌照，而且旗下的“小灵通”（无线市话）也开始凭借低廉的资费迅速蚕食移动通信的市场。

中国联通面对着无情变化的市场，或许到了必须重新考虑前途的关键时刻了：联通 CDMA 的市场定位是否改变？如何改变？无论如何，中国庞大而快速增长的市场给了联通不少的信心，我们拭目以待。

思考：

1. 联通 CDMA 项目最初的目标市场定位是什么？结合联通的 GSM 用户情况，说明公司在整体上采取的是哪种目标市场战略？

2. 按照人口、心理、行为等细分标准去衡量联通 CDMA 的目标市场有哪些特点？

3. 你认为联通 CDMA 需要改变其目标市场定位吗？如果改变，那么应该选择什么样的定位？给出你的理由。

第七章 产品策略

【案例 7-1】

中国制造的难堪

福建是我国的第一产茶大省，其所产的铁观音、大红袍、坦洋功夫等是举世公认的名茶，铁观音作为待客名茶在日本更是家家有之。然而，产茶大省却陷入了有名品无名牌的境地。出口茶叶中，福建茶多是被当做原料茶，价格非常低廉。在世界上做红茶的都知道福建武夷山的红茶，但它多作为原料茶出口，每公斤仅卖几十元，而英国不产红茶，但其立顿红茶将进口的原料茶进行加工后，由于其品牌的附加值高，目前立顿红茶的年销售额已突破 28 亿美元。由于意识问题，福建茶叶企业不注重品牌，有的连品牌都被抢注，更严重的是福建茶叶已陷入一流原料，二流技术，三流包装，四流价格的尴尬局面。

由此推广开来，中国是服装生产大国，中国是世界工厂，却缺少国际知名品牌服装，其产品给人们的印象是物美价廉，中国的产品遍布世界，我们的利润却微薄，为什么？这是缺乏对产品概念的准确把握。

（第一赢销网 http：//www. yingxiao 360. com/）

上述案例告诉我们，做生产企业不光是生产出一流的产品就完事。企业要想提高生产效益，实现利润最大化，在生产出一流的产品之后，还有大量的工作要做，如产品新概念的挖掘、产品文化内涵的挖掘、产品品牌价值的发现、产品包装形象价值的创造等工作，企业不光要做好这些工作，而且还要做精、做通这些工作，在做的过程中不断发明创新。这一切都是产品策略的内容。

产品策略是市场营销组合四要素中第一个要素，产品是市场活动的前提条件，是市场营销活动的物质基础。产品策略的主要内容有产品整体概念、产品组合策略、品牌与包装策略及新产品开发等。产品市场生命周期、产品品牌和包装、新产品开发策略，市场推广实施等内容。其中，重点是产品整体概念的理解和应用，以及产品市场生命周期的理解和应用。

产品策略是企业营销组合中非常重要的一个因素。产品策略直接影响其他营销组合因素的策略，关系到企业营销的成败。

第一节 产品整体概念

一、产品及产品整体

产品是人类经济活动的载体，企业的一切生产经营活动都是围绕着产品进行的，即通过及时、有效地提供给消费者所需要的产品而实现企业的发展目标。

企业为谁生产产品？生产什么产品？生产多少产品？这一似乎是经济学命题的问题，其实是企业产品策略必须回答的问题。企业如何开发满足消费者需求的产品，并将产品迅速、有效地传送到消费者手中，构成了企业营销活动的主体。

什么是产品？这是一个不是问题的问题，因为企业时时刻刻都在开发、生产、销售产品，消费者时时刻刻都在使用、消费和享受产品。但随着科学技术的快速发展，社会的不断进步，消费者需求特征的日趋个性化，市场竞争程度的加深加广，导致了产品的内涵和外延也在不断扩大，人们对产品的认识也与时俱进。

狭义的产品概念：是指经过劳动得到的具有一定效用的有形物质实体，即实体产品。人们通常把产品理解为具有某种物质形状，能提供某种用途的物质实体，如服装、食品、机械设备等。事实上，顾客购买某种产品，并不只是为了得到该产品的物质实体，而是要通过购买该产品来获得某方面利益的满足。从市场营销的观点来看，产品概念的内涵被大大扩展了。

广义的产品概念：是指能够在市场上得到的，用于满足人的需要和欲望的任何东西。即一切能满足消费者某种需要和欲望的物质产品和非物质形态的服务均为产品。简言之，产品=有形物品+无形服务。有形物品包括产品实体及其品质、特色、款式、品牌和包装，无形服务包括可以给买主带来附加利益和心理上的满足感及信任感的售中及售后服务、保证、产品形象、销售者声誉等，这就是“产品整体概念”，即现代营销意义上的产品。产品整体概念由三个基本层次组成：

（1）核心产品层。这时产品整体概念中最基本和最实质的层次。是指实体产品提供给顾客的基本效用或者利益。实体产品是核心产品层的载体。核心产品层是顾客需求的中心内容。顾客之所以愿意支付一定的货币来购买产品，首先就在于产品的基本效用，拥有它能够从中获得某种利益或欲望的满足。

（2）形式产品层。这是指是指实体产品以及所展示的全部外部特征。即呈现在市场上的产品的具体形态或外在表现形式，主要包括产品的款式、质量、重量、颜色、式样、结构、包装、品牌等。具有相同效用的产品，其表现形态可能有较大的差别。因此，企业进行产品设计时，除了要重视用户所追求的核心利益外，也要重视如何以独特形式将这种利益呈现给目标顾客。

（3）附加产品层。这是指顾客购买产品在获得核心产品层和形式产品层之外的一系列的附加价值。具体表现为各种各样形式的服务，包括咨询、送货上门、安装调试、维修、保证、融资等服务，以及顾客所重视的其他内容。这是产品使用价值的附加，它能够给顾客带来更多的利益和更大的满足。

随着科学技术的日新月异以及企业生产和管理水平的提高，不同企业提供的同类产品在实质和形式产品层次上越来越接近，而附加产品层在企业市场营销中的重要性日益突出，逐步成为决定企业竞争能力高低的关键因素。

同样的，随着消费需求日益多样化和消费水平不断提高，顾客对产品的附加产品层越来越重视。因此，附加产品层已经成为企业竞争的重要手段。由于营销实践的创新，附加产品层已被市场营销人员进一步细分为期望产品层、延伸产品层、潜在产品层。

大众汽车有限公司服务部高级经理奥伯尔先生曾说过："一家成功的公司除了生产优质的产品外，还必须提供良好的售后服务，这一理念是企业成功的根本。"美国市场营销学家里维特教授断言："未来竞争的关键，不在于工厂能生产什么产品，而在于其产品所提供的附加价值：包装、服务、广告、用户咨询、消费信贷、及时交货和人们以价值来衡量的一切东西。"因此，企业要赢得竞争优势，就应向顾客提供比竞争对手更多的附加利益。

【案例 7-2】

个人计算机：理性诉求还是感性诉求？

在个人计算机逐渐普及的过去十几年间，目标市场都是高技术用户，即对计算机的硬件和软件都有所了解的用户，针对这部分的销售取得了相当不错的业绩。现在计算机已经进入了产品的市场生命周期的成熟阶段，市场竞争激烈，高科技公司发现自己已经陷入了对消费者的心智和精神的殊死争夺之中。现状使得计算机公司争先恐后地与消费者建立感情纽带。

IBM 的营销专家说，如今个人计算机的广告都已走错了方向，到处充斥着技术规格（我的机器比你快）以及价格。他声称 IBM 正在利用广告与消费者建立一种强大的、积极的联系。IBM 的竞争对手也是如此。康柏找到了一种简单的办法来提高电脑令人喜爱的程度。惠普为其 Parvilion 个人电脑发起了一场名为"真实生活创造简单"的促销活动。康柏通过一系列栩栩如生的商业广告宣传其机器的多样性。在一个电视镜头中，一位想要其上学前班的女儿刷牙的父亲，向女儿许诺说将用康柏手提电脑为女儿阅读一段 CD-ROM 上的睡前故事。在另一个镜头中，几位男性经理因为一场有可能使他们失去一大笔生意的交通阻塞而急得满头大汗。这时，一个女雇员拿出她的手提电脑，在高速公路中心用汽车电话从容不迫地将他们的方案传真过去，经理们才如释重负。"我们不应使消费者因一大堆比特和字节而精神错乱。这一点至关重要。"康柏的广告主任说道，"我们将表明为什么计算机会帮助他们将工作做得漂亮。"

在美国 9000 万个家庭中，计算机已经渗透至 1/3 的家庭。因此，计算机厂商正将其广告安排在主要电视台的黄金时段播出。看起来，现在计算机厂商的目标似乎不再是让美国人因为计算机是高效率的技术奇迹而购买，而是使他们对计算机感到更为亲切，并对计算机本身和生产计算机的厂商感到模糊。

（中国营销传播网 http：//www. emkt. com. cn）

上面案例告诉我，对于计算机这种高科技产品，在产品市场生命周期的成熟阶段，为了建立消费者的良好态度，营销活动的重点应当是情感诉求，其次才是理性诉求。即营销活动的重点由原来的核心产品层次进入到附加产品层次。

二、产品整体概念对企业营销管理的意义

（1）它向企业昭示：明确顾客所追求的核心利益十分重要。企业所生产的产品通过一系列的过程，到达消费者手中，完成价值的实现。因此，能否满足消费者的某种利益和欲望成为产品价值实现的关键，对企业有着重要意义。

（2）企业必须特别重视产品的无形方面，包括产品形象、服务等。顾客对产品利益的追求包括功能性和非功能性两个方面，随着社会经济的发展和人民收入水平的提高，顾客对产品非功能性利益越来越重视，在很多情况下甚至超越了对功能性利益的关注。

（3）产品的整体概念的提出，给企业带来了新的竞争思路，那就是可以通过在款式、包装、品牌、售后服务等各个方面创造差异来确立地位和赢得竞争优势。

【案例 7-3】

青岛海尔的售后服务

青岛海尔集团生产的空调，最初和其他厂家一样，按正常销售渠道销售空调的核心产品层（即空调对室内空气温度的调节）以及形式产品层（质量、款式、包装等），空调厂家之间在市场上平起平坐、平分秋色。后来，青岛海尔集团将其空调产品由核心和形式产品层拓展到附加产品层，率先实行送货上门、免费安装调试、电话跟踪调查客户对产品和售后服务满意程度、谦虚听取建议和意见等一系列售后服务，并很快推及集团其他产品（海尔其他如冰箱彩电等电器类产品）。青岛海尔集团这一举措，很快为它赢得了市场，使青岛海尔集团迅速成为该行业龙头老大。

（作者自编）

这个案例告诉我们，产品的质量不再仅仅指实体产品，而是包含了核心产品层、形式产品层和附加产品层的综合体。这是消费者追求效用最大化的必然结果，也是社会发展的必然结果。

三、产品分类

1. 根据产品是否耐用和有形，可分为耐用品、非耐用品和服务

（1）耐用品。耐用品是指在正常情况下能多次使用的有形物品，如住房、汽车等。对于耐用品，企业应该重视人员推销和服务，追求较高的利润率，并提供优质售后服务。

（2）非耐用品。非耐用品是指在正常情况下一次或几次使用就被消费掉的有形物品，如饮料、食品等。对于非耐用品，企业应该多设商业网点、只求微利、积极促销，以便使消费者随时能购买到所喜欢的商品。

（3）服务。服务是指经营者提供的行业咨询、教育培训等活动和顾客的满足感。服务具有无形、不可分割、可变、不经久等特点，因此，服务的经营者需要加强质量管理，提高产品的可靠性和适应性。

2. 根据产品之间销售的相互影响和作用，可分为独立品、互补品、替代品

（1）独立品。独立品是指一种产品的销售状况不受其他商品销售变化的影响。例如，电脑和馒头的销售变化互不影响。互为独立品的两种商品，一般满足人们不同的消费需求。

（2）互补品。互补品是指两种产品的销售互为补充，即一种产品销售的增加必然导致另一种产品销售的增加，例如，复印机销售的增加必然导致复印纸销售的增加。互为互补品的两种商品，一般相互补充共同来满足人们的同一类需求。

（3）替代品。替代品是指一种产品销售的增加必然导致另一种产品销售的减少，例如，如果市场上只有诺基亚手机和海尔手机两家手机生产厂商，则前者销售量的减少必然导致后者销售量的增加。互为替代品的两种商品，一般存在相互竞争的销售关系，能满足人们的同一类需求。

3. 根据消费者的购买习惯，可分为便利品、选购品、特殊品和非渴求品

（1）便利品。便利品是指消费者通常购买频繁，希望根据需要随时购买的商品，如报刊、香烟等。便利品一般是非耐用品，且都是消费者日常必须，因此，便利品经营地点的选择，应以方便顾客购买为原则。

（2）选购品。选购品在购买商品之前要比较质量、款式等的商品。企业的产品若是选购品，应该突出特色，以便消费者在众多的品牌中迅速挑选出来。

（3）特殊品。特殊品是指消费者专门选购的某种商品，如纪念戳、古钱币等。

（4）非渴求品。非渴求品是指顾客不知道或者虽然知道但不愿意购买的产品，如刚上市的商品、保险险种。企业的产品若是非渴求品，就应该加强广告、推销工作，以便使消费者对这些产品有所了解，产生兴趣，从而扩大销售。

第二节　产品组合策略

一、产品组合的有关概念

（1）产品组合。产品组合是指一个企业生产销售的各种产品线及其产品品种、规

格的组合或相互搭配，即一个企业经营的全部产品的构成。它反映了一个企业提供给市场的全部产品项目和产品线系列构成，也是企业的生产经营范围和产品结构。

（2）产品线。亦称为产品系列或产品大类，是指具有相同使用功能，但规格、型号、档次等不同的一组产品项目，即产品线是产品组合中的一大类，是指能够满足同类需要，在功能、使用和销售等方面具有类似性的一组产品。产品线内一般有许多不同的产品项目。

（3）产品项目。它是指同一产品线中，各种类型的产品即可以依据产品的规格、型号、档次、款式及其他属性加以区分的明确的产品单位，即产品项目是指产品大类或产品线中各种不同的品种、规格、质量的特定产品，在企业名录中列出的每一种产品就是一个产品项目。

产品组合有一定的宽度、长度、深度和关联度。下面以宝洁公司产品组合为例说明(见表7-1)。

表7-1 **宝洁公司产品组合**

清洁剂	牙膏	条状肥皂	纸尿布	纸巾
象牙雪	格利	象牙	帮宝适	媚人
德莱夫特	佳洁士	柯克斯	露肤	粉扑
汰渍		洗污		旗帜
快乐		佳美		绝顶
奥克雪多		爵士		
德希		保洁净		
波尔德		海岸		
圭尼		玉兰油		
伊拉				

（4）产品组合的宽度。它是指一个企业所有产品线的数目，也就是产品组合宽度等于产品线条数，即产品组合的宽度是指一个企业生产经营的产品大类有多少，也就是说拥有多少条产品线。如表7-1所示，宝洁公司生产清洁剂、牙膏、肥皂、纸尿布及纸巾，有5条产品线，表明产品组合的宽度为5。

（5）产品组合的长度。产品组合的长度是指一个企业所有产品线中产品项目的总数。在表7-1中，宝洁公司产品组合中产品项目总数是25个，故其产品组合的长度为25。

（6）产品组合的深度。产品组合的深度是指一个企业产品线的平均产品项目数，即产品组合深度=产品组合长度÷产品组合宽度。在表7-1中，宝洁公司产品组合长度为25，产品线5条，因此，其产品组合的深度为5。

（7）产品组合的关联度。产品组合的相关性是指各个产品线在最终用途、生产技术、分销渠道和其他方面的关联程度。如表 7-1 所示，宝洁公司的产品都是清洁用品，都通过同样的分销渠道出售，因此该公司的产品组合具有较强的关联度。

二、产品组合策略

企业在自己的目标市场里，可以根据自己的需要和实力，以及市场环境条件、竞争激烈程度等，采用不同的产品组合策略。常见的产品组合策略有：

（1）全线全面型：尽可能地增加产品组合的长、宽、深度，全面满足整个市场。

（2）市场专业型：服务于某个专业市场。

（3）产品线专业型：经营某一类型产品。

（4）有限产品线专业型：有限或单一产品线。

（5）特殊产品专业型：经营特殊产品，满足单一市场。

三、产品组合调整

企业在调整产品组合时，可以针对具体情况选用以下产品组合策略：

1. 扩大产品组合策略

扩大产品组合策略是开拓产品组合的广度和加强产品组合的深度。开拓产品组合广度是指增添一条或几条产品线，扩展产品经营范围；加强产品组合深度是指在原有的产品线内增加新的产品项目。具体方式有：

（1）在维持原产品品质和价格的前提下，增加同一产品的规格、型号和款式。

（2）增加不同品质和不同价格的同一种产品。

（3）增加与原产品相类似的产品。

（4）增加与原产品毫不相关的产品。

扩大产品组合的优点是：

（1）满足不同的偏好的消费者多方面需求，提高产品的市场占有率。

（2）充分利用企业信誉和商标知名度，完善产品系列，扩大经营规模。

（3）充分利用企业资源和剩余生产能力，提高经济效益。

（4）减小市场需求变动性的影响，分散市场风险，降低损失程度。

2. 缩减产品组合策略

缩减产品组合策略是削减产品线或产品项目，特别是要取消那些获利小的产品，以便集中力量经营获利大的产品线和产品项目。缩减产品组合的方式有：

（1）减少产品线数量，实现专业化生产经营。

（2）保留原产品线削减产品项目，停止生产某类产品，外购同类产品继续销售。

缩减产品组合的优点有：

（1）集中资源和技术力量改进保留产品的品质，提高产品商标的知名度。

（2）生产经营专业化，提高生产效率，降低生产成本。

（3）有利于企业向市场的纵深发展，寻求合适的目标市场。

(4) 减少资金占用，加速资金周转。

3. 产品延伸策略

全部或部分地改变现有的产品的市场定位称产品线延伸。

(1) 向上延伸策略。

向上延伸策略就是在原有的产品线内增加高档次、高价格的产品项目。实行高档产品策略主要有这样一些益处：

①高档产品的生产经营容易为企业带来丰厚的利润。

②可以提高企业现有产品声望，提高企业产品的市场地位。

③有利于带动企业生产技术水平和管理水平的提高。

采用这一策略的企业也要承担一定风险。因为，企业惯以生产廉价产品的形象在消费者心目中不可能立即转变，使得高档产品不容易很快打开销路，从而影响新产品项目研制费用的迅速收回。

(2) 向下延伸策略

向下延伸策略就是在原有的产品线中增加低档次、低价格的产品项目。实行低档产品策略的好处是：

①借高档名牌产品的声誉，吸引消费水平较低的顾客慕名购买该产品线中的低档廉价产品。

②充分利用企业现有生产能力，补充产品项目空白，形成产品系列。

③增加销售总额，扩大市场占有率。

向下延伸策略能够迅速为企业寻求新的市场机会，同时，也会带来一定的风险。如果处理不当，则可能会影响企业原有产品的市场声誉和名牌产品的市场形象。此外，这一策略的实施需要有一套相应的营销系统和促销手段与之配合，这些必然会加大企业营销费用的支出。

四、产品组合的动态平衡

由于市场需求和竞争形势的变化，产品组合中的每个项目，必然会在变化的市场环境下发生分化，一部分产品获得较快的成长，另一部分产品继续取得较高的利润，还有一部分产品则趋于衰落。企业如果不重视新产品的开发和衰退产品的剔除，则必将逐渐出现不健全的、不平衡的产品组合。

为此，企业需要经常分析产品组合中各个产品项目或产品线的销售成长率、利润率和市场占有率，判断各产品项目或产品线销售成长上的潜力或发展趋势，以确定企业资金的运用方向，作出开发新产品和剔除衰退产品的决策，以调整其产品组合。

产品组合的动态平衡是指企业根据市场环境和资源条件变动的前景，适时增加应开发的新产品和淘汰应退出的衰退产品，从而随着时间的推移，企业仍能维持住最大利润的产品组合。可见，及时调整产品组合是保持产品组合动态平衡的条件。动态平衡的产品组合亦称最佳产品组合。

产品组合的动态平衡，实际上是产品组合动态优化的问题，只能通过不断开发新产品和淘汰衰退产品来实现。产品组合动态平衡的形成需要综合性地研究企业资源和市场环境可能发生的变化，各产品项目或产品线的成长率、利润率、市场占有率将会发生的变化，以及这些变化对企业总利润率所起的影响。对一个产品项目或产品线众多的企业来说，这是一个非常复杂的问题，目前系统分析方法和电子计算机的应用，已为解决产品组合最佳化问题提供了良好的前景。

2003 年，在中国大陆市场上，位于河北省邢台市隆尧县的华龙集团以超过 60 亿包的方便面产销量排在方便面行业第二位，仅次于康师傅，同时与“康师傅”、“统一”形成了三足鼎立的市场格局，“华龙”真正地由一个地方方便面品牌转变为全国性品牌。

作为一个地方性品牌，华龙方便面为什么能够在“康师傅”和“统一”这两个巨头面前取得全国产销量第二的成绩，从而成为中国国内方便面行业又一股强大的势力呢?

从市场角度而言，华龙的成功与它的市场定位、通路策略、产品策略、品牌战略、广告策略等都不无关系，而其中产品策略中的产品市场定位和产品组合的作用更是居功至伟。下面我们就来分析华龙是如何运用产品组合策略的。

1. 发展初期的产品市场定位：针对农村市场的高中低产品组合

在 20 世纪 90 年代初期，大的方便面厂家大多将其目标市场定位于中国的城市市场。如“康师傅”和“统一”的销售主要依靠城市市场的消费来实现，而广大的农村市场，则仅仅属于一些质量不稳定、无品牌可言的地方小型方便面生产厂家，并且销量极小。

1994 年，华龙在创业之初便把产品准确定位在 8 亿农民和 3 亿工薪阶层的消费群上。同时，华龙依托当地优质的小麦和廉价的劳动力资源，将一袋方便面的零售价定在 0. 6 元以下，比一般品牌低 0. 8 元左右，售价低廉。

2000 年以前，其主推的大众面有“108”、“甲一麦”、“华龙小仔”；中档面有“小康家庭”、“大众三代”；高档面有“红红红”、“煮着吃”。

凭借此正确的目标市场定位策略，华龙一下子在北方广大的农村打开市场。

2002 年，从销量上看，华龙地市级以上经销商（含地市级）销售量只占总销售量的 27%，县城乡镇占 73%，农村市场支撑了华龙的发展。

2. 发展中期的区域产品策略：针对不同区域市场的高中低产品组合

作为一个后起挑战者，华龙推行区域营销策略。它创建了一条研究区域市场、了解区域文化、推行区域营销、运作区域品牌、创作区域广告的思路，在当地市场不断获得消费者的青睐。从 2001 年开始推行区域品牌战略，针对不同地域的消费者推出不同口味和不同品牌的系列新品（见表 7-2）。

表 7-2　　**华龙针对不同市场采取的区域产品策略**

地域	主推产品	广告诉求	系列	规格	价位	定位
河南	六丁目	演绎不跪（不贵）	六丁目	分为红烧牛肉、麻辣牛肉等 14 种口味	低价位	目前市场上最低价位、最实惠的产品
			六丁目 108			

续表

地域	主推产品	广告诉求	系列	规格	价位	定位
山东	金华龙	山东人都认同“实在”的价值观	金华龙	分为红烧牛肉、麻辣牛肉等 12 种口味	低价位	低档面
			金华龙 108		中价位	中档面
			金华龙 120		高价位	高档面
东北	东三福	核心诉求是“咱东北人的福面”	东三福	红烧牛肉等 6 种口味、5 种规格	低价位	低档面
			东三福 120		中价位	中档面
			东三福 130		高价位	高档面
	可劲造	大家来可劲造，你说香不香	可劲造	红烧牛肉等 3 种口味、5 种规格	高价位	继东三福 130 之后的又一高档面
全国	今麦郎	有弹性的方便面，向“康师傅”、“统一”等强势品牌挑战，分割高端市场	煮弹面	红烧牛肉等 4 种口味、16 种规格	高价位	高档面系列、以城乡消费为主
			泡弹面			
			碗面			
			桶面			

另外，华龙还有如下系列产品：

（1）定位在小康家庭的最高档产品“小康 130”系列；

（2）面饼为圆行的“以圆面”系列；

（3）适合少年儿童的 A-干脆面系列；

（4）为感谢消费者推出的“甲一麦”系列；

（5）为尊重少数民族推出的“清真”系列。

以上系列产品都有三种以上的口味和六种以上的规格。

3. 华龙方便面组合策略分析

华龙目前拥有方便面、调味品、饼业、面粉、彩页、纸品等六大产品线，也就是其产品组合的长度为 6。方便面是华龙的主要产品线，在这里，我们也主要研究方便面的产品组合。

（1）华龙方便面的产品组合非常丰富，其产品线的长度、深度和密度都达到了比较合理的水平。它共有 17 种产品系列，十几种产品口味，上百种产品规格。其合理的产品组合，使企业充分利用了现有资源，发掘现有生产潜力，更广泛地满足了市场的各种需求，占有了更宽的市场面。华龙丰富的产品组合有力地推动了其产品的销售，有力地促进了华龙成为方便面行业老二的地位的形成。

（2）华龙方便面在产品组合上的成功经验：阶段产品策略。

根据企业不同的发展阶段，适时地推出适合市场的产品。

①在发展初期将目标市场定位于河北省及周边几个省的农村市场。由于农村市场本

身受经济发展水平的制约，不可能接受高价位的产品，华龙非常清楚这一点，一开始就推出适合农村市场的“大众面”系列，该系列产品由于其超低的价位，一下子为华龙打开了进入农村市场的门槛，随后“大众面”系列红遍大江南北，抢占了大部分低端市场。

②在企业发展几年后，华龙积聚了更大的资本和更足的市场经验，又推出了面向全国其他市场的大众面的中高档系列：如中档的“小康家庭”、“大众三代”，高档的“红红红”等。华龙由此打开了广大北方农村市场。1999 年，华龙产值达到 9 亿元人民币。

这是华龙根据市场发展需要和企业自身状况而推出的又一阶段性产品策略，同样取得了成功。

③从 2000 年开始，华龙的发展更为迅速，它也开始逐渐丰富自己的产品系列，面向全国不同市场又开发出了十几个产品品种，几十种产品规格。2001 年，华龙的销售额猛增到 19 亿元。这个时候，华龙主要抢占的仍然是中低档面市场。

④2002 年起，华龙开始走高档面路线，开发出第一个高档面品牌——“今麦郎”。华龙开始大力开发城市市场中的中高价位市场，此举在北京、上海等大城市大获成功。

从图 7-1 可以看出，华龙面的产品组合是一个高中低相结合的产品组合形式。而低档面仍占据着其市场销量的大部分份额。

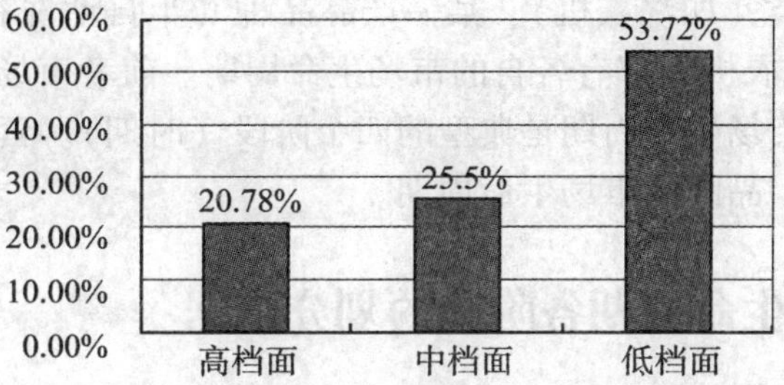

图 7-1　2002 年华龙销量比例数据

（3）华龙方便面档次产品组合策略。

①全国市场整体上的高中低档产品组合策略。既有低档的大众系列，又有中档的甲一麦，也有高档的今麦郎。

②不同区域的高中低档产品策略。

如在方便面竞争非常激烈的河南市场一直主推的就是超低价位的六丁目系列。“六丁目”主打口号就是“不跪（贵）”。这是华龙为了和河南市场众多方便面竞争而开发出来的一种产品，它的零售价只有 0. 4 元/包（给经销商 0. 24 元/包）。同时，华龙将工厂设在河南许昌，因此让河南很多方便面品牌日子非常难过。

而在全国其他市场如东北在继“东三福”之后投放中档的“可劲造”系列，在大城市投放“今麦郎”系列。

③同一区域的高中低档面组合，开发不同消费层次的市场。

如在东北、山东等地都推出高、中、低三个不同档次、三种不同价位的产品，以满足不同消费者对产品的需要。

第三节 产品市场生命周期策略

一、产品市场生命周期的概念

产品市场生命周期亦称为产品的经济寿命或产品的市场寿命，是指一种产品从投入市场开始，直到被淘汰退出市场为止的全部时间。产品生命周期开始于该种产品在市场上第一次出现，结束于该种产品退出市场即最后被淘汰离开市场的全过程。

产品市场生命周期不是指产品的使用寿命或自然寿命，不可将产品的市场寿命与使用寿命混淆起来。

产品市场生命周期中的产品是泛指“产品”，而实际上在产品的种类、品种和具体品牌之间分析起来不大相同。产品种类的生命周期最长，甚至在相当长的时间内显示不出其阶段的变化，其次为产品品种，周期最短的是具体品牌的产品。

产品市场生命周期分为投入期、成长期、成熟期、衰退期四个阶段（时期）。

注：某一产品种类（如洗衣机）、某一产品品种（半自动洗衣机）、某一产品品牌（如白天鹅牌半自动洗衣机）都有各自的市场生命周期。前者市场生命周期长，后者市场生命周期短，中者市场生命周期是典型的四个阶段（时期）。营销学中的产品市场生命周期一般是指品种、品牌的市场生命周期。

二、产品市场生命周期各阶段的划分依据

（1）用类比法判断产品市场生命周期各阶段：通过类比同类型产品来确定该产品市场生命周期的各个阶段。

（2）根据产品的销售增长率来判断产品市场生命周期各阶段：销售增长率=（本期销售量-上期销售量）÷上期销售量×100%。判断产品市场生命周期各个阶段的标准如表 7-3 所示：

表 7-3 阶段划分及其增长率表

阶段	投入期	成长期	成熟期	衰退期
增长率	0.1%～10%	＞10%	0.1%～10%	＜0

（3）根据产品的普及率来判断产品市场生命周期各阶段：普及率=市场保有量÷市场总潜量×100%。判断产品市场生命周期各个阶段的标准如表 7-4 所示：

表 7-4　　**阶段划分及其普及率表**

阶段	投入期	成长期	成熟期	衰退期
普及率	< 5%	5%～50%	50%～90%	> 90%

三、产品生命周期的阶段

典型的产品生命周期一般可以分成四个阶段，即投入期、成长期、成熟期、衰退期。如图 7-2 所示：

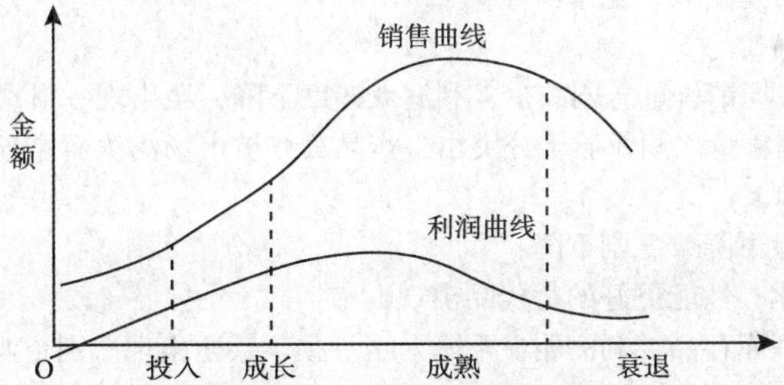

图 7-2　产品生命周期示意图

1. 投入期的特点

产品刚进入市场，处于初期发展阶段，产品的性能质量不稳定，生产的批量小、成本高，推广和销售渠道尚待完善，产品不大被人们接受。因此，销售增长缓慢，多数只表现在吸引喜欢“尝新”的消费者上，通常不能为企业提供利润，甚至还会出现亏损。投入期的特点概括如下：

（1）销售量小，增长缓慢，营销费用高（消费者对产品陌生或不知道、不了解、不习惯，生产量小，中间商不介入）；

（2）利润低或亏损（开发或改进的成本费用高、促销费用大）；

（3）完全新产品、无竞争者；

（4）有夭折风险（市场预测失误或产品存在缺陷或产品上市时机不当或产品促销宣传不力或产品成本核算偏差或中间商不配合等原因造成）；

（5）产品价格偏高。

2. 成长期的特点

产品经历了投入期，经过市场考验，已进入扩大销售或供不应求阶段。此时产品基本定型，大批量生产能力形成，销售渠道已经通畅，市场局面已经打开，销售量增长较快，能为企业快速提供利润。同时市场上同类产品的竞争企业相继加入，市场竞争趋向激烈。成长期的特点概括如下：

(1) 销售额迅速上升（重复购买带动保守者购买）;

(2) 利润迅速增长（销售额上升、成本费用降低）;

(3) 吸引竞争者（迟走半步竞争策略者进入）;

(4) 产品质量日趋稳定，已能规模化生产。

3. 成熟期的特点

此时产量多，销售额大，生产发挥最大效率，成本降到最低，利润达到最高水平。但是到后期其销售增长速度减慢，甚至出现负增长，利润相对减少，竞争激烈。成熟期的特点概括如下：

(1) 销售额大，但市场饱和且销售额开始下降;

(2) 利润最高，但利润率开始下降;

(3) 产品价格差不大，竞争激烈。

4. 衰退期的特点

产品老化，市场销售量急剧减少，利润大幅度下降，至出现亏损。企业现有生产能力与日益减少的销售量之间矛盾十分突出，产品最终被市场淘汰而停止生产或转产。衰退期的特点概括如下：

(1) 销量明显下降或急剧下降;

(2) 产品老化，性能更好的替代品出现;

(3) 降价处理库存品，利润明显下降乃至亏损，甚至出现个别企业破产。

四、产品周期不同阶段的营销策略

典型的产品生命周期的四个阶段呈现出不同的市场特征，企业的营销策略也就以各阶段的特征为基点来制定和实施。

(一) 投入期的市场营销策略

投入期的特征是产品销量少，促销费用高，制造成本高，销售利润很低甚至为负值。营销策略是以围绕建立新产品的初级需求，提高知名度进行的。具体措施如下：

(1) 控制投资规模，防止夭折（广收信息、修正缺陷、保证质量）。

(2) 利用消费者知道熟悉的产品提携和支持（发赠品、进行产品使用演示等）建立初期要求。

(3) 上市范围根据企业本身和市场需求而定（全面或者区域）。

(4) 新产品定价与促销力度组合。

①快速撇脂法：即以高价格、高促销费用推出新产品。实行高价策略可在每单位销售额中获取最大利润，尽快收回投资；高促销费用能够快速建立知名度，占领市场。实施这一策略须具备以下条件：产品有较大的需求潜力；目标顾客求新心理强，急于购买新产品；企业面临潜在竞争者的威胁，需要及早树立品牌形象。一般而言，在产品引入阶段，只要新产品比替代的产品有明显的优势，市场对其价格就不会那么计较。

②缓慢撇脂法：以高价格、低促销费用推出新产品，目的是以尽可能低的费用开支求得更多的利润。实施这一策略的条件是：市场规模较小；产品已有一定的知名度；目

标顾客愿意支付高价；潜在竞争的威胁不大。

③快速渗透法：以低价格、高促销费用推出新产品。目的在于先发制人，以最快的速度打入市场，取得尽可能大的市场占有率。然后，再随着销量和产量的扩大，使单位成本降低，取得规模效益。实施这一策略的条件是：该产品市场容量相当大；潜在消费者对产品不了解，且对价格十分敏感；潜在竞争较为激烈；产品的单位制造成本可随生产规模和销售量的扩大迅速降低。

④缓慢渗透法：以低价格、低促销费用推出新产品。低价可扩大销售，低促销费用可降低营销成本，增加利润。这种策略的适用条件是：市场容量很大；市场上该产品的知名度较高；市场对价格十分敏感；存在某些潜在的竞争者，但威胁不大。

（5）诱使中间商经销、试用。

（二）成长期的市场营销策略

新产品经过市场投入期以后，消费者对该产品已经熟悉，消费习惯业已形成，销售量迅速增长，这种新产品就进入了成长期。

进入成长期以后，老顾客重复购买，并且带来了新的顾客，销售量激增，企业利润迅速增长，在这一阶段利润达到高峰。随着销售量的增大，企业生产规模也逐步扩大，产品成本逐步降低，新的竞争者会投入竞争。

随着竞争的加剧，新的产品特性开始出现，产品市场开始细分，分销渠道增加。企业为维持市场的继续成长，需要保持或稍微增加促销费用，但由于销量增加，平均促销费用有所下降。

针对成长期的特点，企业为维持其市场增长率，延长获取最大利润的时间，可以采取下面几种策略：

（1）改良产品。从产品质量、产品性能、产品款式以及修正产品缺陷等入手改善产品品质。如增加新的功能，改变产品款式，发展新的型号，开发新的用途等。对产品进行改进，可以提高产品的竞争能力，满足顾客更广泛的需求，吸引更多的顾客。

（2）寻找新的细分市场。通过市场细分，找到新的尚未满足的细分市场，根据其需要组织生产，迅速进入这一新的市场。

（3）改变广告宣传的重点。把广告宣传的重心从介绍产品转到建立产品形象上来，树立产品名牌，加强商标地位，提高品牌知名度、偏爱度，维系老顾客，吸引新顾客。

（4）适时降价。在适当的时机，可以采取降价策略，以激发那些对价格比较敏感的消费者产生购买动机和采取购买行动，实现争夺低收入潜在顾客，并阻止潜在加入者的进入的目的。

（5）巩固和加强销售渠道、拓展新市场。

（6）加大促销力度，提高市场占有率。

【案例 7-4】

《超一流的行销战略技术——日本战胜美国》

《超一流的行销战略技术——日本战胜美国》（［美］菲利普·科特勒）一书

中介绍了美国洗碗机发明者被取而代之的事件：美国一家公司花费了好几亿美元和好几年的时间，终于研发出洗碗机，因为洗碗机的发明是在没有前人经验可以借鉴，从无到有的全新产品的发明，所以洗碗机发明过程中，人财物的耗费是非常巨大的。新产品投入市场时采用高定价策略，企业想快速收回研发的投入成本。

同期，有一家日本公司敏感地认识到，这将是一次巨大的机会，于是，花钱买回两台，一台洗碗机进行整机性能测试对比，另一台洗碗机送进实验室，从产品功率、零件数目及种类、成本结构等进行综合评估，并将整个机器拆开，对每个零件进行研究并加以改良，并很快开发出性能更好、价格更低、产品配送销售体系优于对手的洗碗机，把发明洗碗机的美国公司挤出了市场。

（中国营销传播网 http：//www. emkt. com. cn）

（三）成熟期的市场营销策略

进入成熟期以后，产品的销售量增长缓慢，逐步达到最高峰，然后缓慢下降；产品的销售利润也从成长期的最高点开始下降；市场竞争非常激烈，各种品牌、各种款式的同类产品不断出现。

针对成熟期的产品的特点，应该采取主动出击的策略，使成熟期延长，或使产品市场生命周期出现再循环，提高竞争力，力争多获利。为此，可以采取以下四种策略：

（1）市场调整。这种策略不是要调整产品本身，而是发现产品的新用途、寻求新的用户或改变推销方式等，以使产品销售量得以扩大。

①促使使用人数增加：通过促销、开拓新细分市场以及争夺竞争者的顾客等方法增加产品使用人数。

②促使使用量的增加：通过使用频率的增加、每次用量的增加、产品新用途的发现等措施增加产品使用量。

（2）产品调整。这种策略是通过产品自身的调整来满足顾客的不同需要，吸引有不同需求的顾客。整体产品概念的任何一个层次的调整都可视为产品再推出。

（3）市场营销组合调整。即通过对产品、定价、渠道、促销四个市场营销组合因素加以综合调整，刺激销售量的回升。常用的方法包括降价、提高促销水平、扩展分销渠道和提高服务质量等。

（4）将生产场地转移到生产成本较低的地区或国家。

【案例 7-5】

牙膏库存积压问题的解决

牙膏是一种非常大众化的成熟的产品，在早期库存积压后的解决方法是：扩大牙膏出口的半径，使消费者在不改变每天使用一次的习惯的前提下，将牙膏的使用量增加一倍。现在，增加牙膏使用人数和使用量的方法有：牙膏功能化；进一步细分市场；提倡早晚刷牙等。

（作者自编）

（四）衰退期的市场营销策略

衰退期的主要特点是：产品销售量急剧下降；企业从这种产品中获得的利润很低甚至为零；大量的竞争者退出市场；消费者的消费习惯已发生改变等。面对处于衰退期的产品，企业需要进行认真的研究分析，决定采取什么策略，在什么时间退出市场。通常有以下几种策略可供选择：

（1）持续策略。继续沿用过去的策略，仍按照原来的细分市场，使用相同的分销渠道、定价及促销方式，直到这种产品完全退出市场为止。

（2）集中策略。把企业能力和资源集中在最有利的细分市场和分销渠道上，从中获取利润。这样有利于缩短产品退出市场的时间，同时，又能为企业创造更多的利润。

（3）收缩策略。抛弃无希望的顾客群体，大幅度降低促销水平，尽量减少促销费用，以增加目前的利润。这样可能导致产品在市场上的衰退加速，但也能从忠实于这种产品的顾客中得到利润。

（4）放弃策略。对于衰退比较迅速的产品，应该当机立断，放弃经营。可以采取完全放弃的形式，如把产品完全转移出去或立即停止生产；也可采取逐步放弃的方式，使其所占用的资源逐步转向其他的产品。

【案例 7-6】

摩托罗拉在产品生命周期不同阶段的产品策略

摩托罗拉的两款手机 V998 和 V8088 是“V”系列手机的代表，这一系列手机进入市场的四年多历程表明了公司针对 V998/V8088 系列的产品策略特点。

公司推出 V998 手机的市场背景是：摩托罗拉、诺基亚和爱立信三家公司雄居手机市场的前三位，西门子、三星等品牌还没有引人注意，而国产手机更是悄无声息。

V998 款手机是公司在 1999 年春天推向中国市场的，其特点是：双频、体积小、大显示屏和大键盘。这些特点在市场上是绝无仅有的，再加上摩托罗拉先进的市场推广手段，很快便凭借功能和品牌，受到市场青睐。当时的市场定价是 13000 元左右。

伴随着新产品的推出，也产生了一系列的问题，如手机生产工艺不成熟、原材料供应不足等。公司通过努力，使新产品的各方面情况逐渐稳定，并且新增加了“中文输入”和“录音”的功能，尤其是“中文输入”功能，深受短信息业务使用者的欢迎。此时，其市场价位也降到了 7000~8000 元。

与此同时，摩托罗拉也在发展另一款手机——V8088。它完全是基于 V998 设计出来的，除了具有 V998 的一切功能外，还有 WAP 上网、自编铃声、闹钟提示和来电彩灯提示等功能，从外观的曲线设计上也独具特色。与在美国设计的 V998 不同，V8088 是在新加坡设计出来的，更符合亚洲人的审美观点，公司的策略也是只将这款手机投放在亚洲市场。

1999 年，伴随着新千年钟声的敲响，中国的手机市场刮起了“手机上网”的旋风。而号称“摩托罗拉网上通”的 V8088 恰选择在此时推向市场，风靡一时，售价达到8000元以上，比同期的V998高出了2000元。以V998/V8088为代表的"V"系列手机属于公司四类产品特色中的"时尚型"，其市场目标是成功人士和一些追求时尚的人们。

风光了近半年以后，随着摩托罗拉以及其他公司的一些新产品的推出，V998/V8088系列手机开始逐渐离开高端市场的位置，其市场价格都降到了4000元以下。同时，WAP上网的狂热逐渐冷却，V8088的价格也只比同期的V998高出不到1000元。价格的降低非常有效地刺激了市场，这两款手机的市场需求量大大提高。从2000年第三季度起，V998/V8088系列手机成为摩托罗拉的主打产品，其需求量在公司手机产品中名列第一。然而，伴随着V998/V8088需求的大幅上升，又产生了一系列质量问题。在全国的许多地方，消费者手中的产品发现有倒屏、显示不全或黑屏的现象。由于问题的突发性和数量较大、地域较广，而公司的售后服务没有跟进，致使福建、浙江、四川和贵州等地出现了消费者拒绝购买V998/V8088手机的情况，这两款手机遭受了沉重打击，并可能会影响到后续的V60、V66等还在试制阶段的系列手机。因此，公司采取了断然措施，紧急招回有问题的手机，妥善处理，向消费者真诚道歉。接下来，公司经过努力，发现了产品本身缆线上的设计缺陷，及时予以纠正，终于挽回了市场，V998/V8088系列手机市场第一的位置又失而复得。此时的产品价位已经降至2000~2700元，这个大众化的价位再度刺激了消费需求，使得产品的市场需求旺盛，同时也为后续产品的研发和成长提供了有利的条件。

接下来，伴随着市场的激烈竞争，这一系列的手机已定位于中低档价位稳定在1500~1700元。这款手机轻巧且功能齐全，依然受到消费者的喜爱。此外，这一系列手机的工艺已经发展成熟、质量和服务稳定。因此，功能价位和质量等多方面的特点使得这一系列的手机仍然在市场上有比较重要的地位。

值得关注的是，现在的手机市场竞争异常激烈，该系列的手机不断降价，2002年2月，在天津V998的市场定价为1700元，但是到了10月，就已经降至1300元了。同时，手机市场已经开始向2.5G和3G发展，新的GPRS和CDMA取代GSM是一种发展趋势。因此，尚处在GSM时代的V998/V8088系列手机相对来说也进入了产品的衰退阶段。按照公司的产品策略，这一系列手机将在一年左右的时间淡出市场。

（第一赢销网 http：//www.yingxiao 360.com/）

第四节　品牌与包装策略

一、品牌的相关概念

1. 品牌

品牌是商品的商业名称，是由企业独创的，具有显著特点的，用以识别卖主的产品的某一名词、术语、标记、符号、设计或它们的组合。其基本功能是把不同企业之间的同类产品区别开来，使竞争者之间的产品不致发生混淆。

完整的品牌包括品牌名称和品牌标志两个部分。品牌名称是指品牌中可以用语言称谓表达的部分。例如，“可口可乐”、“奥迪”、“凤凰”，等等。品牌标志是指品牌可以被识别、认识，但不能用语言称谓表达的部分，如独特的符号、图案、色彩或字体造型等。如耐克的一勾造型，小天鹅的天鹅造型，IBM 的字体和深蓝色的标准色等。

2. 商标

商标是指经有关政府机关注册登记受到法律保护的整个品牌或品牌名称或品牌标志。当商标使用时，要用“R”或“ 注”明示，意指注册商标。

品牌和商标之间的区别、联系：

（1）联系：商标≤品牌；

（2）区别：①品牌是商业名称，主要作用是宣传商品；②商品是法律名称，既宣传商品同时又受法律保护。

二、品牌的作用

（一）品牌的首要功能在于识别商品出处，可以方便消费者进行产品选择，缩短消费者的购买决策过程

选择知名的品牌，对于消费者而言无疑是一种省事、可靠又减少风险的方法。尤其在大众消费品领域，同类产品可供消费者选择的品牌一般都有十几个，乃至几十个。面对如此众多的商品和服务提供商，消费者是无法通过比较产品服务本身来作出准确判断的。这时，在消费者的购买决策过程中就出现了对产品的“感觉风险”（即认为可能产生不良后果的心理风险）的影响。这种“感觉风险”的大小取决于产品的价值高低、产品性能的不确定性以及消费者的自信心等因素。消费者为了回避风险，往往偏爱拥有知名品牌的产品，以坚定购买的信心。而品牌在消费者心目中是产品的标志，它代表着产品的品质和特色，而且同时它还是企业的代号，意味着企业的经营特长和管理水准。因此，品牌缩短了消费者的购买决策过程。

（二）品牌可以宣传推广商品，使企业享有较高的利润空间

在传统的市场竞争中，当消费者形成鲜明的品牌概念后，价格差异就会显得次要。当给不同品牌赋予特殊的个性时，这种情况就更为明显。

调查表明，市场领袖品牌的平均利润率为第二品牌的四倍，而在英国更高达六倍。强势品牌的高利润空间尤其在市场不景气或削价竞争的条件下表现出了重要的作用。事实上，这种优势不仅仅得益于通常我们认为的规模经济，而且更重要的是来自于消费者对该品牌产品价值的认同，也就是对价格差异的认同。

（三）品牌可以超越产品的生命周期，是一种无形资产

由于需求的变更和竞争的推动，除了少数产品，绝大多数产品不会长久地被消费者接受。一般而言，产品都有一个生命周期，会经历从投放市场到被淘汰退出市场的整个过程，但是品牌却不同，它有可能超越生命周期。一个品牌一旦拥有广大的忠诚顾客，

其领导地位就可以经久不变，即使其产品已历经改良和替换。波士顿咨询集团研究了30大类产品中的市场领先品牌，发现“在1929年的30个领袖品牌中有27个在1988年依然勇居市场第一。在这些经典品牌中有象牙香皂、坎贝尔汤和金牌面粉”。像我们熟悉的一些海外著名品牌，也都是有经久的历史。如吉列（始于1895年）、万宝路（始于1924年）、可口可乐（始于1886年）、雀巢（始于1938年）。同样的，我国的不少老字号在今天的市场竞争中依然有着品牌优势，如同仁堂等。

由此可知，品牌的概念比产品本身要广泛得多。它可以随着市场变换加以调整，只要能跟得上市场变化和消费脚步，通过改进或创新产品以及保持品牌个性始终如一，可使品牌长期延续下去。

也正是因为品牌可以超越生命周期，因此就使品牌从开始的依附在产品身上慢慢地发展到与具体产品相对独立开来，并可使消费者长期积累对它的认同和偏好，从而使品牌作为一种无形资产成为可能。它本身也可以作为商品参与市场交易。而且，品牌与产品的相对独立，就导致了品牌延伸的出现，同一品牌拥有众多类别的产品，品牌成为了产品的核心。例如，当娃哈哈生产儿童营养液时，品牌名只是作为产品的一部分，但发展至现在，娃哈哈品牌无疑成为了企业产品的统帅。

除上述作用外，品牌还具有承诺产品质量、维护专用权利、充当竞争工具等作用。

三、品牌设计的原则

从市场营销学的角度，一个良好的品牌设计应符合如下原则：

（1）造型美观，构思新颖。这样的品牌不仅能给人一种美的享受，而且能使顾客产生信任感。

（2）能表现企业或产品的特色。品牌设计要考虑到能显示企业或产品的特色。例如化工企业的产品品牌常常采用原子结构或分子链的图案，机械制造企业常用齿轮、锤子或其主要产品的图案为品牌。

（3）简单明显。品牌所使用的文字、图案、符号都不应该冗长、繁复，应力求简洁，给人以集中的印象。简单并不和品牌的丰富多彩相矛盾，如果设计的品牌在图案或名称上千篇一律，就会显得单调乏味，收不到明显的效果。

（4）符合传统文化，为公众喜闻乐见。品牌名称和标志要特别注意各地区、各民族的风俗习惯、心理特征，尊重当地传统文化，切勿触犯禁忌，尤其是涉外商品的品牌设计更要注意这个问题。

四、品牌策略

（一）品牌有无策略

产品有可能是没有品牌的，由于产品的特征和生产者降低成本的考虑，有些产品有可能不注重品牌，如未经加工的原料产品（棉花、矿砂），商品本身不具备明显的质量特点（电力、煤炭），临时性或一次性产品等。因为在获得品牌带来好处的同时，建立、维持、保护品牌也要付出巨大成本，如包装费、广告费、标签费和法律保护费等，所以企业要认真分析是否使用品牌。

(二) 品牌归属策略

一旦决定对产品使用品牌，制造商对品牌归属就面临三种选择：

(1) 使用制造商品牌，或称生产者品牌。从传统上看，绝大多数制造商都使用自己的品牌。制造商所拥有的注册商标是一种工业产权，享有盛誉的著名商标可以租借给他人使用，但要收取一定的特许权使用费。

(2) 使用经销商品牌，或称中间商品牌。近来大型零售商、批发商都在发展自己的品牌。这种做法当然要付出代价，如要增加投资，用于大批量订货和储备存货，要为宣传品牌增加广告费用，还需承担品牌被顾客否定的风险等。但是，由于中间商常能找到生产能力过剩的企业为其生产中间商品牌的产品，降低了生产成本和流通费用，从而能以较低售价取得较高的销售额和利润。并且，中间商有了自己的品牌，可加强对价格和制造商的控制；还能利用有限的陈列空间充分展示自己品牌的产品。因此，中间商喜欢使用自己的品牌，以增加获利。对于制造商来说，应根据品牌在市场上的声誉来决定采用制造商品牌还是中间商品牌。

(3) 制造商品牌与经销商品牌混合使用。这可能有三种情形：①制造商品牌与经销商品牌同时使用，兼收两种品牌单独使用的优点；②制造商在部分产品上使用自己的品牌，另一部分则以批量卖给经销商，使用经销商品牌，以求既扩大销路又能建立品牌形象；③为进入新的市场，先采用经销商品牌，待产品在市场上受到欢迎后改用制造商品牌。

(三) 品牌名称策略

企业决定其所有产品是使用一个品牌，还是不同产品分别使用不同品牌的过程，就是品牌名称决策。品牌名称策略大致有以下四种选择：

(1) 统一品牌。即企业的所有产品都使用同一种品牌。对于那些享有较高声誉的著名企业，所有产品采用统一品牌名称可以充分利用其名牌效应，使企业所有产品都能获得一定的市场优势。这有利于降低企业宣传介绍新产品的费用开支；有利于新产品进入市场；有利于显示企业整体实力，塑造企业形象。

(2) 个别品牌。即企业决定每个产品使用不同的品牌。采用个别品牌名称，为每种产品寻求不同的市场定位，有利于增加销售额和对抗竞争对手；还可以分散风险，使企业的整个声誉不会因某种产品表现不佳而受到影响。如宝洁公司的洗衣粉使用了“汰渍”、“碧浪”；肥皂使用了“舒肤佳”；牙膏使用了“佳洁士”。

(3) 分类品牌。企业使用这种策略，一般是为了区分不同大类的产品。一个产品大类下的产品使用共同的品牌，以便在不同大类产品领域中树立各自的品牌形象，有时即使在同一类产品中，由于品质等级的差异，不同的等级也要使用不同的品牌。如娃哈哈集团，其纯净水用娃哈哈品牌，碳酸饮料用非常可乐品牌。

(4) 个别品牌名称与企业名称并用。即企业决定其不同类别的产品分别采取不同的品牌名称，且在品牌名称之前都加上企业的名称。企业多把此种策略用于新产品的开发。在新产品的品牌名称上加上企业名称，可以使新产品享受企业的声誉。而采用不同的品牌名称，又可使各种新产品显示出不同的特色。例如，海尔集团就推出了海尔“探路者”彩电、“大力神”冷柜、“大王子”冰箱、“小王子”冰箱和“小小神童”洗衣机。

（四）品牌延伸策略

品牌延伸是指将一个现有的品牌名称使用到一个新类别的产品上。品牌延伸策略是将现有成功的品牌，用于新产品或修正过的产品上的一种策略。例如，海尔品牌在冰箱上获得成功之后，又利用这个品牌成功地推出了海尔牌的洗衣机、电视机、热水器、电脑等新产品。品牌延伸的优势：可以加快新产品的定位，保证新产品投资决策的快捷准确，有助于减少新产品的市场风险；品牌延伸有助于强化品牌效应，增加品牌这一无形资产的经济价值；品牌延伸能够增强核心品牌的形象，能够提高整体品牌组合的投资效益。品牌延伸策略的缺点：如果某一产品出现问题，就会损害原有品牌形象，一损俱损；有悖消费心理，实行延伸策略会影响原有强势品牌在消费者心目中的特定心理定位，容易形成此消彼长的“跷跷板”现象。

（五）多品牌策略

多品牌策略指企业为同一种产品设计两种或两种以上相互竞争的品牌。例如，宝洁公司为洗发水设计了三个品牌：飘柔、潘婷、海飞丝。这种策略有助于壮大企业声势，适应消费者不同的需求，挤压竞争者产品；有利于提高市场占有率，分散企业风险。企业实施多品牌策略必须考虑企业的盈利水平，因为品牌建立需要一定的资源投入，若不能获得相应的市场份额，就会影响企业的经济效益。同时，还要注意协调好多品牌之间的矛盾。

【案例 7-7】

中粮的品牌困惑

中粮，全称是“中国粮油食品进出口（集团）有限公司”，1952年成立于北京，是中国政府直接管理的44家国有重要骨干企业之一，是一家集贸易、实业、金融、信息、服务和科研为一体的大型企业集团，横跨农产品、食品、酒店、地产等众多领域，拥有“长城”（葡萄酒）、“福临门”（食用油）、“金帝”（巧克力）、“梅林”（罐头）、“COFCO”（啤酒麦芽）、“中粮”（面粉）、美特（印制罐）、华鹏（瓶盖）、凯莱（物业、酒店）、鹏利（地产）等众多知名品牌。

中粮集团自1994年以来，就一直名列美国《财富》杂志全球企业500强。然而，虽然中粮已经取得了卓著成就，但是知道中粮的人并不多。有关部门曾对此在成都做过调查：在普通居民中，知道中粮的人不超过1%，在企业家中，知道中粮的人不超过10%。中粮的低知名度与它的金帝、长城、福临门等产品品牌的高知名度形成了鲜明的对比。中粮董事长周明臣在2002年8月19日中央电视台“对话”节目中说，企业品牌知名度低于产品品牌知名度是个失误。

(1) 何为中粮的品牌名称？“中粮”是“中国粮油食品进出口（集团）有限公司”的简称。在全称里，“中国”不是它的品牌名称，“粮油食品”也不是它的品牌名称，“进出口”更不是它的品牌名称。有人认为，“中国粮油食品进出口（集团）有限公司”是中粮的品牌名称。但事实上，如果将其作为品牌名称，与目前的企业实际不相吻合。目前的中粮，贸易已退居第二位，实业已跃居第一位，还叫进出口公司，显然名不符实。而且，“中国粮油食品进出口（集团）有限公司”总让人与外贸联系在一起，与计划经济联系在一起，与国有企业联系在一起。用外贸的品牌来经营消费者市场，似乎缺乏支持力。

不久前，在北京举行的长城葡萄酒品牌整合会上，中粮领导人已明确提出，此次品牌整合的重点是突出“中粮”。中粮酒业公司总经理说：“在新的包装上，所有长城葡萄酒均标明由中粮出口，三家酒厂只作为产地出现。我们要重点突出‘中粮’这个品牌。过去长城没有体现出中粮的品牌，别人不知道长城是中粮的，以后我们要让大家意识到‘长城’有中粮这样一个强大的背景。”

(2) 中粮的品牌有商标吗？中粮已经确定要在其经营中突出“中粮”这个品牌，要以“中粮”这一品牌为中心来开展企业的经营活动。但事实上这其中有很大的风险因素。因为“中粮”算不上是一个真正的品牌，如果非要把它当做一个品牌，那么它也是一个没有法律保证的品牌，因为“中粮”无法注册为商标。“中粮”一词中含有“粮”字，暗示了产业性质，不符合商标法的要求，因此无法注册为商标。同时中粮也没有自己的图形商标，虽然一个企业可以没有图形商标，但对于一个已经没有文字商标的企业，如果连图形商标也没有，就彻底失去了商标保护。

(3) 何为中粮品牌的核心价值？在“对话”节目中，主持人问中粮董事长，您希望中粮作为一个企业的整体形象给人一个什么样的印象？董事长回答说：“我希望他想起这个商品的时候，他就想起中粮；想起中粮，他能想起中粮旗下有这么多的商品。”在此，可看出，中粮还不清楚自己品牌的核心价值，以及应该树立什么样的核心价值。同时，中粮的品牌目标还停留在品牌名称与品牌产品联系的阶段，中粮还没有完成品牌形式的统一。一个连品牌形式都还未完全统一的品牌，当然就谈不上子品牌之间的价值整合了。“中粮”这个母品牌的核心价值不清楚，又怎么与福临门、长城、金帝、凯莱整合？既然不能实现母品牌与子品牌的价值整合，就更谈不上子品牌之间的价值整合了。而“中粮”的各品牌正因为没有价值上的有机整合，所以才会出现“长城”三兄弟的内耗，才会出现福临门与金龙鱼之间的冲突，结果中粮不得不为此付出代价，牺牲金龙鱼，保全福临门。

可见，在中粮的发展道路上，品牌的困惑、品牌策略的不成熟已使其面临很多令人担忧的障碍。

（李蔚，马敏．中粮的品牌困惑．企业管理．2003（7）.）

【案例 7-8】

表 7-5 **1998—2000 年中国最有价值品牌年度排名前十名**

名次	2000 年		1999 年		1998 年	
	品牌	价值（亿元）	品牌	价值（亿元）	品牌	价值（亿元）
1	红塔山	439.00	红塔山	423.00	红塔山	386.00
2	海尔	330.00	海尔	265.00	长虹	245.00
3	长虹	260.00	长虹	260.00	海尔	192.00
4	五粮液	120.56	五粮液	86.00	春兰	105.00
5	TCL	105.93	一汽	79.08	一汽	76.29
6	联想	103.20	KONIA	78.87	KONIA	63.03
7	一汽	96.60	联想	76.82	五粮液	60.62
8	科龙	96.18	TCL	75.56	联想	58.8
9	KONIA	95.34	科龙	59.16	TCL	56.38
10	999	73.88	999	49.18	科龙	55.50

（卢泰宏，等. 2001 营销蓝皮书：营销中国. 载南风窗，2001 增刊.）

五、包装的含义和功能

（一）包装的含义和分类

包装是指设计并生产容器或包装物的一系列活动。它包括两层含义：一是静态含义，指盛放或包裹产品的容器或包扎物；二是动态含义，指设计、生产容器或包扎物并将产品包裹起来的一系列活动。市场营销学中的包装概念多偏重静态的含义。在现实生活中，绝大多数产品都要进行包装。只有设计好合适的包装，并将产品包装起来，产品的生产过程才算完成。

包装可以从很多角度分类：

1. 按包装所处的层次分类

（1）首要包装，即产品的直接包装，如牙膏皮、香烟盒等；

（2）次要包装，即保护首要包装的包装物。如牙膏盒、香烟的条包装；

（3）装运包装，即为便于储运、装卸和防止产品破损的外包装。

2. 按包装在流通过程中所起的作用分类

（1）运输包装：是指为了使用储存、搬运需要所进行的包装，它可进一步分为内装和外装两种。外装是用箱、袋、包等包装于商品的外部，以便于储运。内装则专用于装箱货物，以防止水分和尘埃的侵入，防止箱内物品相互摩擦而损坏。

（2）销售包装：是指便于顾客携带、使用、陈列的产品包装。这类包装不仅能保护产品，而且能更好地美化和宣传产品，方便顾客，吸引顾客，因此，应美观大方，并注明厂名、厂址、品名、规格、容量、用途、用法等以方便消费者选购和使用。

3. 按包装技术分类

可分为：防水包装、防潮包装、防锈包装、缓冲包装、真空包装等。

（二）包装的作用

产品的包装在现代经济生活中已成为商品生产不可缺少的组成部分。由于产品包装直接影响商品的价值、使用价值和它的实现，除了少量属于原材料类型的商品外（如黄沙、碎石、砖瓦、煤炭等），一般商品都需要不同方式的包装。包装主要有如下四个方面的作用：

（1）保护商品。这是包装最原始和最基本的功能。在商品的流通和使用过程中，包装可以起到防止各种损害的作用，从而保证商品使用价值的完好无缺。

（2）便于运输、携带、储存和使用。设计良好的包装可以为商品的运输和贮存提供方便，并可以节约运输工具和仓储空间。对于消费者来说，经过包装的商品携带和贮存也十分方便，而且，适当的包装结构也起着便于使用的作用，如拉环式、掀纽式易开罐头、喷射式包装容器等。

（3）美化商品，促进销售。包装能改进产品的外观，提高消费者的视觉兴趣，激发其购买欲望，因而有人称包装为“无声的推销员”。优质产品必须与优质包装相配合，才能发挥竞争力，促进产品销售。

（4）提高商品价值，增加企业盈利。精美的包装不仅可以促进销售，而且能树立商品高贵的形象，使顾客愿意支付较高的价格购买，从而增加企业利润。

六、包装设计

商品包装多分为外包装和内包装。外包装也叫运输包装，包装物不随商品进入消费领域，其设计主要是为了在流通过程中保护商品和方便运输。内包装也叫销售包装，其设计着重考虑的是美化商品，促进销售和便于携带、使用。从营销的角度来研究商品的包装，主要是指销售包装。其设计应符合下列要求：

（1）包装的大小和形状应适宜于商品运输、储存和陈列，以及消费者的购买习惯。

（2）包装的结构造型不仅要符合新颖、美观等艺术性要求，而且要便于消费者携带、使用和储存。

（3）包装应与商品价值或质量水平相匹配，尽量体现商品的特点或独特风格。

（4）包装装潢上所采用的图案、色彩等，既要符合目标市场消费者的心理需求，又不能与其民族习惯、宗教信仰发生抵触。

（5）包装上的文字说明必须完全与商品的性质相一致，能增强消费者的信任感并能指导消费。

（6）包装材料的使用上要注意减少污染，避免资源浪费，保护生态环境。

七、包装策略

包装策略有如下几种形式：

(1) 类似包装策略。企业所生产的各种产品，在包装上都采用相同的图案、色彩，体现出共同的特色，使顾客很容易就能判别是来自同一厂商的产品。类似包装具有和采用统一品牌策略相同的好处，即节省包装设计费用，树立企业形象，易推出新产品。但类似包装策略只适用于相同或相近质量水平的不同产品，一旦质量水平相差悬殊，则优质产品将蒙受不利影响。

(2) 配套包装策略。即企业根据消费者的购买和消费习惯，将多种使用上相互关联的产品纳入同一包装容器内。这种包装不仅可以方便消费者的购买和使用，而且有利于带动多种产品销售，特别有利于新产品的推销。

(3) 再使用包装策略。这种策略又称为双重用途包装策略，是指所使用的包装物在被包装的产品消费完毕之后并未作废，还能改作其他用途，这种策略可刺激消费者的购买欲望，扩大产品销售，同时使带有企业标记的包装物在被使用过程中起到延期广告宣传的作用。

(4) 等级包装策略。即企业为不同质量等级的产品分别设计和使用不同的包装，显然这种策略的实施成本较高，但它可以适应不同的购买力水平的顾客的购买心理，从而扩大产品销售。

(5) 附赠品包装策略。指在包装容器内除目标产品外另附有赠品，以吸引消费者的购买，该策略对儿童和青少年及低收入者较为有效。

(6) 更新包装策略。指企业要采用新的包装技术、包装材料、包装设计等，对原有产品包装加以改进，以改变产品的原有形象，更新落后的包装材料、技术和形式，使之更加便于顾客使用，对提高产品形象、扩大销售、提高经济效益有一定的促进作用。

另外，品牌延伸曾一度被认为是充满风险的事情，有的学者甚至不惜用“陷阱”二字去形容其风险之大。然而，纵观世界一流企业的经营业绩，我们就不难发现，这其中既有像索尼公司那样一贯奉行“多品一牌”这种“独生子女”策略的辉煌，更有像宝洁公司这样大胆贯彻“一品多牌”策略，在国际市场竞争中纵横驰骋尽显“多子多福”的风流。

宝洁公司是一家美国的企业。它的经营特点一是种类多，从香皂、牙膏、漱口水、洗发精、护发素、柔软剂、洗涤剂，到咖啡、橙汁、烘焙油、蛋糕粉、土豆片，再到卫生纸、化妆纸、卫生棉、感冒药、胃药，横跨了清洁用品、食品、纸制品、药品等多种行业。二是许多产品大多是一种产品多个牌子。以洗衣粉为例，他们推出的牌子就有汰渍、洗好、欧喜朵、波特、世纪等近十种品牌。在中国市场上，香皂用的是舒肤佳，牙膏用的是佳洁士，卫生巾用的是护舒宝，仅洗发精就有“飘柔”、“潘婷”、“海飞丝”三种品牌。要问世界上哪个公司的牌子最多，恐怕是非宝洁莫属。

宝洁公司是如何实施多品牌策略的？

(1) 寻找差异。

如果把多品牌策略理解为企业多到工商局注册几个商标，那就大错而特错了。宝洁公司经营的多种品牌策略不是把一种产品简单地贴上几种商标，而是追求同类产品不同品牌之间的差异，包括功能、包装、宣传等诸方面，从而形成每个品牌的鲜明个性，这样，每个品牌都有自己的发展空间，市场就不会重叠。以洗衣粉为例，宝洁公司设计了九种品牌的洗衣粉，汰渍（TIde）、奇尔（Cheer）、格尼（Gain）、达诗（Dash）、波德（Bold）、卓夫特（Dreft）、象牙雪（1vorySnow）、奥克多（Oxydol）和时代（Era）。他们认为，不同的顾客希望从产品中获得不同的利益组合。有些人认为洗涤和漂洗能力最重要；有些人认为使织物柔软最重要；还有人认为洗涤和漂洗能力最重要；还有人希望洗衣粉具有气味芬芳、碱性温和的特征。于是，就利用洗衣粉的九个细分市场，设计了九种不同的品牌。

宝洁公司就像一个技艺高超的厨师，把洗衣粉这一看似简单的产品，加以不同的佐料，烹调出多种可口的大莱。不仅从功能、价格上加以区别，而且还从心理上加以划分，赋予不同的品牌个性。通过这种多品牌策略，宝洁已占领了美国更多的洗涤剂市场，目前市场份额已达到55%，这是单个品牌所无法达到的。

（2）制造“卖点”。

宝洁公司的多品牌策略如果从市场细分上讲是寻找差异的话，那么从营销组合的另一个角度看是找准了“卖点”。卖点也称“独特的销售主张”，英文缩写为usp。这是美国广告大师罗瑟．瑞夫斯提出的一个具有广泛影响的营销理论，其核心内容是：广告要根据产品的特点向消费者提出独一无二的说辞，并让消费者相信这一特点是别人没有的，或是别人没有说过的，且这些特点能为消费者带来实实在在的利益。在这一点上宝洁公司更是发挥得淋漓尽致。以宝洁在中国推出的洗发精为例，“海飞丝”的个性在于去头屑，“潘婷”的个性在于对头发的营养保健，而“飘柔”的个性则是使头发光滑柔顺。在中国市场上推出的产品广告更是出手不凡：“海飞丝”洗发精，海蓝色的包装，首先让人联想到蔚蓝色的大海，带来清新凉爽的视觉效果，“头屑去无踪，秀发更干净”的广告语，更进一步在消费者心目中树立起“海飞丝”去头屑的信念；“飘柔”，从牌名上就让人明白了该产品使头发柔顺的特性，草绿色的包装给人以青春美的感受，“含丝质润发，洗发护发一次完成，令头发飘逸柔顺”的广告语，再配以少女甩动如丝般头发的画面，更深化了消费者对“飘柔”飘逸柔顺效果的印象；“潘婷”，用了杏黄色的包装，首先给人以营养丰富的视觉效果，“瑞士维他命研究院认可，含丰富的维他命原B5，能由发根渗透至发梢，补充养分，使头发健康、亮泽”的广告语，从各个角度突出了“潘婷”的营养型个性。

从这里可以看出，宝洁公司多品牌策略的成功之处，不仅在于善于在一般人认为没有缝隙的产品市场上寻找到差异，生产出个性鲜明的商品，而且更值得称道的是能成功地运用营销组合的理论，成功地将这种差异推销给消费者，并取得他们的认同，进而心甘情愿地为之掏腰包。

（3）能攻易守。

传统的营销理论认为，单一品牌延伸策略便于企业形象的统一，减少营销成本，易于被顾客接受。但从另一个角度来看，单一品牌并非万全之策。因为一种品牌树立之后，容易在消费者当中形成固定的印象，从而产生顾客的心理定势，不利于产品的延伸，尤其是像宝洁这样的横跨多种行业、拥有多种产品的企业更是这样。宝洁公司最早是以生产象牙牌香皂起家的，假如它一直沿用“象牙牌”这一单一品牌，恐怕很难成长为在日用品领域称霸的跨国公司。以美国 Scott 公司为例，该公司生产的舒洁牌卫生纸原本是美国卫生纸市场的佼佼者，但随着舒洁牌餐巾、舒洁牌面巾、舒洁牌纸尿布的问世，使 Scott 公司在顾客心目中的心理定势发生了混乱——“舒洁该用在哪儿?”一位营销专家曾幽默地问：舒洁餐巾与舒洁卫生纸，究竟那个品牌是为鼻子设计的？结果，舒洁卫生纸的头把交椅很快被宝洁公司的 Charmin 卫生纸所取代。

可见，宝洁公司正是从竞争对手的失败中吸取了教训，用一品多牌的策略顺利克服了顾客的“心理定势”这一障碍，从而在人们心目中树立起宝洁公司不仅是一个生产象牙香皂的公司，还是生产妇女用品、儿童用品，以至于药品、食品的厂家。

许多人认为，多品牌竞争会引起经营各个品牌企业内部各兄弟单位之间自相残杀的局面，宝洁则认为，最好的策略就是自己不断攻击自己。这是因为市场经济是竞争经济，与其让对手开发出新产品去瓜分自己的市场，不如自己向自己挑战，让本企业各种品牌的产品分别占领市场，以巩固自己在市场中的领导地位。这或许就是中国“肥水不流外人田”的古训在西方的翻版。

从防御的角度看，宝洁公司这种多品牌策略是打击对手、保护自己的最锐利的武器。一是从顾客方面讲，宝洁公司利用多品牌策略频频出击，使公司在顾客心目中树立起实力雄厚的形象；利用一品多牌从功能、价格、包装等各方面划分出多个市场，能满足不同层次、不同需要的各类顾客的需求，从而培养消费者对本企业的品牌偏好，提高其忠诚度。二是对竞争对手来讲，宝洁公司的多品牌策略，尤其是像洗衣粉、洗发水这种“一品多牌”的市场，宝洁公司的产品摆满了货架，就等于从销售渠道减少了对手进攻的可能。从功能、价格诸方面对市场的细分，更是令竞争者难以插足。这种高进入障碍无疑是大大提高了对方的进攻成本，对自己来说就是一块抵御对手的盾牌。

第五节　新产品开发

一、新产品概念

新产品是指企业第一次生产、并向市场出售的产品。包括以下几种基本类型：

（1）全新型产品，亦称为完全创新产品，是指市场从未有过的产品，即企业应用新原理、新技术、新结构、新材料研制成功的前所未有的新产品。

（2）换代型产品，是指在原有产品的基础上部分采用新技术、新材料、新元件等，使结构性能有显著提高的产品。

（3）改进型产品，是指对老产品在质量、结构、功能、材料、花色品种等方面作出改进的产品，主要谋求性能更加良好、结构更加合理、精度更加提高、功能更加齐全、式样更加新颖、材料更加易于获得、成本能有较大降低、耗费减少、节约能源等。

（4）仿制型产品，亦称为仿制新产品，是指市场上已出现，但本企业从未生产过的产品（不能违反专利法），或者说本企业初次仿制并投入市场的产品。

二、新产品开发策略

1. 开发途径决策

（1）技术为中心（以技术水平、生产能力为开发新产品的出发点）；

（2）市场为中心（以满足消费者需要、欲望为出发点）；

（3）技术市场结合（前两者的结合）。

2. 开发方向决策

（1）多功能化；

（2）小型或微型化；

（3）简化（去掉不必要的功能）；

（4）完善化（弥补缺陷）；

（5）多样化。

3. 产品特色决策

（1）新奇；

（2）优质；

（3）价廉。

4. 创新程度决策

（1）独创；

（2）模仿；

（3）改进。

5. 开发方式决策

（1）独立研制：即由企业运用自己的科研力量开发出新的具有特色的产品，取得技术上的领先地位，从而在市场上占绝对优势。这种策略又可分为三种形式：一是从基础理论开始研究，经过应用研究和开发研究，最终开发出新产品。二是利用已有的基础理论，进而应用研究和开发研究，开发出新的产品。三是利用基础理论和应用理论的成果进行开发性研究，开发出新的产品投放市场。

（2）技术引进：即花一定的费用购买别人的先进技术和研究成果。进行技术引进，既可以从国外引进，也可以从本国其他地区引进。实行技术引进不仅能节约研制费用，而且能赢得时间，赶超先进技术水平，因而是许多科研力量不强的企业采用的策略。但由于该策略所有的企业均可采用，因而市场竞争激烈，企业难以拥有较高的市场占有率。

（3）研制与引进相结合：即在开发新产品上采取两条腿走路的方针，既独立研制，又引进技术，并通过对引进技术的消化吸收，与本企业技术结合，创造出本企业的新产品。这种策略的优点是使二者相互促进，独立研制促进引进技术的消化，引进技术又为独立研制提了借鉴，从而加快新产品开发的进程。

【案例 7-9】

充电式电熨斗的问世

一个时期，日本松下电器公司的电熨斗滞销了，开发部长灵机一动，将几十名家庭妇女请到公司，热情款待，并向她们问计。有一位妇女开玩笑地说："如果你们能够生产出不带电线的电熨斗，我们就欢迎!"一句话，说得开发部长拍案叫绝，并立即组织研究、设计。很快，不带电线的充电式电熨斗问世了，备受消费者青睐。

（方光罗．市场营销学（第 1 版）．大连：东北财经大学出版社，2001，11：145.）

三、新产品开发的过程

新产品开发一般要经历产生创意、创意筛选、产品概念形成与测试、初步营销规划、商业分析、产品研制、市场试销及商业性投放八个阶段。

（一）产生创意

新产品开发是从寻求创意开始的。一个成功的新产品，首先来自于一个有创造性的创意。新产品创意的来源很多。包括：消费者和用户、科研人员与科研机构、竞争者、经销商和代理商、企业管理人员和职工、专利代理人、大学和商业性实验室、营销咨询公司、广告代理商，企业顾问等。

（二）创意筛选

创意筛选的目的是权衡各个创意的费用、潜在效益和风险，剔除那些与企业目标或资源不协调的新产品创意。创意的筛选要符合可行性原则、效益性原则和适应性原则。

（三）产品概念形成与测试

产品概念是用文字、图形或模型等对已经成型的构思进行详尽、形象的具体描述，以便在消费者心目中形成一种潜在产品的特定印象。对于形成的产品概念，还应在消费者中对概念进行测试，具体内容包括：新产品概念的可传播性和可信度；潜在消费者对新产品概念的需求水平；新产品概念与现有产品的差距水平；潜在消费者对新产品概念的认知价值；潜在消费者的购买意愿；目标用户、购买场合和购买频率的测试。

（四）初步营销规划

对经测试入选的产品概念，企业需制订一个初步的营销规划。营销规划包括三个部分：第一部分描述目标市场的规模、结构和行为，产品的定位，销售量和市场占有率，以及产品投放市场的头几年的利润目标。第二部分则是产品的价格策略、分销策略和营销预算。第三部分涉及长期销售量和利润目标的预测，以及在不同时期的营销组合策略。

（五）商业分析

商业分析是对新产品的潜在利益所作的详细研究，目的是在发生进一步开发费用之前剔除不能赢利的新产品概念。由于大部分不适用的新产品创意及新产品概念在筛选和测试阶段已经被淘汰，因此，效益分析经常集中于为数不多的几个新产品方案上。新产品效益分析的内容主要包括三个方面：估计销售量、测算成本和利润、计算开发的投资量。

（六）产品研制

这一阶段是将产品概念转交给研究开发部门将其转化为具体的产品模型或样本。较之前述几个阶段，产品开发阶段需要更多的投入，也需要更长的时间。试制出来的产品只有符合以下要求，才能被视为在技术和商业上是可行的：首先，在消费者看来，产品具备了产品概念中所列举的各项属性；其次，在正常使用条件下，能安全地发挥其功能。最后，新产品能在预算的成本范围内生产出来。

产品研制出来后，需要通过一系列严格的功能测试与消费者测试。功能测试是在调试新产品是否安全可靠，性能质量是否达到规定的标准等。消费者测试则是通过试用样本等方式了解消费者对产品的意见与反应，以便从中发现问题和作进一步改进与完善。

（七）市场试销

产品投放市场后，要了解它能否受到目标消费者的欢迎。为此，需要通过市场试销，即将产品投放到有代表性的小范围市场进行试验，以检查该产品的市场反应，在此基础上再决定是否将产品大批量投放市场。

市场试销的目的主要是了解消费者对新产品的反应情况，并据此作出决策。通过适用，还可以收集有关市场和产品的信息，进一步改进产品和完善市场营销方案。有时，还可以在试销中发现新的市场机会。虽然如此，并不是所有的产品都必须经过市场试销，是否试销主要取决于企业对新产品成功率的把握。

（八）商业性投放

在试销基础上，企业可据此获得的大量信息来决定是否将新产品全面推向市场。一旦决定进行商业性投放，则应在以下方面慎重决策：

1. 上市时机

新产品上市要选择最佳的时机，如果是季节性产品，则最好应季上市，以便立即引起消费者兴趣。同时，还要考虑新产品上市对企业老产品的影响，如果对老产品的销售影响很大，则应等到老产品库存量下降后推出新产品。

在竞争者也将推出类似新产品的情况下，进入市场的时机有三种选择：

（1）抢先进入。可获得先入为主的优势，率先建立品牌偏好。

（2）同时进入。可与竞争者分摊广告促销费，分担风险。

（3）延后进入。在竞争者产品上市后在进入市场，可以节省广告宣传费，避免新产品上市可能出现的问题和损失，还可以较准确地了解场需求量的大小。

2. 上市地点

这主要根据企业实力和市场条件等因素来决定。一般是在主要地区的市场上推出，进行集中性广告宣传活动，然后再扩大到其他地区。实力强大的公司拥有全国或国际销售网络，也可以一开始就在全国或国际市场上推出。

3. 目标顾客计划

企业应该根据目标顾客有针对性地制订营销计划，把分销和促销的重点指向最早使用者、经常使用者和用户中有影响力者，并通过他们带动一般顾客，以最快的速度和最少的费用，扩大新产品的市场占有率。

4. 营销策略

采取什么营销策略推出新产品，即对营销组合要素的投资比例和先后顺序，也要作出适当安排。对不同地区、不同市场和不同目标顾客，应有不同的营销策略，因地制宜。

总之，一项新产品的开发要想取得成功，必须有一套科学合理的程序，要有计划、有步骤地进行。

【案例 7-10】

“柯达”的新产品开发战略

从19世纪80年代到20世纪80年代，柯达公司在世界照相领域中的霸主地位一直没有动摇。“创新技术、突破生活”是柯达公司传统的座右铭，也是柯达的成功之本。

柯达的创始人乔治·伊士曼在20岁时，就对照相机感兴趣，虽然没有积蓄，他却已经开始着手研究照相干板。为了实现这一梦想，1881年1月，他把自己极端珍视的5500美元的积蓄作为准备资金，在罗契斯特创立了照相干板制造公司。干板的制造，比原来的湿板更困难。但从玻璃板的干板到软片，就一步一步接近照片的大众化。这一个公司便是伊士曼·柯达的前身，当年乔治·伊士曼27岁。乔治一边制造照相干板，一边对照相机的全部构造及性能进行仔细研究，他一直想制造出一种操作简单的照相机。经过七年的苦苦研究，终于研制成了一种小型口袋式照相机，并命名为“柯达第一号”。

此后，柯达公司还连续推出“袖珍型全自动照相机”和“立即显像摄相机”，可以说是在世界照相史上具有划时代的意义的两次突破。

柯达公司认识到，某种类型照相机若能长期销售就可盈利累累，但同时又要顾及业余摄影爱好者玩腻某型照相机之后就有减少买软片的倾向。因此，柯达的策略就是每隔些时间推陈出新，让新一代的青年接触到新型的柯达相机。于是，1969年柯达公司就想秘密设计一种“立即显像摄影机”。当时，这种相机已经出世，著名的“拍立得”公司已经制造出即时显像的相机SX-70，只是最初SX-70在使用时须将保护乳剂的保险纸撕开丢掉，这等于制造垃圾，但“拍立得”也着手改良这种相机。在这种激烈的竞争中，柯达公司的首脑们并不过分紧张，在位于罗契斯特一座普通建筑物的柯达总部，主管们显得异常的沉稳和镇定，他们总是善于控制业务变动的步伐，从容地开发与发展多种新产品，掌握每一种产品的寿命以获得最大的利润。这也是柯达一贯的管理领导艺术。

根据它稳步求胜的战略，“即显相机”经历了周密的研制过程。公司先确定这种相机与软片大致具备的优势，然后考虑用户的潜在需求，在“用户不满意”上下工夫。所以，新产品首先要廉价。其次，必须容易操作，以消除用户因技术欠佳难以驾驭相机的恐惧心理。最后，必须保证质量，不能让用户在摄影效果上失望。正如即显部主任麦克尼斯所说：“用户真正关心的是这部相机是否能比较容易地照出色彩艳丽的摄影佳作。”根据这些要求，公司成立了特别小组，从技艺方面研究解决这些问题。到1971年初夏，研究人员提出了三种软片设计的方案，供管理部门选择，同时，也附呈每一种方式所需的开发费用。

决策部门批准了最佳方案，分别在英国、法国、美国开始推行。执行小组的成员包括生产、推销与研究三个方面的专家，他们的工作十分艰巨。例如，为了解决聚焦问题，执行小组决定柯达即显相机的镜头应该很小，这会产生背景深远的效果。可是镜头圆径一小，通过的光也较少，执行小组只好决定采用较目前软片快4倍的高速乳剂胶卷。但这种胶卷的研制需要耗费大量的资金。于是柯达公司派1000多位研究人员，遍及美国与西欧从事此胶卷的开发。直到1972年初，赛格领导的特别执行小组，从三种化学软片中选定了可以产生瑰丽色彩的一种，一个月以后，小组终于找出了能大量生产性能特快的快速感光乳剂的方法。最后，感光乳剂在美国试制，经柯达总部罗契斯特实验室的精炼，而后又获得法国控制乳剂专家的协作使其更加完美。

柯达公司新照相机的不断发明，也直接扩大了它的软片市场。于1952—1963年，扩大公司在研制“袖珍型全自动相机”期间，同时改制了古老的软片，为了便于安装，柯达首先设想把软片与匣子合成一体，发明匣盒软片，增加快拍机会，这种软片比通常的软片增加25%的长度，而且价格低廉，最便宜只有10美元，这在软片市场上可谓是一次开拓。

柯达公司举世瞩目的声誉，除以上业绩之外，还跟它改良影印机的成功是分不开的。从20世纪50年代后期起，柯达就在光电照相机方面进行了一定的研究。但在影印机市场上，有技术领先、实力强劲是世界影印机巨头金禄和万国商业机器公司与之竞争。金禄早在1960年就以914型影印机首先进入市场获得成功，多年来，金禄的影印机畅销全球，几乎独占市场。而万国商业机器公司当时也有10%的市场份额，柯达是迟来的新手，因而遭遇了许多巨大的难题。

柯达公司并没有甘拜下风，而是以其稳健的作风做出抉择，要制造一种最新的产品。通过对影印机市场的调查，柯达了解到用户的兴趣在于产品的品质、快速、可靠与简便。在对市场的未来前景进行科学预测后，经过综合平衡，柯达决定所生产的新产品专门为大公司服务。柯达要夺取市场，必须是自己的新产品在技术性能方面超过其他公司，于是制订了新产品开发的优质战略。1967年，一名叫沙莱的人发明了一种新构想的文件重组反馈器，这种装置能自动处理一堆需要复印的原件。沙莱给各大影印公司致函，寻求被采用的机会。金禄公司寄了一张空白表格让他填写，但柯达公司却立即委托专利律师打电话和沙莱直接洽谈。当时，尽管柯达对沙莱的发明没有马上利用，但却很快取得了这项发明的专利权。几年后，柯达公司影印实验室对沙莱的文件重组反馈器进行了研究改进，柯达的工程师终于使它圆满地运行。于是柯达影印机可以一面复印，一面装订。这就比其他要等复印全部完了之后才能装订的影印机多了令人羡慕的优越性。另外，给新产品的“必备”条件帮了大忙的还在于INTEL公司推出的8008号微机处理机，它使柯达影印机健全了“故障排除系统。”

当一系列难题终于得到解决之后，柯达公司的EK塔影印机开始上市。这种影印机由于一边复印，一边装订，得到用户的一致好评。它的多功能性，即使是老牌的金禄公司和万国商业机器公司也望尘莫及。

（根据经济管理出版社《市场营销案例精选精析》改编，原作者：朱华。）

第六节 产品策略单项实训

一、材料

现实生活中某种产品（学生自己确定）。

二、题目

分析该产品的使用价值及在销售中有什么作用。

三、具体操作

1. 分组

①按照记分册名单顺序，按照每五人一组进行分组，由于人数不是五的倍数，余下人员在后面添加，改为六人一组。

②组别确定以后，每组确定每人岗位以及职责。

③岗位有：营销经理一名、其余均为营销人员。

2. 分组讨论

①要求各组在营销经理领导下进行工作。

②要求各组工作有计划，有分工，有步骤，协同一致。

③要求各组深入生活实际观察、思考、创新。

3. 形成文字资料

每组将自己组通过对该产品的使用价值及在销售中有什么作用的观察、思考、创新，形成文字材料。

4. 实训成果展示

每组选派一人上讲台讲解。

5. 同学提问答辩

下面同学提问，实训人员现场答辩。

6. 上交本次实训成果

打印文字材料一份+电子文档一份。

注意事项：

①要求各小组所定商品不能雷同。

②分析该产品的使用价值不能低于十条，并将每一条对应运用于营销销售。

③分析该产品的使用价值，能够应用于实践中需要解决问题（如顾客质疑该商品有没有用、该产品的质量高不高、该产品的价格高不高、该产品的名气高不高等）。

④代表讲解过程中最低要求采用 PPT 进行讲解。如能结合使用实物展示讲解最好。

⑤现场答辩：在答辩时，本组人员全部站在讲台上，回答下面同学的提问置疑。

四、时间安排

1. 讨论：2 节课时间。
2. 发言展示及答辩：4 节课时间。

五、文字材料的封面设计

1. 有标题、机密字样等内容。
2. 有团队成员等内容。
3. 有时间。
4. 其他的什么图案口号等内容不作要求，自己美化认可就行。

六、实训指导要点

核心产品层不等于产品使用价值，产品使用价值包含与产品的三个层次之中。产品使用价值不仅与产品质量、产品价格有关，而且与产品销售，促使消费者购买都有内在的特殊的关系，对企业市场营销有着特别重要的作用。

☞ 课后训练 ☜

一、理论知识掌握

1. 什么是狭义产品？
2. 什么是广义产品？
3. 产品整体概念的营销意义是什么？
4. 根据消费者的购买习惯，产品可分为哪几类？
5. 什么是产品组合？

6. 什么是产品线？
7. 什么是产品项目？
8. 产品组合调整的策略有哪几种？
9. 什么是产品市场生命周期？
10. 产品市场生命周期的划分依据是什么？
11. 产品市场生命周期各时期的特点是什么？
12. 产品市场生命周期各时期的营销策略是什么？
13. 什么是品牌和商标？品牌和商标的联系与区别是什么？
14. 品牌有什么作用？
15. 品牌设计的原则有哪些？
16. 包装有什么作用？
17. 包装设计的原则有哪些？
18. 什么是包装？
19. 什么是新产品？新产品有哪些类型？
20. 新产品的开发方式有哪些？
21. 新产品的开发过程是什么？

二、能力素质训练

（一）商品单项实训——商品卖点的挖掘

以某一个熟悉的产品为目的物，对它现在的市场卖点进行分析确认，然后，再挖掘出新的卖点。

任务要求：

1. 将学生进行分组，每组 6 人左右。
2. 每组选出一个团队负责人，组织学生进行讨论并做好讨论记录。
3. 每组负责人派一个组员或全组上讲台展示自己组的成果。
4. 教师进行结果评价。

（二）案例分析：长城葡萄酒的品牌整合

1. 长城品牌面临的问题

1983 年，中国长城葡萄酒有限公司在河北张家口沙城成立，中国粮油食品进出口（集团）有限公司（以下简称中粮）和中粮的海外企业占 50%的股份，地方占 50%的股份。1988 年，华夏葡萄酿酒有限公司在河北昌黎成立，中粮占 100%的股份。1999 年，烟台中粮葡萄酿酒有限公司成立，中粮占 60%的股份，地方占 40%的股份。这三家酒厂都生产“长城”牌葡萄酒，习惯被称为沙城长城华夏长城和烟台长城，分别占整个“长城”葡萄酒市场份额的 35%、50%和 15%。

虽然沙城长城和华夏长城在干白和干红领域都迅速占领了市场，但在葡萄酒行业“红热白冷”的情况下，三家“长城”对营销商的选择在有的区域市场出现了重合。从而引发了在同一区域市场同室操戈的局面，使得销售网络出现了品牌混淆和难以监管的问题。同时，有些经销商或代理商不进行品牌维护。在各种利益的驱使下，三家企业的销售人员都分别强调自己的产品优秀。甚至比别的“长城”更正宗，令消费者搞不清三家产品有什么区别，从而使长城品牌在消费者心目中的形象与以前大相径庭。

长城下决心进行整合。

2. 品牌的整合过程

（1）委托品牌识别咨询公司进行资源整合。

中粮不惜耗费巨大的精力和财力去做整合工作。中粮把统一长城品牌的规划工作委托给了与中粮集团一直保持良好合作关系的国际著名咨询公司麦肯锡，把品牌梳理工作委托给了全球最大的品牌识别咨询集团——扬特品牌识别咨询公司，把广告宣传委托给了奥美广告公司。这三家公司在行业内都占据着领导地位，中粮希望借此增加整合成功的系数。

诊断后的中粮酒业将一改三家分头经营的局面，使用统一的利润中心、统一的品牌形象、统一的市场渠道，进行统一的生产管理。在整合过程中，中粮酒业发挥自身专业管理中心的优势，三地生产厂家发挥削减生产成本、管理成本的优势，角色定位清晰，各方优势互补。过去长城只是一个品牌，没有进行统一的品牌运作，长城葡萄酒没有统一的品牌形象，因此整合的第一步就是统一品牌形象，统一宣传工作。这就需要先把核心的理念找出来，然后在品牌识别上作调整，包括标识、色彩、包装和名片。

扬特品牌识别咨询公司完成了“长城”产品的统一标识，并同期推出了中粮酒业有限公司的CI、VI系统。通过实施企业识别策略，塑造了一个既符合社会公众要求，又切合企业实体的中粮酒业的新形象。

另外，长城的酒标也发生了很大的变化，实现了五大元素的统一：统一使用长城品牌LOGO；统一采用标准“长城”中文文字；统一采用标准“长城”英文文字；各生产厂标明相应产地，即“沙城产区”、“昌黎产区”、“烟台产区”；统一注明“中国粮油食品进出口（集团）有限公司”；背标统一采用3.15标志图案。

之所以在形象整合后，原来三个生产企业的名称只作为一个原产地的识别符号存在，而侧重于长城品牌和中粮集团作为品牌背景的能量，是因为中粮酒业曾经作过一个市场调研，发现被调查的大部分消费者并不知道长城是中粮出品的，但是这部分被访的消费者说，知道长城是由中粮出品之后会更加信赖长城品牌。

（2）市场细分营销。

整合的关键一步是要做好产品的系列工作，突出三家工厂生产的产品的鲜明特色，实行分级管理和等级标准，从源头上避免重复生产与重复竞争。

中粮酒业在仔细分析了三家酒厂的优势后，认为沙城厂发酵和储酒能力居同行业之首，工厂历史长，并且拥有自己的葡萄园，渠道渗透广，可以侧重生产适合大众口味的葡萄酒，以迎合对葡萄酒认知较浅的大众消费群的需要，并以中低档、大批量产品为主，这样可以充分发挥其发酵、储酒能力的特有优势。华夏厂拥有规模最大的酒窖和葡萄园，橡木桶资源丰富，产品质量优良，市场口碑良好，则可侧重于中高端定位，目标人群是对葡萄酒有一定了解，生活方式较西方化的消费群。烟台厂葡萄园管理规范，资源优良，产品外观新颖，可侧重新世纪酒定位，目标人群为年纪较轻，喜欢追求新事物的人群。

在对三个厂进行定位细分后，长城内部还形成了一套管理规范。按产地、年份和品种，对长城品牌的各产品进行细分，并将这种细分和管理规范应用到各公司的销售网络中去，最后传递到零售终端，以达到对市场终端的控制。另外还制定了长城公司内部品牌各产品的等级管理体系，建立了与之相配的生产规范，保证不同等级的产品对应不同的价格以及不同的消费者群体，达到对长城品牌各产品市场的细分。

(3) 品牌文化宣传。

葡萄酒市场营销中的基本概念是，顶级酒的市场营销不以广告诉求取胜，而以树立品位形象的生活方式营销赢得目标市场消费者的认知、认同和口碑相传，从而确立市场中的稳固地位。葡萄酒文化是随高档酒推广过程中倡导的精致生活，以及与之相适应的美食、艺术欣赏等相关活动发展起来的。低档大众葡萄酒的目标市场范围广，需要广告及促销对大众进行购买需求和品牌诉求，并建立与之相适应的覆盖面广的经销网络。

①借广告传播打文化牌，树王者风范。2002 年 8 月，中粮酒业在即将完成旗下三地长城品牌形象整合之际，推出了一个 60 秒钟的电视广告。该广告在中央电视台和香港卫视强势播出，抛弃了一般层面零散的诉求和头疼医头、脚疼医脚的品牌局部传播，全方位地展示了品牌的内在实力。该广告片分为三个部分：高洁的品质——动人酒香，有如天籁传唱；开放的胸襟——好酒之间没有距离，只有亲密；民族的自尊——地道干红，天赋灵犀。这三个部分分别突出了长城葡萄酒的原产地风范、世界级品质和民族品牌特色。

②强调原产地风范。葡萄酒七分靠原料，三分靠酿造。好产地、好品种、好年份，酿酒的先天优势显然长城都具备，这是长城葡萄酒本身的价值。当然，要影响人们的消费行为，就要创立一种文化。文化是无形的，但它的影响是强大而无孔不入的，对于葡萄酒行业来说更是如此。人们消费葡萄酒的本质需要，不仅仅是生理上的需要，而且更是一种文化上的需要，这种消费行为是在文化意识的支配下发生的，是人性中的深层次需要。

长城葡萄酒的产品一般走高端市场，这类群体的消费者往往希望产品给他们带来一种感觉：一种深沉的历史感和王者风范。因此，中粮酒业也希望借广告来宣扬自己的酒文化，把物质技术上的奇迹和人性的需要平衡起来，使自己的葡萄酒具有文化上的感染力。

3. 品牌形象整合效果

整合的一大好处就是可以实现规模优势。仅以小小的瓶塞为例，整合前三家工厂是各自进货，现在则改成了统一采购，这样购买量一下就上去了，自然价格就有了下降的空间。

如今，长城品牌形象整合已经全面完成。自 2002 年整合以来，长城品牌的销量超过 500 万标箱，销售收入突破 11 亿元，仅仅干型葡萄酒就占据着全国市场 40%的份额。最近的一项指标表明，2003 年第一季度的销量已经接近 2002 年半年的销量。

2008 年奥运会在北京举行，这为中国企业提供了一个打造世界级品牌的良机，长城抓住了这一千载难逢的机会，代言中国葡萄酒，成为奥运会葡萄酒提供商。我们相信，长城葡萄酒走向世界已经为时不远。

思考：

1. 中粮集团是如何对长城葡萄酒进行品牌整合的？

2. 长城葡萄酒的品牌文化宣传策略有哪些？对我们有何启发？

（三）案例分析：33 元钱一斤的橘子皮

橘子皮，中药称其为“陈皮”。罐头厂不生产中药，百货公司的食品部也不卖中药，但汕头某罐头厂在北京王府井百货大楼竟把橘子皮卖火了，售价 33 元一斤！这事谁听了都觉得有些“邪乎”，可你抽空到王府井百货大楼食品部看一看，就会发现这是真的：身价不凡的橘子皮，堂而皇之地躺在玻璃柜台上，每大盒内装 15 克包装的 10 小盒，售价 10 元，如此折算，每 500 克售价高达 33 元之多。

汕头这家食品厂，原本生产橘子罐头，以前鲜橘装瓶后，橘子皮就被送进药材收购站，价格是几分钱一斤，近年来，加工橘子罐头的多了，橘子皮几分钱一斤也卖不出去，于是就在橘子皮上打主意——难道橘子皮除了晾干后入中药做陈皮外，就没别的用场吗？他们组织人力开发研究其新的使用价值，终于开发出了一种叫“珍珠陈皮”的小食品。

产品开发出来了，要以什么样的价格投放市场？为此，他们作了市场分析评估：

（1）这种小食品的“上帝”多为妇女和儿童，城市的女性和儿童多有吃小食品的习惯。

（2）城市妇女既爱吃小食品又追求苗条、美容，惧怕肥胖；女孩子视吃小食品为一种时髦。

（3）儿童喜欢吃小食品，家长也从不吝啬花钱，但又担心小孩过胖。

（4）珍珠陈皮的配料采用橘皮、珍珠、二钛糖、食盐，经加工后味道很好，食后还有保持面部红润，身材苗条的功能，由于用袋袋小包装，吃起来也很方便。

（5）市场上当前很少有同类产品。

于是，这种小食品采用高价策略进入了市场。一斤橘子皮卖 33 元钱，就是那些领新潮消费之线的年轻女士也觉得太贵。可是，当她们买了尝过之后，又介绍给别人去买去尝，儿童们更是百吃不厌。于是，33 元钱一斤的橘子皮，真的成了“挡不住的诱惑”，诱得求购者纷至沓来，亚运会期间，北京展览馆亚运购物中心举办的商品展销，评定出的单项商品销售冠军，竟然就是这 33 元钱一斤的“橘子皮”——珍珠陈皮。

思考：

1. 汕头这家罐头厂在开发新产品时考虑了哪些因素？

2. 采取高价策略为什么会取得成功？

3. 如何才能保持住在市场上的竞争力？

（四）案例分析：万宝路的创业路

在万宝路创业的早期，万宝路的定位是女士烟，其消费者绝大多数是女性。其广告口号是：像五月天气一样温和。可是，事与愿违，尽管当时美国吸烟人数年年都在上升，但万宝路香烟的销路却始终平平。

抱着一筹莫展而又不甘失败的心情，1954 年，莫里斯公司决策层对香烟市场审慎分析之后，作出了几项重大决策，改变了万宝路的品牌方针。公司所进行的一系列的产品及形象改变中，最重要的、起决定作用的就是李奥 · 贝纳对万宝路所做的“变性手术”——把原来定位为“女士香烟”的万宝路重新定位为“男子汉香烟”。

李奥·贝纳是美国广告界最有名的大师之一，也是世界广告学奠基人之一，当时在美国享有极高的威望。他经过周密的调查和深思熟虑之后，大胆向莫里斯公司提出：将万宝路香烟改变定位为男子汉香烟，并大胆改造万宝路的形象：包装采用当时首创的平开盒盖技术并以象征力量的红色作为外盒的主要色彩。广告上的重大改变是：万宝路广告不再以妇女为主要诉求对象，广告中一再强调万宝路香烟的男子汉气概，吸引所有喜爱、欣赏和追求这种气概的消费者。按李奥·贝纳的创意，这种理想中的男子汉也就是后来在万宝路中充当主角的美国西部牛仔形象：一个目光深沉、皮肤粗糙、浑身散发着粗犷、豪迈英雄气概的男子汉，袖管高高卷起，露出多毛的手臂，手指间总是夹着一支冉冉冒烟的万宝路香烟，跨着一匹雄壮的高头大马驰骋在辽阔的美国西部大草原。“万宝路男人”来自“万宝路世界”并总是伴有电影“Magnificent Seven”(豪勇七蛟龙)中的打击音乐，这就使万宝路广告成为广告史上最成功的广告之一。难怪有人说：万宝路世界，男子汉气概等只不过是广告商涂抹在万宝路香烟上的人工色彩而已。

在与消费者的沟通中，从标识到形象再到个性，“个性”是沟通的最高层面。品牌个性比品牌形象更深入一层，形象只是造成认同，而个性则可以造成崇拜。一个产品的沟通如果能做到个性层面，那么它在消费者中的形象是极其深刻的，它的沟通是极其成功。万宝路正是这样一个极具个性的品牌。

通过各种沟通方式，万宝路树立了自己的形象：自由、野性与冒险。万宝路形象如同美国西部牛仔形象一样植根于人们心中。这种形象是稳固的，同时又是无形的，是被万宝路长期传播而逐渐形成的，万宝路的形象像一座桥梁连接了万宝路香烟与万宝路个性。其中，最重要、最核心的就是万宝路的个性。万宝路是一个怎样的个性呢？力量、不羁。这是万宝路与其他品牌截然不同之处，是万宝路形象最独特之处，也是万宝路沟通达到的最高境界。至此，人们对万宝路不止是一种形象的认识，而是对万宝路这一品牌的高度认同与热切向往。

第八章　价 格 策 略

【案例 8-1】

富士复印机定价策略

1984 年 7 月，日本富士公司业务主管藤野先生飞抵东南亚一发展中国家，计划与该国××公司签订一个关于从日本进口复印机的合同。不料××公司老板却冷冷地告诉他："我们不打算签那份合同了。"藤野虽对××公司中途毁约甚为不满，但并未流露出任何不悦神态。他想其中定有变故，旋即飞回日本。三天后，藤野再次来到××公司老板面前，开门见山地说："我此次来是想与您商谈有关 B 型机价格，我公司价格比另一家供货价格低三成。"原来，藤野回日本之前将情况向公司汇报，公司经过调查发现，另一家日商抢走了他们的生意。××公司老板心中暗喜，重与富士公司签订了进口 1500 台 B 型复印机的合同。

签完合同的藤野立刻飞回日本，第二天便来到专门生产 B 型复印机的厂家，请厂家把经销权交给富士公司，同时，愿再加一成价格，条件是 B 型复印机的辅助材料和设备由富士公司独家经营。两家签订了和约。

1500 台复印机如期运往××公司，由于价格低廉，富士公司的这笔生意不仅没赚，反而亏损了不少。就在××公司出售这 1500 台复印机时才恍然大悟，用户不仅要购买复印机，而且还需要大量的辅助材料和设备。××公司只好再次与富士公司合作。这次富士公司主动权在握，售出辅助材料和设备不仅弥补了先前的亏损，还取得了可观的盈利。

（第一赢销网 http：//www. yingxiao 360. com/）

上述案例告诉我们，产品定价是企业营销组合策略的一个重要内容，也是不断开拓市场的重要手段。产品价格的合理与否，很大程度决定了购买者是否接受这个产品，直接影响产品和企业的形象，影响企业在市场竞争中的地位。因此，从营销角度出发，企业应尽可能合理地制定价格，并随着环境的变化，及时对价格进行修订和调整。

产品定价就是本章核心内容，包括价格的概念、影响定价的因素、定价的方法和种类、定价策略的具体方式、价格的调整技巧等。重点是对价格的理解、影响定价的因素以及价格的调整技巧。

第一节 影响定价的因素

一、商品价值和价格

（一）商品价值

从字面上的意义而言，是指一件商品所蕴含的价值。但在马克思的《资本论》中将这个概念加以深化讨论，他认为商品价值是指凝结在商品中无差别的人类劳动。无差别的人类劳动则以社会必要劳动时间来衡量。

商品具有价值和使用价值。商品价值是凝结在商品中的无差别的人类劳动（包括体力劳动和脑力劳动）。使用价值是指某物对人的有用性（如面包能填饱肚子，衣服能保暖）。得到商品价值必须让渡商品的使用价值（如我生产出的衣服，但是不用来自己穿着保暖，而是卖给别人，获得一定的报酬，在这个卖的过程中，自己就让渡了使用价值，而占有价值），价值和使用价值不能同时占有。对于买家来说是通过买的过程占有了使用价值，而卖家则是占有了价值。

在现实中，商品的价值主要通过价格来体现。

（二）商品价格

在经济学里，价格是一项以货币为表现形式，为商品、服务及资产所订立的价值数字。价格是商品同货币交换比例的指数，或者说，价格是价值的货币表现。价格是商品的交换价值在流通过程中所取得的转化形式。在微观经济学之中，资源在需求和供应者之间重新分配的过程中，价格是重要的变数之一。价格是一种从属于价值并由价值决定的货币价值形式。价值的变动是价格变动的内在的、支配性的因素，是价格形成的基础。

但是，由于商品的价格既是由商品本身的价值决定的，也是由货币本身的价值决定的，因而商品价格的变动不一定反映商品价值的变动，例如，在商品价值不变时，货币价值的变动就会引起商品价格的变动；同样，商品价值的变动也并不一定就会引起商品价格的变动，例如，在商品价值和货币价值按同一方向发生相同比例变动时，商品价值的变动并不引起商品价格的变动。

因此，商品的价格虽然是表现价值的，但是，仍然存在着商品价格和商品价值不相一致的情况。在简单商品经济条件下，商品价格随市场供求关系的变动，直接围绕它的价值上下波动；在资本主义商品经济条件下，由于部门之间的竞争和利润的平均化，商品价值转化为生产价格，商品价格随市场供求关系的变动，围绕生产价格上下波动。

总之，在经济学家眼里，价格是产品价值的外在表现形式。但是在市场学家眼里，价格就像是一个活泼可爱的小男孩，上蹿下跳，变幻不定。产品价格的确定（价格策略）是营销组合中最活跃的因素，最具有竞争性和综合性，是四大营销要素中，唯一将现金带进企业的因素，是企业实现经营目标的一个非常重要的工具。

（三）营销定价

就是指把产品价格的确定与企业市场营销组合的其他因素巧妙地结合起来，定出一个最有利于企业的产品价格，以实现企业经营目标的过程。

【案例 8-2】

市场销售中的数学问题

前不久，与父母一起逛街，发现楼下的商店标出了七折的“亏本价”，我不禁心动。几天以后，又惊奇地发现该商店又打出了七折的“破产价”，我正准备解囊，妈妈说再等两天。果然，两天后该商店又降价 30%，标出“跳楼价”。结果被一抢而空。

接二连三地降价打折，商家是亏本，还是有赚头？如果有赚头，那么他们又是采用了什么手段？带着满脑子的问题，我首先来到楼下那家商店，询问他们到底是亏还是赚？究竟采用了什么方法？起初，该店老板守口如瓶，不肯透露半点消息。后来在老师的提示下，我再一次来到该店，在我亮明身份和目的，百般恳求之后，老板终于开了口。他说，这些都是沉积已久的商品，销路不好，于是采用了这样一个方法：首先将商品的价格提高到原来价格的 2.5 倍，然后再连续降价三次，以吸引顾客。大多数人认为有利可图，于是争先购买。果然如他所说那样，第一次购买的人很少，第二次有一些人购买，第三次就抢购一空。

用数学知识表示为：设原价为 a，共有 100 件商品；提价后的价格为 2.5a；第一次七折后的价格为 1.75a（2.5a×70%），卖出 5 件；第二次七折后的价格为 1.225a（1.75a×70%），卖出 40 件；第三次七折后的价格为 0.8575a（1.225a×70%），卖出 55 件。该商品卖出总销售额为 104.9125a（1.75a×5+1.225a×40+0.8575a×55），这比原价 a 卖出的销售额多了 4.9125a，即多赚了 4.9125a 的钱。

（摘自武汉市第 17 中学高二（9）班 舒轶夫的社会实践文章，对原文作了修改）

从上面案例中，我们至少可以看出在市场营销实战中，价格虽然遵循经济学理论的价值价格理论，但价格更多地体现出，作为营销组合四大因素中最活跃的因素，还可以促进企业产品或劳务的销售工作，还可以给企业带来更多的直接和间接的利润。

二、影响定价的因素

理解了价值和价格的关系，我们不难看出企业定价的基础和要考虑的相关因素。从理论上来讲，产品价值和货币价值会影响产品价格的变动，但从市场营销组合的角度来分析影响定价的因素时，短期内我们可以将产品价值和货币价值视为不变，这时，影响产品定价的因素主要包括定价目标、产品成本、市场需求、竞争者的产品和价格等因素。

（一）定价目标

定价目标是指企业通过制定及实施价格策略所希望达到的目的。任何企业制定价格必须考虑企业整体营销战略以及目标市场战略和市场定位战略的要求谨慎加以选择。

1. 求生存

当企业受到生产能力过剩、激烈竞争、顾客需求变化等所困扰时，生存比利润更重要。此时，价格只能补偿变动成本和部分固定成本。

2. 获取最大利润目标

这一目标即企业期望通过制定较高价格，迅速获取最大利润。采取这种定价目标的企业，其产品多处于绝对有利的地位。一般而言必须具备两个条件：一是企业的个别成本低于部门平均成本；二是该产品的市场需求大于供应。在这种情况下，企业可以把价格定得高于按平均利润率计算的价格。

使用这种定价目标的企业，要注意的问题是，由于消费者的抵抗、竞争者的加入、替代品的盛行等原因，使企业某种有利的地位不会持续长久，高价也最终会降至正常水平。因此，企业应该着眼于长期理想利润目标，兼顾短期利润目标，实时和及时地调整自己产品的价格以及对应的最大利润目标。

3. 适当投资利润率目标

这一目标即企业通过定价，使价格有利于实现一定投资报酬为定价目标。采取这种定价目标的企业，一般是根据投资额规定的利润率，然后计算出各单位产品的利润额，把它加在产品的成本上，就成为该产品的价格。

使用这种定价目标的企业，特别是小型、微型企业，要注意的问题是投资额的核定，企业生产产品、物流、销售等所有成本费用的核算和分类。只有准确的核定核算和分类，才能制定出理想合理的价格，实现赚取适当投资利润率目标。

4. 维持和提高市场占有率目标

这一目标着眼于追求企业的长远利益，有时它比获取理想利益目标更重要。市场占有率的高低反映了该企业的经营状况和竞争能力，从而关系到企业的发展前景。因为从长期来看，企业的盈利状况是同其市场占有率呈正向运动的。

为了扩大市场占有率，企业必须相对降低产品的价格水平和企业追求的利润水平。但是，采用这一策略必须和大批量生产能力结合起来，因为降价后市场需求量急剧增加，如果生产能力跟不上，造成供不应求，则竞争者就会乘虚而入，反而会损害本企业利益。或者，企业通过低价渗透策略，赶走或击败竞争对手，形成本产品本市场的局部垄断，最终获取巨额利润满足企业的赢利需求。

5. 稳定市场价格目标

这种定价目标是企业为了保护自己，避免不必要的价格竞争，从而牢固地占有市场，在产品的市场竞争和供求关系比较正常的情况下，在稳定的价格中取得合理的利润而制定商品价格。这一策略往往是行业中处于领先地位的大企业所采取。这样做的优点在于：市场需求一时发生急剧变化，价格也不致发生大的波动，有利于大企业稳固地占领市场。

6. 应付竞争目标

它是指企业在竞争激烈的市场上以应付或避免竞争所采用的定价策略。在定价前应注意收集同类产品的质量和成本信息，与自己的产品进行比较，然后制定本企业产品价格：(1) 对于力量较弱的企业，应采用与竞争者价格相同或略低于竞争者的价格；(2) 对于力量较强又想扩大市场占有率的企业，可采用低于竞争者的价格；(3) 对于资本雄厚，并拥有特殊技术的企业，可采用高于竞争者的价格；(4) 有时可采取低价，从而迫使对手退出市场或阻止对手进入市场。

【案例 8-3】

武汉王府井“假打折”被罚款欲噤声

2010 年 04 月 18 日 12：00 荆楚网朱滨 15 日，武汉王府井百货商场因“假打折”被罚款 5000 元。昨日，投诉人喻亮再次向晨报报料称，王府井曾欲与他签订一份“买断投诉”协议，一次性支付 1000 元，此举被喻先生断然拒绝。

王府井在一次皮鞋促销活动中，一款皮鞋原价最多只能标 646 元，却标注“原价 1078 元”再五折出售。消费者喻先生投诉后，武汉市物价局认定属于“虚假优惠折价”，是价格欺诈，并作出了处罚决定。

喻先生说，4 月 9 日，王府井相关工作人员电话约他到商场协商解决。当他赶到王府井顾客投诉接待中心时，一名周姓主管拿出一份协议书，让他“觉得没什么问题就签了”。喻先生一看，协议书不仅写着让他承认商场并无错误，而且还写明：鉴于对顾客的理解，一次性支付补偿 1000 元；甲方（消费者）今后不得在(记者注：应为“再”）就类似事件或商品物价、商品质量等相关问题，投诉举报武汉王府井百货。“这不就是想支付封口费，买断我对他们的永久投诉权吗？”喻先生当即断然拒绝。

昨日下午，记者带着这份协议找到周姓主管，周表示协议目前作废了，这只是当初作为妥善处理这一投诉纠纷的一个解决办法。

湖北忠三律师事务所律师张国振介绍，《消费者权益保护法》第 15 条明确规定，消费者享有对商品和服务进行监督的权利。有权检举、控告侵害消费者权益的行为。张律师认为，就算是签了协议，但“买断永久投诉权”的条款也属无效。

昨日，众多读者就晨报昨日的报道纷纷致电发表看法，认为一些商场的“数字游戏”让人眼花缭乱，很多时候上当了都不知情，“相关部门罚得好”。

（朱滨．荆楚网，2010-04-18.）

【案例 8-4】

武汉光谷步行街森马店价格有诈
——森马专卖店涉嫌价格欺诈 标价 319 元实收 399

一件原价 499 元的羽绒服，贴着“特价 319 元”的价签，打出来的电脑小票价格却为 399 元。近日，消费者姚老师遇到这种怪事。

姚老师在武汉光谷步行街1楼B区的森马服饰专卖店，看到一件原价499元的羽绒服“特价319元”，她付完款后，却发现电脑打出的小票价格为399元。

姚老师于是用手机拍下照片留做证据，向当地工商部门投诉。

工商执法人员随后赶到，专卖店工作人员辩解称，“特价319元”的价签是其他衣服上粘上去的，这款衣服本来就卖399元。但这一说辞明显不合逻辑。执法人员当场对其下达了《责令整改通知书》，并要求其核实标价与售价。

经调解，该专卖店钱姓店长向姚老师赔礼道歉，退还差价80元并补偿20元车费。

（楚天都市报，2011-03-07.）

上述案例告诉我们，企业追求利润最大化是天经地义的，但是，市场上还是有不少商家为了实现自己的利润目标和销售目标，不惜弄虚作假，欺骗市场，欺骗消费者，最终欺骗自己，使企业跌倒在弄虚作假上。

（二）成本费用

成本是定价的基础，一般是确定企业产品价格的下限。企业产品的成本一般由生产成本和生产经验函数成本、销售成本和储运成本等组成。（注：“生产经验函数成本”是指随着生产经验的积累，产品的单位成本和平均成本都会下降，并且，一般当生产或销售量每增加一倍时，产品的单位成本下降10%~30%）

（1）生产成本。生产成本是指在生产领域生产一定数量产品时所耗费掉的物质资料、劳动报酬，以及生产物流费用等各种成本费用的货币形态，是价值构成中的物化劳动价值和劳动者新创造用以补偿劳动力价值的转化形态。它是产品价值的重要组成部分，也是制定产品价格的重要依据。构成生产成本的因素主要有：原料和辅助材料，运输仓储、燃料和动力，包装和装潢，工资福利和劳务费，企业管理费，固定资产折旧或待摊费用等各种成本费用。

（2）流通费用。流通费用是指产品从生产领域通过流通领域进入消费领域所耗用的物化劳动和活劳动的货币表现。主要由两个部分组成：①销售费用，是生产领域的生产企业为推销商品而发生的费用，它和生产成本共同构成生产企业的全部成本。②商业流通费用，是在流通领域发生的费用。根据商业流转环节的不同，商业流通费用还可划分为采购商业费用、批发商业费用和零售商业费用，作为批发价格和零售价格的组成部分。流通费用是产品价格的重要构成因素，它是发生在流通领域各个环节之中的，并和产品运动的时间、空间相依存，它是正确制定各种商品差价的基础。

（3）税金。税金是生产者为社会创造和占有的价值的表现形态，也是价格的构成因素。税率的高低直接影响产品的价格。

总之，产品的价格主要由各种生产成本、经营综合费用、厂房仓库设备的折旧、企业财务风险费用、企业所得税和企业利润等构成。

（三）市场状况

（1）市场状态。目前的市场状态有计划经济、市场经济、混合经济（混合比例的大小）三种之分，没有严格的计划经济和市场经济，各个国家基本上都是混合经济，只是混合中属于计划和属于市场的比例不同而已。市场状态影响着企业的定价决策能力。

（2）市场需求。市场供求影响市场价格，供求关系一般包括供求平衡、供小于求、供大于求三种情况。

①供求平衡是指某种产品的供给与需求在一定时期内相等，在供求平衡状态下产品的市场价格称为均衡价格。

②当某种产品供不应求时，价格上涨，形成卖方市场；随着价格上涨，吸引企业转向该产品的生产和销售，导致市场上该产品供给量增加，卖方市场转化为买方市场，形成供过于求的局面，价格自动回落。

③当某种产品供过于求时，价格下降，形成买方市场；随着价格下降，部分企业退出该产品的生产和销售，导致市场上该产品供给量减少，买方市场转化为卖方市场，形成供不应求的局面，价格自动上涨。

因此，企业制定价格就必须考察价格变动对市场需求的影响程度，反映这种影响程度的一个重要指标就是商品的需求价格弹性。

（四）需求价格弹性

需求价格弹性反映需求量对价格的敏感程度。在正常情况下，市场需求会向价格相反的方向变动。价格提高，市场需求就会减少；价格降低，市场需求就会提高。而提高和降低的幅度则取决于需求价格弹性的大小，弹性越大，变动的幅度越大。

正因为价格会影响市场需求，所以企业所制定的价格高低会影响企业产品的销量，进而影响企业市场营销目标的实现。因此，企业在定价时必须了解价格变动对市场需求的影响，即需求的价格弹性。

当需求价格弹性大于1时，称为需求富有弹性；当需求价格弹性小于1时，称为需求缺乏弹性。影响需求价格弹性的因素主要有如下几个方面：

（1）消费者对产品的需要程度。消费者对生活必需品的需要强度大且比较稳定，价格的变动对消费者影响不大。例如，每天吃饭量不因价格贵而少吃，也不因价格便宜而多吃。所以，生活必需品的需求弹性小；消费者对高档消费品和奢侈品的需求强度小且不稳定，因而高档消费品、奢侈品的需求弹性大。

（2）产品的重要性。某种产品的支出在消费者的总支出中所占比例较小，那么该产品的价格变动对消费者的影响较小，因而其需求的价格弹性也较小；反之，需求的价格弹性较大。

（3）产品替代品数目和可替代程度。一种产品的替代品越多，可替代的程度越高，需求弹性就越大；反之，需求弹性就越小。

（4）产品用途的广泛性。一般地说，产品的用途越多，其需求弹性就越大。

（5）产品的耐用程度。在一般情况下，耐用品的需求弹性大，而非耐用品的需求弹性小。

（6）消费者的收入水平。同一产品对不同收入水平的人来说需求弹性是不同的。同一种产品对于高收入水平的人来说可能是必需品，需求弹性小，但对于低收入水平的人来说则可能是奢侈品，需求弹性大。

在通常情况下，缺乏弹性的商品，企业适宜于稳定价格或适当提价；而富有弹性的商品，管理者可以考虑适当降价，以刺激需求，扩大销量。

（五）竞争者的价格策略

在竞争性的市场中，几乎每种产品都有或多或少的竞争者，企业在进行定价决策时，必须考虑竞争者的营销战略。竞争者的营销战略包括竞争者提供的产品及服务、价格策略及其变动、促销手段等诸多内容，无论哪一项发生变化都会对企业的定价策略产生影响。企业必须采取适当的方式，了解竞争者所提供产品的质量、价格、对手的实力等信息等，力争做到知己知彼。

（六）其他营销组合因素

(1) 产品。主要是指产品的属性（包含有形属性和无形属性）的影响。一般当产品属性独特时，定价就高；否则，就低。

(2) 销售渠道。主要是指中间商希望得到多少赚头以及消费者愿意支付购买产品的价格的影响。

(3) 促销。主要是指促销费用的影响。促销费用是企业产品价格构成的一个重要组成部分。

（七）其他因素

企业在定价时，还必须考虑其他环境因素：

1. 国家的政策法令

政府为了维护经济秩序，或为了其他目的，可以通过立法或其他途径对企业的价格策略进行干预。政府的干预包括规定毛利率，规定最高、最低限价，限制价格的浮动浮度或者规定价格变动的审批手续，实行价格补贴等。体现在价格禁止的法规上常见的有：禁止价格垄断、禁止价格欺诈、禁止价格歧视、禁止低价倾销等。

【案例 8-5】

14 种行为被列为“价格欺诈”

(1) 标价签、价目表等所标示商品的品名、产地、规格、等级、质地、计价单位、价格等或服务项目、收费标准等与实际不符，并以此为手段诱骗消费者或者其他经营者购买的；

(2) 对统一商品或者服务，在同一交易场所同时使用两种标价签或者价目表，以低价招徕顾客并以高价进行结算的；

(3) 使用欺骗性或者误导性的语言、文字、图片、计量单位等标价，诱导他人与其交易的；

(4) 标示的市场最低价、出厂价、批发价、特价、极品价等价格表示无依据或者无从比较的；

(5) 降价销售所标示的折扣商品或者服务，其折扣幅度与实际不符的；

(6) 销售处理商品时，不标示处理品或者处理品价格的；

(7) 采取价外馈赠方式销售商品和提供服务时，不如实标示馈赠物品的品名、数量或者馈赠物品为假劣商品的；

(8) 收购、销售商品和提供服务带有价格附加条件时，不标示或者含糊标示附加条件的；

(9) 虚构原价、虚构降价原因，虚假优惠折扣，谎称降价或者将要提价，诱骗他人购买的；

(10) 收购、销售商品和提供服务前有价格承诺的，不履行或者不完全履行的；

(11) 谎称收购、销售价格高于或者低于其他经营者的收购、销售价格，诱骗消费者或者经营者与其进行交易的；

(12) 采取掺杂、掺假，以假充真，以次充好，短缺数量等手段，使数量或者质量与价格不符的；

(13) 对实行市场调节价的商品和服务价格，谎称为政府定价或政府指导价的；

(14) 其他价格欺诈手段。

(国家计委制定《禁止价格欺诈行为的规定》，自 2002 年 1 月 1 日起施行)

(楚天都市报，2004-03-12)

2. 消费者心理和习惯

价格的制定和变动在消费者心理上的反映也是价格策略必须考虑的因素。在现实生活中无论是哪一部分消费者，必然会产生各种复杂的心理活动，形成自己的消费习惯。很多消费者存在"一分钱一分货"的观念，面对不太熟悉的商品，常常从价格上判断商品的好坏，从经验上把价格同商品的使用价值相联系。消费者心理和习惯上的反应是很复杂的，某种情况下会出现完全相反的反应。例如，在一般情况下，涨价会减少购买，但有时涨价会引起抢购，反而会增加购买。因此，在研究消费者心理和习惯对定价的影响时，要持谨慎的态度，要仔细了解消费者心理及其变化规律。

消费者心理因素主要包括消费者的预期心理（含"买涨不买落"）、消费者认知价值水平、消费者的其他心理因素（包括兴趣、爱好、求新、求异、求名、求方便等）。

3. 企业或产品的形象因素

有时企业根据企业理念和企业形象设计的要求，需要对产品价格作出限制。例如，企业为了树立热心公益事业的形象，会将某些有关公益事业的产品价格定得较低；为了形成高贵的企业形象，将某些产品价格定得较高，等等。

第二节　定价方法和定价策略

一、定价的程序

(1) 选择定价目标。

（2）估算自己产品的成本和销售量。

（3）测定需求弹性。

（4）了解国家有关物质政策。

（5）分析竞争者的产品及价格。

（6）选择定价方法（见定价方法）。

（7）选定最后营销价格。

二、定价方法

企业产品定价一般以产品成本、市场需求、市场竞争、企业利润等作为导向，给自己的产品进行定价，每一种导向都有许多种不同的定价方法。

定价方法不仅现有多种，而且随时代和市场的发展，新的正不断地涌现。尽管如此，不同的定价方法不是完全割裂开的，往往是相互联系、相互渗透的。因此，我们学习它不能拘泥于一招一式，而是要融会贯通、活学活用，并不断发展创新出新的、更有利于企业实现目标的定价方法。

常见的定价方法可以归纳为成本导向、需求导向和竞争导向三大类。

（一）成本导向定价法

成本导向定价法是以产品的成本作为定价的依据，定价时基本不考虑市场供求状况，有下面三种方法：

1. 成本加成定价法

在单位产品的总成本基础上，加上一定比例的预期利润（称为“加成率”）形成产品的销售价格。由于预期利润的参照标准不同，成本加成定价法又分为预期利润占单位产品成本的一定比例的定价法（此法被工业企业广泛采用）和预期利润占单位产品售价的一定比例的定价方法（此法被商业企业广泛采用）。

（1）预期利润占单位产品成本的一定比例（称为加成率），其公式如下：

单位产品价格＝单位产品成本×（1+加成率）

例题：某皮鞋公司今年生产皮鞋的固定成本100万元，每双皮鞋的变动成本为50元。今年该皮鞋公司的产量为10万双，希望获取30%的利润，请问皮鞋的出厂价格为多少元？

解：根据单位产品价格＝单位产品成本×（1+加成率）得

该皮鞋出厂价格

＝总成本÷总产量×（1+加成率）

＝（固定成本+总变动成本）÷总产量×（1+加成率）

＝（固定成本+单位变动成本×总产量）÷总产量×（1+加成率）

＝（1000000+50×100000）÷100000×（1+30%）

＝6000000÷100000×1. 3

＝60×1. 3

＝78（元）

答：该皮鞋公司皮鞋的出厂价格为 78 元。

（2）预期利润占单位产品售价的一定比例（称为加成率），其公式如下：

单位产品价格＝单位产品成本÷（1－加成率）

例题：某皮鞋专卖店，其店面租金每年 10 万，员工工资和水电以及各种税费每年 10 万元。该皮鞋专卖店所采购回的皮鞋平均每双 80 元（采购物流运输等费用都已经计算在内），预计全年可以销售 1 万双皮鞋，该皮鞋专卖店现加价卖给消费者，想获取销售价格的 40%的利润，请问皮鞋的零售价格为多少元？每双皮鞋的零售价格与采购价格差是多少？

解：根据单位产品价格＝单位产品成本÷（1－加成率）

该皮鞋出厂零售价格

＝单位产品成本÷（1－加成率）

＝（固定成本＋总变动成本）÷总销量÷（1－加成率）

＝（固定成本＋单位变动成本×总销量）÷总销量÷（1－加成率）

＝（100000＋100000＋80×10000）÷10000÷（1＋40%）

＝1000000÷10000×0.6

＝100×0.6

≈167（元）

零售价格与采购价格差

＝167－80

＝87（元）

答：该皮鞋公司皮鞋的出厂价格为 167 元，零售价格与采购价格之差为 87 元。

这种定价方法的优点在于价格能补偿并满足利润的要求，计算简便。缺点是定价依据是个别成本而并非社会成本，忽视市场供求状况，难以适应复杂多变的竞争情况。因而，这种方法一般适用于经营状态和成本水平正常的企业，以及供求大体平衡，市场竞争比较缓和的产品。

2. 边际成本加成定价法

也称为边际贡献定价法，也称为产品变动成本定价法。此法适用于市场竞争激烈、企业订货不足、产品滞销但又无法撤退的情况，以减少亏损或占领扩大市场份额为目的。

即在定价时只计算变动成本，而不计算固定成本，单位产品价格≥单位变动成本既符合要求。因此，此法就是在变动成本的基础上加上预期的边际贡献。用公式表示为：

单位产品价格＝单位产品变动成本＋单位产品边际贡献

例题：某企业的年固定成本消耗为 200000 元，每件产品的单位可变成本为 40 元，计划总贡献为 500000 元，当销售量预计可达 100000 件时，其产品价格为多少？

解：根据单位产品价格＝单位产品变动成本＋单位产品边际贡献

其产品价格

＝40＋500000/100000＝45（元/件）

答：其产品价格为每件 45 元。

这种定价方法的优点：易于各产品之间合理分摊可变成本；采用这一方法定价一般低于总成本加成法，能大大提高产品的竞争力；根据各种产品边际贡献的大小安排企业的产品线，易于实现最佳产品组合。这种产品一般在卖方竞争激烈时采用。

3. 盈亏平衡定价法

即根据盈亏平衡点原理进行定价，以总成本和总销售收入保持平衡为定价原则。当总销售收入等于总成本时，利润为零，企业不盈不亏，收支平衡。其计算公式为：

单位产品价格＝单位产品变动成本+单位产品固定成本

$$P=FC/Q+VC$$

式中：P——单位产品售价；

Q——预计销售量；

FC——产品的固定成本；

VC——产品的单位可变成本。

例题：某产品的固定成本为 80 万元，单位可变成本为 12 元，预计销售量为 5 万件，采用盈亏平衡定价法，该产品的售价是多少？

解：根据单位产品价格＝单位产品变动成本+单位产品固定成本

$$P=FC/Q+VC$$

$$P=80\div5+12=28\text{（元/件）}$$

答：该产品的售价是每件 28 元。

上面例题中，该产品在收支平衡时的定价为 28 元。这种定价方法的优点是计算简便，可使企业明确在不盈不亏时的产品价格和产品的最低销售量。缺点是要先预测产品销售量，若销售预测不准，成本计算不准，价格就定不准。而且，它是根据销售量倒推出价格，而实际上价格的高低对销售量有很大影响。

4. 目标利润定价法

根据企业制定的利润目标来确定单位产品的价格。其公式如下：

单位产品价格＝（产品总成本+企业目标利润）÷预计销售量

或者

单位产品价格＝单位产品变动成本+（固定成本+目标利润）÷预计销售量

根据上面公式，我们可以得出企业的保本销售量公式为：

保本销售量＝固定成本÷（单位产品价格-单位产品变动成本）

例题：某公司今年生产共需要固定成本 1000 万元，每件产品的变动成本为 100 元。今年公司预计的产销量为 100 万件，预计可以获取利润 5000 万元，请问该公司产品出厂价格应为每件多少元？其保本销售量是多少件？

解：（1）据单位产品价格＝（产品总成本+企业目标利润）÷预计销售量

单位产品价格＝（1000+100×100+5000）÷100

＝16000÷100

＝160（元）

或者

据单位产品价格＝单位产品变动成本+（固定成本+目标利润）÷预计销售量

单位产品价格＝100+（1000+5000）÷100
＝100+6000÷100
＝100+60
＝160（元）

（2）据保本销售量＝固定成本÷（单位产品价格－单位产品变动成本）

保本销售量＝1000÷（160－100）
＝1000÷60
≈16.667（万件）

目标利润定价法适用于市场份额较高或者具有垄断性质、产品需求价格弹性较小的企业。

（二）需求导向定价法

需求导向定价法是指企业在定价时不再以成本为基础，而是以消费者对产品价值的理解和需求强度为依据。

1. 理解价值定价法

即认为决定产品价格的关键因素不是成本，而是消费者对产品的价值的认知水平即理解价值。理解价值是定价的基本依据。一般来说，只有当产品价格水平与消费者对产品价值的认知水平基本一致时，消费者才能接受这种价格。

运用此法，要努力做好两个方面的工作：一方面，要尽力提高消费者对本企业产品价值的认知水平；另一方面，所定产品价格要尽可能地向消费者的认知水平靠拢。例如，一小瓶法国香水，其成本不过十几法郎，而售价高达数百法郎，就因为它是名牌货，其他牌子的香水即使质量已赶上并超过该名牌货，如果名气不够，则仍然卖不了那么高的价格。又如，在市场上，一罐可口可乐零售价格不过 3 元左右，而在高级饭店饮用要付 10 元甚至更多；同一种干白葡萄酒市场零售价格在 20 元上下，而在三星级以上的高级饭店饮用，定价 70 元甚至数百元。这就是由于环境、气氛、服务等因素提高了产品的附加值，使顾客愿意支付那么高的价格。

把买方的价值判断与卖方的成本费用相比较，定价时更应侧重考虑前者。因为消费者购买商品时总会在同类商品之间进行比较，选购那些既能满足其消费需要，又符合其支付标准的商品。消费者对商品价值的理解不同，会形成不同的价格限度。这个限度就是消费者宁愿付货款而不愿失去这次购买机会的价格。如果价格刚好定在这一限度内，消费者就会顺利购买。

为了加深消费者对商品价值的理解程度，从而提高其愿意支付的价格限度，因此，卖方可运用各种营销策略和手段（优美的装潢、优雅的环境、高质量的服务等），影响买方的感受，使之形成对卖方有利的价值观念，然后再根据产品在买方心目中的价值来定价。

【案例 8-6】

卡特匹勒公司的定价

卡特匹勒公司为其拖拉机定价 10 万美元，尽管其竞争对手同类的拖拉机售价只有9万美元，卡特匹勒公司的销售量居然超过了其竞争者。一位潜在顾客问卡特匹勒公司的经销商，买卡特匹勒的拖拉机为什么要多付1万美元，经销商回答说：

90000美元是拖拉机的价格，与竞争者的拖拉机价格相等。

+7000美元是最佳耐用性的价格加成。

+6000美元是最佳可靠性的价格加成。

+5000美元是最佳服务价格加成。

+2000美元是零件较长保用期的价格加成。

110000美元是总价值的价格。

-10000美元折扣。

100000美元最终价格。

顾客惊奇地发现尽管他购买卡特匹勒公司的拖拉机须多付1万美元，但实际上他却得到了1万美元的折扣。结果，他选择了卡特匹勒公司的拖拉机，因为他相信卡特匹勒拖拉机的全部使用寿命操作成本较低。

（[美] 菲利普·科特勒. 市场营销管理（第6版）. 北京：华夏出版社，1991.）

2. 需求差异定价法

需求差异定价法以不同时间、地点、商品及不同消费者的消费需求强度差异为定价的基本依据，针对每种差异决定其在基础价格上是加价还是减价。主要有以下几种形式：

（1）因地点而异。如国内机场的商店、餐厅向乘客提供的商品价格普遍要远高于市内的商店和餐厅。

（2）因时间而异。现在五一、国庆、春节三个长假也是三个购物黄金假期，商品价格较平时有一些增长。

（3）因商品而异。在2008年奥运会举行期间，标有奥运会会徽或吉祥物的T恤及一些商品的价格，比其他同类商品的价格要高。

（4）因顾客而异。因职业、阶层、年龄等原因，零售店在定价时给予相应的优惠或提高价格，可获得良好的促销效果。

实行差异定价要具备以下条件：市场能够根据需求强度的不同进行细分；细分后的市场在一定时期内相对独立，互不干扰；高价市场中不能有低价竞争者；价格差异适度，不会引起消费者的反感。

3. 逆向定价法

也称市场可销价格倒推法，这种定价方法主要不是考虑产品成本，而是依据消费者能够接受的最终销售价格，逆向推算出中间商的批发商和生产企业的出厂价格。

批发价格＝市场零售价格×（1－零售商加成率）

出厂价格＝批发价格×（1－批发商加成率）

＝市场零售价格×（1－零售商加成率）×（1－批发商加成率）

此方法的关键在于测定市场可销价格，要求企业充分掌握消费者收入水平、消费者对产品价值的评价和认识程度、相关产品的价格、供求情况及变动趋势，通过主观评估法、客观评估法和试销评估法等方法来科学地测定。

逆向定价法的特点是：价格能反映市场需求情况，有利于加强和中间商的良好关系，保证中间商的正常利润，使产品迅速向市场渗透，并可根据市场供求情况及时调整，定价比较灵活。

（三）竞争导向定价法

竞争导向定价以市场上相互竞争的同类商品价格为定价基本依据，并随竞争状况的变化确定和调整价格水平为特征，主要有通行价格定价、密封投标定价、竞争价格定价等方法。

1. 通行价格定价法

通行价格定价法是竞争导向定价法中较为流行的一种。定价是使零售店商品的价格与竞争者商品的平均价格保持一致。这种定价法的目的是：

（1）平均价格水平在人们观念中常被认为是“合理价格”，易为消费者接受。

（2）试图与竞争者和平相处，避免激烈竞争产生的风险。

（3）一般能为企业带来合理、适度的盈利。

这种定价适用于竞争激烈的均质商品，如大米、面粉、食用油以及某些日常用品的价格确定。在完全寡头垄断竞争条件下也很普遍。

2. 主动竞争定价法

与通行价格定价法相反，它不是追随竞争者的价格，而是根据本企业的实际情况及与竞争对手的商品差异状况来确定价格，一般高于或低于竞争对手的价格。一般为实力雄厚或独具特色的企业所采用。定价时首先将市场上竞争产品价格与本企业估算价格进行比较，分为高于、低于和一致三个层次。其次将产品的性能、质量、成本、式样、产量与竞争企业进行比较，分析造成价格差异的原因；再次根据以上综合指标确定本企业产品的特色、优势及市场定位。在此基础上，按定价所要达到的目标确定产品价格。

3. 密封投标定价法

密封投标定价法主要用于投标交易方式。投标价格是企业根据对竞争者的报价估计确定的，而不是按企业的成本费用或市场需求来制定的。企业参加投标的目的是希望中标，所以报价时必须预测竞争对手的报价。一般来说，报价高、利润大，但中标机会小，如果因价高而招致败标，则利润为零；反之，报价低，虽中标机会大，但利润低，其机会成本可能大于其他投资方向。因此，在报价时，既要考虑实现目标利润，也要结合竞争状况考虑中标概率。最佳报价应是使预期利润达到最高水平的价格。

运用这种方法，最大的困难在于估计中标概率。这涉及对竞争者投标情况的掌握。只能通过市场调查及对过去投标资料的分析大致估计。

三、定价策略

价格竞争是一种十分重要的营销手段，在市场营销活动中，企业为了实现自己的经营战略和目标，经常根据不同的产品、市场需求和竞争情况，采取各种灵活多变的定价策略，使价格与市场营销组合中的其他因素更好地结合，促进和扩大销售，提高企业的整体效益。它主要有新产品价格策略、心理定价策略、产品组合定价策略和折扣定价策略等。

（一）新产品定价策略

主要有撇脂定价策略、渗透定价策略和满意定价策略。

（1）撇脂定价策略，是一种高价策略，是指在新产品投放市场时定高价，争取在短时间内收回投资，并赚取高额利润。这种策略如同从牛奶中提取奶油一样，首先就把牛奶中精华部分取走，故称撇脂定价策略。高价格维持一段时间后，随着竞争者的加入，供应产品的增加，企业再把产品价格降下来。

使用这种策略必须具备以下市场条件：一是产品的质量与高价格相符；二是要有足够多的顾客能接受这种高价并愿意购买；三是竞争者在短期内很难进入该产品市场；四是企业的生产能力有限，难以应付市场需求，可以用高价限制市场需求。

【案例 8-7】

奢侈品中国定价策略“妙不可言”

市场大购买力强，名包、化妆品中国市场定价高于其他国家。

30 毫升 1050 元的价格，没有阻挡“小棕瓶”（即时修护特润精华露）成为雅诗兰黛卖得最火的明星产品之一，而同规格同款在美国官网上仅售 49.5 美元，相当于 314.26 元人民币，也就是说该款产品在中国的价格是美国价格的 3 倍还要多。

世界奢侈品协会针对中国春节期间境内外消费心理的分析报告显示，有 72%的消费者认为出国购买奢侈品价格比国内具有优势。

但是高差价背后的原因是什么？许多中国消费者都会纷纷将矛头指向中国的关税。

在陆晓明看来，这是中国人普遍存在的一个误解。曾担任万宝龙（中国）有限公司中国区董事总经理的陆晓明深谙奢侈品牌的定价之道，在接受《第一财经》采访时，他直言不讳地指出：“在中国市场，关税最多占到奢侈品最后零售价的 5%左右。”

陆晓明一语道出了这其中的奥秘：“奢侈品牌的定价策略决定了一切。”

曾从事箱包类奢侈品牌经营的业内人士透露：“各个品类的定价不同，但仅以箱包为例，奢侈品牌在中国的定价策略就要比海外高 20%左右。”

“定期提价是高档化妆品、奢侈品的策略之一。”金尊奢侈品营销策划机构创始人朱林告诉本报：“靠定期价格上涨来保持品牌高端地位，达到市场同步、品牌尊崇度同步的要求，是奢侈品品牌的常规保护策略。”

同样一只 LV SPEEDY 30 包包，国内售价为 5750 元，而在香港的售价则为 4841 元，在法国则只要 485 欧元（折合人民币约 4000 元）。国内外奢侈品的价格差异，几乎体现在所有高端化妆品、珠宝和服装等产品上。

来自对外经贸大学奢侈品研究中心的一项调查发现，中国市场的高级腕表国内外价差达 100%~350%，珠宝产品的价差为 20%~80%，箱包皮具价差在 30%左右，而化妆品的价差在40%~120%，最高甚至达到188.5%。

导致国内奢侈品价格较高的主要原因是什么？成为众矢之的的关税在其中扮演了怎样的角色？陆晓明指出："关税并不是奢侈品在中国价格贵的主要因素，奢侈品牌的定价政策决定了这一切。"

根据法国马赛商学院MBA、EMBA主任Michel Gutsats对本报记者的分析，奢侈品牌在全球的定价策略基于价值定价，奢侈品的价值即在于它们的排他性。而在全球范围内，奢侈品牌通常根据欧洲、美国、亚洲三个不同的区域制定零售价。

即使在被称为"免税自由港"的香港地区，也有很多奢侈品的价格与中国内地相差无几，如香奈儿等品牌，除了汇率不同外，定价与内地几乎完全相同。

在这些不同的区域，品牌指定的价格基数就差异挺大。在奢侈品牌多为原产地的欧洲，奢侈品价格基数为100的话，对于纽约来说，品牌通常会设定稍高于原产地的基数，如105或者110，而美洲其他区域的国家在纽约的这一参考价基础之上，根据各个国家不同的税率、营运成本等不同要素制定最后的价格指数。

一位业内人士亦对本报记者表示："品牌基于市场的价格调控是奢侈品在中国价格昂贵的最主要因素，而这一调控正是基于不同市场消费者的购买力，中国市场很大，购买力也很大，中国市场的定价就比其他国家要高。"

该人士同时指出，基于所在国购买力的区域定价也正是为何印度的奢侈品关税很高，但价格却很低，部分货品价格甚至低于欧洲市场的原因。

从中国消费者的消费心理来看，某美国高档化妆品品牌中国区相关人士Daisy向记者透露，曾有消费者问她，为什么另一品牌的类似产品比她家的品牌贵100多元，是不是人家的产品比她家的产品好？"可见对于高档化妆品，对价格不敏感的消费者往往更希望能买到更好的产品而不是更便宜的产品。"Daisy说。

（郑爽，刘琼．第一财经日报，2012-03-14.）

(2) 渗透定价策略，亦称为薄利多销定价策略。渗透定价策略和撇脂定价策略相反，它是以低价为特征，把新产品的价格定得较低，使新产品在短期内最大限度地渗入市场，打开销路。就像倒入泥土的水一样，很快地从缝隙里渗透到底。这一定价策略的优点在于能使产品凭价格优势顺利进入市场，并且能在一定程度上阻止竞争者进入该市场。其缺点是投资回收期较长，且价格变化余地小。

新产品采用这一渗透定价应具备相应的条件：①新产品的价格需求弹性大，目标市场对价格极敏感，一个相对低的价格能刺激更多的市场需求；②产品打开市场后，通过大量生产可以促使制造和销售成本大幅度下降，从而进一步做到薄利多销；③低价打开市场后，企业在产品和成本方面树立了优势，能有效排斥竞争者的介入，长期控制市场。

此策略适用于竞争者容易进入的产品市场，或者技术已经公开的新产品，或者易于仿制的新产品，或者市场已有替代品的新产品，或者产品价格需求弹性比较大，而且，企业具有比较大的生产能力的产品。

我国内地香皂进入香港市场也是利用了廉价策略。改革开放前，香港的香皂市场大多被美、日、英、法等国的产品垄断，其香型、质量、包装、造型都超过中国内地，但每块香皂的售价高达数十元港币不等。根据这一情况分析，内地企业努力降低产品成本，以低廉的价格（2~3 港元）迎合香港众多中低收入阶层的消费需求，扩大了产品的销售量，在香港香皂市场上争得一席之地，获取了可观的利润。

（3）满意定价策略，是一种介于撇脂和渗透之间的价格策略，又称稳妥价格策略或折中定价策略，它是把价格定在高价与低价之间，在产品成本的基础上加适当利润。这种价格策略稳妥，风险小，一般会使企业收回成本和取得适当赢利。但这也是一种保守策略，可能失去了获得高利的机会。

（二）心理定价策略

心理定价策略是一种根据消费者心理所使用的定价策略，是运用心理学的原理，依据不同类型的消费者在购买商品时的不同心理和不同需求来制定价格，以诱导消费者增加购买，扩大产品销量。具体包括以下几种：

1. 尾数定价策略

它又称奇数定价，是指在确定产品价格时，为了迎合消费者求廉心理，求得消费者的信任感，往往保留价格尾数上的零头，而不进位为整数的定价策略。即根据消费者习惯上容易接受尾数为非整数的价格的心理定势，而制定尾数为非整数的价格。如某空调机的价格定为 3999 元，而非 4000 元。虽然只是 1 元的差别，但给消费者的心理感受是不同的。

2. 声望定价策略

它是指企业为了迎合消费者求名心理，利用消费者仰慕名牌商品或名牌商店的声望的心理，在确定产品价格时，将名牌产品或者名牌商店销售的商品定一个比较高的价格的定价策略。此策略适用于药品、饮食、医疗、化妆品、服装、宾馆等质量不易鉴别的产品和服务。

3. 如意定价策略

对于有信仰或图吉利的消费者来讲，定价应有个吉数，如一件裙子 64 元，不如定价为 66 或 68 元。

4. 习惯定价策略

有些商品的价格是长时间形成的价格，企业应当按照这种习惯价格定价，不要轻易地改变，这就是习惯定价策略。此策略适用于消费者对产品的性能、价格等各个方面非常熟悉的产品。

5. 整数价格定价策略

它是指在确定产品价格时，为了迎合消费者价高意味着质优、档次高的心理，强化他们的购买欲望，往往不保留价格尾数上的零头，而是向上进位为整数的定价策略。此策略适用于价格比较高的产品。

6. 分级定价策略

它是指通过对同一类产品的质量、花色、规格等进行比较，将其档次分成几级，并分别确定不同的价格的定价策略。此策略适用于需要扩大销售，或者易于分级的产品。

(三) 产品组合定价策略

产品组合定价指企业为了实现整个产品组合（或整体）利润最大化，在充分考虑不同产品之间的关系以及个别产品定价高低对企业总利润的影响等因素基础上，系统地调整产品组合中相关产品的价格。主要的策略有：

1. 产品线定价策略

它是指企业为追求整体收益的最大化，为同一产品线中不同的产品确立不同的角色，制定高低不等的价格。有的产品充当招徕品，定价很低，以吸引顾客购买产品线中的其他产品。而定价高的则为企业的获利产品。

产品线定价策略的关键在于合理确定价格差距。

2. 互补品定价策略

有些产品需要互相配合在一起使用，才能发挥出某种使用价值。如相机与胶卷、隐形眼镜与消毒液、饮水机与桶装水等。企业经常为主要产品（价值量高的产品）制定较低的价格，而为附属产品（价值量较低的）制定较高的加成，这样有利于整体销量的提高，增加企业利润。

3. 成套优惠定价策略

对于成套设备、服务性产品等，为鼓励顾客成套购买，以扩大企业销售，加快资金周转，可以使成套购买的价格低于单独购买其中每一产品的费用总和。

4. 任选品定价

任选品是指企业在提供主产品时，附带提供任意选择的产品。为任选品定价既可以定低价以此吸引顾客购买主产品，也可以定高价使之可以独立营利。

5. 连带产品定价

连带产品是指必须与主产品一同使用的产品。既生产连带产品又生产主产品的企业，往往将主产品的价格定得比较低，而将连带产品的价格定得比较高，主要靠出售连带产品获利。

6. 副产品定价

企业生产中常常产生副产品，或无价值，或处理费用高，这将会影响主产品的定价。因此，企业为副产品寻找市场，副产品的收入至少能够补偿处理费用，进而降低主产品的成本或价格，提高主产品的市场竞争能力。

(四) 地理定价策略（地区差价策略）

1. 产地价格策略

它是指顾客在产地按出厂价购买产品，卖主负责将产品运到顾客指定的运输工具上，交货前的运费和保险费等费用由卖方负责，交货后的运费和保险费等费用由买方负责的定价策略。此策略适用于独家生产经营，或者供小于求的产品。

2. 统一运送价格策略

它是指不论买主所在地的路程远近，都由卖主将货物运送到买主所在地，并收取相同运费的定价策略。此策略适用于重量轻、运费低廉且占变动成本比重较小的产品。

3. 分区运送价格策略

它是指卖方把整个市场划分为几个区域，根据这些区域的距离远近以及运费的不同，对不同的区域采用不同的价格的定价策略。此策略适用于独家生产经营，或者供小于求的产品。

4. 基点价格策略

它是指卖方选择一些城市作为基点，按离买主最近的基点到买主所在地的运费加上产地价格形成产品的价格的定价策略。此策略适用于分销渠道网络发达的产品。

5. 运费补贴价格策略

它是指以产地价格为标准，卖方对距离比较远的买主给予适当的运费补贴的定价策略。此策略适用于抢占远距离的市场，提高市场占有率的产品。

（五）促销定价策略

促销价是指低于企业的价目表或成本的价格。

1. 招徕定价

招徕定价亦称为牺牲品定价，就是指特意暂时大幅度降低少数商品的价格以招徕顾客，其目的在于吸引顾客到商店中来购买正常的商品。

2. 特别事件定价

特别事件定价就是指在某些季节或节假日，利用特别事件实行促销定价以吸引顾客到商店中来选购商品。

3. 现金回扣

现金回扣就是指向在特定时间内从经销商去购买本企业产品的顾客提供现金回扣，并直接把回扣送给顾客，以促进他们购买自己的产品。这是一种生产者定价策略。

4. 心理折扣

心理折扣就是指故意先把商品价格定得很高，然后大幅度降价出售，使顾客心理上产生商品非常便宜的感觉。

（六）需求差别定价策略

因目标顾客及顾客偏好不同而采用多种不同的价格销售同一产品和服务。

1. 顾客定价

顾客定价就是指对于同样的产品在卖给不同人时采取不同的价格。

2. 产品形式定价

产品形式定价就是指对不同型号，不同款式或不同包装的产品实行不同的价格。

3. 时间定价

时间定价就是指对于同样的产品，在不同的季节、不同的日期、不同的时刻销售时采用不同的价格。

4. 地点差别定价

地点差别定价就是指对于相同的产品，因其所处位置不同而采取不同的价格。

（七）折扣与折让价格策略

折扣是少收一定比例价款，折让是少收一定数量价款。折扣与折让的价格调整策略包括五种：现金折扣、数量折扣、季节性折扣、功能性折扣、同业折扣、折让。

1. 现金折扣

它是指买方在一定的时间期限内付清购货款项所给予的价格折扣。典型的折扣条件是“2/10，30天”，表示付款期限30天，若客户能在10天内付清，则给予2%折扣。现金折扣的目的在于鼓励顾客提早付款，以降低公司收账成本。

2. 数量折扣

它是为鼓励顾客大量购买产品所给予的折扣。当顾客大量购买时，可以降低价格，使顾客从中享受优惠。

3. 季节性折扣通常是指在业务淡季下所提供的特别折扣。提供季节性折扣的目的在于使公司产品的生产量维持在一个较稳定的水平上。

4. 功能性折扣（functional discount）

它又称为交易折扣（trade discount），通常是营销渠道中的成员因其所扮演的特殊功能与角色所给予的折扣，这些功能包括销售、储存和作进出货记录。

5. 同业折扣

同业折扣亦称为业务折扣，是生产给予中间商的价格折扣。根据在国内市场销售中的职能不同给予的折扣率也不同。它有两种做法：一种是先确定商品的零售价格，然后按照不同的比例对不同的中间商倒算折扣率；另一种是先确定商品的出厂价，然后按不同的价差率顺序相加，依次指定各种批发价和零售价。

6. 折让

它是一种变相的减价的形式，包括抵换折让（trade-in allowance）和促销折让两种。抵换折让是指顾客在购买新产品时，将自己用旧的产品卖给厂商作为新产品的减价。促销折让则是针对愿意配合公司作产品促销活动的经销商所给予的一种价格折扣或酬劳。此外，变相的削价形式有：赠送样品和优惠券，实行有奖销售；给中间商提取推销奖金；允许顾客分期付款；赊销；免费或优惠送货上门、技术培训、维修咨询；提高产品质量，改进产品性能，增加产品用途。由于这些方式具有较强的灵活性，在市场环境变化的时候，即使取消也不会引起消费者太大的反感，同时又是一种促销策略，因此在现代经营活动中运用越来越广泛。

吉诺·鲍洛奇是20世纪六七十年代的美国食品零售业大王，他的一生给我们留下了无数宝贵的商战传奇。鲍洛奇的推销才干在他10岁那年就显露出来了。那时他还是个矿工家庭的穷孩子，他发现来矿区参观的游客们喜爱带些当地的东西作纪念，他就拾了许多五颜六色的铁矿片向游客兜售，游客们果然争相购买。不料其他的孩子立即群起仿效，鲍洛奇灵机一动，把精心挑选的矿石装进小玻璃瓶，阳光之下，矿石发出绚丽的光泽，游客们简直爱不释手，鲍洛奇也乘机将价格提高了4倍。也许正是这个有趣的经历，使得鲍洛奇对销售与定价总有独到的见解，以致在他一生的商业生涯中，他都注意制订销售价格的艺术。

鲍洛奇认为，以降价促进销售、击垮竞争对手，是零售业重要的销售手段，也是他常用的一种手段。但是，他绝不一味地搞降价销售。如果产品的品质的确比别人高出一筹的话，那么按优质优价的原则，价格当然要比别人高；再者，有许多因素促使顾客购买某件商品，一件商品定价与别人雷同，是不能吸引顾客的注意力的，哪怕定价稍高，若消费者体现出物有所值的道理，则一样会趋之若鹜的。

鲍洛奇深知，优质高档产品所带来的利润是低档产品所无法比拟的，高档高价便有所回报。所以，鲍洛奇绞尽脑汁，在怎样才能使顾客对其产品形成高档产品形象上大做文章。

一方面，他在产品的品质和广告宣传上下工夫。鲍洛奇曾生产一种中国炒面，为了给人耳目一新的感觉，他在口味上大动脑筋，以浓烈的意大利调味品将炒面的味道调得非常刺激，形成了一种独特的中西结合的口味，生产出了优质的中国炒面。同时，使用第一流的包装和新颖的广告展开大规模的宣传攻势，打出“中国炒面是三餐之后最高雅的享受”的口号，将中国炒面暗示成家庭财富和社会地位的象征。鲍洛奇这一做法相当成功。他把注意力主要集中在了大量中等收入的家庭上。他认为，中等收入的人家，一般都讲究面子，他们买东西固然希望物美价廉，订单只要有特色，哪怕价钱贵一些，他们也认为物有所值，他们是中国食品生意的主要对象。所以针对他们的心理，鲍洛奇在包装和宣传上花了很多精力。果然不出所料，中等家庭的主妇们皆以选购中国炒面为荣，尽管鲍洛奇的定价很高，她们依然不以为贵。

另一方面，鲍洛奇很会揣摩顾客的心理，常常利用较高的价格吸引顾客的注意力。由于新产品投放市场之初，消费者对这种相对高价格商品的品质充满好奇，很容易就被激发了购买欲，并且，一种产品的定价较高，可以为其他产品的定价腾出灵活的空间，企业就能占据主动地位。当然，这一切都是建立在产品的品质的确不同凡响的基础上的。有一次，鲍洛奇生产的一种蔬菜罐头上市的时候，由于别的厂商同类产品的价格几乎全在每罐5角钱以下，所以公司的营销人员建议将价格定在4角7分到4角8分之间。但鲍洛奇却将价格定在5角9分。一下子提高了20%！鲍洛奇向销售人员解释说，5角钱以下的类似商品已经非常之多，顾客们已经根本感觉不到每一种商品有什么特别，并在心理上潜意识地认为它们都是平庸的商品。如果价格定在4角9分，则顾客自然会将之划入平庸之列，而且还认为你的价格已尽可能地定高，你已经占尽了便宜，甚至产生一种受欺诈的感觉；若你的产品定价5角以上，则立即就会被顾客划入不同凡响的高级货一类，定价至5角9分，既给人感觉与普通货的价格有明显的差别，从而品质也有明显差别，还给人感觉这是高级货中不能再低的价格了，从而使顾客觉得厂商很关照他们，顾客反而觉得自己占了便宜。经鲍洛奇这么一解释，大家恍然大悟，但总还有些将信将疑。后来，在实际的销售中，鲍洛奇掀起了一场大规模促销行动，口号就是“让一分利给顾客”，于是更加强化了顾客心理中觉得占了便宜的感觉，蔬菜罐头的销售大获全胜。这5角9分的高价非但没有吓跑顾客，反倒激发了顾客选购的欲望，公司的营销人员不得不佩服鲍洛奇真正工于心计。

后来，随着鲍洛奇经营中国食品的成功，效仿者日益增多，这已对鲍洛奇的高价策略产生严重威胁。即使这样，鲍洛奇也决定不轻易降低产品的价格。道理很简单，如果商品价格总是下降，谁还敢抢先购买这种产品呢？而且，高价商品降到低价商品的价格，在消费者心中还有什么信誉？顾客还会有一种被欺骗的感觉。一旦该产品处于积压的不利情况，许多平庸的商人都会选择降价推销的老套路，但鲍洛奇决不轻易如此，降低价格似乎永远不属于他思考的范围。那么，如何处理积压的产品呢？他采取赠送奖券、发放纪念品等形式，将产品堂而皇之地赠送给顾客。这样，既吸引了顾客，又保护了产品的定价。鲍洛奇的这种做法维护了自己的产品声誉，并为公司以后的发展留下了后路，似拙实巧的一步妙棋。合理地运用定价艺术，使他在竞争中获得了相当大的主动权。

鲍洛奇是个不折不扣的推销天才，在他看来，推销根本就是一门艺术。有一个小例子可以进一步说明这位天才是如何善于用心。一次，鲍洛奇购进一批非常冷门的豌豆罐头，他把许多老客户请到自己的办公室。大家一进门，见办公室里人来人往，忙碌的搬运工人进进出出地搬着豌豆罐头，各家公司的代表正在与鲍洛奇大声地争吵。把个办公室搞得乌七八糟。当然，这是事先安排好的。鲍洛奇挥舞着手中的订单站在办公室上大声地叫喊取货人的名字。这些老客户正在犹豫不定之际，又听到其他人正纷纷议论马上就要涨价的消息。老客户们这才恍然大悟，随之也加入了抢购的队伍。就这样，不到一天，300 箱豌豆罐头一抢而空，价钱比平常的时候还要高出一截，正好应验了涨价的传言。所有的一切在鲍洛奇的精心安排下，滴水不漏，天衣无缝。

第三节　价格调整技巧

企业为某种产品制定出价格以后，随着市场营销环境的变化，企业必须对现行价格予以适当的调整。倘若企业利用自身的产品或成本优势，主动地对价格予以调整，将价格作为竞争的利器，这称为主动调整价格。有时，当竞争对手率先调整价格，企业出于应付竞争的需要，也相应地调整价格，这种调价就属于被动调整，价格调整方式不外乎是降价和提价两种。

一、企业调整价格的原因

（一）主动调整

1. 降价原因

（1）企业急需回笼大量现金。对现金产生迫切需求的原因既可能是其他产品销售不畅，也可能是为了筹集资金进行某些新活动，而资金借贷来源中断。此时，企业可以通过对某些需求的价格弹性大的产品予以大幅度削价，从而增加销售额，获取现金。

（2）企业通过降价来开拓新市场。一种产品的潜在顾客往往由于其消费水平的限制而阻碍了其转向现实顾客的可行性。在削价不会对原顾客产生影响的前提下，企业可以通过削价方式 来扩大市场份额。

（3）企业生产能力过剩，产品供过于求，但是企业又无法通过产品改进和加强促销等工作来扩大销售。在这种情况下，企业必须考虑削价。

（4）以低成本为基础进行降价争取在市场上居于支配地位。企业决策者预期削价会扩大销售，由此可望获得更大的生产规模。特别是进入成熟期的产品，削价可以大幅度增进销售，从而在价格和生产规模之间形成良性循环，为企业获取更多的市场份额奠定基础。

（5）由于成本降低，费用减少，使企业削价成为可能。随着科学技术的进步和企业经营管理水平的提高，许多产品的单位产品成本和费用在不断下降，因此，企业拥有条件适当削价。

(6) 政治、法律环境及经济形势的变化，迫使企业降价。政府为了实现物价总水平的下调，保护需求，鼓励消费，遏制垄断利润，往往通过政策和法令，采用规定毛利率和最高价格、限制价格变化方式、参与市场竞争等形式，使企业的价格水平下调。在紧缩通货的经济形势下或者在市场疲软、经济萧条时期，由于币值上升，价格总水平下降，企业产品价格也应随之降低，以适应消费者的购买力水平。此外，消费者运动的兴起也往往迫使产品价格下调。

确定何时削价是调价策略的一个难点，通常要综合考虑企业实力、产品在市场生命周期所处的阶段、销售季节、消费者对产品的态度等因素。比如，进入衰退期的产品，由于消费者失去了消费兴趣，需求弹性变大、产品逐渐被市场淘汰，为了吸引对价格比较敏感的购买者和低收入需求者，维持一定的销量，削价就可能是唯一的选择。由于影响削价的因素较多，企业决策者必须审慎分析和判断，并根据削价的原因选择适当的方式和时机，制定最优的削价策略。

2. 提价原因

(1) 应付产品成本增加，减少成本压力。这是所有产品价格上涨的主要原因。成本的增加或许是由于原材料价格上涨，或许是由于生产或管理费用提高而引起的。企业为了保证利润率不致因此而降低，便采取提价策略。

(2) 为了适应通货膨胀，减少企业损失。在通货膨胀条件下，即使企业仍能维持原价，但随着时间的推移，其利润的实际价值也呈下降趋势。为了减少损失，企业只好提价，将通货膨胀的压力转嫁给中间商和消费者。

(3) 产品供不应求，遏制过度消费。对于某些产品来说，在需求旺盛而生产规模又不能及时扩大而出现供不应求的情况下，可以通过提价来遏制需求，同时又可以取得高额利润，在缓解市场压力、使供求趋于平衡的同时，为扩大生产准备了条件。

(4) 利用顾客心理，创造优质效应。作为一种策略，企业可以利用涨价营造名牌形象，使消费者产生价高质优的心理定势，以提高企业知名度和产品声望。对于那些革新产品、贵重商品、生产规模受到限制而难以扩大的产品，这种效应表现得尤为明显。

(二) 被动调整

一般来讲，当竞争对手价格调整也要随之进行价格调整以应付竞争的需要，至于如何调整随后具体阐述。

【案例 8-8】

古井贡酒不涨价

1987 年 7 月，全国名酒统一调价：茅台 200 多元一瓶，泸州老窖、五粮液 100 多元一瓶，就是古井贡酒国家也规定提价为 48 元一瓶。但是，在各家酒厂纷纷提价的情况下，古井贡酒厂不仅不提价，反而还降价促销。55 度型白酒产地零售价为 20 元/瓶，38 度型白酒产地零售价为 15 元/瓶，古井特曲产地零售价为 6 元/

瓶。结果，古井贡酒销售额大增：1990 年销售额达到 1.56 亿元，1991 年仅用半年时间销售额实现 1.5 亿元，实现利税 6400 万元，分别比上年同期增长 204%和 86%。

（方光罗．市场营销学（第 1 版）．大连：东北财经大学出版社，2001，11：145.）

二、价格调整策略

1. 企业提价策略

（1）根据市场情况和竞争对手调价情况直接提高产品的价格。

（2）变相提价。通常做法是产品价格不变，但减少免费项目或增加收费项目。

（3）减少价格折扣。

（4）维持原价，但使用便宜的材料和配件作替代品，或采用廉价的包装材料。

（5）减少产品的功能、服务和分量等。

2. 企业降价策略

（1）根据市场情况和竞争对手调价情况直接降低产品的价格。

（2）企业不直接降价，而采取增加免费服务项目，如送货上门、免费安装等。

（3）随产品赠送优惠券或礼品，达到暗中降价的效果。

（4）维持原价，增加单位产品的含量。

（5）改进产品的性能和质量、增加折扣种类等，实际降低产品价格。

三、企业价格调整应考虑的因素

（一）消费者对价格变动的反应

不同市场的消费者对价格变动的反应是不同的，即使处在同一市场的消费者对价格变动的反应也可能不同。从理论上来说，可以通过需求的价格弹性来分析消费者对价格变动的反应，弹性大表明反应强烈，弹性小表明反应微弱。但在实践中，价格弹性的统计和测定非常困难，其状况和准确度常常取决于消费者预期价格、价格原有水平、价格变化趋势、需求期限、竞争格局以及产品生命周期等多种复杂因素，并且会随着时间和地点的改变而处于不断地变化之中，企业难以分析、计算和把握。所以，研究消费者对调价的反应，多是注重分析消费者的价格意识。

价格意识是指消费者对商品价格高低强弱的感觉程度，直接表现为顾客对价格敏感性的强弱，包括知觉速度、清晰度、准确度和知觉内容的充实程度。它是掌握消费者态度的主要方面和重要依据，也是解释市场需求对价格变动反应的关键变量。

价格意识强弱的测定，往往以购买者对商品价格回忆的准确度为指标。研究表明，价格意识和收入呈负相关关系，即收入越低，价格意识越强，价格的变化直接影响购买量；收入越高，价格意识越弱，价格的一般调整不会对需求产生较大的影响。此外，由于广告常使消费者更加注意价格的合理性，同时也给价格对比提供了方便，因而广告对消费者的价格意识也起着促进作用，使他们对价格高低更为敏感。

消费者可接受的产品价格界限是由价格意识决定的。这一界限也就规定了企业可以调价的上下限度。在一定条件下，价格界限是相对稳定的，若条件发生变化，则价格心理界限也会相应改变，因而会影响企业的调价幅度。

依据上面介绍的基本原理，可以将消费者对价格变动的反应归纳为：

(1) 在一定范围内的价格变动是可以被消费者接受的；提价幅度超过可接受价格的上限，则 会引起消费者不满，使其产生抵触情绪，而不愿购买企业产品；降价幅度低于下限，会导致消费者产生种种疑虑，也对其实际购买行为产生抑制作用。

(2) 在产品知名度因广告而提高、收入增加、通货膨胀等条件下，消费者可接受价格上限会提高；在消费者对产品质量有明确认识、收入减少、价格连续下跌等条件下，下限会降低。

(3) 消费者对某种产品削价的可能反应是：产品将马上因式样陈旧、质量低劣而被淘汰；企业遇到财务困难，很快将会停产或转产；价格还要进一步下降；产品成本降低了。而对于某种产品的提价则可能这样理解：很多人购买这种产品，我也应赶快购买，以免价格继续上涨；提价意味着产品质量的改进；企业将高价作为一种策略，以树立名牌形象；卖主想尽量取得更多利润；各种商品价格都在上涨，提价很正常。

(二) 竞争者对价格变动的反应

虽然想要透彻地了解竞争者对价格变动的反应几乎不可能，但为了保证调价策略的成功，主动调价的企业又必须考虑竞争者的价格反应。没有估计竞争者反应的调价，往往难以成功，至少不会取得预期效果。

如果所有的竞争者行为相似，则只要对一个典型竞争者作出分析就可以了。如果竞争者在规模、市场份额或政策及经营风格方面有关键性的差异，则各个竞争者将会作出不同的反应，这时，就应该对各个竞争者分别予以分析。分析的方法是尽可能地获得竞争者的决策程序及反应形式等重要情报，模仿竞争者的立场、观点、方法思考问题。最关键的问题是要弄清楚竞争者的营销目标：如果竞争者的目标是实现企业的长期最大利润，那么，本企业降低价格，它往往不会在价格上作相应反应，而在其他方面作出努力，如加强广告宣传提高产品质量和服务水平等；如果竞争者的目标是提高市场占有率，那么它就可能跟随本企业的价格变动，而相应调整价格。

在实践中，为了减少因无法确定竞争者对价格变化的反应而带来的风险，企业在主动调价之前必须明确回答以下问题：

(1) 本行业产品有何特点？本企业在行业中处于何种地位？

(2) 竞争者是谁？竞争对手会怎样理解我方的价格调整？

(3) 针对本企业的价格调整，竞争者会采取什么对策？这些对策是价格性的还是非价格性的？它们是否会联合做出反应？

(4) 针对竞争者可能的反应，企业的对策又是什么？有无几种可行的应对方案？

在细致分析的基础上，企业方可确定价格调整的幅度和时机。

四、企业应对竞争对手调价的对策

竞争对手在实施价格调整策略之前，一般都要经过长时间的得失深思，仔细权衡调价的利害，但是，一旦调价成为现实，则这个过程相当迅速，并且在调价之前大多要采取保密措施，以保证发动价格竞争的突然性。企业在这种情况下，贸然跟进或无动于衷都是不对的，正确的做法是尽快迅速地对以下问题进行调查研究：

(1) 竞争者调价的目的是什么？

(2) 竞争者调价是长期的还是短期的？

(3) 竞争者调价将对本企业的市场占有率、销售量、利润、声誉等方面有何影响？

(4) 同行业的其他企业对竞争者调价行动有何反应？

(5) 企业有几种反应方案？竞争者对企业每一个可能的反应又会有何反应？

在回答以上问题的基础上，企业还必须结合所经营的产品特性确定对策。一般说来，在同质产品市场上，如果竞争者削价，则企业必须随之削价；否则，大部分顾客将转向价格较低的竞争者；但是，面对竞争者的提价，本企业既可以跟进，也可以暂且观望。如果大多数企业都维持原价，则最终迫使竞争者把价格降低，使竞争者涨价失败。

在异质产品市场上，由于每个企业的产品在质量、品牌、服务、包装、消费者偏好等方面有着明显的不同，所以面对竞争者的调价策略，企业有着较大的选择余地：第一，价格不变，任其自然，任顾客随价格变化而变化，靠顾客对产品的偏爱和忠诚度来抵御竞争者的价格进攻，待市场环境发生变化或出现某种有利时机，企业再做行动。第二，价格不变，加强非价格竞争。比如，企业加强广告攻势，增加销售网点，强化售后服务，提高产品质量，或者在包装、功能、用途等方面对产品进行改进。第三，部分或完全跟随竞争者的价格变动，采取较稳妥的策略，维持原来的市场格局，巩固取得的市场地位，在价格上与竞争对手一较高低。第四，以优于竞争者的价格跟进，并结合非价格手段进行反击。比竞争者更大的幅度削价，比竞争者小的幅度提价，强化非价格竞争，形成产品差异，利用较强的经济实力或优越的市场地位，居高临下，给竞争者以毁灭性的打击。

【案例 8-9】

菱花集团：低价营销

菱花集团创建于 1980 年。在建厂初期，根据国情厂情，实施了“薄利多销”营销策略，使莲花集团在激烈的市场竞争中异军突起，综合经济技术指标由全国同行业第 77 位跃居第一。1988 年和 1989 年，面对全国性的“涨价风”，菱花集团依然实施“不涨价决策”，极大地提高了市场覆盖率、产品知名度和企业知名度，在消费者心目中树立了良好的企业形象。1991 年开始生产味精。1992 年以来，抓住改革开放的大好机遇，实施了“内引外联、八方辐射，以开放战略推动企业腾飞”的对外合资决策，先后与日本、美国、英国等国家外商合资，兴办了 6 家合资公司；使莲花集团成为中国最大的味精生产与出口基地，从而形成规模效益。在国际味精行业名列前茅，为地方经济的振兴和民族食品工业的发展作出了突出贡献。菱花集团之所以能取得如此成果，关键在于低价营销策略，适应了中国消费者的需要。而低价营销策略能够得以贯彻始终，是以低成本扩张战略为其后盾。

一、从大规模生产经营中取得成本优势

味精是产品差别化程度较小的、适于大批量生产的产品，能否做到规模经营，对单位产品的成本影响极大。菱花集团公司深明这一道理，一开始就非常重视规模经济效益的提高，具体体现在以下四个方面：（1）基本装置都在合理规模以上。味精生产是连续流动的装置生产，装置的基本规模对效率影响很大。初上味精项目时，企业的资金非常困难，但所使用的浸泡罐和结晶罐等装置都在基本规模要求之上，使得规模经营有基本的技术保证；（2）通过建设多套装置，获得公用装置资源和管理上的规模经济效益。菱花集团公司刚生产味精时，生产能力只有2000吨，之后连续上了几套系统，目前已形成5万吨的生产能力。这就大大降低了单位生产能力分摊的公共系统费用以及管理费用，同时，也有助于减少单套装置操作失误可能带来的损失；（3）通过大规模销售获得经营过程的规模经济效益。目前，菱花集团销售公司在全国有64个分公司，8个分装厂，650个二级经销商，8000多个销售点。通过大规模销售，不仅实现了单个装置的规模效益，而且获得了多套装置的复合的规模效益，同时也为今后进一步的规模扩张奠定了坚实基础。

二、从资本经营中获得综合成本优势

菱花集团从1991年就开始走上资本经营的道路。通过租赁、兼并、联合、购买等方式，先后兼并全国15家企业，其中国有中型企业10家。通过兼并，盘活资产3.4亿元，安排下岗职工3700人重新就业，引起国家有关部门、研究机构以及各类新闻媒体的广泛关注。除了社会效益外，资本经营给菱花集团自身带来的成本优势也是非常明显的。主要表现在：

（1）节约了投资。菱花集团公司有5万吨生产能力，各联营企业约4万吨生产能力。如果菱花集团公司依靠对内投资来扩大4万吨生产能力，大约需要投资3.2亿元。而菱花集团公司依靠资本经营，实现了同样目标，但仅仅投资2600万元左右，资本经营的效益在此可略见一斑。

（2）降低了产品制造成本。菱花集团在选择兼并对象时，一个重要的考虑就是利用各地的资源优势，以此来降低产品的制造成本。例如，菱花集团选择兼并呼和浩特味精厂，就是利用当地的玉米、水、电、煤的价格便宜这些因素，结果扣除运费，每吨味精的成本要比总厂低10%多。

（3）降低了销售费用。由于菱花集团对各个联营企业生产的味精实行统一销售，大大降低了单位产品所分摊的销售费用。

（4）无形资产得以变现。目前，菱花集团的无形资产价值已达18.8亿元，这个巨额数字若不能变现，则评估值再大也只有宣传作用，不会带来直接利益。而菱花集团以无形资产投资入股各个联营企业，则充分发挥了无形资产的作用。

三、从日常经营管理中获得成本优势

菱花集团管理层认为，菱花集团能从一个 8 万元的小淀粉厂发展成总资产达 23 亿元的大型企业集团，靠的就是奉献拼搏、艰苦奋斗的精神。而奉献拼搏、艰苦奋斗与公司的成本优势战略是不可分割的统一体。集团的非生产性开支一压再压，虽然已是大企业，职工宿舍和集体福利也建立起来了，但集团公司的管理层现在仍然在一座普普通通的旧办公楼里办公，谁也没有专用小车。公司固定资产投资中只有7%用于非生产性设施，而目前绝大多数企业的这一比例为30%左右，此外集团公司将节约思想贯彻到项目和工艺设计、现场操作及管理制度的各个环节，如为降低投资成本，菱花集团设计出大棚式发酵车间，投资仅为一般车间的1/10，建了 5 个发酵车间，节约投资 600 万元。结果是菱花集团生产性固定资产投资中，设备占到 95%，而在一般情况下，最多为 80%。正是这无数点点滴滴的节约，才使公司的成本最低优势得以变成现实。

（作者自编）

第四节　价格策略单项实训

一、材料

某企业生产其产品全年需要固定成本（含管理费用、租金、税费等）为 18 万元，其产品的单位产品生产所需变动成本（含原材料费用、工人工资、生产物流费用等）为 12 元，其产品出厂需要运输力资和运输费用合计每单位产品大约 3 元。该企业年生产能力为 16 万单位产品，其产品出厂价，根据自已年销售量规模和盈亏平衡定价法，暂拟定为：每单位产品 22 元。今年，该企业已经按照每单位产品 22 元的价格接受了一些客户 4 万单位产品的订单，现有一大客户欲购 2 万单位产品，但是，该大客户以他自已购买数量大为由，要求其产品价格为每单位产品 20 元。

二、题目

作为该企业总经理及其他高级领导，接不接受以每单位产品为 20 元的这一订单？为什么？请详细说明你们的理由。

三、具体操作

1. 分组

①按照记分册名单顺序，按照每五人一组进行分组，由于人数不是五的倍数，余下人员在后面添加，改为六人一组。

②组别确定以后，每组确定每人岗位以及职责。

③岗位有：总经理一名、其余均为企业高级领导人员。

2. 分组讨论计算

①要求各组在总经理领导下进行工作。

②要求各组工作有计划，有分工，有步骤，协同一致。

③要求各组深入生活实际观察、思考、创新。

④要求各组要有计算过程，并且计算准确无误。

⑤要求最终决策必须有详细的决策依据。

3. 形成文字资料

每组将自己组通过讨论和计算所得到的结论，以及自己的演算过程、决策依据等形成文字材料。

4. 实训成果展示

每组选派一人上讲台讲解。

5. 同学提问答辩

下面同学提问，实训人员现场答辩。

6. 上交本次实训成果

打印文字材料一份+电子文档一份。

注意事项：

①决策结果接单和不接单都可以，得分高低取决于决策依据的展示和说理是否充分和有理。

②决策依据应该来自于企业经营全方位的思考，得失的衡量。

③要求各小组能够演示讲解决策过程。

④代表讲解过程中最低要求采用 PPT 进行讲解。如能结合使用实物展示讲解最好。

⑤现场答辩：在答辩时，本组人员全部站在讲台上，回答下面同学的提问置疑。

四、时间安排

1. 讨论计算决策：2 节课时间
2. 发言展示及答辩：4 节课时间

五、文字材料的封面设计

1. 有标题、机密字样等内容
2. 有团队成员等内容
3. 有时间
4. 其他的什么图案口号等内容不作要求，自己美化认可就行

六、实训指导要点

分析思考角度是全方位的。首先是企业自身分析，其次是企业的需要和目的分析，最后是产品生产销售的成本核算以及其他方方面面的分析。

☞课后训练☜

一、理论知识掌握

1. 什么是营销定价？

2. 企业在定价时要考虑哪些因素？

3. 定价目标有哪些？

4. 定价时要考虑哪些成本费用？

5. 企业定价的程序是什么？

6. 企业定价方法有哪几种？

7. 企业定价策略有哪几种？

8. 企业调价策略有哪几种？

9. 调价时要考虑哪些因素？

10. 什么是折扣？有哪些类型？

11. 什么是折让？有哪些类型？

12. 新产品定价策略有哪几种？

13. 心理定价策略有哪几种？

14. 产品组合定价策略有哪几种？

15. 地理定价策略有哪几种？

16. 已知某产品的销售量为 10000 件，总成本为 1000000 元，预期成本利润加成率为 20%，（1）则其销售价格是多少？若以销售价格为基础加成百分率为 20%，（2）则其销售价格又是多少？

17. 某企业产品生产能力为 30000 件，固定成本总额为 160000 元，单位产品的变动成本为每件 22 元。企业现在想获利 320000 元，问：（1）若企业年销售量为 20000 件，该产品售价为多少时能实现利润目标？（2）若企业年销售量为 30000 件，该产品售价为多少时能实现利润目标？

18. 某企业产品生产能力为 30000 件，固定成本总额为 160000 元，单位产品的变动成本为每件 22 元。根据市场调查、分析、预测可知：当产品以每件 25 元销售时，市场需求量为 30000 件；当产品以每件 30 元销售时，市场需求量为 20000 件；当产品以每件 35 元销售时，市场需求量为 18000 件；当产品以每件 40 元销售时，市场需求量为 10000 件。问：（1）该企业采用上述四种价格中哪一种价格最佳？（2）为什么这种价格最佳？

19. 某公司今年生产共需要固定成本 5000 万元，每件产品的变动成本为 400 元。今年公司预计的产销量为 100 万件，预计可以获取利润 15000 万元，请问该公司产品出厂价格应为每件多少元？其保本销售量是多少件？

20. 某企业的年固定成本消耗为 200 元，每件产品的单位可变成本为 140 元，计划总贡献为 150 万元，当销售量预计可达 10 万件时，其产品价格为多少？

二、能力素质训练

（一）顾客到美食汉堡包餐厅，买一个汉堡包、外加薯条和饮料，花费 6 美元；而同样的食物，在一般汉堡包店只需要 2. 5 美元。但是对有些消费者来说，舒适的环境、豪华的设备加上美味可口的汉堡包，付 6 美元完全合理，比到麦当劳和汉堡王等店更合算。

请问：1. 美食汉堡包采用的是什么定价方法和定价策略？

2. 这种定价策略的关键是什么？为什么顾客认为这是合理的价格？

3. 从美食汉堡包的定价策略中你受到什么启示？

（二）单项实训操作题

某生产企业，实行定税制，其生产某种产品的年生产能力为 200000 件，生产该种产品的年固定成本为 300000. 00 元，生产该种产品的原材料成本为每件 8. 00 元，生产该种产品的用工成本为每件 5. 00 元，生产该种产品的水电等其他成本为每件 2. 00 元，该种产品的运输费用和上下车人力工资平均支出为每件产品 5. 00 元。经过成本核算和分析市场竞争者情况后，按照年产 5 万件产品，20%利润率，该生产企业确定其产品出厂价为每件 31. 20 元。今年年初，该企业按照出厂价接受了 50000 件订单。现在，有一个客户需要购买该企业产品 30000 件，但是，该客户认为该厂产品每件 31. 20 元的价格太高，要求降价到 25. 00 元。请问：

1. 如果你是决策者，那么你会不会以每件 25. 00 元的价格与客户成交？

2. 请详细说明你决策的理由。

（三）案例分析题

信奉“价格竞争是最高层次的竞争”理念的格兰仕在短短 6 年时间内，连续对竞争对手发动了 7 次价格竞争。把微波炉行业的利润降到最低点，提高了行业进入门槛（如下表所示）。

序次	时间	降价品种及调价幅度	降价成果
1	1996 年 8 月	WP800S，WP750 型等 3 个非烧烤型微波炉价格平均下调 24. 6%	总体市场占有率上升 14%，达到 50. 2%
2	1997 年 7 月	最小型号产品 17 立升微波炉降价 40. 6%	带动格兰仕整个产品的畅销，占有率上升 12. 6%，达到 56. 4%
3	1997 年 10 月	5 大机型价格下调，13 个产品品种全面降价，平均降幅 32. 3%	市场份额再上升 11. 6%，达到 58. 7%

续表

序次	时间	降价品种及调价幅度	降价成果
4	1998年7月	两个17升型号降价，平均降幅24.3%	总体产品市场占有率上升4.8%达55.7%
5	2000年5月	“新世纪”系列产品价格大幅度下调并实施疯狂的赠送行动	在全国引起强烈反响；6月份市场占有率为73.74%
6	2000年6月	中档改良型750“五朵金花”系列降幅达40%，高档“黑金冈”系列买1送15	
7	2000年10月	所有产品（包括高档产品）全部锁定在1000元以内，市场降价平均幅度达到40%	微波炉市场价格体系受到摧毁，市场占有率最高

格兰仕降价特点及策略为：

第一，不断拉高竞争壁垒。格兰仕历次降价的目的很明显，即消灭散兵游勇、驱逐竞争对手，“清除市场杂音”。规模每上一个台阶，价格就大幅下调。当生产规模达到125万台时，就把出厂价定在规模为80万台的企业成本价以下；当规模达到300万台时，又把出厂价调到200万台规模的企业成本价以下。此时，格兰仕还有利润，而规模低于这个限度的企业，多生产一台就多亏损一台。

第二，降价幅度大。格兰仕多次的降价幅度均在30%~40%，规模小、实力弱的微波炉生产厂商是很难抵御这样的价格攻击的。

第三，进攻性价格策略。格兰仕的价格策略是“运用降价—增加销量、扩大生产规模—规模经济、成本下降—进一步降价”。

思考：请评价格兰仕的降价到现在的家电及电子产品价格大战。

第九章　分销渠道策略

【案例 9-1】

营销之王董明珠传奇

格力电器有限公司总裁董明珠，36 岁南下打工，从最底层的女业务员做起，凭着常人难以理解的勇气和毅力，将格力空调的销售额从 10 多个亿做到数百亿元，从一个当初年产不到 2 万台的毫不知名的空调小厂一跃成为年产值达 50 亿元的知名跨国企业，成为“中国制造”的代表人物。

一个企业，在发展的历史中，领导者的思路，在很大程度上决定着企业发展的方向，在内衣行业普遍流传着“思路决定出路”，在格力的领导层，在董明珠的身上，也有着深刻的体现。

格力走的是非常专业化的渠道之路，同时也一直强调产品的质量、服务的质量及产品本身的专业化，一直在“专业化的道路上”孜孜不倦地探寻着。董明珠指出，今后销售分公司是不留利润的，它得到的只是合理的劳务费用，以及品牌提升带来的附加价值。在赢利与发展为第一要义前提下，向二、三级市场倾斜、与家电连锁商合作。

这些变革其实是一种必然。首先，格力对销售公司职能进行调整，强化管理与控制力。在各地销售公司中增持股份，强化在渠道上的话语权，同时直接从总部派驻经营管理人员，提升控制力和管理能力，并加强理念的引导和培训的强化，提升总部对所辖销售公司的服务和支持功能。

其次，格力强化对渠道的精耕细作，加强专卖店、社区精品店的开发建设力度。事实上，在安徽等地出现了一些 5A 级社区店，直接面向消费者终端，就是格力渠道模式的一种新尝试。尤其在北京国美和大中电器总部势力范围之内，格力陆续开了 27 家专卖店，更彰显了格力欲把渠道精耕细作进行到底的决心。

对营销业务员的考核不是以销售额来衡量，而是看与经销商沟通的工作量，市场调研、价格监督的工作量。即使格力做到最大，也只有 23 名营销业务员，每人负责一个省，只负责协调，不负责发展网络。而销售商分为一级、二级，每个地区都只有几个有限的一级经销商。由一级经销商发展二级经销商。不同的规模有不同的返利标准线。这样一来，一级经销商就会努力扩网冲线，格力经销网迅速膨胀。

董明珠规定一级经销商负责监督二级经销商。一旦二级经销商质量或安装出问题，就立即停发一级经销商的货。

董明珠削减了营销业务员，把节省下的高达亿元的业务费，全部拿来贴补经销商。这样，董明珠始终只以23名业务员与竞争对手上千名业务员队伍抗衡。这是全国独一无二的营销方法，也是董明珠革命的内容。

在重庆，格力自己的员工只有5个人（1名业务员，2名开票员，3名售后服务人员），销售额3个亿。而春兰在重庆有自己的销售公司，有150名营销业务员，每年费用就要2000多万元。

在23名营销人员中，开除和主动辞职的就曾有10人，媒体问："没有物质刺激，怎么会好好干活？"董明珠称："我们要靠度来发展经销网，而不是一两个能干的营销员。在市场经济的竞争格局中，渠道资源一直是厂商手中的王牌之一，谁拥有渠道，谁就拥有市场，这是商海经营策略的共识。格力作为家电行业的领导品牌，经历着众多厂商在渠道建设中一样的道路：批发商——经销商。但在渠道建设中，董明珠通过苦苦思考和实践，终于也在市场的摸索中寻找到适合于自己的渠道，那就是组建联营公司。在每个省寻找有经验与实力的经销商，实行股份制的运作方式，把当地的渠道资源有效地运作起来，可以说，格力在这个以单一品类作为发展主题的公司，能在空调行业中独占鳌头，其成功是与这种渠道模式分不开的。

对此，董明珠在《行棋无悔》中写道：格力取得快速增长的原动力，就是格力独创的营销模式。因为格力营销的宗旨是营销的"三个代表"，代表经销商的利益，代表消费者的利益，代表厂家的利益。这种把经销商与厂商捆绑起来的营销方法，真正实现了产销的利益共享、风险共担，有效地组合双方资源，实现了强强联手开拓市场。可以说，格力能在市场作为领跑者，一是其产品质量好、服务质量好；二是这种联营的营销模式，对推动市场的发展，起到了功不可没的作用。

（作者自编）

上述案例告诉我们，谁拥有营销渠道，谁就拥有市场！营销渠道创新与产品、促销、定价等创新一样，可以造就一个人、一个集体、一个公司。营销渠道创新与管理正是本章所阐述的。

分销渠道策略是指企业为了使其产品进入目标市场所进行的路径选择活动，它关系到企业在什么地点、什么时间、由什么组织向消费者提供商品和劳务。企业应选择经济、合理的分销渠道，把商品送到目标市场。分销渠道因素包括渠道的长短、宽窄决策，中间商和选择以及分销渠道的分析评价和变革等内容。

本章主要介绍企业分销渠道的有关概念、功能、流程、成员、层次，影响分销渠道选择的因素以及分销渠道的设计，实体分配的内容、原则以及策略，中间商、连锁经营与特许经营等内容。重点是企业分销渠道的流程、中间商成员，影响分销渠道选择的因素以及分销渠道的设计，实体分配的原则以及策略。

第一节　分销渠道概述

一、分销与分销渠道

1. 分销

在西方经济学中，分销的含义是建立销售渠道的意思，即产品通过一定渠道销售给消费者。从这个角度来讲，任何一种销售方式，我们都可以称为分销。亦即分销是产品由生产地点向销售地点运动的过程，产品必须通过某一种分销方式才能到达消费者手中。

在市场营销学中，分销是指产品从生产者转移到消费者的市场营销活动以及活动过程。

2. 分销渠道

美国著名的营销大师菲利普·科特勒认为，一条分销渠道是指某种货物或劳务从生产者向消费者移动时取得这种货物或劳务的所有权或帮助转移其所有权的所有企业和个人，因此，一条分销渠道主要包括商人中间商（因为他们取得所有权）和代理中间商（因为他们帮助转移所有权）。此外，它还包括作为分销渠道的起点和终点的生产者和消费者，但是，它不包括原材料供应商、生产辅助商等。

因此，对于分销渠道我们可以说，是指在某种产品从生产者向消费者转移过程中，取得产品所有权或帮助所有权转移的所有组织和个人，即所有参加或承担产品从生产者流到消费者的个人和组织统称为分销渠道。

二、分销渠道的功能

分销渠道中的组织和个人，一方面，能够分担生产者的市场营销职能，参与生产者产品和服务的营销工作；另一方面，又能为消费者或用户充当购买代理。因此，分销渠道在产品与服务的流通环节中具有非常重要的作用，具体作用功能表现为：

（1）连接产销：分销渠道的一端与消费者相连接，另一端与生产者相连接，他在消费者和生产制造商之间搭起一座连接消费者和生产者的桥梁，起到促进消费者与生产者沟通的作用；

（2）反馈信息：分销渠道在消费者和生产制造商之间双向传递他们的信息。一方面，能够把生产者的情况和产品的情况传递给广大的消费者；另一方面，又能把消费者的需求以及需求的变化信息及时地传递给生产制造商；

（3）促进销售：分销渠道不仅连接消费者和生产制造商，而且单独投入人财物进行销售促进工作；

（4）承担风险：分销渠道在产品和服务从生产制造商流向消费者的过程中，参与产品和服务的所有权转移或者协助参与产品和服务的所有权转移，完全或者部分承担了产品和服务流通过程中政策、自然环境、物流运输等可能引起的风险；

(5) 实体分配：分销渠道在产品和服务从生产制造商流向消费者的过程中，完成分拣、仓储、运输等分配工作；

(6) 协商谈判：分销渠道在消费者和生产制造商之间与双方都要进行协商谈判，表达和传达双方的意愿，最终实现三方满意、共赢；

(7) 简化交易手续。由于分销渠道的专业性和专一性，在消费者和生产制造商之间交易过程中，分销渠道能够熟能生巧，化繁就简地简化消费者和生产制造商之间的交易手续，提高交易效率和经济效益；

(8) 节约销售费用：由于分销渠道在消费者和生产制造商之间双向传递他们的信息，减少或者避免了他们之间交易的盲目性，减少交易次数，节约销售费用，提高交易效率和经济效益；

(9) 集散和平衡商品的供应：分销渠道在产品从生产者向消费者转移过程中，可以帮助生产厂家集中和分散产品，使生产厂家的产品供应实现均衡供给，确保各个地区或者说各个市场的产品供应。

三、分销渠道的流程

当产品在分销渠道中流动时，会形成不同类型、不同方向的流程，这些流程把分销渠道中的各个成员连接起来。其中，重要的流程如下：

(1) 商品所有权流程：亦称为“商流”，是指商品所有权由生产厂商经过 1~n 次买卖转移到消费者的全过程。该流程的方向是由生产者经过渠道中间商最终到达消费者，即图示为：生产厂商——→消费者。

商品所有权流程是一个比较早出现的流程，它随着市场的产生而产生，在社会经济生活中，参与商品所有权流程的企业和个人形成了一个行业，即传统的商业。例如，现在的武汉商场、汉阳商场、六渡桥百货、中百、中商等本地的商业集团公司，外国的家乐福、麦德龙、沃尔玛等商业集团公司都属于商业。

(2) 商品实体流程：亦称为“物流”，是指在消费者需要的时候，商品实体由生产厂商转移到消费者的全过程。该流程的方向与商品所有权流程方向是一样的，是由生产者经过渠道物流部门或专业物流公司最终到达消费者，即图示为：生产厂商——→消费者。

商品实体流程也是一个比较早出现的流程，它随着市场的产生而产生，但是，在社会经济生活中，参与商品实体流程的企业和个人形成了一个行业，即物流行业是 20 世纪末的产物，并且，发展速度很快，从生产物流发展到现在，市场上已经出现了第三方物流，乃至第四方物流。

物流行业有“第三利润源泉”之称，是继劳动创造价值和自然资源本身具有价值之后出现的又一重大利润来源。其价值来源于人类合理调配运输工具、仓储资源，合理分配产品，合理安排运输路线等节约和创造出来的价值。例如，在美国，其物流行业的

GDP 产值最高实现占其全国 GDP 总产值的 17%。

（3）货款流程：亦称为“货币流”、“现金流”，是指在商品由生产厂商转移到消费者的过程中，货币或现金由消费者转移到生产厂商的全过程。该流程的方向与商品所有权流程方向相反，是由消费者经过渠道物流部门或专业物流公司、收账公司，各级各类银行等金融机构，最终到达生产者，即图示为：消费者——→生产厂商。

在货款流程中，物流部门或专业物流公司、收账公司的参与是现代兴起的，各级各类银行等金融机构不仅产生早，而且是货款流程中主要的参与者，起着非常重要的作用。电视剧《乔家大院》就演绎了我国早期银行产生的历史过程。

货款流程也是一个比较早出现的流程，它随着市场交易的发生而产生，在社会经济生活中，参与货款流程的企业和个人也形成了一个行业，那就是以银行业为主体的金融行业。

（4）情报信息流程：亦称为“信息流”，是指在商品由生产厂商转移到消费者的过程中，所发生的一切信息收集、传递、加工处理活动的过程。该流程的方向比较特殊，不是单向而是双向，一方面，生产制造企业的信息，有关企业产品的信息等，经过分销渠道要及时准确地传递给消费者；另一方面，消费者的需求信息，消费者的消费习惯、收入水平等许多个人信息要及时准确地传递给生产制造企业，国家、社会行业、自然环境等市场环境信息也要及时准确地传递给生产制造者和消费者，该流程的方向图示为：消费者←→生产厂商。

情报信息流程也是一个比较早出现的流程，它随着市场交易的发生而产生，在社会经济生活中，参与情报信息流程的企业和个人最早是企业的一个部门，一般叫情报信息部。形成了一个行业是 20 世纪末的事，各种各样的情报信息组织机构、市场调研组织机构等如雨后春笋般涌现出来。情报信息不仅对企业的生存、竞争和发展十分重要，而且对一个国家的生存、竞争和发展也十分重要。因此，在社会经济生活中，参与情报信息流程的企业和个人形成了信息产业。例如，在我国把信息产业提高到一个空前的高度去认识和评价，在国家精简机构，裁减人员的机构改革的关键时刻，在国务院成立了专门的信息产业部，而且是中央各部委中最大的。

（5）促销流程：是指生产厂商以及分销渠道所有成员为了商品的销售，而采取的各种促销活动的过程。促销流程是由生产者向广大的渠道商和消费者，渠道商向广大的消费者所进行的有关促进销售信息的传递过程，促销流程的方向是：生产厂商——→渠道商和消费者；渠道商——→消费者。

促销流程是随着社会的进步发展，市场由原来的卖方市场向买方市场演化而出现的，最早出现在生产企业叫销售部门、营销部门、促销部门、公关广告部门，在今天的社会经济生活中，参与促销流程的企业和个人已经形成了一个新兴行业，即广告行业。

【案例 9-2】

奥克斯“服务大餐”确立竞争新优势

3 月中旬，奥克斯空调总经理吴方亮在宁波宣布，他们已组织了万余名专业售后服务人员，将于今年3月13日到3月19日期间，为80余万用户提供免费的上门空调年检服务。他透露，其企业将要花4800万元为这道“服务大餐”买单。

据悉，这已是奥克斯第二年推出此项增值服务。针对业界把其“年检活动”称为“赔钱赚吆喝”的相关评议，吴方亮颇不以为然。他反驳说，2003年奥克斯推出这项活动后，虽然当时贴进去不少钱，却增加了一大产品“卖点”，收益良多。据统计，去年光凭这个卖点，奥克斯的每一家销售终端至少多售出100台空调，1万家终端就是100万台，以每台50元厂家利润计算，可认为“年检”概念为奥克斯直接创利5000万元。

（楚天都市报，2004-03-12. 对原文作了修改）

7月13日，宁波奥克斯空调有限公司销售总经理吴方亮一大早就打电话兴奋地告诉笔者一个好消息：“奥克斯空调又创造了一大辉煌，6月20日奥克斯空调完成了380万台目标，才过了23天，我们奥克斯空调销售量累计就突破1000万台，是继格力、海尔、美的之后第四个销量累计突破1000万台的国内空调企业。”

（武汉晚报，2004-07-26. 对原文作了修改）

【案例9-3】

加盟模式成快速硬伤

传星晨急便因欠款倒闭 武汉员工证实：已停工半月

背景：2008年，宅急送创始人之一陈平离开宅急送，次年3月份在北京创办了星晨急便速递。2010年3月，阿里巴巴集团入股星晨急便。2011年10月，北京星晨急便速递和深圳鑫飞鸿快递有限公司正式合并，商号为“星晨急便-鑫飞鸿”。星晨急便-鑫飞鸿官网显示，公司2011年全网营业额达7.5亿元。目前拥有运转及分拨中心150多个，网点数量3800多个；员工28100名；机动车5000台，摩托车19000台；日处理业务量13万票。

本报讯（记者 罗义）“国内速递公司星晨急便一夜之间倒闭。”昨日，此消息一经网络爆出，在业界引起了轩然大波。该公司武汉员工证实，快递业务其实已停止了半个月。传统的加盟制弊端，在快递行业再次出现。

星晨急便一夜间倒闭

“星晨急便创始人陈平近日发短信给内部员工：公司解散了，阿里7000万，我的5000万全部赔光了。现在客户的2000多万货款被加盟商非法侵占，也不能返还。1400多名员工两个多月没有工资，我已倾家荡产。”日前，网友的爆料在业内掀起轩然大波。

另有网友爆料称，星晨急便-鑫飞鸿速递在3月3日晚上便电话通知各个加盟商，说星晨要宣布破产，3月4日早上已经有上百人前往星晨急便-鑫飞鸿上海分公司，发现已人走楼空。

昨日下午，上海网友微博证实，“星晨急便和宅急送发生了神马事情？刚经过宅急送，大门被货车堵住了，还拉有‘星晨急便’恶意转移资产的条幅。”

据了解，星晨急便于2009年3月正式营业，创始人陈平原为宅急送创始人。2008年底，在创办宅急送15年后退出，创立星晨急便。

武汉公司已停工半月

昨日上午，记者登录星晨急便官网，但无法显示，拨打其官方服务热线也始终无人接听。记者与星晨急便武汉公司相关人员联系，一部手机关机，另一部始终无人接听。

一位曾在汉阳片区星晨急便工作的负责人表示，他早在去年底就换了新公司，星晨突然倒闭他并不意外，但辞职原因他不愿意多说。

星晨急便速递有限公司武汉分公司一朱姓工作人员表示，他目前仍在星晨急便工作，但是武汉业务已经停了半个月，具体原因也不清楚。

记者观察

快递加盟制再曝弊端

在我国，除了EMS、顺丰等少数快递实施直营模式外，大多快递公司采取的是传统的加盟方式。实现低成本快速扩张的同时，营业额、业务量均急剧上升，但弊端也一一暴露出来。早在2010年初，发生在广州的数百名电脑城商户向DDS快递公司追讨被拖欠的代收款等事件，至今仍记忆犹新。有业内人士分析，DDS快递在全国范围内开设分公司扩大市场，但业务量并未提升多少，包袱过重。

“要想迅速扩大规模和市场占有率，加盟是一个很快的办法，有钱谁不赚呢？”业内人士指出，此次事件让快递加盟制“不好管制”的弊端也再次充分显现。从国家邮政部门公布的每月邮政业消费者申诉情况可以看出，目前客户投诉率较高的民营快递公司，基本上是加盟式快递企业。

中国快递咨询网首席顾问徐勇将这种弊端概括为，加盟商各自为政，为短期利益而牺牲质量和品牌。

昨日，记者就星晨急便“倒闭”一事，与湖北省邮政管理局市场监管处取得联系，工作人员称“星晨急便”的情况他们已有所掌握，但并非网络流传的那样。就市民担心的收件问题，该工作人员表示需请示后给予回复，但截至记者发稿时，未收到其回复。

（长江商报，2012-03-06，B17.）

上述两个案例说明企业渠道的建设和渠道管理的创新与企业产品的生产和创新同等重要，它可以成就一个企业也可能毁掉一个企业。

第二节　分销渠道模式与类型

分销渠道根据其组成可以分为直接渠道和间接渠道。直接分销渠道是指生产企业不通过中间商环节，直接将产品销售给消费者。直接渠道是工业品分销的主要类型。例如大型设备、专用工具及技术复杂需要提供专门服务的产品，都采用直接分销，消费品中有部分也采用直接分销类型，诸如鲜活商品等；间接分销渠道是指生产企业通过中间商环节把产品传送到消费者手中。间接分销渠道是消费品分销的主要类型，工业品中有许多产品诸如化妆品等采用间接分销类型。

一、直接分销渠道

1. 直接分销渠道的具体方式

直接分销渠道是指生产者将产品直接供应给消费者或用户，没有中间商介入。直接分销渠道的形式是：生产者——用户。企业直接分销渠道的具体方式比较多，但概括起来有如下几种：

（1）订购分销。它是指生产企业与用户先签订购销合同或协议，在规定时间内按合同条款供应商品，交付款项。一般来说，主动接洽方多数是销售生产方（如生产厂家派员推销），也有一些走俏产品或紧俏原材料、备件等由用户上门求货。

（2）自开门市部销售。它是指生产企业通常将门市部设立在生产区外、用户较集中的地方或商业区。也有一些邻近用户或商业区的生产企业将门市部设立于厂前。

（3）联营分销。它是指工商企业之间、生产企业之间联合起来进行销售。

除了上述几种外，随着社会的进步和发展，涌现出许多新型直接分销渠道的具体方式，如电话销售、电视销售、邮寄销售、网上销售等方式，特别是随着互联网的普及应用，以及其他支付、物流、仓储等配套设施的发展以及它们有关规则的制定，网上销售在我们生活中越来越普及。

2. 直接分销渠道的优点

（1）有利于产、需双方沟通信息，可以按需生产，更好地满足目标顾客的需要。由于是面对面的销售，用户可更好地掌握商品的性能、特点和使用方法；生产者能直接了解用户的需求、购买等特点及其变化趋势，进而了解竞争对手的优势和劣势及其营销环境的变化，为按需生产创造了条件。

（2）可以降低产品在流通过程中的损耗。由于去掉了商品流转的中间环节，减少了销售损失，有时也能加快商品的流转。

（3）可以使购销双方在营销上相对稳定。一般来说，通过直销渠道进行商品交换，签订合同，数量、时间、价格、质量、服务等都按合同规定履行，购销双方的关系以法律的形式在一定时期内固定下来，使双方把精力用于其他方面的战略性谋划。

（4）可以在销售过程中直接进行促销。企业直接分销，实际上又往往是直接促销的活动。例如，企业派员直销，不仅促进了用户订货，而且也扩大了企业和产品在市场中的影响，又促进了新用户的订货。

3. 直接分销渠道的缺点

（1）在产品和目标顾客方面：对于绝大多数生活资料商品，其购买呈小型化、多样化和重复性。生产者若凭自己的力量去广设销售网点，往往力不从心，甚至事与愿违，很难使产品在短期内广泛分销，很难迅速占领或巩固市场，企业目标顾客的需要得不到及时满足，势必转移方向购买其他厂家的产品，这就意味着企业失去目标顾客和市场占有率。

(2) 在商业协作伙伴方面：商业企业在销售方面比生产企业的经验丰富，这些中间商最了解顾客的需求和购买习性，在商业流转中起着不可缺少的桥梁作用。而生产企业自销产品，就拆除了这一桥梁，自己去进行市场调查，包揽了中间商所承担的人、财、物等费用。这样，加重生产者的工作负荷，分散生产者的精力。更重要的是，生产者将失去中间商在销售方面的协作，产品价值的实现增加了新的困难，目标顾客的需求难以得到及时满足。

(3) 在生产者与生产者之间：当生产者仅以直接分销渠道销售商品，致使目标顾客的需求得不到及时满足时，同行生产者就可能趁势而进入目标市场，夺走目标顾客和商品协作伙伴。在生产性团体市场中，企业的目标顾客常常是购买本企业产品的生产性用户，他们又往往是本企业专业化协作的伙伴。所以，失去目标顾客，又意味着失去了协作伙伴。当生产者之间在科学技术和管理经验方面的交流受到阻碍以后，将使本企业在专业化协作的发展中更加步履维艰，这又影响着本企业的产品实现市场份额和商业协作，从而造成一种不良循环。

【案例 9-4】

阿里巴巴

阿里巴巴（香港联合交易所股份代号：1688）为全球领先的小企业电子商务公司，也是阿里巴巴集团的旗舰业务。阿里巴巴在 1999 年成立于中国杭州市，通过旗下三个交易市场协助世界各地数以百万计的买家和供应商开展网上生意。三个网上交易市场包括：集中服务全球进出口商的国际交易市场、集中国内贸易的中国交易市场，以及透过一家联营公司经营、促进日本外销及内销的日本交易市场。此外，阿里巴巴也在国际交易市场上设有一个全球批发交易平台，为规模较小、需要小批量货物快速付运的买家提供服务。所有交易市场形成一个拥有来自 240 多个国家和地区超过 6100 万名注册用户的网上社区。为了转型成为可让小企业更易建立和管理网上业务的综合平台，阿里巴巴亦直接或通过其收购的公司包括中国万网及一达通，向国内贸易商提供多元化的商务管理软件、互联网基础设施服务及出口相关服务，并设有企业管理专才及电子商务专才培训服务。阿里巴巴亦拥有 Vendio 及 Auctiva，这两家公司是领先的第三方电子商务解决方案供应商，主要服务网上商家。阿里巴巴在大中华地区、印度、日本、韩国、欧洲和美国共设有 70 多个办事处。

2002 年 5 月，马云荣登日本最大的《日经》杂志封面人物，《日经》杂志高度评价阿里巴巴在中日贸易领域里的贡献："阿里巴巴已达到收支平衡，成为整个互联网世界的骄傲。"自阿里巴巴成立之后，全球十几种语言 400 家著名新闻传媒对阿里巴巴的追踪报道从未间断，被传媒界誉为"真正的世界级品牌"。

2003 年，非典爆发，网络商务突显，阿里巴巴成为全球企业首选的商务平台，网站的各项指标持续高速发展，阿里巴巴集团公司已经有12家旗下公司，分别是：阿里巴巴、淘宝、支付宝、阿里软件、阿里妈妈、口碑网、阿里云、中国雅虎、一淘网、天猫、中国万网、聚划算。

（中国营销传播网 http：//www.emkt.com.cn）

二、间接分销渠道

间接分销渠道是指生产者利用中间商将商品供应给消费者或用户，中间商介入交换活动。间接分销渠道的典型形式是：生产者——批发商——零售商——个人消费者（少数为团体用户）。现阶段，我国消费品需求总量和市场潜力很大，且多数商品的市场正逐渐由卖方市场向买方市场转化。与此同时，对于生活资料商品的销售，市场调节的比重已显著增加，工商企业之间的协作已日趋广泛、密切。因此，如何利用间接渠道使自己的产品广泛分销，已成为现代企业进行市场营销时所研究的重要课题之一。

1. 间接分销渠道的具体方式

随着市场的开放和流通领域的搞活，我国以间接分销的商品比重增大。企业在市场中通过中间商销售的方式很多，如厂店挂钩、特约经销、零售商或批发商直接从工厂进货、中间商为工厂举办各种展销会等，这里就不一一列举和阐述了。

2. 间接分销渠道的优缺点

（1）有助于产品广泛分销。中间商在商品流转的始点同生产者相连，在其终点与消费者相连，从而有利于调节生产与消费在品种、数量、时间与空间等方面的矛盾。既有利于满足生产厂家目标顾客的需求，也有利于生产企业产品价值的实现，更能使产品广泛的分销，巩固已有的目标市场，扩大新的市场。

（2）缓解生产者人、财、物等力量的不足。中间商购走了生产者的产品并交付了款项，就使生产者提前实现了产品的价值，开始新的资金循环和生产过程。此外，中间商还承担销售过程中的仓储、运输等费用，也承担着其他方面的人力和物力，这就弥补了生产者营销中的力量不足。

（3）间接促销。消费者往往是货比数家后才购买产品，而一位中间商通常经销众多厂家的同类产品，中间商对同类产品的不同介绍和宣传，对产品的销售影响甚大。此外，实力较强的中间商还能支付一定的宣传广告费用，具有一定的售后服务能力。所以，生产者若能取得与中间商的良好协作，则可以促进产品的销售，并从中间商那里及时获取市场信息。

（4）有利于企业之间的专业化协作。现代机器大工业生产的日益社会化和科学技术的突飞猛进，使专业化分工日益精细，企业只有广泛地进行专业化协作，才能更好地迎接新技术、新材料的挑战，才能经受住市场的严峻考验，才能大批量、高效率地进行生产。中间商是专业化协作发展的产物。生产者产销合一，既难以有效地组织商品的流通，又使生产精力分散。有了中间商的协作，生产者可以从烦琐的销售业务中解脱出来，集中力量进行生产，专心致志地从事技术研究和技术革新，促进生产企业之间的专业化协作，以提高生产经营的效率。

3. 间接分销渠道的缺点

（1）可能形成“需求滞后差”。中间商购走了产品，并不意味着产品就从中间商手中销售出去了，有可能销售受阻。对于某一生产者而言，一旦其多数中间商的销售受阻，就形成了“需求滞后差”，即需求在时间或空间上滞后于供给。但生产规模既定，人员、机器、资金等照常运转，生产难以剧减。当需求继续减少，就会导致产品的供给更加大于需求。若多数商品出现类似情况，则会造成所谓的市场疲软现象。

（2）可能加重消费者的负担，导致抵触情绪。流通环节增大储存或运输中的商品损耗，如果都转嫁到价格中，就会增加消费者的负担。此外，中间商服务工作欠佳，可能导致顾客对商品产生抵触情绪，甚至引起购买的转移。

（3）不便于直接沟通信息。如果与中间商协作不好，则生产企业就难以从中间商的销售中了解和掌握消费者对产品的意见、竞争者产品的情况、企业与竞争对手的优势和劣势、目标市场状况的变化趋势等。在当今风云变幻、信息爆炸的市场中，企业信息不灵，生产经营必然会迷失方向，也难以保持较高的营销效益。

三、分销渠道的长和短

分销渠道的长短一般是按通过流通环节的多少来划分，具体包括以下四层：

（1）零级渠道即由制造商直接到消费者。

（2）一级渠道即由制造商通过零售商到消费者。

（3）二级渠道即由制造商通过批发商，再通过零售商到消费者，多见于消费品分销；或者是制造商通过代理商，再通过零售商到消费者。

（4）三级渠道即制造商通过代理商，再通过批发商到零售商，最后到达消费者。

可见，零级渠道最短，三级渠道最长。

四、渠道的宽与窄

渠道宽窄取决于渠道的每个环节中使用同类型中间商数目的多少。企业使用的同类中间商多，产品在市场上的分销面广，称为宽渠道。如一般的日用消费品（毛巾、牙刷、开水瓶等），由多家批发商经销，又转卖给更多的零售商，能大量接触消费者，大批量地销售产品。企业使用的同类中间商少，分销渠道窄，称为窄渠道，它一般适用于专业性强的产品，或贵重耐用的消费品，由一家中间商统包，几家经销。它使生产企业容易控制分销，但市场分销面受到限制。

五、单渠道和多渠道

当企业全部产品都由自己直接所设的门市部销售，或全部交给批发商经销，称之为单渠道。多渠道则可能是在本地区采用直接渠道，在外地则采用间接渠道；在有些地区独家经销，在另一些地区多家分销；对消费品市场用长渠道，对生产资料市场则采用短渠道等。

六、渠道系统

20 世纪 80 年代以来，分销渠道系统突破了由生产者、批发商、零售商和消费者组成的传统模式和类型，有了新的发展，出现了如垂直渠道系统、水平渠道系统、多渠道营销系统等分销渠道系统。

1. 垂直渠道系统

这是由生产企业、批发商和零售商组成的统一系统。垂直分销渠道的特点是专业化管理、集中计划，销售系统中的各成员为共同的利益目标，都采用不同程度的一体化经营或联合经营。它主要有三种形式：

（1）公司式垂直系统是指一家公司拥有和统一管理若干工厂、批发机构和零售机构，控制分销渠道的若干层次，甚至整个分销渠道，综合经营生产、批发、零售业务，即单一所有权，向前向后垂直一体化合并完成。

这种渠道系统又分为两类：工商一体化经营和商工一体化经营。工商一体化是指大工业公司拥有、统一管理 若干生产单位、商业机构，如美国火石轮胎橡胶公司拥有橡胶种植园和轮胎制造厂等轮胎系列的批发机构和零售机构，其销售门市部（网点）遍布全国。商工一体化是指由大零售公司拥有和管理若干生产单位。

（2）管理式垂直系统是指制造商和零售商共同协商销售管理业务，其业务涉及销售促进，库存管理，定价，商品陈列，购销活动等，即企业以规模和权力来协调生产与分销。如宝洁公司与其零售商共定商品陈列、货架位置、促销、定价。

（3）契约式垂直系统是指不同层次的独立制造商和经销商为了获得单独经营达不到的经济利益、而以契约为基础实行的联合体，即独立生产商以契约式把经营计划连为一体。

2. 水平式渠道系统

它是指由两家以上的公司联合起来的渠道系统。它们可实行暂时或永久的合作。这种系统可发挥群体作用，共担风险，获取最佳效益。

3. 多渠道营销系统

指对同一或不同的分市场采用多条渠道营销系统。这种系统一般分为两种形式：一种是生产企业通过多种渠道销售同一商标的产品，这种形式易引起不同渠道间激烈的竞争；另一种是生产企业通过多渠道销售不同商标的产品。

每个行业在特定的时期都会出现一种“流行”的渠道模式，这种渠道模式可以为企业提供该行业或企业特定时期行之有效的渠道驱动力，如影响较大的渠道模式市场扁平化、深度分销、终端直营、连锁加盟等。

值得关注的是，对过去 30 年各行业渠道模式的研究表明，渠道模式的内在规律比行业差异性要强得多，也就是说，渠道模式具有跨行业差异的普遍规律性。这种规律性体现在以下几个方面：

首先，不同渠道模式类型的本质是厂商资源配置的博弈，同时也是管理资源对渠道“运作价值链”的动作分解与配置组合。过去30年渠道模式的变迁主流是厂家主导渠道的各种尝试，如饮料、食品企业渠道模式从最早的大经销商制（客户打包操作）转变到配送商制（厂家操作、客户配合），反映的是厂家势力对渠道的渗透与掌控。

其次，渠道模式的选择（有效性）受到终端细分程度及消费者行为的作用。如啤酒在基地市场采用的“垂直整合分销模式”，以雪花啤酒为代表。这种模式从组织特征上看是一种“大规模复合直控渠道运营系统”（简称“直控渠道模式”）：即经销商、分销商、配送商、直营多种渠道方式共存，每种方式采取的是分产品类型、分区域、分终端的因地制宜方式。这种方式由于啤酒终端形态的复杂性，而成为啤酒品牌厂商必然选择。

2010年底，青岛啤酒营销总裁严旭悄然离职，原因之一是严旭倡导的“大客户模式”受阻。大客户模式在形式上也是一种厂商协助的深度分销体制，即围绕一个超级经销商，对其渠道覆盖能力实施指导、监控、服务，但与雪花的渠道模式相比，大客户制的实际可操作性、管理成本、渠道利益分配等，确实是不能与啤酒营销环境相匹配的“问题”模式。

最后，渠道模式涉及资本、渠道价值链（利益分配）、渠道管理等诸多环节。比如连锁加盟模式虽然是一种降低厂家资本投入、快速建立品牌影响、做大销量的渠道模式，但资本市场对于连锁加盟并不完全认同。因为加盟模式意味着渠道利润被加盟商拿走过多，而且由于加盟商的不稳定性，增加了厂家未来业绩波动的风险。如餐饮里的小肥羊，由于其品牌依赖加盟模式建立，加盟店数量超过直营店数量，造成品牌收益较低。上市后，希望用资本收编加盟店，遭到大多数加盟店抵制，营业收入产生波动。后来的餐饮企业，无论是快餐如真功夫，还是中餐如俏江南，都采用了直营模式。

渠道模式不仅与渠道利益分配、管理有关，而且也会与资本市场有关，资本对于可持续盈利的渠道模式，要求更加挑剔。渠道模式涉及企业的资源配置、销量驱动力及持续盈利能力，是企业最重要的战略决策之一。即使同一个行业、规模类似的企业，如果选择的渠道模式不能与行业及市场环境相匹配，就一定会被竞争对手超越。

在过去30年里，把握渠道驱动力而成功的中国企业，具有强大市场“杀伤力”的渠道模式经历了五大类型的演变：

第一种类型：以厂家与经销商的战略协作为主的渠道模式

这个渠道模式的特点是企业将渠道的重心放在调整与经销商的关系上，对经销商的市场运作以指导、监控为主，一般不对经销商的下线分销商、终端直接干预或控制，厂家一般派驻区域市场的人员较少，以管理型区域经理或办事处为主。

表现形式有三种，第一种是区域经销商体制：包括全国总代模式，手机行业的渠道模式，如天音控股；省级经销商（省代）模式，保健品行业较为普遍；城市为单位的经销商（地代）模式，以饮料、食品类行业居多。宝洁的“经销商就是办事处”体制，曾经是这一渠道模式的最突出代表。但近几年，山西、山东、徐州等地宝洁经销商频频发生主动放弃宝洁产品经销权的事件，这是由于宝洁不合理的渠道价值链设置不能满足经销商的要求：早期经销商抱着学习宝洁先进理念与管理技术，及借助宝洁经销商的品牌效应获得外部效益（代理其他优秀品牌、对终端话语权等），但是对现在的经销商来说，现实的盈利水平已经比遥远的品牌效益要实在得多。康师傅方便面等产品，在很多地区甚至到了没有经销商愿意经销的程度。

第二种是厂商共建区域合资销售公司，以格力为代表，但格力合资公司并非格力的主流渠道形式，实际上，湖北、安徽等地格力合资销售公司屡次发生总经理反水、股东争端与重组等冲突。这说明，在中国不健全的市场与法律环境里，即使用共同投资的形式也难以将厂商利益绑在一条绳子上。与格力的股权合资不同，娃哈哈的联销体则是中国式强势厂商“绑架”经销商的成功尝试：每年年初的订货保证金彻底将渠道商绑到了娃哈哈的战车上。

第三种是连锁加盟，餐饮、饰品、服装等以终端店面为主要销售渠道的企业较多采用。目前，连锁加盟模式正在向食品行业渗透，休闲食品（炒货、蜜饯、肉制品）、散装产品（卤味）、水果、农产品（蜂蜜、大枣等）等有所涉猎，但是对于包装食品为主的企业来说，还没有找到有竞争力的品牌专卖店的动销模式（吸引顾客进店），汇源专卖店连锁计划、蒙牛牛奶零售店连锁计划都无疾而终。

第二种类型：厂家主导的渠道扁平化模式

这个模式的特点就是厂家或者直接将大经销商改为按小行政区设置的分销商，即深度分销模式；或者是将大经销商转变为服务分销商及终端的物流配送商。无论哪种形式，采用这个模式的厂家都要派驻大量的销售人员（称为协销员、业代等）。

这个由百事可乐、可口可乐、箭牌等率先使用，被乐百氏、康师傅、统一、今麦郎、金丝猴等学习，最终在王老吉（加多宝）身上，将深度协销的几乎所有技术集大成地得以应用，成就了单品年销售额愈 100 亿元的销售奇迹。

厂家主导的渠道扁平化模式，确实是制胜中国庞大的五层级市场的法宝。但是渠道扁平化模式的人海战术，随着中国劳动力价格上升、劳保制度完善，渠道扁平化带来的销量增长率一旦放缓，企业的人力资源成本就大幅上升。2010 年初，王老吉由于 2009 年销量下滑，开始以“暂时停职”的形式变相裁员，引发员工的抗议与社会关注。

第三种类型：厂家直控终端模式

这个模式就是厂家不找中间渠道商，而是直接与终端零售商建立采购关系或者自建终端，在食品界有两个企业分别是这两种终端直控模式的成功代表，一个是徐福记，一个是来伊份。

徐福记是最早开始直接经营大卖场散装专柜的食品企业，当国内的食品企业还在为怎样与家乐福、沃尔玛等强势零售商纠结（进卖场是找死，不进卖场是等死）的时候，以及本土食品经销商只愿意在春节前的 3 个月才买专柜位置的时候，徐福记已经将占据大卖场散货区专柜面积最大的“散装柜策略”，作为企业战略去执行，并为了满足年度常销产品需要，规划了散货专柜的四季产品结构。5 年后，糖果、果冻、糕饼、休闲食品的本土企业才逐步发现并认识到其中奥妙。茶叶里的天福茗茶，也是采用了这种在大卖场外面开店中店的渠道模式，成为茶行业的一个依靠渠道崛起的茶品牌。

来伊份抓住了以上海为代表的江浙沪经济发达地区，白领及女性顾客的零食消费习惯，以广泛的社区专卖店形式，将休闲零食开到了目标人群往来的街道上，其中，来伊份对产品结构的选择及定价策略颇具巧思。但是来伊份模式在江浙沪以外地区，由于缺少一个相对成熟的白领消费群体，目前的异地延伸速度缓慢。

第四种类型：厂家直接销售给消费者模式，即真正的直销模式

直销模式包括以下形式：

多层次传销，合法的如安利、天狮、完美等，其原理是将员工变成经销商、将经销商先变成自己产品的消费者、让员工在人际关系网里现身说法实现销售，由此结成一个沿着人际关系“放射性”延展的销售网络。其建立在五级三阶制原理上的奖励制度，为这个网络的运作提供了强大的利益驱动力，这一模式是销售的一场革命。

电视购物、目录邮购，这种直销形式已经从销售渠道变成了一个媒体资源垄断，生产厂家失去了与这一渠道运营商的“议价能力”，优秀的品牌企业开始拒绝进入这一渠道，这是造成目前电视购物产品鱼龙混杂的根本原因。

电子商务，即网购，正在成长为继现代零售渠道革命后的规模更大的渠道革命。

第五种类型：超级经销商，中国渠道势力的崛起

有自建终端型的，如家电行业的国美、苏宁，有区域优质分销资源垄断型的，如食品行业的北京朝批、上海南浦，专营乡镇的经销商东铬商贸等。白酒行业更是超级经销商的天下，每个省都有近乎垄断当地白酒销售渠道的强势经销商，五粮液代理商银基商贸甚至成功登陆资本市场。还有更多垄断细分行业地区市场的“地头蛇型”经销商，如调味品行业，各地区都有一个拥有60%的优质调味品牌经销权的“小超人”。

上述五种渠道模式，诞生于中国经济的第一个黄金30年（1978—2008年），那么，中国经济的第二个黄金30年，中国市场渠道模式正在发生哪些关键趋势变化呢？

我们认为会有以下三个主流趋势，分别在销售渠道、资源配置、渠道运作三个主要方面发生一场“质变”：

第一个大趋势是商品销售的电子商务化，这是一场渠道革命。没有什么疑问：几乎所有的产品都将搬到网上进行销售。电子商务这一新渠道及工具，为网购品牌的诞生提供了一次机会，在电子商务这个新兴渠道里，传统的强势企业还没有形成线下市场的品牌垄断，如凡客诚品这样的新兴网购品牌正在以疯狂的速度迸发。

第二个大趋势是分销外包化，这是对企业资源配置的重大革命。外包对于很多人还是个新鲜事物，但外包的客观环境已经形成，这就是我们说过的企业劳动力成本的上升，以及各行业领导品牌割据（前三位企业行业集中度超过50%以上）的基本形成。分销外包是一个庞大的新兴行业：按照2010年中国消费品零售总额约15万亿元计，10%的分销外包，就是1.5万亿元的商品分销量。电子商务发展10年，2010年的网购总额还没有达到这个数字，而可能不用5年，这一分销外包就将成为现实，深圳怡亚通等正在与宝洁、中粮、伊利等行业领导企业进行这一模式的探索。

第三大趋势是系统化销售，企业的销售从业务员驱动转化为“系统驱动”，这是对依赖基层销售人员（Sales）的传统销售作业模式的革命。

你是否能想象，企业50%的订单并不需要销售人员用传统的“点对点、面对面”式拜访形式去完成？你是否意识到，如果企业50%的销售订单不需要配置相应的业务代表（销售主管）也能实现，那么这意味着什么？

啤酒业的深度分销模式是典型的“人海服务型”销售模式，而嘉士伯香港公司，借助先进的销售管理系统，实现了覆盖香港地区的销售终端，60%的订单由专业的呼叫中心完成，从而解放了销售主管，大幅提高了销售效率与效益。

根据我们的测算，系统化销售即将50%的订单由呼叫中心完成，并由销售系统自动传递，可以减少40%以上的基层销售人员、总分销成本降低30%、销售盈利增加50%（按同等销售额计算）。中国企业要想进入未来，活过第二个黄金30年（2009—2038年），必须让自己的渠道模式尽量跟上这些新趋势，至少不能与这个趋势背道而驰。

得渠道者得品牌，霸渠道者霸天下：渠道是企业的命门与咽喉，销售渠道决定企业的发展，渠道模式决定企业销售的成败。渠道永远为王，渠道模式与时俱进的企业，才能真正渠道称王！

第三节　中　间　商

一、中间商的概念

中间商是指在生产厂商与消费者之间参与交易业务，促使买卖行为发生和实现的经济组织和个人。包括商人中间商和代理中间商。

（1）商人中间商：亦称为经销商，是指从事商品交易业务，在商品买卖业务中拥有商品所有权的中间商。它分为批发商（是指购进商品供其他经济组织和个人转卖或供给生产厂商的经销商）和零售商（是指把商品直接销售给最终消费者的经销商）。

（2）代理中间商：是指接受生产厂商委托，签订销售货物的协议，但不拥有商品所有权的中间商。它分为企业代理商（受生产企业委托，在一定区域内负责代理销售，报酬=销售额×提成率）、销售代理商（生产厂商的独家全权企业代理商）、寄售商（经营现货代销业务的代理中间商，先销货后付款）、经济商（亦称为掮客或经纪人，只是在买卖双方洽谈中起媒介作用的代理中间商）、采购代理商（是指为买主采购商品提供收货、验货、存货、送货等服务的机构）。

二、中间商的特点

（1）中间商的需求更为直接地反映了消费者的需求；
（2）中间商对购买价格更为重视；
（3）中间商对交货时间特别重视；
（4）中间商需要生产厂家协助其做产品广告；
（5）中间商需要生产厂家协助其为顾客提供服务。

三、中间商的功能

1. 提高销售活动的效率

如今是跨国公司和全球经济迅速发展的时代，如果没有中间商，商品由生产制造厂家直接销售给消费者，工作将非常复杂，而且工作量特别大。对消费者来说，没有中间商也要使购买的时间大大增加。例如，中间商可以同时销售很多厂家的商品，消费者在一个中间商那里就能比较很多厂家的商品，比没有中间商而要跑到各个厂家观察商品要节约大量时间。

2. 储存和分销产品

中间商从不同的生产厂家购买产品，再将产品分销到消费者手中，在这个过程中，中间商要储存、保护和运输产品。

3. 监督检查产品

中间商在订购商品时，就考察了厂家在产品方面的设计、工艺、生产、服务等质量保证体系，或者根据生产厂家的信誉、产品的名牌效应来选择产品；在进货时，将按有关标准严格检查产品；在销售产品时，一般会将产品划出等级。这一系列的工作起到了监督检查产品的作用。

4. 传递信息

中间商在从生产厂家购买产品和向消费者销售产品中，将向厂家介绍消费者的需求、市场的信息、同类产品各厂家的情况；也会向消费者介绍各厂家的特点。无形中传递了信息，促进了竞争，有利于产品质量的提高。

四、选择中间商的重要性

（1）中间商是渠道功能的重要承担者，中间商可以全部或部分参与分销渠道的商品所有权流、商品实体流、促销流、情报信息流。一般而言，分销渠道所具有的实现产品价值及提高交易效率和效益的功能、增强企业竞争优势的功能，多数都是在中间商的积极参与下完成的。由于分销渠道是一种松散型的组织系统，各中间商具有相对的独立性，他们必须具有独立承担业务并与其他渠道成员通力合作的能力。因此，对合格的中间商要求很高。

1999 年 3 月，浙江天丰化学有限公司将其生产的“野老”牌稻苗除草剂首次推上了湖北省农资市场。这一产品的上市取得了极大的成功，短短几个月就占领了湖北省稻田除草剂 90%的市场，成为农户的首选品牌。“野老”除草剂之所以获得成功，除了有效的广告宣传外，主要应归功于对经销商——益农公司的选择管理。

（2）中间商客观上存在资源和能力的差异，认识其差异，并据此选择中间商，至关重要。如零售巨头沃尔玛拥有强大计算机网络系统，当供应商与沃尔玛建立起固定关系后，供应商可通过沃尔玛的专门网络系统，随时查看自己商品的销售情况，以便科学地计划自己的产品生产。沃尔玛完善的配送体系，也有助于产品迅速到达消费者手中。

（3）中间商的合作目标和意愿各不相同，只有选择那些具有较强合作意愿的中间商，才能减少摩擦和降低风险。

三株公司的发展在1997年达到了鼎盛时期，销售收入为40亿元。其成功之处主要是该公司的分销模式。其分销网络，按层次分为总公司、产品营销中心、战区指挥部、子公司、分公司、工作站六级组织，销售人员高达20万。但在这些子公司，销售中心都不是三株公司直接投资建立的，而只是被三株公司网罗在其麾下的各类中间商。由于扩张过快，中间商良莠不齐，某些中间商做大之后，另立门户，携款逃跑的事时有发生，致使三株辉煌不再。

五、选择中间商的原则

选择中间商应把握以下几个原则：

（1）到达目标市场的原则。这是选择中间商的基本原则。因为企业选择中间商的目的就是要将自己的产品投入目标市场，方便消费者购买。根据这一原则，企业在选择中间商时，应了解所要选择的中间商是否在企业产品的目标市场拥有销售渠道，销售场所。

（2）角色分工原则。这是指所选择的中间商应当在经营方向和专业能力方面符合所建立的分销渠道功能的要求。明确角色分工，既是合作的前提，也是选择中间商的原则与标准，如宝洁公司在每一地区只发展少数几个大分销商，然后通过分销商对下级批发商零售商进行管理。分销商与宝洁公司签订合同，双方明确权利、义务和责任，并进行合理分工。

（3）共同愿望原则。分销渠道作为一个整体，只有所有的渠道成员具有合作愿望，才能建立起一个有效的分销渠道。在选择中间商时，要分析中间商参与有关商品分销的意愿，以及与其他渠道成员合作态度等。

六、选择中间商的条件

1. 中间商的市场范围

市场是选择中间商最关键的原因。首先，要考虑预先确定的中间商的经营范围所包括的地区与产品的预计销售地区是否一致，比如，产品在东北地区，中间商的经营范围就必须包括这个地区。其次，中间商的销售对象是不是生产商所希望的潜在顾客，这是个最根本的条件。因为生产商都希望中间商能投入自己已确定的目标市场，并最终说服消费者购买自己的产品。

总之，中间商的服务对象要与生产厂商所要达到的市场相一致。

2. 中间商的产品政策

中间商承销的产品种类及其组合情况是中间商产品政策的具体体现。在选择时，一要看中间商有多少“产品线”（即供应来源），二要看各种经销产品的组合关系，是竞争产品还是促销产品。

一般认为，应该避免选用经销竞争产品的中间商，即中间商经销的产品与本企业的产品是同类产品，如都为21英寸的彩色电视机。但是若产品的竞争优势明显就可以选择出售竞争者产品的中间商。因为顾客会在对不同生产企业的产品作客观比较后，决定购买有竞争力的产品。

3. 中间商的地理区位优势

区位优势即位置优势。选择零售中间商最理想的区位应该是顾客流量较大的地点。批发中间商的选择则要考虑它所处的位置是否利于产品的批量储存与运输，通常以交通枢纽为宜。中间商的地理位置最好与生产厂商的产品的用户相接近。

4. 中间商的产品知识

许多中间商被规模巨大，而且有名牌产品的生产商选中，往往是因为它们对销售某种产品有专门的经验。选择对产品销售有专门经验的中间商就会很快地打开销路。因此生产企业应根据产品的特征选择有经验的中间商。

5. 预期合作程度

中间商与生产企业合作得好会积极主动地推销企业的产品，对双方都有益处。有些中间商希望生产企业也参与促销，扩大市场需求，并相信这样会获得更高的利润。生产企业应根据产品销售的需要确定与中间商合作的具体方式，然后再选择最理想合作中间商。

6. 中间商的财务状况及管理水平

中间商能否按时结算包括在必要时预付货款，取决于财力的大小。整个企业销售管理是否规范、高效，关系着中间商营销的成败，而这些都与生产企业的发展休戚相关，因此，中间商的财务状况及管理水平这两方面的条件也必须考虑。

7. 中间商的促销政策和技术

采用何种方式推销商品及运用选定的促销手段的能力直接影响销售规模。

有些产品广告促销比较合适，而有些产品则适合通过销售人员推销；有的产品需要有效的储存，有的则应快速运输。

要考虑到中间商是否愿意承担一定的促销费用以及有没有必要物质、技术基础和相应的人才。选择中间商前必须对其所能完成某种产品销售的市场促销政策和技术的现实可能程度作全面评价。

8. 中间商的综合服务能力

现代商业经营服务项目甚多，选择中间商要看其综合服务能力如何，有些产品需要中间商向顾客提供售后服务，有些在销售中要提供技术指导或财务帮助（如赊购或分期付款），有些产品还需要专门的运输存储设备。

合适的中间商所能提供的综合服务项目与服务能力应与企业产品销售所需要的服务要求相一致。

【案例 9-5】

家电连锁业的国美时代

国美电器有限公司成立于1987年，是一家以经营各类家用电器为主的全国性家电零售连锁企业。目前，国美电器已成为中国驰名商标，并已经发展成为中国最大的家电零售连锁企业，在北京、天津、上海等25个城市以及香港等地区拥有直营店130余家，10000多名员工，多次蝉联中国商业连锁三甲。成为国内外众多知名家电厂家在中国最大的经销商。2003年，国家商务部公布的2003年中国连锁经营前30强，国美电器以177.9亿元位列第三，同时位列家电连锁第一名，继续领跑中国家电零售业。

是什么让国美能够如此迅速地发展呢？这里有外在因素和国美公司内部的因素。

从外部因素来说，众所周知，由于技术的进步和经济的发展，中国的流通领域由卖方市场转转向了买方市场，而家电行业是中国市场竞争最充分、最成熟的行业。随着价格之争、品牌之争时代的悄悄流逝，终端为王的时代已经来临。对家电生产企业而言，谁掌握着规模大、效率高、运作灵活、运营成本低的销售渠道，谁就赢得了市场，就能有效地战胜自己的竞争对手。随着国内家电企业市场竞争日趋激烈，对抗性不断增强，企业的营销活动必须更加深入化和细致化，不仅要有创新的产品、优惠的价格、有效的促销活动和完善的售后服务，而且必须要有强大的渠道。渠道已成为企业最重要的资源之一，渠道的创新和整合已成为历史发展的必然趋势。国美适时的出现恰恰迎合了这种趋势，抓住了这个时代特点。

从国美电器本身来说，在经营实践中，国美电器形成了独特的商品、价格、服务、环境四大核心竞争力。全面引进了彩电、冰箱、洗衣机、空调、手机、数码摄照、IT、数码等产品，使所经销的商品几乎囊括所有消费类电子产品。完善的售后服务体系、高素质的售后服务队伍和一整套完善的售后服务制度体系，并提出“我们员工与众不同”的口号，提出“超越顾客期望”的思想，提供“一站式服务”。这些都是国美电器的规模化经营的基础。

最重要的，国美的成功与其积极倡导的创新精神和“薄利多销、服务当先”的经营理念密不可分。尤其是其低价格策略极为重要。与发达国家不同，我国消费者的品牌意识还不是很高，购买商品的随意性还很强。比如说某个消费者本来想好要买某一著名品牌电视机，等到了家电超市后，看到其他品牌的促销额度更大、赠品更多，就很有可能临时改变主意，转向购买其他品牌。正是因为消费者较低的品牌忠诚度，才使得家电超市的促销战和价格战变得格外重要。以往，商场的标价通常在进价的基础上调高一部分（一般根据供应商的“建议零售价”来标价），这既可以获得更多利润，也保留了还价的余地，给消费者一个便宜的错觉。据调查，六成左右消费者对还价的态度是“可还可不还”，还有二成消费者则不善于还价。国美则不按照这种方式经营，他借助不断的降价，而且其卖场内家电产品价格普遍都低，不是仅仅某个品牌某款电器的价格低，这样与其他竞争对手的价格差距越来越大，吸引了大批的消费者，同时也实现了自己的快速增长。在2003年底，国美卖场的一些彩电价格降幅达到20%，最高降幅达50%，引起消费者的疯狂购买，这种价格策略，给国美带来了高额的市场增长，销售额比2002年净增70亿元。

国美之所以能够进行这种价格战，主要是有渠道优势。

首先，是从进货渠道上采取直接从生产厂商供货的方式，取消了中间商、分销商这个中间环节，降低了成本也就降低了产品价格，把市场营销主动权控制在自己手中。2004 年 3 月，国美与格力电器的斗争正源于此，因格力空调是从销售公司给国美供货，国美无法获得更为优惠的价格，因此在空调销售旺季国美将格力空调在其卖场暂停销售，其实这正表明了以格力为代表的传统代理销售渠道模式与以国美为代表的连锁销售渠道模式之争。

其次，是采用诸如大单采购、买断、包销、订制等多种适合家电经营的营销手段，也就保证了价格优势。国美是国内几乎所有家电厂家最大的合作伙伴，供货价一般都给得低；另外，以承诺销量取代代销形式。他们与多家生产厂家达成协议，厂家给国美优惠政策和优惠价格，而国美则承担经销的责任，而且必须保证生产厂家产品相当大的销售量。承诺销量风险极高，但国美变压力为动力，他们将厂家的价格优惠转化为自身销售上的优势，以较低价格占领了市场。销路畅通，与生产商的合作关系更为紧密，采购的产品成本比其他零售商低很多，为销售铺平了道路。同时，采用全国集中采购模式，优势明显，国美门店每天都要将货与销售情况通过网络上报分部，分部再将各门店信息汇总，分销的优势直接转变为价格优势进行统一采购，因其采购量远远超过一般零售商，使其能以比其他商家低很多的价格拿到商品。如沃尔玛全球集中采购一样，它具备最大的说话权，可以与家电厂家直接谈判。而国美有专门的定制、买断产品，价格自然比一般产品要低。

最后，是国美将降价的部分影响转嫁到生产厂商上，因为销售一定量的产品国美就可以从生产厂家获取返利，因此国美电器的销售价格有时都可以比厂家的出厂价相同甚至更低，2004 年 9 月，上海国美将商品的挂牌价全部调整为“进货价”，即国美把从供应商处进货的价格作为挂牌价公之于众。这样做使众多生产商恼怒不已，但消费者得到了实惠，同时，也传递给了消费者“买电器，去国美”这样的概念，使之竞争力进一步增强，也让任何上游生产厂家都不敢轻易得罪国美，唯恐失去国美就会失去大块市场，迫使生产厂家不断的优化生产，降低成本。

在 2003 年，国美电器在进货渠道上就进行大胆探索，全面互动营销充分整合厂家、商家、媒体、社会评测机构以及消费者等资源，发挥了巨大的市场能量。2004 年，国美开始重新审视和缔造新时期厂商关系，整合营销渠道，倡导“商者无域，相融共生”的战略联盟，以发展的眼光加强联盟伙伴之间广泛持久的联系，并且相互帮助、相互支持、相互服务，通过资源共享、专业分工、优势互补，更好地服务于消费者，最终达到战略协同、合作制胜、共存共荣的目的。这个观点得到了众多家电制造企业的广泛认同，这似乎也标志着一个由家电零售业带领前进的中国家电业发展时代正式到来。

借助于进货渠道的整合，在汲取国际连锁超市成功经验的基础上，国美电器结合中国市场特色，确立了“建立全国零售连锁网络”的发展战略。到 2004 年底，国美电器基本完成在中国大陆地区的一级市场的网络建设，同时扩展到较为富裕的二级市场，并致力于用 2~4 年的时间占有中国家电市场 20%的份额。

（作者自编）

第四节　分销渠道决策

一、影响分销渠道选择的因素

影响分销渠道选择的因素很多。生产企业在选择分销渠道时，必须对下列几个方面的因素进行系统的分析和判断，才能作出合理的选择。

（一）产品因素

1. 产品价格

一般来说，产品单价越高，越应注意减少流通环节，否则会造成销售价格的提高，从而影响销路，这对生产企业和消费者都不利。而单价较低、市场较广的产品，则通常采用多环节的间接分销渠道。

2. 产品的体积和重量

产品的体积大小和轻重，直接影响运输和储存等销售费用，过重的或体积大的产品，应尽可能选择最短的分销渠道。对于那些按运输部门规定的起限（超高、超宽、超长、集重）的产品，尤应组织直达供应。小而轻且数量大的产品，则可考虑采取间接分销渠道。

3. 产品的易毁性或易腐性

产品有效期短，储存条件要求高或不易多次搬运者，应采取较短的分销途径，尽快送到消费者手中，如鲜活品、危险品。

4. 产品的技术性

有些产品具有很高的技术性，或需要经常的技术服务与维修，应以生产企业直接销售给用户为好，这样，可以保证向用户提供及时良好的销售技术服务。

5. 定制品和标准品

定制品一般由产需双方直接商讨规格、质量、式样等技术条件，不宜经由中间商销售。标准品具有明确的质量标准、规格和式样，分销渠道可长可短，有的用户分散，宜由中间商间接销售；有的则可按样本或产品目录直接销售。

6. 新产品

为尽快地把新产品投入市场，扩大销路，生产企业一般重视组织自己的推销队伍，直接与消费者见面，推介新产品和收集用户意见。如能取得中间商的良好合作，也可考虑采用间接销售形式。

（二）市场因素

1. 购买批量大小

购买批量大，多采用直接销售；购买批量小，除通过自设门市部出售外，多采用间接销售。

2. 消费者的分布

某些商品消费地区分布比较集中，适合直接销售；反之，适合间接销售。工业品销售中，本地用户产需联系方便，因而适合直接销售。外地用户较为分散，通过间接销售较为合适。

3. 潜在顾客的数量

若消费者的潜在需求多，市场范围大，需要中间商提供服务来满足消费者的需求，宜选择间接分销渠道。若潜在需求少，市场范围小，生产企业可直接销售。

4. 消费者的购买习惯

有的消费者喜欢到企业买商品，有的消费者喜欢到商店买商品。所以，生产企业应既直接销售，也间接销售，满足不同消费者的需求，也增加了产品的销售量。

(三) 生产企业本身的因素

1. 资金能力

若企业本身资金雄厚，则可自由选择分销渠道，可建立自己的销售网点，采用产销合一的经营方式，也可以选择间接分销渠道。企业资金薄弱则必须依赖中间商进行销售和提供服务，只能选择间接分销渠道。

2. 销售能力

若生产企业在销售力量、储存能力和销售经验等方面具备较好的条件，则应选择直接分销渠道；反之，则必须借助中间商，选择间接分销渠道。另外，企业若能和中间商进行良好的合作，或对中间商能进行有效地控制，则可选择间接分销渠道。若中间商不能很好地合作或不可靠，将影响产品的市场开拓和经济效益，则不如进行直接销售。

3. 可能提供的服务水平

中间商通常希望生产企业能尽多地提供广告、展览、修理、培训等服务项目，为销售产品创造条件。若生产企业无意或无力满足这方面的要求，就难以达成协议，迫使生产企业自行销售；反之，提供的服务水平高，中间商则乐于销售该产品，生产企业则选择间接分销渠道。

4. 发货限额

生产企业为了合理安排生产，会对某些产品规定发货限额。若发货限额高，则有利于直接销售；若发货限额低，则有利于间接销售。

(四) 政策规定

企业选择分销渠道必须符合国家有关政策和法令的规定。某些按国家政策应严格管理的商品或计划分配的商品，企业无权自销和自行委托销售；某些商品在完成国家指令性计划任务后，企业可按规定比例自销，如专卖制度（如烟)、专控商品（控制社会集团购买力的少数商品）。另外，如税收政策、价格政策、出口法、商品检验规定等，也都影响分销途径的选择。

(五) 经济收益

不同分销途径经济收益的大小也是影响选择分销渠道的一个重要因素。对于经济收益的分析，主要考虑的是成本、利润和销售量三个方面的因素。具体分析如下：

1. 销售费用

销售费用是指产品在销售过程中发生的费用。它包括包装费、运输费、广告宣传费、陈列展览费、销售机构经费、代销网点和代销人员手续费、产品销售后的服务支出等。在一般情况下，减少流通环节可降低销售费用，但减少流通环节的程度要综合考虑，做到既节约销售费用，又要有利于生产发展和体现经济合理的要求。

2. 价格分析

（1）在价格相同条件下，进行经济效益的比较。目前，许多生产企业都以同一价格将产品销售给中间商或最终消费者，在直接销售量等于或小于间接销售量时，由于生产企业在直接销售时要多占用资金，增加销售费用，所以，间接销售的经济收益高，对企业有利；若直接销售量大于间接销售量，而且所增加的销售利润大于所增加的销售费用，则选择直接销售有利；

（2）当价格不同时，进行经济收益的比较。主要考虑销售量的影响，若销售量相等，直接销售多采用零售价格，价格高，但支付的销售费用也多。间接销售采用出厂价，价格低，但支付的销售费用也少。究竟选择什么样的分销渠道？可以通过计算两种分销渠道的盈亏临界点作为选择的依据。当销售量大于盈亏临界点的数量，选择直接分销渠道；反之，则选择间接分销渠道。在销售量不同时，则要分别计算直接分销渠道和间接分销渠道的利润，并进行比较，一般选择获利的分销渠道。

（六）中间商特性

各类各家中间商实力、特点不同，诸如广告、运输、储存、信用、训练人员、送货频率方面具有不同的特点，从而影响生产企业对分销渠道的选择。

（1）中间商的不同对生产企业分销渠道的影响。

（2）中间商的数目不同的影响。按中间商的数目的多少的不同情况，可选择密集分销，选择分销，独家分销。

（3）消费者的购买数量。如果消费者购买数量小、次数多，则可采用长渠道；反之，如果购买数量大，次数少，则可采用短渠道。

（4）竞争者状况。如果市场竞争不激烈，则可采用同竞争者类似的分销渠道；反之，则采用与竞争者不同的分销渠道。

二、选择分销渠道模式的原则

分销渠道管理人员在选择具体的分销渠道模式时，无论出于何种考虑，从何处着手，一般都要遵循以下原则：

（一）畅通高效的原则

这是渠道选择的首要原则。任何正确的渠道决策都应符合物畅其流、经济高效的要求。商品的流通时间、流通速度、流通费用是衡量分销效率的重要标志。畅通的分销渠道应以消费者需求为导向，将产品尽快、尽好、尽早地通过最短的路线，以尽可能优惠的价格送达消费者方便购买的地点。畅通高效的分销渠道模式，不仅要让消费者在适当的地点、时间以合理的价格买到满意的商品，而且应努力提高企业的分销效率，争取降低分销费用，以尽可能低的分销成本，获得最大的经济效益，赢得竞争的时间和价格优势。

（二）覆盖适度的原则

企业在选择分销渠道模式时，仅仅考虑加快速度、降低费用是不够的，还应考虑及时准确地送达的商品能不能销售出去，是否有较高的市场占有率足以覆盖目标市场。因此，不能一味强调降低分销成本，这样可能导致销售量下降、市场覆盖率不足的后果。成本的降低应是规模效应和速度效应的结果。在分销渠道模式的选择中，也应避免扩张过度、分布范围过宽过广，以免造成沟通和服务的困难，导致无法控制和管理目标市场。

（三）稳定可控的原则

企业的分销渠道模式一经确定，便需花费相当大的人力、物力、财力去建立和巩固，整个过程往往是复杂而缓慢的。所以，企业一般轻易不会更换渠道成员，更不会随意转换渠道模式。只有保持渠道的相对稳定，才能进一步提高渠道的效益。畅通有序、覆盖适度是分销渠道稳固的基础。

由于影响分销渠道的各个因素总是在不断变化，一些原来固有的分销渠道难免会出现某些不合理的问题，这时，就需要分销渠道具有一定的调整功能，以适应市场的新情况、新变化，保持渠道的适应力和生命力。调整时应综合考虑各个因素的协调，使渠道始终都在可控制的范围内保持基本的稳定状态。

（四）协调平衡的原则

企业在选择、管理分销渠道时，不能只追求自身的效益最大化而忽略其他渠道成员的局部利益，应合理分配各个成员间的利益。

渠道成员之间的合作、冲突、竞争的关系，要求渠道的领导者对此有一定的控制能力——统一、协调、有效地引导渠道成员充分合作，鼓励渠道成员之间有益的竞争，减少冲突发生的可能性，解决矛盾，确保总体目标的实现。

（五）发挥优势的原则

企业在选择分销渠道模式时，为了争取在竞争中处于优势地位，要注意发挥自己各个方面的优势，将分销渠道模式的设计与企业的产品策略、价格策略、促销策略结合起来，增强营销组合的整体优势。

三、终端销售点决策

终端销售点是指商品离开流通领域，所进入的消费领域发生地。对于消费品而言，它是零售地点；对于生产资料而言，它是送货站。终端销售点是企业实现自己经营目的的前沿阵地，企业产品能否最终销售出去以及能否最终实现理想的经济效益，都直接与终端销售点的选择和经营有关。因此，作为分销管理的第一步就是选择最符合企业产品或服务特点的终端销售点，然后通过有效管理实现销售目标；否则，从企业到终端销售点的整个分销工作都将会成为低效甚至无效劳动。因此，对于一个企业来说，进入市场组织商品销售的第一步，就是选择终端销售点。

（一）选择终端销售点的原理

市场营销原理告诉我们，进入市场之前，首先要进行市场细分，选择目标市场。这是市场营销的重要原则之一。目标市场，即目标顾客，他们是谁？这是市场营销者首先必须明确的。只有决定了谁是目标顾客，才能弄清楚他会有什么需要，才能弄清楚他需要什么商品，进而才能弄清楚在何时、何地去向他销售他所需要的商品。

在商品分销活动中，也必须坚持目标市场（目标顾客）原则。坚持这一原则，就是要根据目标顾客的需要提供正确的商品；根据目标顾客需要的时间，在正确的时间销售商品；根据目标顾客需要发生的地点来决定在哪里销售商品。终端销售点选择，就是根据目标市场原则来组织商品分销的一种计划活动。

选择终端销售点，就是要打破过去那种“姜太公钓鱼，愿者上钩”式的、漫无目标的销售方式，把商品送到消费者最愿意光顾、最容易购买的地方去销售，让顾客能够及时购买、方便购买。

正确选择终端销售点，对于扩大商品销售具有重要的意义。通常消费者的需要具有明显的时效性，只有在需要发生的时候，人们才有强烈的购买欲望。如果有关商品能够就近、方便地购买，他们的需要就能够及时予以满足。

由于消费者需求的个性化、多样化，终端销售点的选择也要考虑消费者的购物心理。对终端销售点的选择主要取决于：

（1）顾客对最方便购买的地点的要求；

（2）顾客最乐意光顾并购买的场所的要求；

（3）商品最充分展现、让更多人认知的地点要求；

（4）树立商品形象的地点要求等。这些要求具体反映在终端销售点的选择中，要求根据目标市场的特征及竞争状况、企业自身的经济实力、产品特点、公关环境、市场基础等特点，以及企业外部的市场环境、竞争对手状况、市场购买力水平等因素，经过综合权衡选择出直接面向顾客的分销点。

（二）根据消费者收入和购买力水平等来选择

购买力水平是“市场”的重要构成要素之一。顾客的购买力水平高，则不仅对某种商品购买量大，而且购买的商品档次高，人们愿意出高价购买质量高的名牌商品。如果购买力水平低，那么，不仅商品的档次上不去，而且档次低的商品的销售量也很有限。消费者的购买力来自个人收入，因此也可以说，收入水平的高低是指导企业认识商品购买者、指导企业选择终端销售点的重要依据。

不同收入水平的消费者对商品购买的地点的选择和要求是不一样的，因此，企业销售产品或服务，首先要考虑的就是它所面对的消费者群体的定位。因此，企业在选择终端销售点时，必须考虑到不同地方的个人可支配收入以及个人可任意支配收入的水平。在竞争者数量不变的情况下，如果该地区的收入水平较高，则企业进入该地区设立销售点的必要性和可能性就大；反之，如果收入水平不高，购买力弱，则宜谨慎。

一般来说，收入水平较高、购买力较强的消费者的选购品相对较多，而且愿意到规模较大、装潢漂亮、声誉较高的商店购买，即使那里商品卖得比别的商店贵一些，也不在意。而那些收入水平较低、购买力较小的消费者，则表现出不同的购买行为特点。

当然，在考虑收入水平对终端销售点选择的约束时，企业还要注意到自身所经营商品的特点。如果是一般的大众消费品，而市场的进入难度又不是很大的话，则可以考虑在不同的收入水平地区（包括城乡）都可以广泛设点；反之，如果是较高档次的非生活必须消费品，则一般应考虑在那些收入水平较高的地区设立销售点。

尤其是，对于某些日用性高档消费品，如衣服、家具等，就可以在那些收入水平较高、人口较为集中的大中城市设立专卖点。否则，如果没有一定的销售额作保证，则专卖店就很难维持下去。

此外，企业在设立销售点时还要考虑到的一个问题是，那些收入水平较高的地区，其经营费用也相应较高，从而风险也较大，因此，企业是否设立终端销售点以及选择何种形式，必须考虑自己的整体实力。例如，在某些收入水平较高的地方，作为终端销售点的零售商尤其是一些大型商场往往要向厂家收取“产品进场费”、“上架费”、“条码费”等费用，如果企业因为这些费用影响到整个经济效益，那么，还是另辟他途较好。此外，并非所有的商品都一定得在商业中心区建点才有利于销售，因此，这里必须考虑一个费用收益比问题。

（三）根据目标顾客出现的位置来选择

让消费者一旦发生需要就能够方便地购买，意味着“商品必须跟踪消费者”。不论消费者出现在哪里，适合于满足消费者产生的需要或购物欲望的商品就要同时出现在哪里。这就要认真研究消费者可能的活动范围，在每个地方他们可能产生的需要和购买欲望是什么。

一般而言，目标顾客经常出现的地点有：居民区、商业街、学校、医院门口、游乐场、车站、码头、公园、休闲处、工作场所边缘、交通干线等。

（四）根据顾客购买心理来选择

不同顾客的购买兴趣、关注因素、购物期望等心理特征是不同的。顾客的购买心理直接影响到其购买行为，因此，如果不考虑顾客在一定条件、时间和地点下的购买心理，盲目选点，则往往会产生不理想的效果。

（五）根据竞争需要来选择

一个企业在选择终端销售点时，无论从生存的角度还是从发展的眼光来看，都必须考虑竞争对手的情况，为此，要考虑的因素主要有以下几点：竞争对手数量、竞争对手策略、竞争优势策略、企业的战略目标、产品生命周期。

1. 竞争对手数量

竞争对手的数量越多，选择终端销售点的难度越大，因为，一方面，意味着市场竞争会更激烈；另一方面，说明市场需求离饱和边界越来越近，从而要求企业更加小心谨慎。当然，竞争对手数量多，同时也说明商品的普及程度相当高，这样，会造成渠道形式的多样化，从而也有利于终端销售点的选择。如对通信产品来说，目前除了较为正式的小规模现代化通信店面外，在百货公司，甚至在服装店、五金交电、日杂店内的“专柜”出售通信产品。

2. 竞争对手策略

企业在选择终端销售点时，必须研究和调查清楚竞争对手所采取的策略，然后再根据自己的实力和条件选点。一般而言，不应采取与竞争对手同样的策略，从而扬长避短，相互补充，使市场得以协调发展。

3. 竞争优势策略

渠道建设要注意发挥企业的优势，如在国外品牌纷纷进入我国城市市场的同时，国内企业可发挥“本土”优势。力求在广大的农村市场建立起自己的分销网络和便捷的服务体系。

4. 企业的战略目标

企业的战略目标是企业在一定时期内发展的总体目标。分销是实现上述目标的重要手段之一。例如，一个大型跨国企业的战略目标是为了占领新兴市场，则必须考虑中国、印度等大国的市场，因此，应集中精力在这些国家建立终端销售点。不过，分销并不只是被动地适应企业战略目标，它的制定与执行的好坏程度反过来会影响企业战略目标的实现。

5. 产品生命周期

没有一条渠道或分销网络能保证产品在生命周期内永远保持竞争优势，因此，企业在选择终端销售点时，必须考虑产品生命周期的变化、阶段和时间长短。

（六）根据销售方式来选择

销售方式主要是指企业销售产品时所采取的形式，它主要包括店铺销售和无店铺销售两种。在现代市场条件下，销售方式正出现多元化趋势，因此，企业在选择终端销售点时，既可采取某一类销售方式，也可同时采用多种销售方式，并使它们相得益彰。

四、分销渠道的设计

1. 确定渠道模式

企业分销渠道设计首先是要决定采取什么类型的分销渠道，是派推销人员上门推销或以其他方式自销，还是通过中间商分销。如果决定中间商分销，则还要进一步决定选用什么类型和规模的中间商。

2. 确定中间商的数目

即决定渠道的宽度。这主要取决于产品本身的特点，市场容量的大小和需求面的宽窄。通常有以下三种可供选择的形式：

（1）密集性分销。运用尽可能多的中间商分销，使渠道尽可能加宽。消费品中的便利品（卷烟、火柴、肥皂等）和工业用品中的标准件，通用小工具等，适于采取这种分销形式，以提供购买上的最大便利。

（2）独家分销。在一定地区内只选定一家中间商经销或代理，实行独家经营。独家分销是最极端的形式，是最窄的分销渠道，通常只对某些技术性强的耐用消费品或名牌货适用。独家分销对生产者的好处是，有利于控制中间商，提高他们的经营水平，也有利于加强产品形象，增加利润。但这种形式有一定风险，如果这一家中间商经营不善或发生意外情况，生产者就要蒙受损失。

在采用独家分销形式时，通常产销双方议定，销方不得同时经营其他竞争性商品，产方也不得在同一地区另找其他中间商。这种独家经营妨碍竞争，因而在某些国家被法律所禁止。

(3) 选择性分销。这是介乎上述两种形式之间的分销形式，即有条件地精选几家中间商进行经营。这种形式对所有各类产品都适用，它比独家分销面宽，有利于扩大销路，开拓市场，展开竞争；比密集性分销又节省费用，较易于控制，不必分散太多的精力。有条件地选择中间商。还有助于加强彼此之间的了解和联系，使被选中的中间商愿意努力提高推销水平。因此，这种分销形式效果较好。

(4) 复合式分销。生产者通过多条渠道将相同的产品销售给不同的市场和相同的市场。这种分销策略有利于调动各方面的积极性。

3. 规定渠道成员彼此的权利和责任

在确定了渠道的长度和宽度之后，企业还要规定出与中间商彼此之间的权利和责任，如对不同地区、不同类型的中间商和不同的购买量给予不同的价格折扣，提供质量保证和跌价保证，以促使中间商积极进货。还要规定交货和结算条件，以及规定彼此为对方提供哪些服务，如产方提供零配件，代培技术人员，协助促销；销方提供市场信息和各种业务统计资料。在生产者同中间商签约时，应包括以上内容。

【案例 9-6】

“东宝”缘何得意?

为了在强手如林的空调市场站稳脚跟，杭州空调器总厂把建立长期稳固的销售点作为开展工作的第一步，改变过去“短期游击式销售方式”，制定了“发展重点，以点带面”的新方针。1992 年 6 月，首批 2000 台“东宝”空调器摆上了中国出国人员服务公司的柜台，这是国内唯一在免税商店销售的国产空调器。“东宝”成了国人的“洋货”。

武汉、南京两大“火炉”是空调器厂家的必争之地。“东宝”人分析了形势：一是南京商场较集中；二是江苏一带空调器厂家云集；三是本厂空调器大规模进入市场较晚，缺乏根基。头脑清醒对策就不会错。“东宝”人决定：以南京人民商场为突破口，在人民商场举办优惠展销，同时推出优惠服务措施，当场开机，让顾客自己和其他产品进比较，结果 170 台空调器一天半就卖完了。

“东宝”人对市场看得很透，他们认为，空调器的销售将形成两大销售流向：其一，大型空调以专业商店为主，这一类商业单位靠集体购买；其二，家用空调的销售以大型商场为主，其店大、地段好、知名度高，是家庭购物的主要场所。如此细分市场，使“东宝”空调器迅速占领了市场。北京、济南、郑州、天津、石家庄、沈阳、广州等城市——成为了“东宝”的“领地”。

（甘碧群，盛和鸣. 市场学通论. 武汉：武汉大学出版社，1998.）

第五节　分销渠道的冲突与控制

一、渠道冲突利弊

制造商与制造商、制造商与中间商、中间商与中间商之间甚至制造商与其直销办事处的冲突是不可避免的。但凡事都有利有弊，这种冲突的好处是：

（1）渠道冲突的结果，有可能是一种新的渠道运作模式将取代旧有渠道模式，从长远看这种创新对制造商与中间商和对市场消费者往往是有利的。

（2）完全没有渠道冲突和客户碰撞的制造商，其渠道的覆盖与市场开拓肯定有瑕疵，同时，情报信息功能将被弱化。

（3）渠道冲突的激烈程度还可以成为判断冲突双方实力及商品热销与否的"检验表"。

二、渠道冲突的基本类型

根据竞争对象和内容，我们把渠道冲突分为三种主要基本类型：

（1）第一是不同品牌的同一渠道之争；

（2）第二是同一品牌内部的渠道之争；

（3）第三是渠道上游与下游之争。

三、窜货的问题

窜货是经商网络中的公司分支机构或中间商受利益驱动，把所经销的产品跨区域销售，造成市场倾轧、价格混乱，严重影响厂商声誉的恶性营销现象。

（一）窜货的类型

从窜货的性质上看，窜货可分为如下三大类：

（1）恶性窜货：即经销商为牟取非正常利润，蓄意向非辖区倾销货物；

（2）自然性窜货：一般发生在辖区临界处或物流过程中，非经销商恶意所为；

（3）良性窜货：所选择的经销商流通性很强，货物经常流向非目标市场。

（二）窜货的表现分析

（1）中间商之间的窜货。

（2）经销商与办事处直销工程客户之间窜货。

（3）更为恶劣的窜货现象是经销商将假冒伪劣产品与正品混同销售，掠夺合法产品的市场份额，或者直接以低于市场价的价格进行倾销，获取非正常的利润，打击了其他经销商对品牌的信心。

（三）窜货的危害分析

（1）影响渠道控制力和企业形象。

(2) 影响销售业绩。

(3) 损害品牌形象，使先期投入无法得到合理回报。

(4) 影响决策分析。例如，发往甲地的货物被悄悄销往乙地，其“业绩”体现在了甲地，在公司未确定窜货时，总部会得到这样的虚假数据，因而造成公司决策分析的失误。

四、建立有效渠道冲突解决机制

(一) 建立“预报警系统”制度

(二) 渠道一体化、扁平化

(三) 约束合同化

(四) 包装差别化

(五) 价格体系化

【案例 9-7】

健力宝的衰退

健力宝在我国饮料市场上曾经非常红火，但现在的健力宝在市场上已是默默无闻。究其原因虽然与健力宝不能及时地根据市场环境变化调整自己的各个方面经营战略有关，但具体上还是主要体现在健力宝的分销渠道策略过时落后，导致健力宝分销渠道建设的不足。

健力宝的分销渠道主要是沿用传统的多级多层次经销商和代理商，而且每一级每一层次的经销商和代理商数量较多的长渠道和宽渠道的分销渠道策略。由于分销渠道长而宽，渠道管理又跟不上，因此，健力宝在分销渠道的五个流程中非常不畅。特别是信息流中信息传递和信息反馈不及时甚至十分困难。例如，每年的生产、销售计划主要依赖于我国每年一度的糖酒订货会的订货量。促销流十分不畅，而且非常混乱、真假难分。因此，市场上听不到，也看不到健力宝的促销信息，倒是各种健力宝中奖受骗的消息在市场上、报刊上到处都是。除此之外，健力宝的中间商层层加价，使健力宝在终端市场上出现混乱，损害了健力宝的市场形象，削弱了健力宝市场竞争力。

(武汉晚报，2004-07-26. 对原文作了修改)

第六节　分销渠道策略单项实训

一、材料（自定义一家公司）

每组确定自己拥有一家公司，公司性质不限。每一个公司必须有明确的总资产，固定资产、流动资产、无形资产，并且，都必须有明确的数量，其中流动资产中的现金数量必须单项列出，无形资产以自己过去促销投入为依据估算出来。具体每一个公司有自己的明确的产品和产品的年产量；有自己的人才队伍，特别是要有自己明确的渠道营销人才情况介绍；有自己准备进入的目标市场的详细准确情况、市场竞争情况、市场环境情况等。其他所需材料，每一个公司根据自己实际需要，可酌情配齐。

二、题目

根据上述自定义条件，每一个公司自行制定本公司渠道建设的构想以及预调整方案，并充分详细说明方案的每一步的理论依据和现实依据。

三、具体操作

1. 分组

①按照记分册名单顺序，按照每五人一组进行分组，由于人数不是五的倍数，余下人员在后面添加，改为六人一组。

②组别确定以后，每组确定每人岗位以及职责。

③岗位有：总经理一名、其余均为企业高级领导人员。

2. 分组讨论计算

①要求各组在总经理领导下进行工作。

②要求各组工作有计划，有分工，有步骤，协同一致。

③要求各组深入生活实际观察、思考、创新。

④要求各组设计方案有具体的数据。

⑤要求最终决策必须有详细的理论和实际依据。

3. 形成文字资料

每组将自己组通过讨论和计算所得到的结论，以及自己的演算过程、决策依据等形成文字材料。

4. 实训成果展示

每组选派一人上讲台讲解。

5. 同学提问答辩

下面同学提问，实训人员现场答辩。

6. 上交本次实训成果

打印文字材料一份+电子文档一份。

注意事项：

①公司是自己设定的。

②公司各方面的数据也是自己设定的。

③要求各小组能够演示讲解自己设计过程和方案。

④代表讲解过程中最低要求采用 PPT 进行讲解。如能结合使用实物展示讲解最好。

⑤现场答辩：在答辩时，本组人员全部站在讲台上，回答下面同学的提问置疑。

四、时间安排

1. 讨论计算决策：2 节课时间
2. 发言展示及答辩：4 节课时间

五、文字材料的封面设计

1. 有标题、机密字样等内容
2. 有团队成员等内容
3. 有时间
4. 其他的什么图案口号等内容不作要求，自己美化认可就行

六、实训指导要点

分析思考角度是全方位的。首先是企业自身分析，其次是企业的需要和目的分析，销售的成本核算与产出核算以及其他方方面面的分析。

☞ 课 后 训 练 ☜

一、理论知识掌握

1. 什么是分销？
2. 什么是分销渠道？
3. 分销渠道中有哪五个流程？
4. 为什么说“物流有第三利润源泉”之称？
5. 什么是中间商？
6. 中间商有什么功能？
7. 选择中间商的依据是什么？
8. 分销渠道中有哪些功能？
9. 什么是直接分销渠道？它的优点和缺点是什么？
10. 渠道决策的原则是什么？
11. 影响渠道决策的因素有哪些？
12. 什么是窜货？
13. 怎样建立有效渠道冲突解决机制？

二、能力素质训练

（一）谈谈你学习分销渠道策略这一章后的心得体会

（二）案例分析——北京雪花电冰箱厂分销策略

北京雪花电冰箱厂生产的电冰箱要销往石家庄，有如下三种销售渠道方案供其

选择。

方案一：假设，在石家庄开设一个门市部，每月可销售冰箱 300 台，这种冰箱的生产成本每台 1200 元，又北京运往石家庄的运费每台 75 元，总成本为 1275 元，在石家庄的零售价每台 1650 元，每台利润 375 元，每月盈利 75000 元。如果这个门市部的每月房租 45000 元，工作人员的工资和其他费用 15000 元。

方案二：假设，在北京找一个批发商，通过他把冰箱销往石家庄，每月可销售 180 台，每台的售价 1275 元（不包括运费），每台利润 75 元。

方案三：假设，在石家庄找三家特约经销商，他们在石家庄每月可销售冰箱 450 台，每台的售价 1365 元（包括运费），每台利润 90 元。

请问：你将选择哪一个方案？为什么？

（三）案例赏析——海尔集团向全球拓展销售渠道

海尔集团实施 3 个 1/3 的经营战略（即 1/3 的产品在国内销售，1/3 的产品销售到国外，1/3 的产品在国外生产），没有销售渠道的保证显然是不行的。为此，“海尔”尽力拓展销售渠道，到 1997 年初，“海尔”在国内已拥有 8000 余个营销点，覆盖了所有一、二、三级市场。在国外 120 个国家和地区注册有自己的品牌商标，在 40 多个国家和地区都有专营商，专营商的总数已达 5879 个。

在 1997 年 2 月 18 日召开的德国科隆国际博览会上，“海尔”的冰箱、冷柜、空调器、洗衣机、微波炉、热水器等几十个品种的家电，吸引了世界各地 3000 多位客商，其中 320 多位当场签订了经销“海尔牌”各种家电产品的合同和意向书，多数是第一次与“海尔”合作。

在科隆博览会开幕的当天下午，海尔集团总裁张瑞敏向来自欧洲的 12 位“海尔”产品专营商颁发了“海尔产品专营证书”。这些经销商获得了海尔空调、冰箱等系列家电产品在德国、荷兰、意大利等欧洲国家的代理权。我国企业向外国经销商颁发产品专营证书，这在家电企业中还是第一家。这是“海尔”走向世界的扎扎实实的第一步。“海尔”终将成为西方人追求的“洋货”。

（四）案例赏析——美的大裁员真相：与代理商争夺渠道利益生恶果

向来自诩低调的美的集团如今因“裁员门”被推到风口浪尖。

12 月 14 日，3 个以抗争美的裁员、争取劳动权益为目标的维权 QQ 群先后组建起来。上百名已被裁员的和正在裁员交涉期的美的各下属公司的员工在群内讲述各自在美的遭遇裁员的经历。这些被裁员工包括美的集团下属的四大销售体系：制冷、日电、暖通和机电等。

“比起 2005 年和 2008 年，2011 年这次裁员的人数更多、规模更大，基本上每一个部门都有被裁人员。”

奥特莱斯（Outlets）的概念在中国虽已广被提及，但其实际发展却有点雷声大、雨点小，而由国际一线品牌正式进驻开店的项目则更少。但对奥特莱斯发展起到至关重要作用的影响因素在快速变化。作为带有高端性质的特殊业态，奥特莱斯的运作有其自身特征——“第一招商”E5 版《Outlets 是个技术活》即便是拥有全国 60 多个分部中销量排名第二的业绩，他所在的公司今年招聘进来的 40 多个人只能留 18 个。而汕头大家电事业部 300 多人只能留 80 多人。

部分地区裁员数据显示，这次美的公司的裁员可谓“大刀阔斧”。比如，陕西分公司 270 多人裁了 210 多人，只余下近 60 人；北京暖通原来是 90 多人，裁到 44 人；广州暖通原来有 300 多人，现在减到 100 多人。全国各销售公司近 9000 人，要裁员约 8000 人，仅保留约 1000 名人员作为厂方代表负责协助代理商开展市场运营。裁员并没有定指标，而是直接指定每个销售公司什么时候要减到多少人，准确到个位数。

据一名匿名的员工透露，目前部分销售公司由于缺少现金，有的甚至开始内部融资，向员工借款。而总部取消第三方担保后，银行逼各销售公司还债，导致部分区域自 9 月起就无法支付相关费用。

被架空的代理商

这次大裁员，先从作为上市公司的制冷部门美的电器开始，接着是美的日电集团，同时波及其他事业部。裁员的直接触发因素是第三季度的业绩下滑——今年初大举扩张所导致的成本上升幅度远远超出业绩增长幅度。

美的集团湖南岳阳销售公司的王辉（化名）告诉记者：“目前，美的制冷产品的业绩均不理想，冰箱的市场已饱和，销售艰难；空调销售同比下降 12. 11%，洗衣机同比下降 8. 17%。拿岳阳区域的空调代理商来说，2012 年制冷年的销售（从 2011 年 8 月开始）任务为 9000 万元，到现在至少要完成全年任务的 50%，即 4500 万元，但截至目前，此代理商才完成了 20%多，同比下滑严重。”

王辉告诉记者，他自 2009 年进入公司，见证了美的自建销售公司的起伏。“自 2009 年渠道收权以来，美的在全国各大销售公司，基本上是由当地的代理商与美的合资注册成立的，由美的总部全面控制销售公司，代理商担任董事长，由美的任命的职业经理人担任总经理。”王辉说。

而当下的渠道模式实际上是美的在对渠道收权后产生的。2008 年，家电制造行业初步显现行业利润过低情形，而家电渠道商却在市场上风生水起。市场话语权的不平衡，让美的决定进行战略调整，在业内首创“销售协同管理系统”IT 平台，并对各条产品线的渠道资源进行整合，从渠道要利润。

其后，美的在全国各地逐步铺开这一“系统”平台，制冷集团整合了包括家用空调、中央空调、冰箱、洗衣机四大品类的销售平台，而微波、小家电、整体厨卫、生活电器等产品线则划归美的中国营销总部全面负责销售。上述两平台与暖通设备、照明电器等分别在全国各地成立销售公司。

在这个业务调整过程中，代理商已经被基本架空，具体的市场业务都是由厂家代表直接操作。随着美的公司的市场不断拓宽，总部对下属销售公司的经营模式作出改变，即用“小区域代理+直营模式”，这就严重威胁到早期为美的打下市场的老代理商，挫伤了他们的积极性。

“小区域代理+直营模式”是针对市区、县城大客户制定的，即以县级区域为一个单位，设立一个代理商负责一个县级的业务，把这些大客户变为公司直营的卖场，脱离代理商的环节，由公司直接配送货物、公司单独给政策。

对代理商的架空操作主要用了三种手法：一是给每个区域或者每个代理商都配备了

一名业务经理或者主管进行监控和市场操作；二是公司制定价格和政策，代理商只负责执行；三是促销活动和差异化政策由厂家最终确定。代理商相当于只是一个物流平台，手上的自主权并不大。

而在架空了代理商后，由厂家下派的职业经理人来操作市场，将原来的市级大代理商的区域大幅缩小甚至砍掉，开发新的小区域代理（一个县级区域一个代理商），那些早期为美的拓展市场作出巨大贡献的代理商，作为当地家电老大，逐渐对美的不满，他们的消极怠工，加剧了销售业绩下滑。

渠道再次转向

针对当前裁员事件，美的集团发言人黄晓明表示，美的确实在裁员，但没有外界传闻的那么夸张，裁员的原因是公司为适应大环境变化，正在进行转型。

但事实上，2011 年底的这次裁员，是对“渠道收权”模式的再度转型。

从整个行业上看，2010 年，美的突破 1000 亿元，成为国内家电业龙头品牌，在这个节点上，中国的家电渠道变革也开始加剧。国美、苏宁等大连锁渠道下沉已告一段落，家电制造商自办渠道的尝试也初步显山露水。而美的在经过 2009 年的渠道收权后，营收迅速增加，在这一年成为家电行业的大赢家。

作为制造商和品牌商，在没有全面掌握渠道的情况下，大量的品牌推广投入，往往让渠道商占到更多便宜。渠道收权本来是厂商与渠道商较量之下的结果，美的的巨额财富增长，实际上是对当初一批冲在前线的代理商所赢得的巨额渠道利益的分食。

然而，美的的战略显得太过激进，“小区域代理+直营模式”的做法，本身就存在渠道冲突的天然弊端，而在其操作过程中，又将代理商架空，直至将代理商逼到一隅。来自湖南的一位经销商就表示，美的的产品是他不愿意选择的合作品牌。

从美的自身的角度，“小区域代理+直营模式”的推广让美的体系内销售人员扩张较为迅猛。

2011 年下半年，行业发生了巨大变化。美的电器发布的 2011 年第三季度财报显示，前三季度美的共实现销售收入 819 亿元，净利润 28. 8 亿元。但数据同时显示，美的电器在第三季度收入增速明显放缓，单季度同比增长仅 9. 41%，而此前第二季度的同比增长为 34%。

根据财报显示，截至 2011 年三季度末，美的电器存货价值 92 亿元，同比增长 85%，目前存货处于历史较高水平。一方面，这是公司销售规模扩大带来的必然结果；另一方面，也反映了需求放缓所带来的库存积压。

而记者获悉的情况是，第三季度的销售业绩下滑，导致各大销售公司不同程度出现现金紧张。为了缓解资金困难，裁员已是大势所趋，进而将销售业务从直营模式重新改为外包。

针对渠道转型的相关问题，本报记者致函美的公关部，截至发稿时间，未收到相关回复。而美的集团能否在这轮渠道调整中“浴火重生”，已成为家电圈密切关注的热门话题。

第十章 促销策略

【案例 10-1】

伊利集团开发湖北市场

伊利集团在开发湖北市场时，首先对湖北特别是武汉市的目标消费者进行促销，在报纸上开展高强度的公关活动和大量的广告宣传活动，提出“昭君回故里，伊利送真情”的口号。

内蒙古和湖北在历史上有渊源，湖北的秭归就是王昭君的故乡。

一方面，在开展“古有昭君千里出塞，今有伊利集团千里大赠送”这样一个公关活动后，新闻媒体进行了铺天盖地的宣传，使大家都知道了伊利集团的产品；另一方面，免费向中小学生赠送冰激凌，使广大消费者在较短的时间内直接接触和体会到伊利产品。

由于伊利的广告宣传、公关活动、销售促进等三管齐下，渠道商们看到了消费者在购买伊利产品，意识到销售机会来了，于是销售伊利集团产品的积极性大大提高。

通过伊利集团的促销努力，湖北市场很快被打开，结果，在很短的时间内，其覆盖率为每十个武汉人中就有一个人食用过伊利产品。

（作者收集整理）

上述案例告诉我们，在现代买方市场时代，企业间虽然竞争激烈，但只要切准市场脉搏，找准企业与市场连接的纽带，通过适度恰当有效的促销活动，企业可以迅速打开自己的目标市场。

促销以及促销策略就是本章所要介绍的内容。在本章将主要介绍企业促销策略中促销、促销组合等有关概念，促销沟通系统的建立，四种主要促销方式的概念、特点、内容、作用、操作程序等，四种主要促销方式的优、缺点，影响促销策略选择的因素以及促销策略等内容。其重点是促销、促销组合等有关概念，促销沟通系统的建立，四种主要促销方式以及四种主要促销方式的优、缺点，影响促销策略选择的因素以及促销策略。

第一节 促销与促销组合

一、促销

（一）促销的概念

促销是促进销售的简称。它是指企业采用各种手段和方式向消费者或用户传递有关企业及其产品的信息，使顾客对企业及其产品产生兴趣、好感和信任，促进其购买企业产品的活动。即促销就是营销者向消费者传递有关本企业及产品的各种信息，促进其了解、信赖并购买本企业的产品，以达到扩大销售的目的。

促销实质上是一种沟通活动，营销者（信息提供者或发送者）发出作为刺激消费的各种信息，把信息传递到一个或更多的目标对象（即信息接收者，如听众、观众、读者、消费者或用户等），以影响其态度和行为。常用的促销手段有广告、人员推销、营业推广和公共关系。企业可根据实际情况及市场、产品等因素选择一种或多种促销手段的组合。

（二）促销的作用

（1）传递信息。销售产品是市场营销活动的中心任务，信息传递是产品顺利销售的保证。在促销过程中，一方面，卖方向买方传递信息，如介绍有关企业现状、产品特点、价格及服务方式和内容等信息，以此来诱导消费者对产品或劳务产生需求欲望并采取购买行为；另一方面，买方向卖方反馈对产品价格、质量和服务内容、方式是否满意等有关信息，因此，促销过程中信息的传递是双向的。因此，促销有助于买卖双方沟通信息，赢得顾客信任，消除时空矛盾。

（2）突出特点。在市场上同类商品竞争激烈，并且有些商品差别很小，消费者不易辨别。企业通过促销活动，宣传、说明本企业产品的特点，使消费者认识到购买本企业产品所带来的利益，诱导消费者产生购买行为。因此，促销有助于突出企业特色以及企业的产品特色。

（3）指导消费。在促销活动中，营销者通过对产品信息的传递，从一定意义上说是对消费者进行指导，从而有利于刺激消费者的购买欲望。因此，促销有助于刺激需求、诱导需求、创造需求，促进消费者或顾客的购买与消费，开拓市场。

（4）形成偏爱。在激烈的市场竞争中，企业产品的市场地位波动较大。企业开展促销活动，可使较多的消费者对本企业的产品产生偏爱。因此，促销有助于企业稳定销售和扩大销售。

【案例 10-2】

青岛啤酒在美国的霓虹灯广告

青岛啤酒在 1979 年首次出口美国，销售量为 2 万箱。当它们初入美国市场时，就请了著名的美国莫纳克公司帮助做各种有关开拓市场的策划。在进行了大量市场调查之后发现，广告形象的宣传应该采用具有中国特色的筷子，因为，它不仅是中国人的独特习惯，而且是中国文化的一种象征。于是，他们在广告上采用了印有各种生肖图案的青岛啤酒招贴画，配以一双筷子与青岛啤酒在一起，相映成趣，极具中国特色。这种将青岛啤酒与筷子合二为一作为典型的中国餐饮文化象征的广告，一经美国的餐馆、饭店、超市、酒吧等的霓虹灯广告出来，就引起了广泛的关注。不仅在中国餐馆为之轰动，而且在以美国人居多的酒馆、饭店也引起了轰动。那些本来对中国人使用筷子的技巧怀有浓厚兴趣的美国人，同时爱上了这一与中国传统文化联系在一起的青岛啤酒。

在广告促销以及青岛啤酒的良好品质、分销渠道和合理的价格的共同作用下，经过十年的努力，青岛啤酒在1989年的销售量已达到了100万箱，是刚刚进入美国市场时的50倍。现在，在美国市场上的100多种啤酒中，青岛啤酒以质优价高的形象出现，并取得了第九位的排名。

（中国营销传播网 http：//www.emkt.com.cn）

二、促销组合

促销组合是指企业根据促销的需要，对广告、人员推销、销售促进、公共关系等各种促销方式进行的适当选择和综合运用。即将几种促销方式进行精心组合，配套综合使用所形成的一种促销方案（或策略或技巧）。企业促销决策的核心问题就是力求促销组合最优化，以实现更好的整体促销效果。因此，促销组合的基本原则是以最低的促销费用取得最佳的促销效果。

（一）影响促销组合策略的因素

影响促销组合策略的主要因素有促销目标、市场类型、产品特点、推式与拉式策略、产品生命周期等。

（1）促销目标：企业在不同时期、不同市场环境下所进行的促销活动都有特定的促销目标。促销目标不同，促销组合也随之变化。当促销目标为树立企业形象、提高产品知名度时，促销重点应在广告上，同时辅以公关宣传；当促销目标是让顾客充分了解某种产品的性能和使用方法时，印刷广告、人员推销或销售促进是好办法；当促销目标为在近期内迅速增加销售时，则销售促进最易立竿见影，并辅以人员推销和适当的广告。从整体上看，广告和公众宣传有广而告之的特点，在顾客购买决策过程的初始阶段成本效益最优，人员推销和销售促进在最后阶段更具成效。

（2）产品因素：从产品的特点看，技术复杂、单价昂贵的商品适用人员推销，如生产设备、计算机等高技术产品。通过推销人员面对面的专门介绍、操作演示、售后安装、调试等技术保障使顾客深入了解产品，达到良好的促销作用；反之，结构简单、标准化程度较高、价格低廉的产品适合广告促销。对于中间商而非最终个人消费者，仍以人员推销为主。

（3）市场因素：产业市场和消费者市场在顾客数量、购买特点和分布范围上相差甚远，各种促销方式的效果也不相同，最大的区别是在产业市场上更多采用人员推销，而在消费者市场上则大量采用广告。因为产业市场上的顾客数量少，分布集中，购买批量大，适宜人员推销；反之，消费者市场的顾客数量多且分散，通过广告可以用较低的相对成本达到广而告之的作用。

（4）预算因素：企业开展促销活动，必然要支付一定的费用。费用是企业经营十分关心的问题，并且企业能够用于促销活动的费用总是有限的。因此，在满足促销目标的前提下，要使投入的费用达到最好的效果，并且能够适应竞争的需要，避免盲目性。

（5）产品生命周期：

①投入期。以广告为主，通过各种传媒，大力宣传新产品的品牌、特性、功能、服务等，使消费者对刚投入市场的新产品有所了解和认识。

②成长期。产品已被消费者和用户认识，销售量开始迅速上升。促销以广告为主，但重点应从一般地提高产品知名度转移到提高产品的偏好度、树立产品特色与品牌形象上。对原有的广告内容应重新挑选和调整。

③成熟期。这个时期有更多的竞争者进入市场，大多数消费者已了解产品，促销的主要目标是力图使企业的产品在竞争中处于优势。这时消费品促销应以广告为主，广告的内容多着重强调产品的价值和给消费者或用户带来的特殊利益，以保持并扩大企业产品的市场占有率。同时，还应配合使用销售促进，增强对消费者或用户的吸引，以坚定其在成熟期继续购买本企业产品的信心。工业品促销则要更多地使用人员推销，挖掘潜在市场，巩固老用户，争取新用户。

④衰退期。市场需求已饱和，可替代的新产品已在市场上批量出售，消费者的兴趣和爱好开始转移，产品销量急剧下降。这时期应大量削减原有产品的促销费用，仅针对某些老用户保持一定份额的销售促进开支，配合少量提示性广告。

（二）促销策略

在制定促销组合形成促销策略过程中，四种主要促销方式不仅可以根据实际情况和需要进行选取使用，而且每一种促销方式在整个促销策略中各自所占的权重和先后顺序不同。因此，促销组合和促销策略是千变万化的。但不管怎么变化，我们可以根据促销策略的作用效果，把促销策略分为推式策略、拉式策略和推拉结合策略等三种策略类型。

（1）推式策略：强调将产品沿分销渠道向最终消费者推销，即生产企业把产品推销给中间商，中间商再向消费者推销。推式策略适合的产品：单位价值较高的产品，性能复杂、需做示范的产品，流通渠道较短、环节较少的产品，市场比较集中的产品。

（2）拉式策略：以最终消费者为主要促销对象，即首先靠广告、公关、宣传等促销方式引起潜在顾客对该产品的注意，刺激他们产生购买欲望和行为，当消费者纷纷向中间商询购这一商品时，中间商自然会找到生产厂家积极进货。拉式策略适合的产品：单位价值较低的日常用品，流通环节较多、流通渠道较长的产品，市场范围较广的产品，市场需求较大的产品。

（3）推拉结合策略：在通常情况下，企业也可以把上述两种策略配合起来运用，在向中间商进行大力促销的同时，通过广告刺激市场需求。

在“推式”促销的同时进行“拉式”促销，用双向的促销努力把商品推向市场，这比单独地利用推式策略或拉式策略更为有效。

【案例 10-3】

“不准偷看”

泰国首都曼谷有家酒吧，其主人在门口放着一个巨型酒桶，外面写着醒目的大字“不准偷看！”许多过往行人十分好奇，偏偏要看个究竟不可。哪知道，只要把头探进桶里，便可以闻到一种清醇芳香的酒味，还可以看到桶底中隐隐显着“本店美酒与众不同，请享用！”的字样，不少大叫“上当”的人，一笑之后顿觉酒瘾大发，于是进店去试饮几杯。

（作者自编）

三、促销沟通系统的建立

（一）沟通与促销沟通

企业将设计完美的产品和服务的信息送达目标顾客的过程，称为沟通。企业为了扩大销售、占领市场，通过各种方式将有关产品、服务、价格、分销等方面的具有说服力的信息送达目标顾客，促使其作出购买决策，从而实现企业销售目标的过程，称为促销沟通。

（二）建立促销沟通系统一般包括以下步骤

（1）确定目标受众：营销信息的接收者。

（2）确定沟通目标：沟通目标是信息传播者期望目标受众在接收到信息后所作的反应。依据目标受众的反应力度，它被分为六个层次，由弱到强依次是：

①知晓（知道企业或企业产品名称）；

②认识（知道产品性能、特点等）；

③喜爱（对企业及企业产品有好感）；

④偏好（对企业产品的质量、价值、性能及其他有关特征的偏好）；

⑤确信（买该企业产品是对的，而买别的企业产品是错的）；

⑥购买（购买行动）。

（3）设计信息：有效的促销沟通信息必须能够引起目标受众的注意，激发他们的兴趣，进而唤起他们的购买欲望，促使他们采取购买行动。设计信息必须解决传播什么信息（信息内容）？用什么逻辑结构来表达信息（信息结构）？用什么形式来表达信息（信息形式）？由谁来发送信息（信息源）？

（4）选择信息沟通渠道：①人员沟通即两个及两个以上的人相互之间进行信息沟通。②非人员沟通即通过传播媒体、环境气氛、事件等来传播信息和反馈信息。

（5）建立信息反馈渠道。

第二节　人 员 推 销

人员推销是指企业派出人员或者委托推销人员，亲自向目标顾客介绍、推广宣传、销售自己的产品和服务的过程。即企业通过推销人员深入中间商或消费者进行直接的宣传介绍活动，使中间商或消费者采取购买行为的促销方式。它是人类最古老的促销方式。在商品经济高度发达的现代社会，人员推销这种古老的形式更焕发了青春，成为现代社会最重要的一种促销形式。

一、人员推销的基本形式

（1）上门推销。上门推销是最常见的人员推销形式。它是由推销人员携带产品样品、说明书和订单等走访顾客，推销产品。这种推销形式可以针对顾客的需要提供有效的服务，方便顾客，故为顾客广泛认可和接受。

（2）柜台推销。又称门市，是指企业在适当地点设置固定门市，由营业员接待进入门市的顾客，推销产品。门市的营业员是广义的推销员。柜台推销与上门推销正好相反，它是等客上门式的推销方式。由于门市里的产品种类齐全，能满足顾客多方面的购买要求，为顾客提供较多的购买方便，并且可以保证产品完好无损，故顾客比较乐于接受这种方式。

（3）会议推销。会议推销是指利用各种会议向与会人员宣传和介绍产品，开展推销活动。譬如，在订货会、交易会、展览会、物资交流会等会议上推销产品。这种推销形式接触面广、推销集中，可以同时向多个推销对象推销产品，成交额较大，推销效果较好。

二、人员推销的特点

（1）销售的针对性和灵活性。与顾客的直接沟通是人员推销的主要特征。由于是双方直接接触，相互间在态度、气氛、情感等方面都能捕捉和把握，不仅有利于销售人员有针对性地做好沟通工作，解除各种疑虑，激发购买欲望；同时，也有利于销售人员灵活机动地做好沟通工作，解除各种疑虑，激发购买欲望。

（2）销售的有效性。人员推销的又一特点是提供产品实证，销售人员通过展示产品，解答质疑，指导产品使用方法，使目标顾客能当面接触产品，从而确信产品的性能和特点，进而引导消费者产生购买行为。

（3）密切买卖双方关系，建立买卖双方感情。销售人员与顾客直接打交道，交往中会逐渐产生信任和理解，加深双方感情，建立起良好的关系，容易培育出忠诚顾客，稳定企业销售业务。

（4）信息传递的双向性。在推销过程中，一方面，销售人员把企业信息及时、准确地传递给目标顾客；另一方面，把市场信息，如顾客（客户）的要求、意见、建议反馈给企业，为企业调整营销方针和政策提供依据。

当然，人员推销也有不足之处：

（1）费用支出较大。由于人员推销直接接触的顾客有限，销售面窄，人员推销的开支较多，增加了产品销售成本。

（2）对推销人员要求较高。人员推销的成效直接决定于推销人员素质的高低。尤其随着科技的发展，新产品层出不穷，对推销人员的要求越来越高。

三、销售人员的角色

（1）企业形象代表。销售人员是企业派往目标市场的形象代表，他们主动热情的工作，积极的态度乃至一言一行都代表了企业形象，是企业文化和经营理念的传播者。

（2）热心服务者。销售人员是目标顾客的服务人员，帮助顾客排忧解难，解答咨询，提供产品使用指导，其服务质量和热情赢得顾客的信任和偏爱。

（3）信息情报员。销售人员是企业信息情报重要反馈渠道，基于销售人员的工作特点，广泛接触社会各个方面，因此，他们不仅收集目标顾客的需求信息，而且还能收集竞争者信息、宏观经济方面信息和科技发展状况信息，使营销决策者能迅速把握外部环境的动态，及时做出反应。

（4）“客户经理”。当销售人员面对一群顾客作营销沟通工作时，他们所担任的就是“客户经理”角色。在企业营销战略和政策指导下，行使一定的决策权。如交易条款的磋商，交货时间的确认等。

四、推销人员的职能

（1）寻找和识别顾客；

（2）发送、传递和收集信息；

（3）推销产品、引导消费、说服顾客；

（4）提供服务；

（5）评估需求、评价顾客、在顾客之间合理分配货源。

五、人员推销的程序

（1）寻找并识别目标顾客；

（2）做好推销准备（主要是前期调查目标顾客的需求、经济来源和实力、决策人、购买方式等）；

（3）约见顾客（对顾客进行试探性接触）；

（4）接近顾客（与顾客进行正式接触）；

(5) 推销说明(向顾客介绍和说明企业及企业产品、服务等);
(6) 处理交易(应付顾客异议和达成交易);
(7) 后续工作(备货、送货和提供服务等)。

六、人员推销的策略与技巧

(一) 推销策略

(1) 试探性策略，亦称刺激—反应策略。就是在不了解客户需要的情况下，事先准备好要说的话，对客户进行试探。同时，密切注意对方的反应，然后根据反应进行说明或宣传。

(2) 针对性策略，亦称配合—成交策略。这种策略的特点是，事先基本了解客户的某些方面的需要，然后有针对性地进行“说服”，当讲到“点子”上引起客户共鸣时，就有可能促成交易。

(3) 诱导性策略，也称诱发—满足策略。这是一种创造性推销，即首先设法引起客户需要，再说明我所推销的这种服务产品能较好地满足这种需要。这种策略要求推销人员有较高的推销技术，在“不知不觉”中成交。

(二) 推销技巧

1. 上门推销技巧

(1) 找好上门对象，注意推销自己。可以通过商业性资料手册或公共广告媒体寻找重要线索，也可以到商场、门市部等商业网点寻找客户名称、地址、电话、产品和商标。

(2) 做好上门推销前的准备工作，想顾客之所想。熟悉所推销的产品(从多个角度熟悉掌握产品的特征、优点和缺点，以便处理顾客异议和拒绝);尤其要对产品的发展状况和产品、服务的内容材料要十分熟悉、充分了解并牢记，以便推销时有问必答，特别注意说明产品功能及其他与顾客需求一致的特征;同时对客户的基本情况和要求应有一定的了解。

(3) 掌握“开门”的方法，即要选好上门时间，以免吃“闭门羹”，可以采用电话、传真、电子邮件等手段事先交谈或传送文字资料给对方并预约面谈的时间、地点。也可以采用请熟人引见、名片开道、与对方有关人员交朋友等策略，赢得客户的欢迎。

(4) 让顾客动手操作或试用(百闻不如一见，百见不如一实践，实践是最有说服力的推销手段和方法);

(5) 要突出重点(从交谈中了解、洞察顾客对产品最感兴趣的性能、特征，在推销过程中有意识地突出它);

(6) 把握适当的成交时机。应善于体察顾客的情绪，在给客户留下好感和信任时，抓住时机发起“进攻”，争取签约成交;

(7) 学会推销的谈话艺术，注意倾听顾客的意见(这既是尊重顾客、了解顾客的需要，也是实施有效推销，创造推销佳绩的需要)。

2. 洽谈艺术

首先注意自己的仪表和服饰打扮，给客户一个良好的印象；同时，言行举止要文明、懂礼貌、有修养，做到稳重而不呆板、活泼而不轻浮、谦逊而不自卑、直率而不鲁莽、敏捷而不冒失。在开始洽谈时，推销人员应巧妙地把谈话转入正题，做到自然、轻松、适时。可采取以关心、赞誉、请教、炫耀、探讨等方式入题，顺利地提出洽谈的内容，以引起客户的注意和兴趣。在洽谈过程中，推销人员应谦虚谨言，注意让客户多说话，认真倾听，表示关注与兴趣，并做出积极的反应。遇到障碍时，要细心分析，耐心说服，排除疑虑，争取推销成功。在交谈中，语言要客观、全面，既要说明优点所在，也要如实反映缺点，切忌高谈阔论、“王婆卖瓜”，让客户反感或不信任。洽谈成功后，推销人员切忌匆忙离去，这样做，会让对方误以为上当受骗了，从而使客户反悔违约。应该用友好的态度和巧妙的方法祝贺客户做了笔好生意，并指导对方注意合约中的重要细节和其他一些注意事项。

3. 排除推销障碍的技巧

（1）排除客户异议障碍。若发现客户欲言又止，己方应主动少说话，直截了当地请对方充分发表意见，以自由问答的方式真诚地与客户交换意见。对于一时难以纠正的偏见，可将话题转移。对恶意的反对意见，可以“装聋扮哑”。

（2）排除价格障碍。当客户认为价格偏高时，应充分介绍和展示产品、服务的特色和价值，使客户感到“一分钱一分货”；对低价的看法，应介绍定价低的原因，让客户感到物美价廉。

（3）排除习惯势力障碍。实事求是地介绍客户不熟悉的产品或服务，并将其与他们已熟悉的产品或服务相比较，让客户乐于接受新的消费观念。

总之，人员推销的各种技巧是人们对推销经验的总结，具有较强的技能性和实践性。除了上述技巧外，还有自我介绍技巧、成交技巧等，并且，新的人员推销技巧还将不断涌现，希望大家能够多从社会经济生活实践中去留意观察、学习和实践，并进行创新。

【案例 10-4】

巧妙的成交

在公园里，一位年轻的妈妈，用车推着一个大约不到一岁的孩子，正往前走着，从旁边走来一位老太太，和这位年轻的妈妈聊了起来。

她们边走边聊，相谈甚欢。老太太边聊边笑嘻嘻地抱起孩子说：“这孩子真胖，长得像你，多大了?”那位年轻的妈妈也是边笑边回答。

接着老太太把孩子放到小车上，从她随身带的包中拿出两个小背心说：“唉！我那儿媳妇下岗了，卖点小东西，这两件是断码的，全棉，你看，这孩子穿上准好看。”老太太看到那位年轻妈妈不愿意买，又指着她的产品说：“这两件你要是都要了，每件便宜五毛钱，每件四元，你回去打听一下，要是买贵了，我以老太太这把年纪担保，我再赔你四件。”

最后，这位年轻的妈妈看了看，并不十分情愿地买了两件。

（楚天都市报）

七、人员推销的管理

1. 推销人员的招聘

企业招聘推销人员对其素质、知识、能力、个性等一般都有要求。素质为政治思想素质，主要考察事业心和责任感、团队精神。知识修养主要考察知识面宽度和广度，在深度上一般不做要求。能力为实际工作能力，主要考察处理人际关系能力、服务顾客能力、应变能力。个性主要要求为感情外露、热情奔放、当机立断、活动能力强。

招聘程序依次为刊登发布广告、接受应聘申请、书面考核应聘人员、与应聘人员相约测试面谈、调查了解应聘人员的情况、应聘人员体检、安排应聘人员的工作等。

2. 推销人员的训练

企业对新进推销人员一般要进行本企业及产品知识的培训、有关商务和法律知识的培训、推销的技能和技巧的培训。

3. 推销人员的激励（物质和精神）

4. 推销人员的评价（横向比较、纵向比较、素质评价）

5. 推销人员的报酬（薪金制、佣金制、混合制）

在 1996 年，一项简单的农村市场调查表明：农村消费者对 P&G 产品（特别是汰渍洗衣粉和舒肤佳香皂）认知极低，尤其目标消费者（家庭妇女）的认知度更低得惊人，更不用说使用经验了。

这真是一个非常奇怪的现象。尤其现在的农村很多地区都已经架设了电视接收网络，P&G 公司关于汰渍、飘柔、舒肤佳的广告应该是能够被农村消费者接触到的，而且暴露率相当高。但偏偏这相当高的暴露率，并没有带来相应的消费者接受率。在调查中发现，很多人都对汰渍、舒肤佳的实物有似曾相识的感觉，却不知道那是什么东西，做什么用的。也就是说农村消费者对汰渍、舒肤佳的电视广告没有具体的印象存留。究其原因，可能跟电视广告的呈现方式有关。另外，汰渍洗衣粉从品牌名称开始，即给人一种陌生、不多见的感觉，而这种感觉就让农村消费者对汰渍有了一种距离感，认为那不是属于自己的东西，从而自然而然地就采取一种远离的态度。在这种拒绝心理下，对汰渍的关心度理所当然就会很低。

但是农村市场占了中国市场的 80%，这是多么广阔的市场容量啊！

向农村市场进军！

P&G 将目光对准了那一片广袤肥沃的土地。

事实上中国的农村消费者是相当淳朴的。他们不相信花里胡哨的手段，也不相信花言巧语的劝诱。他们只相信自己亲眼看见、亲耳听到、亲身经历过的东西。实实在在就是取得他们信任的最好方法。

经过一个月紧张的市场调查、实地勘察、天气预测等方面的准备工作，包括分析目标市场，掌握目标对象的消费心理、消费形态、生活习惯，了解农村区域地理构成等，汰渍洗衣粉、飘柔洗发水、舒肤佳香皂 Road Show（现场演示）方案诞生了。

P&G Road Show 的目的有三个：聚众、宣传、销售。就是要让农村消费者眼见为实，洗给您看看，也让您试用看看。

露天电影曾经是中国农村红极一时的娱乐方式，对农村消费者有着极强的号召力。P&G Road Show 的目的原本有三个：聚众、宣传、销售。显然，电影夜市对聚众有着得天独厚的优势。白天照常实施 P&G Road Show，晚上展开电影夜市。两者结合，双管齐下，优势互补。

通过三年 Road Show 的实施，P&G 在中国农村市场的品牌知名度飞速提升，销售量也大幅增长。

第三节 广告策略

【案例 10-5】

伊莱克斯的广告策略

20 世纪 90 年代后期我国电冰箱生产能力已达 2300 万台，实际产量已达到 1000 万台以上，而市场需求仅为 800 万台。而且冰箱市场已基本成熟，消费者对品牌的认知度很高。海尔、容声、美菱、新飞四大品牌市场占有率已高达 71.9%。在产品功能方面，海尔正在大力推介抗菌冰箱，容声和新飞在节能、环保、除臭方面已取得领先的地位，美菱则独树一帜，大力开发保鲜冰箱。

在这种情况下，伊莱克斯针对自己的目标消费群体特征和产品风格精心设计了一条充满亲情色彩的广告策略，并且以“静音冰箱”作为进入中国千家万户的切入点。伊莱克斯提出，冰箱的噪音你要忍受不是 1 天，2 天，而是 10 年，15 年，甚至更长。“好的让您一生都能相依相靠，静的让您日日夜夜察觉不到。”这种极具亲情色彩的营销语言，除了让中国消费者感受到温馨和真诚外，品牌形象和产品形象也随之都得到了认可。

（中国营销传播网 http：//www. emkt. com. cn）

一、广告的含义与特点

（一）广告的含义

广告是指企业通过一定的媒介物，公开而广泛地向社会介绍企业的营销形式和产品的品种、规格、质量、性能、特点、使用方法以及劳务信息的一种宣传方式。市场营销学中的广告是指广告主即企业以促进销售为目的，支出一定的费用，通过特定的媒体传播企业、商品或劳务等有关经济信息的大众传播活动。

（二）广告的特点

（1）广告是以广大消费者为广告对象的大众传播活动，因此信息传播具有普及性，并且有广泛的受众；

（2）广告具有公开展示性和渗透性，即广告宣传是合法的并且同一广告可以多次重复；

（3）广告是通过特定的媒体来实现的，广告主需要支付一定的媒体占用费；

（4）广告具有非人格化特点和较强的表现力，但促销效用往往滞后；

（5）广告的目的是为了促进商品销售，帮助推销人员达成交易，进而获得较好的经济效益。

二、广告的分类

（1）根据广告的内容和目的划分（见图 10-1），广告有如下三类：

①传播企业商品有关内容信息的商品广告；

②传播企业经营理念介绍企业情况的企业广告；

③以及公益事业为了社会利益、民众利益、国家利益等所做的公益广告。

而商品广告又可以进一步分为：

①开拓市场发现新的消费者的开拓性广告；

②对社会对市场对广大的消费者进行规劝的劝告性广告；

③提醒广大消费者的提醒性广告。

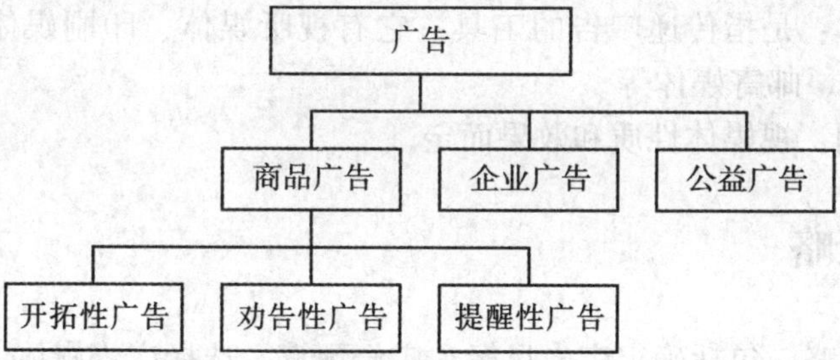

图 10-1　依据广告内容和目的分类

（2）根据广告传播的区域来划分，可分为全国性广告和地区性广告。

（3）根据广告媒体的形式划分（见图 10-2），可分为报纸广告、杂志广告、广播广告、电视广告、户外广告、网络广告等。

三、广告宣传的功能

（1）传播信息广告是营销信息的重要沟通工具；

（2）刺激需求广告是一种借助图像、声音和文字，产生具有诱导和说服作用的沟

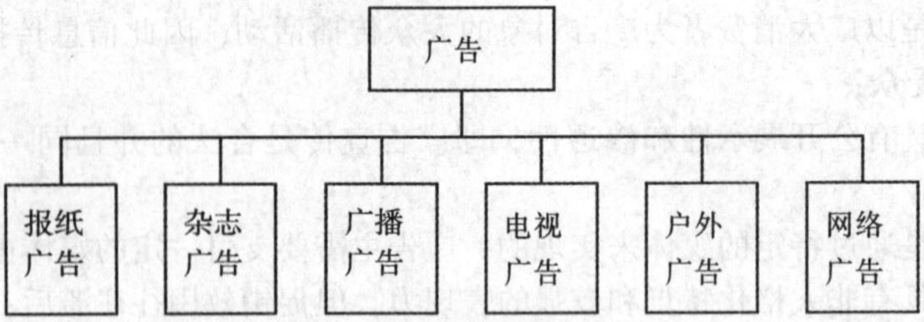

图 10-2 依据广告媒体形式分类

通活动;

(3) 塑造形象广告是企业形象塑造的重要工具。

四、广告宣传的要素

(1) 广告主:是指广告信息发布的主体。它对广告发布拥有委托权和决策权,并对广告信息的真伪负有法律责任。

(2) 广告受众:是指广告信息的接收者。通常为企业市场营销的目标市场或目标顾客。

(3) 广告内容:是指企业产品和服务的信息。企业产品信息包括企业名称、产品的名称、性能、用途、质量、价格、购买时间和地点。企业服务信息包括无形产品交易信息和有形产品交易信息乃至观念信息。

(4) 广告媒体:是指传递广告的工具。它有视听媒体、印刷媒体、户外媒体、交通媒体、售点媒体、邮寄媒体等。

(5) 广告费用:视媒体性质和效果而定。

五、广告策略

企业的广告策略,包括确定广告目标、广告预算、选择广告媒体、广告效果评价等内容。对每一个内容的管理,都必须将其置于总系统中去把握。

(一) 确定广告目标

1. 确定广告目标的原则

(1) 广告的目标要易于测定。

美国广告学家罗素·赫·科利认为有效的广告目标是既明确又能测定的。测定广告效果的关键,也在于如何界定明确的广告目标。一般来讲,抽象的目标只能反映出目标的性质和方向,但缺乏操作性,难以实施。为此,目标要尽可能具体。

(2) 广告目标要服从企业营销总目标。

广告作为企业营销工作的一部分,必须有助于企业营销目标的实现,而不能脱离营销工作的方向,甚至在进度、步骤等方面也必须服从整体工作的进程。

(3) 广告目标的确定要获得有关部门同意。

为了减少企业内部不必要的干扰，更为了协调计划、财务、营销等部门关系，争取各方面的理解和支持，企业营销部门在制定广告目标时应征求多方意见，获得他们的同意。

2. 广告目标类型

(1) 产品销售额目标。

在某些情况下，企业可以根据产品的销售情况来确定广告目标。但这种方式的采用必须建立在广告是促进产品销售增加的唯一因素或者至少是最主要因素的基础上。因此，以产品销售额作为广告目标往往只适合少数产品，对于大多数以普通方式销售的商品，这种方式并不适用。

(2) 创造品牌目标。

这类广告目标在于开发新产品和开拓新市场，它通过对产品的性能、特点和用途的宣传介绍，提高消费者对产品的认识程度。这类广告目标的具体内容有：向市场告知有关新产品情况；通知市场有关价格的变化情况；说明新产品如何使用；描述所提供的各种服务；纠正错误的印象；树立公司形象。

(3) 保牌广告目标。

其目的在于巩固已有的产品市场，深入开发潜在市场和刺激购买需求，提高产品的市场占有率。主要方式是通过连续广告，加深消费者对已有商品的认识和印象，使显在消费者养成消费习惯，使潜在消费者发生兴趣，并促成其购买行为。广告的诉求重点是保持消费者对广告产品的好感、偏爱，增强其信心。这类广告的具体内容有：建立品牌偏好；改变顾客对产品属性的知觉；保持最高的知名度。

(4) 竞争性广告目标。

其目的在于加强产品的宣传竞争，提高产品的市场竞争能力。广告的诉求重点是宣传本产品比之其他品牌产品的优异之处，使消费者认识到本产品的好处，以增强他们对广告的偏爱，指名购买，并争取使偏好其他产品的消费者转变偏好，转而购买本企业产品。

(二) 确定广告预算

企业确定广告预算的主要方法有以下几种：

1. 销售百分比法

这是以一定期限内的销售额的一定比率计算出广告费总额。由于执行的标准不一，又可细分为计划销售额百分比法、上年销售额百分比法和两者的综合折中百分比法，以及计划销售增加额百分比法四种。

这种办法的优点是：

(1) 暗示广告费用将随着企业所能提供的资金量的大小而变化，促使管理人员认识到费用支出的真正来源。

(2) 可以促使企业管理人员根据单位广告成本、产品售价和销售利润之间的关系去考虑企业的经营管理问题。

(3) 计算方法简单。

这种方法的缺点是：

（1）把销售收入当成了广告支出的“因”而不是“果”，造成了因果倒置。

（2）由于广告预算随每年的销售波动而增减，从而与广告长期方案相抵触。

（3）这一办法取决于可用资金的多少，而不是市场机会的发现和利用，因而可能会失去一些有利的市场机会。

（4）不是根据不同的产品或不同的地区确定不同的广告预算，而是所有的广告均按同一比率分配预算，造成不合理的平均主义。

2. 利润百分率法

这种方法在计算上较简便，同时，使广告费和利润直接挂钩，适合于不同产品间的广告费分配。但是，这一方法对新上市产品显然不适合，新产品上市需要做大量广告，广告开支比例自然就大。

3. 目标任务法

这是根据企业的战略目标确定广告目标，决定为达到这种目标而必须执行的工作任务，然后估算完成这些任务所需要的广告预算。这一方法较科学，尤其对新产品发动强力推销是很有益处的；这一方法可以灵活地根据市场营销的变化（如广告阶段不同、环境变化等）来调整费用。同时，也较易于检查广告效果。

目标任务法的缺点是没有从成本的观点出发来考虑某一广告目标是否值得追求。因此，如果企业能够先按成本来估计各目标的贡献额，然后再选择最有利的目标付诸实现，则效果更佳。

4. 量力而行法

这种方法为不少企业所采用。即企业确定广告预算的依据是他们所能拿得出的资金数额，企业根据其财力情况来决定广告开支。当然，这一方法也有一定的片面性，因为广告是企业的一种促销手段，其目的是为了促进销售；当广告费投入不到位时，有可能影响目标的实现。

5. 竞争对抗法

这一方法是根据竞争对手的广告费开支来确定本企业的广告预算。在这里，广告主明确把广告当作了进行市场竞争的工具。其具体的计算方法又有两种：一是市场占有率法；二是增减百分比法。

（三）选择广告媒体

广告媒体的作用在于把产品的信息有效地传递到目标市场。广告的效用不仅与广告信息有关，而且也与广告主所选用的广告媒体有关。事实上，要使人们对某项产品产生好感，这样的职责是由广告信息、广告信息的表现方式（广告作品）和适当的广告媒体共同承担的。同时，在广告宣传中，所运用的广告媒介不同，广告费用、广告设计、广告策略、广告效果等内容都是不同的。因此，在广告活动中要认真选择广告媒体。

1. 媒体调查

媒体调查是为了掌握各个广告媒体单位的经营状况和工作效能，以便根据广告目标来选择媒体。

（1）报刊媒体调查。

报刊媒体调查的内容有：

①发行量。报刊的发行量越大，广告的接触传播面越广，同时，广告费用也相对较低。

②发行区域分布。主要调查报刊发行区内各细分区域内的报刊发行比例，其目的在于了解报刊在各地区的接触传播效果。

③读者层构成。包括年龄、性别、职业、收入和文化程度等的不同构成情况。

④发行周期。发行周期指报刊发行日期的间隔期，如日报、双日报、周刊、旬刊、月刊等。

⑤信誉。主要指该报刊在当地所享有的权威性以及社会大众对其信任程度等。

（2）广播电视媒体调查。

①传播区域。广播电视播送所达到的地区范围及其覆盖范围。

②视听率。在覆盖范围内收听收视的人数或户数，一般用社会所拥有的电视机和收音机量来匡算。

③视听者层。主要是根据人口统计情况和电视机、收音机拥有情况，匡算出有关视听者层的分布和构成。

（3）其他媒介调查。

其他广告媒介调查包括交通广告、路牌、霓虹灯广告等，主要通过调查交通人流量、乘客人员来匡算测定，邮寄广告则通过发信名单进行抽查即可。

2. 媒体选择

企业在选择媒体时要考虑如下因素：

（1）目标顾客的媒体习惯。

人们在接收信息时，一般是根据自己的需要和喜好来选择媒体。比如，教育程度高的人，接收信息的来源往往偏重于因特网和印刷媒体；老年人则有更多的闲暇时间用于看电视和听广播；在校大学生偏爱上网和听广播。分析目标顾客的媒体习惯，能够更有针对性地选择广告媒体，体现广告效果。

（2）媒体特点。

不同媒体的市场覆盖面、市场反应程度、可信性等均有不同的特点，具体见表 10-1。

表 10-1 **广告媒体特点分析表**

媒体种类	覆盖面	反应程度	可信性	寿命	保存价值	信息量	费用	吸引力
报纸	广	好、快	好	较短	较好	大而全	较低	一般
杂志	较窄	差、慢	好	长	好	大而全	较低	好
广播	广	好、快	较好	很短	差	较小	低廉	较差
电视	广	好、快	好	很短	差	较小	很高	好
邮政	很窄	较慢	较差	较长	较好	大而全	高	一般

续表

媒体种类	覆盖面	反应程度	可信性	寿命	保存价值	信息量	费用	吸引力
户外	较窄	较快	较差	较长	较好	较小	低	较好
因特网	广	较快	较好	较短	差	一般	高	一般

3. 产品特性

不同产品在展示形象时对媒体有不同要求，如性能较为复杂的技术产品，需要一定的文字说明，较适合印刷媒体；服装之类产品，最好通过有色彩的媒体做广告，如电视、杂志等。

4. 媒体费用

不同媒体所需成本也是媒体选择所必须考虑的因素之一。考虑媒体费用不能仅仅分析绝对费用，如电视媒体的费用高，报纸媒体的费用低等，更要研究相对费用，即沟通对象的人数构成与费用之间的相对关系。

(四) 广告效果评价

广告效果评价是运用科学的方法来鉴定广告的效益。广告效果主要包括三个方面，即传播效果、促销效果和心理效果。传播效果是广告被认知和被接受的情况，如广告的覆盖面、接触率、注意度、记忆度和理解度等，这是广告效果的第一层次。促销效果是广告所引起的产品销售情况，这既是广告最为明显的实际效果，也是广告效果的第二层次。心理效果是广告所引起的广告受众的心理反应，使消费者对企业好感的增强，建立起品牌忠诚度，这是广告的第三层次效果，也是最高的效果层次。

1. 广告效果评价方法

广告效果评价方法分为事先和事后两个方面：

(1) 事先评价方法。

事先评价是在广告设计完成之后和投入传播之前，在小范围内进行的传播效果测试。事先评价主要是采用“德尔菲法”和“残像测试法”。

①德尔菲法。即组织消费者小组或广告专家小组观看各种广告，然后请他们对广告作出评定。

②残像测试法。即将已设计好的广告向选定的受众进行短暂的展示，作品撤走后，立即询问受众对该广告的残留印象。如果受众的残留印象正是广告所突出的主题，则说明广告是成功的，否则是失败的。

(2) 事后评价法。

①记录法。即选择一些固定的调查对象，发给他们事先设计好的调查表，让其逐日将接触过的媒体类型、节目类型、接受时间填入调查表，定期收回统计分析，掌握受众对媒体的接收情况，了解广告的视听率。

②回忆法。用随机抽样的方法访问被调查者，让其凭自己的记忆讲述在指定时间内所接受的节目，并可让其回忆是否注意某一广告，以及他对广告的残留印象。

③即时监测法。在广告播发的同时，利用一些先进技术设备对广告接受情况进行监

测。如用摄像机跟踪受众视线移动、脸部表情、目光停留时间等用以分析。

④比较法。即在广告实施之前和之后，分别对同类指标在同样范围内进行调查，根据前后情况对比来了解广告实施的效果。

2. 广告效果三个层次的评价

根据广告效果的三个层次，评价也分为三个方面：

（1）广告传播效果评价。

衡量广告传播效果主要是利用以下指标：

①接收率。接收率指接收某种媒体广告信息的人数占该媒体总人数的比率。

当然，接收率往往只是指接收信息的广度，为了全面评价广告传播效果，还应使用深度指标。

②认知率。认知率是指接收到广告信息的人数中，真正理解广告内容的人所占的比率，这一指标真正反映广告传播效果的深度。

（2）广告促销效果评价。

广告的促销效果比传播效果更难测量，因为，除了广告因素外，销售还受到许多其他因素的影响，如产品特色、价格等。这些因素越少，或者越是能被控制，广告对于销售的影响也就越容易测量。所以采用邮寄广告方式时广告销售效果最容易测量，而品牌广告或企业形象广告的销售效果最难测量。人们一般利用以下办法来衡量广告的促销效果。

①广告增销率。广告增销率是一定时期内广告费的增长幅度与相应期销售额的增长幅度之比较。

②广告费占销率。广告费占销率是指一定时期内企业广告费的支出占该企业同期销售额的比例。这也是一种通过广告费和销售额的比较来反映广告促销效果的方法。

应该指出的是，以上评价方法都有一个共同的前提，即测试期内销售额的其他影响因素无明显变化；否则，会影响测试的精确性。如一些常规因素影响不可避免（如销售淡季、旺季变化），可根据变化规律设置某些调整系数，当然，也可以将具有周期性变化规律的时期作为一个测试期（如一年）来进行测试和比较。

③广告形象效果评价。广告形象效果评价是对广告所引起的企业或产品知名度和美誉度的变化情况所进行的检测和评价。广告效果并不仅仅反映在对产品销售的促进方面，因为尽管有些消费者接触了广告后并不马上会产生对产品的购买欲望，但毕竟会给他们留下一定的印象，这种印象可能导致将来产生购买欲望。

企业形象一般用知名度和美誉度两项指标来衡量，通过广告前后的对固定对象的调查，了解企业形象的变化。

六、广告设计

（一）广告设计遵循的原则

广告创意的产生过程实际上是一个思考的过程，但是广告也不是凭空虚构的，它是艺术与科学的结晶，必须遵守以下原则：

1. 真实性

真实是广告的生命。一方面，广告的真实性表现在广告内容的真实性，即语言文字、画面艺术手法、情感诉求的真实性；另一方面，表现在广告中的产品与企业生产的产品相符合。广告创意必须以真实为基础，首先要以真实为构思的根本，其次要处理好艺术加工与事实本身的关系。

2. 独特性

标新立异的广告，能吸引消费者对企业产品留下深刻的印象。因此广告要不断推陈出新，不落俗套，做到新颖独特。

3. 针对性

广告的内容与形式要具有针对性，对不同的商品与目标市场要采用不同的广告表现手法，根据不同的广告对象来决定广告的内容。

4. 艺术性

广告不仅是一门科学，而且也是一门艺术。因此，广告设计要语言生动有趣，图案美观大方，色彩鲜艳和谐，给人以很高的艺术享受，使人受到感染，增强广告的效果。众所周知，在广告创意中有一黄金法则 3B 原则，所谓 3B，是指美女（Beauty）、动物（Beast）、婴儿（Baby）。在实际中美女广告最利于操作，且最能引发人们的关注，因此以美女为题材作秀常被商家使用。在各类护肤美容、保健、时尚服装的广告中，消费者对各种美女广告早已是司空见惯。美女的威力如此之大，以致有人惊呼“美女经济”时代的到来。

（二）广告设计的策略与技巧

1. 广告设计的策略

（1）广告的 USP（Unique Selling Proposition）策略，即独特的销售主题策略。它是由特德·贝茨广告公司的罗素·瑞夫斯在 20 世纪 50 年代提出来的。他认为 USP 有三个特点：一是必须是独特、唯一的；二是必须包含特定的商品效用；三是有利于促进销售。他曾为 M&M 糖果公司设计了著名的广告“只溶在口，不溶在手”，独特而有新意，体现了产品特点，简单清晰，朗朗上口。

（2）广告的品牌形象策略（Brand Image）。它是 20 世纪 60 年代由大卫·奥格威倡导的。他认为：“品牌是一个错综复杂的象征，它是品牌的属性、名称、包装、价格、历史、声誉、广告方式的无形总和，品牌同时也应根据消费者对其使用的印象，以及自身的经验来界定。”台湾奥美广告公司的庄淑芬更进一步地提出了广告的四个层面，即品牌的知名度、认知度、联想度和忠实度。品牌形象一般通过合适的模特儿、商标人物、卡通形象或名人形象来树立，使人们对同样的东西产生不同的感觉和情感，从而为消费者接受。

（3）广告的定位（Positioning）策略。它是由艾·里斯和楚劳特在 20 世纪 70 年代提出来的，是指从众多的商品中，寻找宣传商品有竞争力的特点，即其独特的个性，广告宣传专攻其一点，在消费者心目中树立该商品的一定地位。

2. 广告设计的技巧

广告的表现是指将信息通过广告创意，运用语言、声音、图像等各种符号与形式表现出来，以达到影响消费者购买行为的目的。它包括广告的语言表现、构图表现、色彩表现、声音表现等。因此，应对广告设计提出以下特殊要求：

（1）简明易懂。因广告受播放时间和刊登篇幅的限制，不允许有太长的解说。所以广告的文字、图画以及其他部分必须在特定的主题下，要用最鲜明和最通俗的方式和谐地表达出来，力求文字简洁，词语容易记忆，图画清晰易懂，使得消费者一听一看就懂、一目了然，并能在看到广告后留下深刻的印象。如耐克的广告设计。

（2）具有美感性。广告设计是一种艺术活动，因此要遵循美学的要求，运用整齐、均衡、对称、和谐等美学手段，给人以美的享受。即要用形象的语言，巧妙的构思，诱人的情趣，将商品特性表现出来，借以加强广告的感染力和说服力，激发起顾客的购买欲望。

（3）独具特色。只有设计美观新奇、立意精巧、具有特色的广告才符合消费者的心理要求，从而达到吸引人们的注意力，促使其产生购买行为。因此，广告的构思必须要富有创造性，在内容和形式上要多样化，其总体应独具特色、吸引力强。切忌抄袭沿用，千篇一律，陈词滥调。

七、设计广告信息

（1）确定信息内容：一般信息内容分为理性诉求、情感诉求和道德诉求三个方面；

（2）设计表达结构：广告信息内容的表达结构一般分为结论形式和论证形式等两种形式，重视广告信息内容的表达次序；

（3）设计表达形式：广告的表达形式一般选择最有效的信息符号，最醒目的信息表达内容和人们最容易接受的表达结构；

（4）选择信息发送者：一般而言，广告受众对发送者越信任，广告说服力越强。因此，信息发送者一般选择广告受众最信任的。

【案例 10-6】

一次失败的广告策划——巩俐所做的盖中盖广告

曾有一段时间，数家电视台轮番播出一则广告：一封展开的信，纯真的童音在朗诵：“巩俐阿姨，你寄给我们希望小学的‘盖中盖’口服液，现在同学们都在喝……”画面上巩俐阿姨在捧读孩子们的感谢信，接着是朱唇轻启，曼声道出一句：“盖中盖口服液，真是不错。”广告播出后，立即在全国掀起轩然大波。

任何广告对企业所起到的作用有两个层次：从表面上看，是提高了企业的知名度，从深层次上看，是提高了企业的美誉度，但知名度不一定等于美誉度，二者不一定成正比，知名度的提高并不代表美誉度的提高。通过近年来大量的广告投放，哈尔滨制药六厂本来已经有了很高的知名度，但经过巩俐广告事件之后，由巨额广告费堆积出来的知名度可能会变成负面的知名度，现在看来，哈药六厂正想法取消这样的负面影响，但一般稍有思想的人都不会轻易谅解这种做法。

具体地说，巩俐向希望小学赠送盖中盖口服液这件事是假的，是属于一次营销策划行为，是十足的商业运作。退一步讲，即使巩俐确实向希望小学赠送了一些盖中盖口服液，对哈药六厂来说也无多大意义。这样的行为应该当做一项公益行为来策划。当做商业行为来运作就会与公益行为产生冲突，一旦到了这一地步，那么知名度越高美誉度就越低，而美誉度是企业立足市场的根本。

（中国营销传播网 http：//www. emkt. com. cn）

【案例 10-7】

广告促销却没货

2011 年 8 月，消费者张某接到一份循礼门大润发超市的促销传单，上面写着“8 月 17 日到 19 日，康佳 19 英寸 LED 电视机只卖 798 元”。同月 17 日上午 9 点，张某来到大润发购买，超市却说本月 13 日就卖完了。张某遂投诉到市消协。

经消协和工商部门介入，大润发按促销价卖给张某一台彩电。

（作者自编）

第四节 营业推广

【案例 10-8】

有人借群光广场设圈套

花 10 元钱买一套“亿佳美”化妆品，就可免费获得群光广场 50 元代金券。自 7 月 3 号以来，陆续有 10 多位消费者前往群光广场“兑奖”，却发现该商场压根就没有参加此促销活动。

消费者苏女士说，前两天，两个 20 岁左右的女推销员敲开她家门，向她推销 10 元一套的“亿佳美海洋生物洗护套装”，里面包括洗发露、精华素、沐浴露、阳光露和洁面乳 5 个品种。推销员说，公司在群光广场做活动，购买该产品需另交 20 元钱保证金，到时凭身份证、套装里面的洁面乳和产品合格证，到群光广场就可拿到一张价值 50 元的代金券，并退回保证金。昨日，当她到群光广场时，才发现商场根本没有参加该活动。她现在也拿不准这产品还能不能用。

群光广场售后服务中心负责人说，该商场从未销售过该产品，也没有和其达成任何促销协议，是有人在假借该商场名义促销。在该商场服务台，记者发现到昨日为止，已有 10 多个类似投诉登记在册。

（苏永华，等．楚天都市报，2004-07-14. 对原文作了修改）

上述案例是一个虚假营业推广的案例。什么是营业推广呢？我们在超市里和各大商场里见到的买一送几、现金折扣、送购物券和奖券等都是企业在利用营业推广这种促销方式促销自己的产品。

一、营业推广的概念和特点

（一）营业推广的概念

营业推广亦称为销售促进，它是指那些能够刺激顾客做出强烈反应、促进短期购买行为的促销方式。换句话说，它是一种强刺激、短时间的促销手段，是一种适宜于短期推销的促销方法，是企业为鼓励购买、销售商品和劳务而采取的除广告、公关和人员推销之外的所有企业营销活动的总称。营业推广的方法多样，根据不同的对象、不同的产品可相应采取如赠送样品、陈列、演出、展示、有奖销售等不同的措施。

（二）营业推广的特点

营业推广的工具多种多样，有以下几个明显的特点：

（1）直观的表现形式，容易吸引顾客注意，刺激顾客需求；

（2）灵活多样，适应性强 ，见效迅速，容易诱导顾客购买；

（3）具有一定的空间局限性和副作用，如贬低产品。

二、营业推广的作用

（1）可以吸引消费者购买。这是营业推广的首要目的，尤其是在推出新产品或吸引新顾客方面，由于营业推广的刺激比较强，较易吸引顾客的注意力，使顾客在了解产品的基础上采取购买行为，也可能使顾客追求某些方面的优惠而使用产品。

（2）可以奖励品牌忠实者。因为营业推广的很多手段，譬如销售奖励、赠券等通常都附带价格上的让步，其直接受惠者大多是经常使用本品牌产品的顾客，从而使他们更乐于购买和使用本企业产品，以巩固企业的市场占有率。

（3）可以实现企业营销目标。这是企业的最终目的。营业推广实际上是企业让利于购买者，它可以使广告宣传的效果得到有力的增强，破坏消费者对其他企业产品的品牌忠实度，从而达到本企业产品销售的目的。

（4）营业推广也存在一些不足，主要表现在以下几个方面：

①影响面较小。它只是广告和人员销售的一种辅助的促销方式。

②刺激强烈，但时效较短。它是企业为创造声势获取快速反应的一种短暂促销方式。

③顾客容易产生疑虑。过分渲染或长期频繁使用，容易使顾客对卖者产生疑虑，反

而对产品或价格的真实性产生怀疑。

三、营业推广方式

（一）面向消费者的营业推广方式

（1）赠送促销。向消费者赠送样品或试用品，赠送样品是介绍新产品最有效的方法，缺点是费用高。样品可以选择在商店或闹市区散发，或在其他产品中附送，也可以公开广告赠送，或入户派送。

（2）折价券。在购买某种商品时，持券可以免付一定金额的钱。折价券可以通过广告或直邮的方式发送。

（3）包装促销。以较优惠的价格提供组合包装和搭配包装的产品。

（4）抽奖促销。顾客购买一定的产品之后可获得抽奖券，凭券进行抽奖获得奖品或奖金，抽奖可以有各种形式。

（5）现场演示。企业派促销员在销售现场演示本企业的产品，向消费者介绍产品的特点、用途和使用方法等。

（6）联合推广。企业与零售商联合促销，将一些能显示企业优势和特征的产品在商场集中陈列，边展销边销售。

（7）参与促销。通过消费者参与各种促销活动，如技能竞赛、知识比赛等活动，能获取企业的奖励。

（8）会议促销。各类展销会、博览会、业务洽谈会期间的各种现场产品介绍、推广和销售活动。

【案例 10-9】

虚构原价搞促销

2011 年 11 月，某商场在卖场内做京润珍珠牌化妆品降价促销活动，但其所标示的三种活动商品在活动前并未售卖过；另一种商品标示的原价 680 元，活动价 476 元，但在促销活动前的实际成交价为 401 元。后经查实，物价部门依法对该商场虚构原价的违法行为作出罚款 10 万元的行政处罚。

点评：据《价格法》和《消费者权益保护法》有关规定，如果经营者向消费者发布虚假价格信息或者作出虚假承诺，并诱导与其进行交易，则侵害了消费者的知情权、公平交易权。

（作者自编）

（二）面向中间商的营业推广方式

（1）批发回扣。企业为争取批发商或零售商多购进自己的产品，在某一时期内给经销本企业产品的批发商或零售商加大回扣比例。

（2）推广津贴。企业为促使中间商购进企业产品并帮助企业推销产品，可以支付给中间商一定的推广津贴。

（3）销售竞赛。根据各个中间商销售本企业产品的实绩，分别给优胜者以不同的奖励，如现金奖、实物奖、免费旅游、度假奖等，以起到激励的作用。

（4）扶持零售商。生产商对零售商专柜的装潢予以资助，提供 POP 广告，以强化零售网络，促使销售额增加；可派遣厂方信息员或代培销售人员。生产商这样做的目的是提高中间商推销本企业产品的积极性和能力。

四、营业推广设计

（1）确定推广目标。营业推广目标的确定，就是要明确推广的对象是谁，要达到的目的是什么。只有知道推广的对象是谁，才能有针对性地制定具体的推广方案，例如，是为达到培育忠诚度的目的，还是以鼓励大批量购买为目的？

（2）确定诱因大小。诱因即刺激物，对顾客的刺激作用呈抛物线形。

（3）确定营业推广途径。传递营业推广信息或分发刺激物的具体途径。

（4）选择推广工具。营业推广的方式方法很多，但如果使用不当，则适得其反。因此，选择合适的推广工具是取得营业推广效果的关键因素。企业一般要根据目标对象的接受习惯和产品特点，目标市场状况等来综合分析选择推广工具。

（5）推广的配合安排。营业推广要与营销沟通其他方式如广告、人员销售等整合起来，相互配合，共同使用，从而形成营销推广期间的更大声势，取得单项推广活动达不到的效果。

（6）确定推广时机。营业推广的市场时机选择很重要，如季节性产品、节日、礼仪产品，必须在季前节前做营业推广；否则，就会错过了时机。

（7）确定推广期限。即营业推广活动持续时间的长短。推广期限要恰当，过长，消费者新鲜感丧失，产生不信任感；过短，一些消费者还来不及接受营业推广的实惠。

（8）确定营业推广预算。有参照上期费用来确定本期费用、比例法——营业推广费用占总促销费用的一定比例、总和法——营业推广费用等于营业推广各个项目费用的总和等三种方法。

五、营业推广的对象、目标和方式（见表 10-2）

表 10-2

对象	消费者	中间商	推销人员
目标	试用、重复、偏好	大量购买、参与促销	努力推销
方式	试用、赠送、特价等	展览、展销等	培训、奖励等

【案例 10-10】

50 元珍珠赠品仅值一两元?

目前，武汉的一些大型商场正开展“购物赠送鲜活珍珠贝”活动：营业员现场打开贝壳，里面会滚落出一颗珍珠，价值 50 元。天上到底会不会掉馅饼？几天来，记者对此展开了调查。

5 月 31 日，记者在某大型商场暗访，购物后，收银员递给记者一张赠券，上面写着“凭本券送鲜活珍珠贝一枚”。记者在六楼一专柜看到，许多妇女围在此地，柜台里摆着一个装有许多贝壳的水盆，营业员要一名妇女选中一个贝壳，然后用刀将其撬开，一颗粉红色的珍珠掉出来。营业员将其洗干净后当即游说：“这颗珍珠又圆又漂亮，最好加工成戒指、项链，我们今天不收加工费，只收材料费，50~200 元不等……”该妇女犹豫了半天，拿着珍珠走了。但一些年轻的女孩却动了心，将其加工成首饰。

“这珍珠是真的吗?”记者问。“当然是真的，人工养殖，每颗值 50 元。”营业员回答。

前日下午，记者将现场得到的珍珠送到中国地质大学珠宝检测中心检测，其工作人员说，珍珠是真的，但他们不评估集体价值。随后，记者走访了许多珠宝行。在武昌鲁磨路的一家珠宝行，一名工作人员拿出一串标价 120 元的珍珠项链（共有 50 颗），其珍珠的大小、色泽与记者的那颗类似。该工作人员说，记者拿来的珍珠是一般的人工珠，值一两元，批发价更便宜。

（易敏．楚天都市报，2004-06-04. 对原文作了修改）

【案例 10-11】

奇妙的服装促销策略

商家打折大拍卖是常有的事，人们绝不会大惊小怪。但有人能从中创意出“打一折”的营销策略。实在是高明的枯木抽新芽的创意。

日本东京有个银座绅士西装店。这里就是首创“打一折”销售的商店，曾经轰动了东京。当时销售的商品是“日本 GOOD”。

具体的操作是这样的：先定出打折销售的时间，第 1 天打九折，第 2 天打八折，第 3 天、第 4 天打七折，第 5 天、第 6 天打六折，第 7 天、第 8 天打五折，第 9 天、第 10 天打四折，第 11 天、第 12 天打三折，第 13 天、第 14 天打两折，最后 2 天打一折。

商家的预测是：由于是让人吃惊的销售策略，所以，前期的舆论宣传效果会很好。抱着猎奇的心态，顾客们将蜂拥而至。当然，顾客可以在打折销售期间随意选定购物的日子，如果你想要以最便宜的价钱购物，那么你在最后的那两天去买就行了，但是，你想买的东西不一定会留到最后那两天。

实际情况是：第 1 天前来的客人并不多，如果前来，则也只是看看，一会儿就走了。从第 3 天开始就一群一群的光临，第 5 天打六折时客人就像洪水般涌来开始抢购，以后就连日客人爆满，当然等不到打一折，商品就全部卖完了。

那么，商家究竟赔本了没有？你想，顾客纷纷急于购买到自己喜爱的商品，就会引起抢购的连锁反应。商家运用独特的创意，把自己的商品在打五、六折时就已经全部推销出去。“打一折”只是一种心理战术而已，商家怎能亏本呢？

（中国营销传播网 http：//www. emkt. com. cn）

第五节 公共关系

一、公共关系的概念和特点

（一）公共关系的概念

公共关系是指某一社会组织（企业）为正确处理、改善与社会公众的关系，促进社会公众对组织（企业）的认识、理解与支持，达到树立良好社会形象、促进商品销售目标的一系列管理活动。

（二）公共关系的特点

1. 公共关系与一般的社会关系不同

首先，公共关系的主体是企业、机关、团体等社会组织；其次，公共关系的对象包括企业的内部的管理人员、职工、股东等，还包括外部的利益相关者如顾客、竞争者、金融部门、新闻界、政府等；最后，公共关系的媒介包括各种传播媒介，是主体与客体联系、沟通、交往的工具。

2. 公共关系的目的是建立良好的社会公众形象和社会声誉

企业利用公共关系进行促销，利用各种方式和途径，使社会公众了解企业的宗旨、概况等，熟悉企业的产品和服务等情况，从而使社会公众对企业形成一个良好的印象，促进产品的销售。

3. 公共关系是一门信息沟通的艺术

由于企业与公众存在着具体利益的差别，在公共关系中必然会充满各种矛盾。企业在生产经营运行过程中，也难免会有因自身的过失、错误而与消费者发生冲撞的时候。一旦发生，必然导致消费者对企业的不满，使企业面对一个充满敌意和冷漠的舆论环境。如果对这种状况缺乏正确的认识，对问题处理不当，就会产生公共关系纠纷，甚至导致严重的公共信任危机。对企业、对公众、对社会都会带来极大的危害。

事实证明，企业与公众的许多矛盾和摩擦都起源于误解和不了解，缺乏信息交流是造成不了解的根本原因。通过建立良好的公共关系机制，增加企业与公众之间相互了解，企业就有可能避免与公众的纠纷，并可通过公关手段将已经发生的信任危机所造成的组织信誉、形象损失降到最低限度，进而因势利导，使坏事变为好事。这种功能是广告、人员推销、营业推广所不具有的。

4. 公共关系是一种长期的战略性关系

公共关系不是一种短期行为，需要有计划地连续不断地进行。公共关系不是单向努力，而是双向努力，是一种互动关系战略。

5. 公共关系活动的原则是双赢战略

公共关系以一定的利益关系为基础，所以双方必须真诚、平等、互利，整体一致，同时兼顾企业和公众两者的利益。

二、公共关系的活动方式

公共关系的活动方式，是指以一定的公关目标和任务为核心，将若干种公关媒介与方法有机地结合起来，形成一套具有特定公关职能的工作方法系统。按照公共关系的功能不同，公共关系的活动方式可分为五种：

（1）宣传性公关。它是运用报纸、杂志、广播、电视等各种传播媒介，采用撰写新闻稿、演讲稿、报告等形式，向社会各界传播企业有关信息，以形成有利的社会舆论，创造良好气氛的活动。这种方式传播面广，推广企业形象效果较好。

（2）征询性公关。这种公关方式主要是通过开办各种咨询业务、制作调查问卷、进行民意测验、设立热线电话、聘请兼职信息人员、举办信息交流会等各种形式，连续不断地努力，逐步形成效果良好的信息网络，再将获取的信息进行分析研究，为经营管理决策提供依据，为社会公众服务。

（3）交际性公关。这种方式是通过语言、文字的沟通，为企业广结良缘，巩固传播效果。可采用宴会、座谈会、招待会、谈判、专访、慰问、电话、信函等形式。交际性公关具有直接、灵活、亲密、富有人情味等特点，能深化交往层次。

（4）服务性公关。就是通过各种实惠性服务，以行动去获取公众的了解、信任和好评，以实现既有利于促销又有利于树立和维护企业形象与声誉的活动。企业可以以各种方式为公众提供服务，如消费指导、消费培训、免费修理等。事实上，只有把服务提到公关这一层面上来，才能真正做好服务工作，也才能真正把公关转化为企业全员行为。

（5）社会性公关。社会性公关是通过赞助文化、教育、体育、卫生等事业，支持社区福利事业，参与国家、社区重大社会活动等形式来塑造企业的社会形象，提高企业的社会知名度和美誉度的活动。这种公关方式，公益性强，影响力大，但成本较高。

三、公共关系的对象和活动的形式

1. 公共关系的对象

它是指与企业经营管理活动发生直接或间接联系的社会组织和个人。

2. 公共关系活动的形式

(1) 发现和创造新闻，加强新闻宣传；

(2) 收集处理和反馈公众意见，与公众建立全方位的联系；

(3) 参与社会活动，开展公益活动；

(4) 策划特殊事件，组织专题公关活动；

(5) 导入 CIS 战略；

(6) 散发宣传资料；

(7) 设立热线电话。

【案例 10-12】

农夫山泉的公共关系策略

农夫山泉凭借“有点甜”的独特创意，以差异化营销定位，在消费者心目中留下了深刻的印象。农夫山泉的成功与其正确的市场定位、精湛的公共关系策略是分不开的。

农夫山泉从 2001 年 1 月 1 日至 7 月 13 日止，销售每一瓶农夫山泉都提取一分钱，以代表消费者来支持北京申奥事业。农夫山泉于 2001 年 3 月 20 日突然出招，在北京、上海、广州、南京、杭州等全国几大城市的主要媒体同时打出了一则广告：“支持北京申奥，农夫山泉 1 元 1 瓶。”

2001 年 7 月 13 日，中国北京申请 2008 年奥运会主办权成功，站在申奥队列中的农夫山泉同样是功不可没，申奥的成功大大提高了农夫山泉的知名度和美誉度。

早在 2003 年上半年，农夫山泉就获得了中国将在 10 月首次发射载人航天飞船的消息，于是就开始酝酿。通过与航天基金会的接触，从 2003 年 9 月份开始，农夫山泉就开始向航天员供水，当时农夫山泉的打算是即使不能获得指定产品称号，也将免费提供饮用水，就算是为中国的航天事业贡献一点力量。终于，功夫不负有心人，农夫山泉股份有限公司于 10 月 12 日与中国航天基金会签订协议，作为赞助商，农夫山泉捐赠 1000 万元给基金会支持中国航天事业的发展，作为回报，农夫山泉获得今后 6 年内“中国航天员指定专用饮用水”的称号。就在 16 日 6 时 23 分，杨利伟安全返回着陆场的那一刻，农夫山泉在电视、报纸和网络上适时推出“这一刻有点甜，农夫山泉祝贺中国首艘载人航天飞船‘神舟五号’成功返航”的广告与全球华人分享这一刻的“甜蜜”。这一创意新颖的广告无论是从品牌的诉求点与事件的契合度上看，还是从表现形式和发布时机上看，都堪称公共关系营销广告利用的典范。可以大胆地说，这次成功的事件营销无论是对农夫山泉品牌资产的丰富，还是对其品牌形象的提升都将产生深远的影响。

(作者收集整理)

第六节 促销策略单项实训

一、实训材料

甲卖场某品牌皮鞋实行折扣促销活动，促销的方式为：购买皮鞋价款凡满 100 元减 50 元。现该卖场有该品牌皮鞋两种价格：每双 98 元和 198 元。乙卖场与甲卖场一样，销售同一品牌，同一价格的皮鞋，即该卖场有该品牌皮鞋两种价格：每双 98 元和 198 元，乙卖场也搞折扣促销活动，但促销的方式为全场打“六折”。

二、题目

1. 如果你是消费者，想购买两双皮鞋，那么请问：

（1）你想选哪一个卖场？为什么？

（2）以何种组合方式购买折扣最多？为什么？

（3）这时的折扣率是多少？

2. 如果乙卖场促销方式改为打“八折”，那么请问：

（1）你又将选择哪一个卖场？为什么？

（2）这时，你将以何种方式购买折扣最多？为什么？

（3）这时折扣率又是多少？

3. 从上面的实训操作中，我们不难悟出一些道理。请用 100 字左右的文章介绍你从中悟出的道理（注意：最少得回答三条道理；否则，扣分）。

三、具体操作

1. 分组

①按照记分册名单顺序，按照每五人一组进行分组，由于人数不是五的倍数，余下人员在后面添加，改为六人一组。

②组别确定以后，每组确定每人岗位以及职责。

③岗位有：总经理一名、其余均为企业高级领导人员。

2. 分组讨论计算

①要求各组在总经理领导下进行工作。

②要求各组工作有计划，有分工，有步骤，协同一致。

③要求各组深入生活实际观察、思考、创新。

④要求各组决策有具体的数据。

3. 形成文字资料

每组将自己组通过讨论和计算所得出的结论，以及自己的演算过程、决策依据等形成文字材料。

4. 实训成果展示：每组选派一人上讲台讲解
5. 同学提问答辩：下面同学提问，实训人员现场答辩
6. 上交本次实训成果：打印文字材料一份+电子文档一份

注意事项：

①只能在一个卖场购买。

②只能购买两双，多购少购都不允许。

③要求各小组能够演示讲解自己决策过程中的计算过程。

④代表讲解过程中最低要求采用 PPT 进行讲解。

⑤现场答辩：在答辩时，本组人员全部站在讲台上，回答下面同学的提问置疑。

四、时间安排

1. 讨论计算决策：2 节课时间
2. 发言展示及答辩：4 节课时间

五、文字材料的封面设计

1. 有标题、机密字样等内容
2. 有团队成员等内容
3. 有时间
4. 其他如图案口号等内容不作要求，自己美化认可就行

六、实训指导要点

在分析思考时，要分清绝对数和相对数的联系、区别以及它们的作用。折扣金额等于折扣前的购买金额减去折扣后的购买金额；折扣率等于折扣金额除以折扣前的购买金额。分清打几折与折扣金额和折扣率的联系、区别及其作用。

☞ 课后训练 ☜

一、理论知识掌握

1. 什么是促销？促销有哪些形式？
2. 促销有什么作用？
3. 什么是促销组合？
4. 影响促销组合的因素有哪些？
5. 什么是促销组合策略？有哪几种常见的促销组合策略？
6. 什么是人员推销？

7. 人员推销的特点是什么？
8. 人员推销的技巧是什么？
9. 什么是广告？广告有什么特点？
10. 广告的功能是什么？
11. 广告的主要要素是什么？
12. 广告设计的原则是什么？
13. 广告策略的内容是什么？
14. 广告策略的技巧是什么？
15. 什么是营业推广？营业推广有什么作用？
16. 营业推广的设计是什么？
17. 什么是公共关系？
18. 公共关系活动方式是什么？
19. 公共关系活动形式是什么？

二、能力素质训练

（一）案例分析一

在广州百货大厦的小家电柜台前，两个营业员正在做榨汁机的示范表演。一个营业员面前摆了橘子、苹果、西瓜等水果和玻璃器皿，他左一下，右一下拨动着榨汁机，鲜美的水果原汁流入杯中。另一个营业员向顾客介绍说，这种榨汁机是超级玻璃制成的，防酸、防碱、防裂、打不碎，接着拿起大锤猛砸几下，又把榨汁机狠狠地摔在地上。结果，榨汁机丝毫未损。看到这样的展示，围观的人信服了，纷纷购买。

思考：

1. 这两个营业员运用了什么推销技巧？
2. 谈谈这件事对你的启发，再举出一些其他的例子并分析。

（二）案例分析二

2007 年初，一位减肥品经销商在浙江省南部一个富裕的县级市举办了主题为“减肥效果万人大公证”的促销活动。希望通过这次活动，扩大产品的尝试人群，从而形成回头购买及口碑传播。经销商为这次活动作了一番精心的准备，活动的主要过程如下：

（1）时间：3. 15 消费者权益日。地点：仁寿堂大药店门口。

（2）内容：“3 月 15 日只需花 18 元就可以购买价值 49 元的××减肥胶囊。”

（3）活动前媒体宣传。①3 月 12 日、14 日分别在当地《××日报》（该报发行主要是当地政府、机关及事业团体订阅）作促销活动宣传。②在当地人民广播电台，从 3 月 10 日—15 日开始发布 30 秒钟的促销活动广告，其中 90%的广告内容是介绍产品的功能，广告最后加上活动通知。时间从早 8：00—晚 9：00 每天 25 次滚动播放。③在仁寿堂门口挂跨街横幅一条，内容为活动通知，时间为 3 月 8 日—15 日（一周）。

（4）活动经过。

①现场促销员 6 名，由于报酬高，加上临时作了培训，积极性很高，一开始就基本进入状态。

②为了增加活动气氛，让咨询顾客对活动及产品能快速清晰明了，现场设大展板两块。一块介绍产品，一块介绍活动内容。顾客来咨询时，促销员一边发宣传单，一边介绍活动及产品。

(5) 活动结果。

现场只来了50名咨询的顾客，其中32人当场购买产品，合计销售80盒。据事后统计70%买3盒，15%买4盒，10%买2盒。

该经销商认为，活动从开始宣传到结束设计得很严密，并且自己经常在终端观摩别的厂家促销活动，大致都差不多，似乎谁也没有什么离奇的手法。然而，这次活动结果与预期相差甚远，这使他大惑不解，垂头丧气。

思考：

1. 该经销商采取了哪些促销组合策略？

2. 分析这次促销活动失败的主要原因，如果你是这次活动的策划者，那么你会怎么做？

(三) 案例赏析——35次紧急电话

一次，一位名叫基泰丝的美国记者来到日本东京的奥达克余百货公司。她买了一台“索尼”牌唱机，准备作为见面礼，送给住在东京的婆家。售货员彬彬有礼，特地为她挑了一台未启封的机子。

回到住所，当基泰丝开机试用时，却发现该机没有装内件，因而根本无法使用。她不由得火冒三丈，准备第二天一早就去奥达克余百货公司交涉，并迅速写好了一篇新闻稿，题目是《小脸背后的真面目》。

第二天一早，基泰丝在动身之前，忽然收到“奥达克余”打来的致歉电话。50分钟以后，一辆汽车赶到她的住处。从车上跳下“奥达克余”的副经理和提着大皮箱的职员。两人一进客厅便俯首鞠躬，表示特来请罪。除了送来一台新的合格的唱机外，又加送蛋糕一盒、毛巾一套和著名唱片一张。接着，副经理又打开记事簿，宣读了一份备忘录。上面记载着公司通宵达旦地纠正这一失误的全部经过。

原来，在昨天下午4点30分清点商品时，售货员发现错将一个空心货样卖给了顾客，她立即报告公司警卫迅速寻找，但为时已晚。此事非同小可，经理接到报告后，马上召集有关人员商议。当时，只有两条线索可循，即顾客的名字和她留下的一张“美国快递公司”的名片。据此，奥达克余公司连夜开始了一连串无异于大海捞针的行动，打了32次紧急电话，向东京各大宾馆查询，没有结果。再打电话问纽约“美国快递公司”总部，深夜接到回电，得知顾客在美国的父母的电话号码。接着又打电话去美国，得知顾客在东京婆家的电话号码。终于弄清了这位顾客在东京期间的住址和电话。这期间的紧急电话，合计35次。

这一切使基泰丝深受感动。她立即重写了新闻稿，题目为《35次紧急电话》。

(四) 技能训练

(1) 任务目标：训练学生促销活动方案策划能力。

(2) 任务情景：五一快到了，假如你和你的同学成立的一家中式快餐店要开展促销活动，请策划一个促销活动方案。

(3) 任务要求：

①将学生分为10组，每组3~4人。

② 促销活动方案内容由下面几个部分组成：活动目的、活动对象、活动方式、规则、内容、注意事项等。

③ 每组撰写活动文案。

(4) 结果评价：根据完成情况，学生讨论，教师进行评点。

第十一章　市场营销管理

【案例 11-1】

丰田占领美国市场的战略

提起日本丰田汽车公司，人们很容易联想起“皇冠”牌小汽车和“车到山前必有路，有路必有丰田车”的广告用语，这些都是因为丰田公司如今已享有很高的知名度。然而，谁能想到 20 多年前，当丰田首次向美国出口小汽车时，仅销售出 228 辆。时至今日，丰田在美国的年销售量以逾 50 万辆，超过了它的竞争对手大众汽车公司，在美国进口商中居于领先地位，成为年产量超过 300 万辆的世界第二大汽车制造商。

丰田公司与其他日本汽车公司一样，它的发迹与日本政府的积极扶持有密不可分的联系，第二次世界大战后，日本政府制定了一系列振兴民族工业的新政策，将发展汽车工业作为开发日本出口潜力的关键行业之一，实行了保护国内汽车不受外国竞争者冲击（如征收 40%的汽车进口税、实行外汇管制、控制外国投资等）和刺激出口的政策。这些对丰田公司的兴起起了很大的作用。然而，丰田占领美国汽车市场，主要还是靠其自身实施的市场营销策略。

（一）识别市场营销机会

丰田首次向美国推出的产品名叫“丰田宝贝”，它的外形像个方盒子，整个产品存在着严重缺陷，发动机开起来像卡车一样响，内部装修既粗糙又不舒服，灯光也非常暗。“丰田宝贝”惨败后，丰田在识别市场营销机会方面下了很大工夫，这一工作的关键，是在市场细分与文化对比分析原理指导下，大量搜集市场营销信息，同时进行了两个方面的研究：①美国的经销商和消费者需要什么，不需要什么；②外国汽车制造商怎样在美国出售他们的产品。

丰田发现美国人把汽车作为地位或性别象征的传统倾向正在减弱，其态度正变得实用化，汽车在很大程度上被看做是一种交通工具。美国人喜欢腿部活动空间大、容易驾驶且行驶平稳的美国车，但又希望大幅度地减少拥有汽车的花费。例如，最初的购置费少，耗油少，耐用和维修方便等。丰田还发现消费者也认识到交通拥挤状况的日益恶化，因此希望能有停靠方便和转弯灵活的小型车。此外，通过委托美国的市场研究公司访问使用大众车的消费者，丰田还发现大众的成功，在很大程度上是由于该公司建立了一套卓越的服务系统。例如，提供维修服务，就成功地打消了顾客担心外国车买得起、用不起，需要时很难弄到零部件的顾虑。通过以上研究，丰田已经准确地按人口统计和心理因素划分出目标市场。

（二）制定打入市场战略

对日本人来说，搜集情报、识别机会和制定战略是一个连续的过程。与美国相比，日本的经理们在制订计划和评价政策上花的时间要多得多。这种“不断为明天做准备”的信息帮助丰田取得了令人瞩目的成就。当然，它取得的成就也得益于底特律遭受的挫折。丰田打入美国的策略可以分为四个方面，即产品、定价、分销渠道和促销。

产品策略：丰田的产品策略是生产小型的、经过改装的“底特律式”小汽车。这种美国化做法在于增加产品的可接受性，新推出的“皇冠”牌小车满足了各方面的要求，比其主要竞争对手大众公司的甲壳虫车在发动机功率和性能上都提高了一倍，并且容易操纵、省油，具备了小型车的各种便利。此种车外部造型优美，内部装备了所有美国人都渴望的装修，如柔软舒适的座椅、柔色的玻璃、侧壁有白圈的轮胎等。这种车仅仅作为一种交通工具出口，从这个意义上说，它几乎完美无缺，就连扶手的长度和腿部活动空间的大小都是按美国人的身材设计的。丰田公司甚至对一些不大引人注目的细节也给予了充分的重视，如质量、可靠性和可维护性等。无论是在打入美国市场之前还是之后，丰田都在不断进行市场调查和研究，力图使各种问题在没有变得十分严重之前就妥善解决。这样，丰田的“皇冠”车很快就建立了质量信誉，每销售100辆，顾客不满意的车数从1969年的4.5辆，下降到1973年的1.3辆。

定价策略：丰田打入美国市场的初期采用的是渗透定价策略，尔后，随着销售量的增加，又采取了按边际价格的策略。其指导思想是随着生产规模的扩大，从经验曲线的迅速下降上获利。丰田的皇冠车售价不到2000美元，而紧接着推出的主要产品花冠车售价不到1800美元，这种进攻性定价策略，再加上较低的维修费用，为丰田树立了一个价廉物美的形象。因此，丰田在低价市场上与大众形成了直接的对抗。

分销渠道战略：在对竞争者进行了详细分析的基础上，丰田制定了它的分销渠道战略。丰田把它的战略重点集中在西海岸的四个主要城市地区：洛杉矶、旧金山、波特兰及西雅图，而一旦建立起“滩头阵地”就可以大举进攻。这使丰田能集中它的销售力量，严密监视整个市场营销活动，在对一个地区完全渗透之后，再进攻下一个目标，这种方式还有利于及时觉察错误、及时纠正错误。

丰田雇用的代理商都经过了严格的挑选。它的选择目标是那些声誉好、经营外国产品经验丰富，并且其顾客也偏好进口商品的商号。尽管丰田只有一种车型，但到1967年，代理商中的大约43.9%已是专为丰田服务了，这个数字仅次于大众的代理商。为了给自己的销售公司积累经验，丰田还招聘有经验的美国人作雇员。

促销战略：丰田最初的做法是直接针对目标市场做广告。1965年，最早主要通过电视做广告，并辅以印刷品广告。由于没有其他外国制造商在电视上做广告，丰田几乎享有通过该媒介为小型汽车和进口商品做广告的独占权。

丰田无力独自承担电视广告费用，于是由它的经销商分担了50%的费用，并千方百计地使电视广告中向消费者允诺的产品、服务质量和经济性能得到保障。另外，只有当代理商备有了足够的汽车和备件时才做广告，有效地克服了美国顾客购买外国汽车的不协调感。

(三) 占领市场战略

丰田在美国市场站稳脚以后，就转而采取市场扩张战略。

产品策略：即不断改进产品以满足顾客需要。1970年和1974年，丰田对皇冠产品系列分别进行了两次大的修改，扩大车身，加宽踏板，同时，稳定性也提高了，所有这些都是为了满足美国消费者的偏好。随着生产经验的积累，丰田也能生产历来是底特律享有优先地位的选用设备了，这一点明显地提高了顾客对丰田的价值评价。这些不断的变革和改进都是以劳动生产率的提高和产品质量的不断完善为前提的。连续投资建立最新式的工厂和购置最先进的设备，提高了生产率；对产品质量则采取“工业工程方法”和自动生产技术加以提高。

丰田将质量理解为“适合顾客需要”，产品改革从顾客的角度出发而不是将其看做是产品自身的要求。在广泛的调查研究和搜集顾客反馈意见的基础上，丰田综合顾客的要求，尽可能提供与之相适应的产品。丰田将提高产品质量的努力集中在对生产过程的质量控制上，采取了各种质量控制方法。如通过“无缺陷”概念来寻找不合格产品的原因，通过“QC小组”鼓励雇员为改进产品和生产过程献计献策，等等。此外，丰田还在高度的相互信任和尊敬的基础上，培养了与其零部件供应商之间强有力的协作关系，从而把住了协作公司零部件关。

定价策略：为能吸引更多的新顾客并迅速从经验曲线效应上获益，丰田制定的产品价格远低于竞争对手。由于这种战略能迅速积累经验，同时降低单位成本，因而丰田能够进一步降低售价，在定价策略上产生一种滚雪球式的效果。

分销渠道战略：良好的供应与服务，是使丰田获得成功的两项关键的市场营销要素，其服务网点经销商数量迅速增加。当1965年丰田推出皇冠车时，其经销代理商的数量仅有384家，到1970年则发展到1000家以上。丰田的地区滚动式扩张从它在加利福尼亚市场的滩头阵地开始。它与那些能密切合作又有影响的独立经销商签订合同，并委托他们在美国内地聘用一些无需由公司提供仓库的代理商。丰田大量发展的经销商弥补了自己销售力量的不足，它在选择和更换代理商的工作上花了很大力气，以改进工作质量。这一计划的关键点是对整个销售系统积极进行指导和训练。通过利用从市场上搜集来的情报，丰田发现了许多有价值的设想，并把它融合在对经销商的训练程序和激励规划中。

为达到不断改进市场经营的目的，丰田在1966年建立了专门的市场服务部。这个部最初的任务是为公司寻找杰出的经销商，掌握对他们的奖惩制度，举办展览会，以及为经销商开办旧车修理的培训班。以后，它又成立了销售培训和销售促进小组。

通过不断的调查研究，丰田找到了用以支持它达到地区目标细分市场的最佳分销渠道，并且训练和帮助了它的经销商到美国汽车制造商陷入困境的地方去出售产品，赚取利润。丰田还通过每辆约181美元的丰厚利润来扶植和刺激它的经销商，这在小车是前所未有的。它几乎与经销一辆大型轿车的利润相当。所有这些步骤给企业经销能力带来了戏剧性的变化，五年内他们就达到了克莱斯勒公司的销售水平。

促销战略：这一时期丰田的广告支出十分可观。1969年，美国汽车公司花了1200万美元推销27万辆汽车，而丰田花了1850万美元仅推销了13万辆汽车。丰田在每辆车上花的广告费显然大大超过了美国竞争者，与其他进口汽车相比，1971年，丰田在与进口有关的广告中占39%，居第一位；其次是日野，占19%；再次为大众，占16%。不过，丰田广告的内容是经过精心设计的，以免造成日美之间不断增长的贸易压力。广告总是极力掩饰进口汽车的日本来源。

（四）维持市场占有率的策略

丰田在美国并非事事如意，它也经受了几次磨难。1971年7月1日，美国西海岸码头工人的一次大罢工，迫使丰田在加利福尼亚的泊位关闭了100天，为应付这种局面，丰田只好执行应急计划，改从加拿大和墨西哥转运。同年8月14日，尼克松总统宣布对进口商品加收10%的附加税，这一措施加上秋季日元升值17%，使丰田在美国的售价在8—12月的5个月里上升了10%。尽管这些事件抵消了丰田的价格优势，但丰田仍维持很高的全球销售量。1980年，丰田在美销售量为58万辆，是1975年的两倍多，丰田几乎独占了进口汽车市场的大约25%。丰田的成功就在于它能不断注意到消费者的口味已经转向注重汽车的经济性、安全性，而不再注重车型、车速。丰田的新车突出了三点：低油耗、安全和少污染。丰田开发的新车与一般车相比，可节省燃料25%~30%，同时，还具备卓有成效的防事故功能，甚至还考虑到事故后的安全性问题。丰田还通过不断扩大自动化技术和机器人的应用范围来提高产品质量，不仅在最后装备线上，而且在中间生产过程也最大限度地采用自动化生产技术。这样，丰田尽管开始丧失其价格优势，但质量优势的声誉帮助它继续提高自己的产品销售量。

近几年来，为了逃避日益盛行的保护主义的打击，丰田已经开始在美国从事小批量的装配业务。

（甘碧群．国际市场营销学（第2版）．武汉：武汉大学出版社，1999.）

完成了企业营销环境与竞争分析、市场营销各个环节的策略，在此基础上，如何制定企业的市场营销战略与计划，以及如何实施与控制，就是企业营销负责人乃至企业经营者面临的重要课题。

本章主要内容：企业市场营销战略的内容、制定过程、企业营销组织的形式与管理、市场营销目标与计划的内容与制定、营销计划实施与控制等。

本章对于学生技能培养的重点：

1. 了解企业市场营销战略的重要内容与制定过程
2. 根据企业与行业特点设计企业市场营销组织
3. 掌握市场营销计划制定的过程方法

第一节　市场营销战略的制定

在市场竞争中，企业必须制定合理的营销战略，营销战略必须忠实有效地执行，这是营销管理的核心所在。它要求公司要建立一个能够成功执行策略计划的营销组织，制定对计划实施起支持作用的政策和运作程序，诸如营销活动的控制评估系统，以达到以既定结果为目标，采取必要的激励措施，鼓励销售人员努力向公司的营销目标奋斗，营造一种有利于计划实施和执行的公司文化和工作环境，建立公司的市场信息系统和信息情报交流反馈系统，使所有的销售人员都能始终如一和有效地完成他们的任务。

公司的营销战略和计划制订得越缜密，执行得越有效，公司就越有可能在市场上成为一个强有力的竞争者，就越有可能在市场上获得竞争的成功。

一、市场营销战略的概念和特点

1. 市场营销战略的概念

战略是关于长远发展的全局性谋划与行动。企业经营战略是为适应未来环境的变化，企业在充分了解市场环境和分析自身条件的基础上，制定企业的长远发展目标的总体方案。

市场营销战略是指企业在分析外部环境和内部条件的基础上，确定企业营销发展的目标，作出营销活动总体的、长远的谋划，以及实现谋划所应采取的重大行动措施。市场营销战略是企业经营战略的一项重要的职能战略。

2. 市场营销战略的特点

(1) 全局性：市场营销战略能够指导企业全面的、全过程的营销活动。

(2) 长远性：市场营销战略是对企业未来较长时期营销活动的谋划。

(3) 纲领性：市场营销战略中所制定的战略目标、战略重点、战略措施等都属于方向性、原则性的，是企业营销发展的纲领，对企业具体的营销活动具有权威性的指导作用。

(4) 相对稳定性：市场营销战略必须在一定时期内具有稳定性，才能在企业营销实践中具有指导意义。

(5) 应变性：市场营销战略应该根据企业外部环境和内部条件的变化，适时加以调整。

二、市场营销战略的构成因素

企业市场营销战略系统一般由六个要素构成，即战略思想、战略目标、战略方向、战略重点、战略对策、战略阶段。

1. 战略思想

战略思想是指导市场营销战略制定与实施的基本思想和观念，是企业整个市场营销战略的灵魂。

市场营销战略思想是企业经营战略思想在市场营销方面的具体体现。战略思想就是企业实现市场目标的总体思路、行动纲领。具体的营销工作重点、策略计划，都是在这个统一的纲领下展开的。

2. 战略目标

战略目标是指在市场营销战略思想指导下，根据企业营销的战略分析，确定企业营销战略期内所要达到的水平。它是一定战略期内企业完成任务的预期成果，它决定着企业的战略重点、战略对策和战略阶段。

制定市场营销战略目标的要求：

(1) 突出重点。市场营销战略目标一般包括市场规模目标、市场占有率目标、盈利目标、企业或产品品牌建设目标等。在一个特定的阶段内，企业的追求重点是不同的，必须突出一、两个重点的目标，其他方面的目标要服从这一目标的完成，亦即采用“有所得必有所失”的思维方式，来解决何者相对优先的问题。

(2) 协同性。市场营销战略目标涉及企业营销活动多方面的要求，这些要求必须互相协调一致。

(3) 可测量性。市场营销战略目标应可以有效测量，并尽可能具体化、定量化。

(4) 可行性。市场营销战略目标对于企业营销管理人员既有一定的挑战性，又要求有现实的可行性，能够起到激励作用，如果令人可望而不可即，则反而使人丧失信心。

(5) 市场营销战略目标的具体表现。企业的经营目标只有一个，那就是长远利润最大化。实际上，这也是企业营销战略目标的第一层次。企业为了实现其中心目标，必须通过某一手段，即实现第二层次目标。

我们所说的市场营销战略目标，指的就是第二层次的目标，它主要包括以下几种：①市场占有率目标。市场占有率，是指企业某一产品的销售量占整个市场产品销售总量的百分比。②贡献目标。贡献目标既表现为企业向社会提供的产品品种、质量、税金等；也表现为企业对自然资源的合理利用，降低能源消耗以及环境保护等目标。这里所讲的贡献，强调的是企业对社会的贡献，而不仅仅是企业利润。③发展目标。发展目标主要表现为企业实力的增强，包括人力、物力、财力的数量增加，人员素质的提高，生产能力的提高，技术与管理水平的提高，专业化协作、经济联合的发展等。

3. 战略方向

市场营销战略方向是指企业制定营销战略方案和战略决策的指导方向，包括市场发展方向、产品结构的调整方向、产品开发的技术方向等。

4. 战略重点

市场营销战略重点是指实现企业市场营销战略目标具有关键作用的方面。企业在各种资源配备、工作重心等方面必须予以相当的重视和保障。

5. 战略对策

市场营销战略对策是指为实现营销战略指导思想和战略目标而采取的重要方法、措施和策略。战略对策在市场营销的各个重要环节都需要分别制定。

6. 战略阶段

市场营销战略阶段是指实施营销战略或实现市场营销战略目标所必须经历的步骤。一般分为准备阶段（营销战略的细化，企业资源的配置、调整和组合，管理体制与运行机制的改革与调整）、发展阶段（尽力发挥企业的市场营销能力，增强竞争实力，提高市场占有率、经济和社会效益）、完善阶段（对营销战略重新进行平衡和协调）三个阶段。

三、市场营销战略的制定

企业战略制定的模型如图 11-1 所示。市场营销战略也是按照这个模型来制定的。

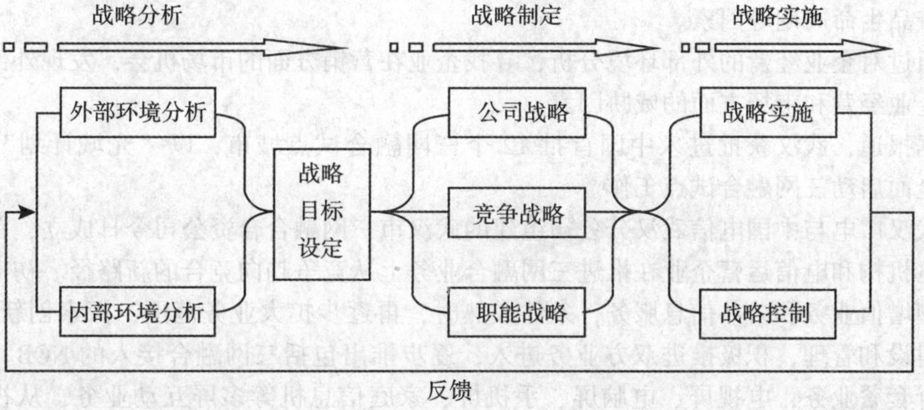

图 11-1

制定市场营销战略需要经历三个阶段：

1. 战略分析阶段

（1）根据企业愿景制定市场营销原则。

在制定企业战略时，首先要确立企业的愿景。企业愿景（vision）是企业战略家对企业的前景和发展方向一个高度概括的描述。这种描述在情感上能激起员工的热情，是一个组织的领导用以统一组织成员的思想和行动的有力武器。

企业愿景一是要明确企业生存的目的，是要满足顾客的某种需求，而不是说明企业要生产某种产品；二是要明确企业的经营哲学，对企业经营活动本质性认识的高度概括，包括企业的基础价值观、企业内共同认可的行为准则以及企业共同的信仰等在内的管理哲学；三是要对企业形象进行定位，描述企业的公众形象，反映企业对环境影响及社会责任的认识。

具体来讲，企业愿景要明确的主要问题是：企业的业务是什么？顾客是哪些人？顾客最需要的是什么？本企业未来经营的主要业务是什么？应当向哪个方向发展？

在弄清了这些以后，市场营销战略要明确的是，企业应以市场需求为中心来确定自己的方向，而不是用企业已有的产品或技术来“做市场”。企业在市场营销过程中，要保持企业在消费者和公众心目中的形象，体现企业的社会责任，而不能唯利是图、不择手段，甚至不惜以违法手段获取利益。

（2）外部环境分析。

①政治法律环境：主要考虑影响客户战略的政治、法律因素，如外交政策、产业政策、环境保护等，以及对客户战略有重要意义的政治和法律变量，如关税和进出口限制。

②经济环境：主要考虑影响客户战略的经济特征、经济联系、经济条件等。如劳动生产率水平、消费模式、货币市场模式、税率、通货膨胀。

③社会文化及自然环境：主要考虑影响客户战略的民族特征、文化传统、价值观、宗教信仰、社会结构、教育水平、风俗习惯等社会因素，以及地区或市场的地理、气候、资源、生态等因素。

④技术环境：主要考虑影响客户战略的技术水平、技术政策、发展动态、R&D 能力、产品生命周期等因素。

通过对企业经营的外部环境分析，寻找企业在营销方面的市场机会，发现外部环境中对企业经营和市场方面的威胁因素。

据报道，武汉获批进入中国首批 12 个三网融合试点城市，以“光城计划”为特色，全面启动三网融合试点工作。

武汉广电与中国电信武汉分公司组建的武汉市三网融合合资公司今日成立，首创中国广电机构和电信运营企业在推进三网融合业务上从竞争趋向竞合的新路径。初期先开展新型增值业务和公共信息服务，条件成熟时，再逐步扩大业务范围，探索创新网络、平台建设和管理，积极推进双方业务进入，逐步推出包括三网融合接入的 NGB、IPTV 等融合套餐业务，电视屏、电脑屏、手机屏、家庭信息机等多屏互动业务，从视频点播、娱乐、教育、理财等方面丰富互动业务种类，丰富家庭安防智能管家、电视支付等智能家庭应用，使百姓享受更加丰富多彩的信息服务。

2012 年，该市光纤到户覆盖面将达到 80%以上，接入速度将达到 100Mb/s，主城区实现无线宽带网络全面覆盖，热点区域接入带宽达到每秒 20 兆比特以上；NGB 城乡覆盖率达到 90%以上。

初步估算，三网融合后每年将直接拉动我市社会投资 50 亿元，光通信产业和通信服务业增加产值 120 亿元以上，为武汉电子信息产业 5 年内实现跨越式发展产业目标奠定坚实基础。

思考：根据以上新闻内容，我们可以分析发现哪些市场机会？哪些企业将从中受益？哪些企业将受打击？如果你准备投资信息产业，你将投资哪些项目？这个新闻的时效性如何？作为信息技术企业的市场经理，你将开展哪些市场营销工作来争取这次市场机会？

（3）内部环境分析。

内部资源分析实际上是对企业进行诊断的过程。其目的是要回答：企业的核心能力是什么？企业有多大的能力？企业能够在战略周期内实现什么样的目标？

内部环境分析的要素，包括企业战略管理能力、品牌影响力、市场营销能力、技术优势、产品优势、财务能力、人才优势等。

作为市场营销战略，除了对以上要素作全面分析以外，重点是对企业市场营销能力进行深入分析。企业市场营销能力反应在如下几个方面（见图 11-2）：

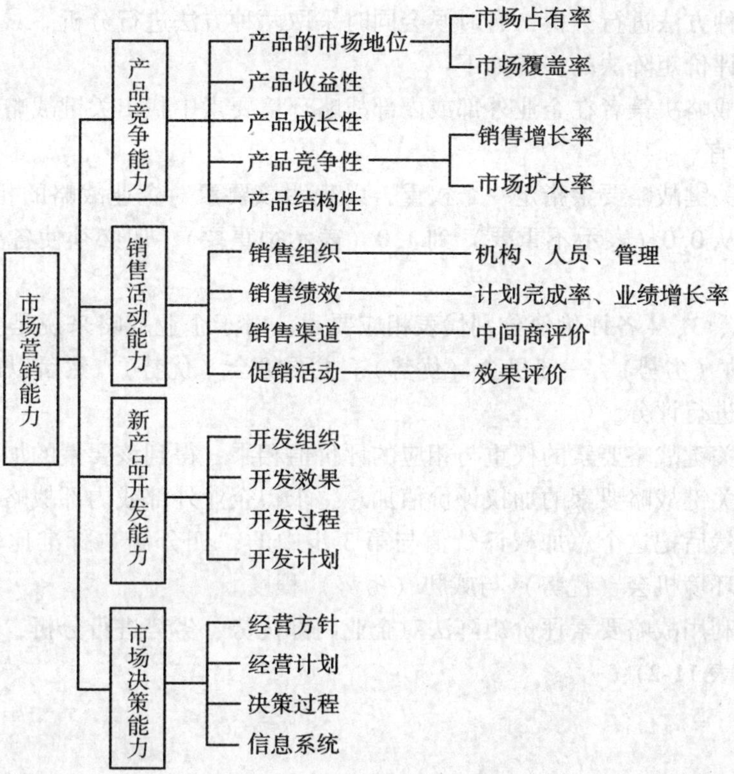

图 11-2

（4）SWOT 分析。

SWOT 分析，就是对企业竞争优势、劣势、外部机会和威胁进行综合分析，思考如何利用机会，避免威胁，识别必要的资源，并采取措施获得优势而减少劣势，从而形成不同的战略匹配。

常用的 SWOT 分析模型如下（见表 11-1）：

表 11-1

	O	T
S	发挥优势 利用外部机会	利用优势 回避外部威胁
W	利用外部机会 弥补自身不足	减少弱势 回避外部威胁

（5）战略要素评价矩阵法。

SWOT 分析模型是一种定性分析方法，战略要素评价矩阵法是一种定量分析方法。有时候选择一种方法进行分析，有时候会同时采取两种方法进行分析。

战略要素评价矩阵法的步骤如下：

①由企业战略决策者在企业外部或内部战略环境要素中找出关键战略要素，通常列出 10~15 个为宜。

②为每个关键战略要素指定一个权重，以表明该要素对企业战略的相对重要程度。权重取值范围从 0.0（表示不重要）到 1.0（表示很重要），但必须使各要素权重值之和为 1.0。

③以 1、2、3、4 各评价值分别代表相应要素，对于企业战略来说是主要威胁（劣势）、一般威胁（劣势）、一般机会（优势）、主要机会（优势），然后以此标准对每一关键战略要素进行评分。

④将每一关键战略要素的权重与相应的评价值相乘，得到该要素的加权评价值。

⑤将每一关键战略要素的加权评价值加总，求得企业外部或内部战略环境要素的总加权评价值，然后把这个总加权评价值与第 3 步中的“四分制”标准比较，就可以判定企业面临的环境机会（优势）与威胁（劣势）程度。

如下例，利用战略要素评价矩阵法对企业内部优势、劣势进行分析，企业战略能力得分如下（见表 11-2）：

表 11-2

主要内部条件因素	权数	得分	加权数
资源条件因素：			
流动资金充裕	0.06	3	0.18
人员素质一般	0.06	1	0.06
冗员沉重	0.05	-1	-0.05
设备技术水平先进	0.05	2	0.10
销售渠道宽而短	0.05	3	0.15
管理条件要素：			
缺乏周密的计划	0.07	-2	-0.14
组织结构的协调性较差	0.06	-2	-0.12
管理人员的领导力很强	0.05	3	0.15
员工主动性较弱但能服从分配	0.05	1	0.05
有较强的凝聚力	0.08	3	0.24

续表

主要内部条件因素	权数	得分	加权数
能力条件因素：			
资信程度较高	0.06	2	0.12
有较稳定的供应渠道	0.05	2	0.10
产品质量一流	0.08	3	0.24
销售量和市场占有率行业领先	0.08	2	0.16
资金利用率居行业中上水平	0.10	2	0.20
缺乏科研开发人员	0.05 、	-3	-0.15
合　计	1.00		1.24

（6）确定市场营销目标。

企业的愿景决定后，要将这些愿景具体化为企业各管理层次的具体目标，形成一套完整的目标体系，使每个管理人员有明确的目标，并负起实现这些目标的责任，这种制度称为“目标管理”。

作为企业经营战略的一个部分，市场营销战略就要明确市场营销目标，而且必须有适当的营销措施来保证目标得以实现，即制定相应的营销策略。

市场营销目标主要包括：

①品牌目标（品牌知名度、品牌美誉度、品牌忠诚度等）

②市场销售目标（产品销售量、销售收入、利润等）

③市场增长目标（市场占有率、市场增长率等）。

市场营销目标要做到尽可能的详细、具体、量化，市场营销目标量化分解的常用方法如下：

①按产品分解：如果公司的产品有几个大类，每一类产品又分为不同系列，那么应该就每一种产品设定具体的市场营销目标。例如，三菱公司产品线很丰富，包括汽车、机床、电梯、文具等，而汽车又分为轿车、客车、工程车辆等，而轿车又细分为不同的型号款式，因此，公司就要将总体营销目标分解到每一种具体的产品，即分解到每一种款式的轿车。

②按行业分解：如果公司产品应用到不同的行业，那么就应该针对每一个行业设定具体的市场营销目标。例如，三菱公司的机床可以应用到机械、汽车、冶金、建材、航空航天、电子等许多行业，因此，公司要将总体营销目标分解到每一个目标行业。

③按区域分解：即按地理位置分解区域市场营销目标，区域营销目标还要层层细分，如全球市场营销目标、亚洲市场营销目标、中国大陆市场目标、华东大区市场目标、上海市场目标、上海城区市场目标、浦东开发区市场目标等。区域市场目标的分解一般结合公司区域营销组织的分布来进行。

④按时间分解：长期市场目标要分解到每一年，一年的市场目标要分解到季度、月

份，甚至周、日。

⑤按人员分解：公司对营销人员也要实行目标管理，即将各种营销目标分解到每一个营销人员。

2. 战略制定阶段

(1) 制定目标市场营销策略。

企业通过市场细分，从众多的细分市场中，选择出一个或几个具有吸引力、有利于发挥企业优势的细分市场作为自己的目标市场，综合考虑产品特性、竞争状况和自身实力，针对不同的目标市场选择营销策略。

①无差异性营销策略。

企业不考虑各细分市场间的差异性，而只注重细分市场需求的共性，决定只推出单一产品，运用单一的营销方案，力求在一定程度上适合尽可能多的顾客需求。可口可乐公司早期，就采取了这种策略，以“可口可乐”一种产品，行销全世界许多国家，经营十分成功。

无差异性营销的优点是由于产品单一，有利于标准化与大规模生产，从而有利于降低研究开发、生产、储存、运输、促销等成本费用，能以低成本取得市场竞争优势。

缺点是忽视了各细分市场需求的差异性，企业难以长期采用。一旦竞争者采取差异化或集中化的营销策略，企业必须放弃无差异营销；否则，顾客会大量流失。

②差异性营销策略。

企业针对不同的细分市场，推出不同的产品，推行不同的营销方案，以最大限度地满足各个细分市场的需要。可口可乐公司迫于百事可乐及众多饮料厂家的竞争，已经放弃了无差异营销，转向了差异性营销，针对世界各地消费人群的口味，开发适应不同地区市场的饮料。

差异性营销的优点是由于企业在产品设计、推销宣传等营销策略方面能针对不同的细分市场，有的放矢，从而有利于提高产品的竞争力，提高市场占有率；此外还有利于建立企业及品牌的知名度，有利于提高企业威望，树立良好的企业形象。

缺点是多品种生产，势必增加生产及营销成本，增加管理的难度。因此，该策略多为实力雄厚的大公司所采用。

③集中性营销策略。

企业将所有的资源力量集中，以一个或少数几个性质相似的细分市场作为目标市场，进行专业化经营，力图在较少的细分市场上获得较大的市场占有率。

集中性营销的优点是目标市场集中，企业资源集中，能快速开发适销对路的产品，树立和强化企业和产品形象，也有利于降低生产成本，节省营销费用，增加企业盈利。

缺点是目标市场狭小，经营风险较大。一旦市场需求突然发生变化，或出现更强的竞争对手，企业就可能陷入困境。该策略适用于实力弱，资源少的小型企业。

④定制营销策略。

若将市场细分进行到最大限度，则每一位顾客都是一个与众不同的细分市场。由于现代信息技术和现代制造业的迅猛发展，使得为顾客提供量体裁衣式的产品和服务成为可能。

定制营销是指企业在大规模生产的基础上，将每一位顾客都视为一个单独的细分市场，通过与顾客进行个体的沟通，明确并把握特定顾客的需求，并为其提供方式不同的满足，以更好地实现企业利益的活动过程。定制营销也被称为一对一营销、个性化营销。

定制营销的适用范围十分广泛，不仅适用于自行车、汽车、服装、家具等有形产品，而且也适用于金融、咨询、旅游、餐饮等服务领域。

定制营销的突出优点是：能极大地满足消费者的个性化需求，提高企业竞争力；以需定产，有利于减少库存积压，加快企业的资金周转；有利于产品、技术上的创新，促进企业不断发展。

但定制营销有可能导致营销工作的复杂化，增大经营成本和经营风险，因此，定制营销需要建立在定制的利润高于定制的成本的基础之上。另外，生产领域的定制营销还对企业的设计、生产、供应等系统和管理的信息化程度有很高的要求。海尔“定制冰箱”的生产，从设计、模具制造，到生产、配送、支付、服务等各方面都比普通冰箱的要求要高得多，因此，一般的生产企业可能还很难做到，但定制营销仍是众多企业努力的方向。

（2）确定营销业务组合。

在确定企业愿景和市场目标的基础上，企业的最高管理层应着手对业务组合进行分析和规划，即确定哪些业务和产品是最能使企业发挥竞争优势，从而最有效地利用市场机会。完成这一工作又需要从以下方面入手，即分析现有的业务组合，确定哪些业务（产品）应当发展，哪些业务（产品）应当维持，哪些业务（产品）应当减少，哪些业务（产品）应当淘汰。常用的业务组合分析模型有波士顿战略分析模型和 GE 战略分析模型。

市场营销业务组合，就是对产品、价格、渠道、促销等要素进行整合，确定阶段性工作重点，充分利用自身在某些方面的优势，形成市场竞争的优势，从而实现市场目标。整合营销的特点，是企业营销的各个要素要相互联动，在整体的战略思路下实现协调推进，从而达到效果最大化。

（3）制定市场竞争战略。

在制定市场竞争战略前，首先要通过获得竞争信息，进行市场竞争分析。竞争分析的主要步骤是：第一步识别主要的竞争者；第二步辨别竞争者的市场营销战略；第三步判定竞争者的市场目标；第四步评估竞争者的资源与能力；第五步预测竞争者的反应模式；第六步确定进攻或回避的竞争对象。

在市场上处于不同竞争地位的企业，采取的竞争策略是不同的：

①市场领导者的竞争策略：为了保持市场领导者的地位，一般采取扩大总需求来增加市场份额的主动进攻策略，或者采取保护已有的市场份额的防御策略。

②市场挑战者的竞争战略：市场挑战者的市场地位很不稳定，前有堵截，后有追兵，因此，他们多数采取进攻策略，要么攻击市场领导者，要么攻击其他规模相同的公司，要么攻击小公司。

③市场追随者的竞争战略：市场追随者的竞争策略是不主动进攻，大企业也一般不

去理会他们，因此他们的策略就是通过模仿来紧跟市场主流。

④市场补缺者的竞争战略：专注于对主要的市场竞争者不具有吸引力，或者是大部分市场竞争者不屑一顾的利基市场。

【案例 11-2】

血尔补血口服液品牌定位与竞争战略

市场背景

香港康富来国际企业有限公司，是中国保健品市场的大型企业，在国内先后推出康富来洋参含片及脑轻松健脑产品，均获较大成功。但是在补血保健品市场，红桃 K 生血剂一直占据领先地位。2000 年，康富来看好国内的补血保健品市场，期望借助原有的营销网络，在此领域与红桃 K 展开竞争，使企业发展取得新的突破。

康富来开发了一个颇为不错的产品，不仅有着良好的补血效果，而且含有鸡精成分，具备补血与强身的双重功效，命名为“补血鸡精”。

由于补血鸡精具有强身功能，比单纯补血的产品显然更胜一筹，康富来期望能从庞大的市场当中，瓜分一定量的份额。这很符合消费者的需求分析，因为补血的同时又能强身，显然是个不错的利益。

竞争分析与产品定位

然而真正从消费者认知来看，“补血鸡精”并非是一个很好的概念。消费者确实有“补血”的需求，也有人需要“强身”，但在人们看来，补血自然是红桃 K 最好，鸡精也已有白兰氏等名牌。“补血鸡精”无论在哪一方面，都不是个好选择。从专业的角度剖析，在消费者心智中，不存在“补血鸡精”的阶梯位置。“补血鸡精”是个新概念，若要成功，就意味着要在补血品中确立“鸡精”的新品类定位，或者在鸡精中确立“补血”的新特性定位。这种抢先占位的前提，是目前的消费者有着新品类/新特性的需求或需要。可是补血保健品的消费者，并不特别地需要一类“鸡精”产品，鸡精的顾客们，也没有专门的“补血”需求。因而无论在哪种消费者的心智中，都不存在“补血鸡精”的潜在定位。

事实上，几乎所有行得通的新概念，都是从更大的概念或需求中细分、深化而来，两种产品“杂交”出来的新品种，常常只是听起来美妙，而非真正实用有效。例如，汽车可以细分出轿车，轿车可以突出商务或房车功能，房车又可以强调“安全”或“驱动力”性能……但你不能够将汽车与快艇相结合，成为水陆两用的“可浮汽车”或“行陆快艇”。因为人们驾驶交通工具，还是觉得单纯的汽车在陆地上跑起来会更快捷，在水上，则自然是快艇要好得太多。

再来看“补血鸡精”，既然两边都不“讨好”，还是得回到补血市场，看看有什么确切存在的定位。

进一步研究消费者及竞争对手，了解到，补血保健品虽然多如牛毛，但就全国市场而言，人们心目中的强势品牌只有红桃 K。而且，因为红桃 K 凭借“补血快”的推广操作而崛起，它在人们心目中有着“见效快”的口碑，作为领导品牌，地位十分牢靠。很显然，康富来要立竿见影地瓜分到市场，主要从红桃K囊中切获，应该结合消费者的认知和需求，剖析红桃K的不足，予以新的满足和填充，争得顾客。

弱点就在强势里！有目的地探究红桃K的不足发现，人们普遍认为，红桃K"补血快"的同时，效果去得也快，功效不够持续。而这一点，恰恰是康富来产品的优点，可以给消费者以满足。因为"补血鸡精"具有鸡精成分，产品富含"强身因子"，能有效地巩固与维持升血效果。

于是，康富来有机会提出"补血功效持久"的主张，切应市场消费者的新需要，形成自己"功效久"的鲜明特点，抢占补血保健品中的新特性定位。"补血鸡精"的前景，陡然明朗，产品也被冠以了全新的名字——血尔口服液。

竞争策略与市场推广

"血尔"品牌将围绕"功效持久"的定位展开推广。一方面，它满足红桃K之外的消费需求，能够即时地切分市场；另一方面，它坚持下去，可以让关注补血的人们知道有一个"功效久"的产品，与"补血快"的红桃K不同，有着自己的独特价值。长此以往，血尔会赢得"功效持久"的消费者认知，建立起强势品牌。血尔的广告与宣传，突出产品具备"生血因子"与"强身因子"双重成分，补血功效持久。

围绕"定位"展开营销与推广是必需的，血尔的促销活动也宣扬"功效持久情更久"。

一年时间，血尔在许多城市的市场已超越红桃K，销量领先。之后，血尔很快在全国范围内成长为第二品牌。康富来企业则认为，血尔是公司多个产品项目中，运作最为顺利、成功的一个。

多年来，血尔始终在补血保健品中坚持"功效持久"的定位，如今一举超越红桃K，成为补血保健品市场领导品牌。

（百度文库）

（4）制定相关的职能性战略。

企业的战略管理规定了企业的发展方向，并为每一个战略业务单位或产品确定了未来的目标。各战略单位和产品为了实现其既定的目标，还要制订更为详细的营销计划。这些计划是企业总体战略计划在业务单位和市场层次上的具体化。其他相关的职能计划包括财务计划、生产计划、人事计划等，这些职能计划要在企业整体经营战略的指导下，对市场营销战略进行资源上的调配、功能性的支持，保障企业市场目标的实现。

3. 战略实施与战略控制阶段

战略实施就是企业如何通过创新、调整来适应战略发展的需要，使各项战略部署得到全面地落实，从而达到战略目标。

战略控制就是企业在实施经营战略过程中，由于外部环境和内部条件的变化，必须对原定的策略措施进行适当调整，采取新的对策，确保战略目标的实现。

战略实施与控制的具体内容，在第三节详细说明。

【案例 11-3】

××公司市场营销战略（摘要）

一、企业背景

××有限责任公司成立于×年×月，公司注册资本××万元。公司致力于现代精密加工技术，向全球提供行业领先技术、高品质的精密加工机械设备及完善的技术服务，有数千台高性能设备在世界各地良好地运行，应用行业涉及：机床机械、工程机械、汽车、船舶、纺机、粮机、电器、电梯等，为广大用户带来持续的丰厚效益！

为了实现企业持续、稳定、健康发展，在新的行业竞争中获得更大的优势，公司制定了“十二五”发展战略，确定了以市场为龙头，以技术为根本，提高经营质量，实现跨越发展的总体战略思路。在企业总体经营战略指导下，公司制定了相应的市场营销战略。(因篇幅较大，本案例内容为节选摘要)

(一) 市场环境分析

1. 世界经济环境分析

总的来说，全球经济依然处于总体复苏但前景不明朗的阶段。

世界经济增长速度将出现明显下降，全球金融风暴将趋于衰减，但因时滞效应，实体经济仍会受到影响，经济不景气总体上将延续2~3年。

在经历了大幅下挫之后，世界经济将在发展中国家的带领下出现反弹，实现2%~3%的增长。

2. 中国经济环境分析

(1) 尽管世界经济复苏前景并不乐观，但中国经济受金融危机的影响逐步消失，许多行业将恢复以往的增长水平。

(2) 中国经济持续增长的趋势不变，增长模式更加合理。

(3)“后危机时代”中国宏观经济形势与经济结构调整出现V形反转。

(4) 基建投资拉动对GDP的贡献较大，增长结构将更为合理和均衡，投资的贡献下降，结构性增长逐步显现。

(5) 中国经济的增长将稳定在9%~10%的区间范围内，并且经济增长的动力和结构也将更为平衡。

3. 国家政策环境分析

(1) 总的来说，国家政策环境对激光产业长期利好。

(2) 中国面对经济危机的十大拉动内需措施迅猛而有效，汽车、工程机械、机车、能源设备、军工装备等行业对技术装备的需求数量增加、档次提高，未来几年仍是精密加工设备市场发展的重点。

(3) 十大产业振兴规划涉及钢铁、汽车、船舶、石化、纺织、轻工、有色金属、装备制造、电子信息和物流业，工业增加值占全部工业增加值的比重接近80%，占GDP的比重达到1/3，规模以上企业上缴税金约占我国税收收入的40%，直接从业人员约占全国城镇单位就业人数的30% 。

(4) 除了工程机械、机车、能源设备等基建拉动行业外，汽车行业增长异常迅猛，全年产销将突破1300万辆，有望成为世界第一大汽车生产国和最大新车消费市场，对精密加工设备需求猛增。

(5) 国家科技支撑计划、重大专项积极支持高新技术产业。我们的技术优势将转化成市场优势。技术进步将引导各行业应用的普及。

4. 行业竞争分析

(1) 机械加工设备市场销售整体持续增长约10%。

(2) 国外产品仍然处于竞争优势地位，国外产品约占市场份额的25%。

(3) 新进入本行业的厂家增多，产品成交价格下降，产品利润空间逐步缩小。

(4) 随着科技的发展，产品结构发生变化，行业竞争局面产生一定变化。

5. SWOT分析（略）

(二) 市场资源分析

1. 产品市场占有情况

(1) 国内同类产品市场分布情况：国外产品约占25%，国内几个骨干企业约占65%，其他企业约占10%。

(2) 公司产品市场占有率有一定增长，约占15%，在高、中、低端市场均有表现。

(3) 公司系列产品市场占有率较高，具有独特优势。

(4) 通过差异化竞争，分别在高、中、低市场争夺市场，市场份额稳定在15%~20%。

2. 客户结构分析

(1) 重点行业、重点企业市场份额比过去有较大增长，如汽车、工程机械、机车、军工等行业。

(2) 华北、华中工业基地以及西北军工企业客户比重增加。

(3) 行业代理产生的销量增加，如工程机械、机车、军工等。

(4) 围绕重点企业进行加工配套的客户增加。

3. 行业需求分析

(1) 能源设备行业需求分析：世界环保大会确定了各国减排指标目标，我国制定了低碳经济政策：低能耗、低污染、低排放为基础，能源高效利用、清洁能源开发、追求绿色GDP。清洁能源开发重点是风电、太阳能、核电，因此中国最佳选择是大力发展核电。我国在核电开发方面与世界的差距很大，世界核电占所有能源品种的平均比重为16%，法国为80%，美国为25%，中国仅为1.3%。中国核电建设目标是在2020年前新建100座核电站（4000万千瓦），核电建设对大型高端精密加工设备的年需求在1000台以上。因此，能源设备行业是公司重要的市场领域。

(2) 汽车装备行业需求分析（略）。

(3) 工程机械行业需求分析（略）。

(4) 其他设备行业需求分析（略）。

通过企业环境与资源分析，得出结论如下：

(1) 国际国内经济形势出现好转，市场总需求增加。

(2) 国家产业和科技政策拉动公司产品应用需求，增长空间巨大。

(3) 公司已经在几个重点行业取得重大进展，奠定良好的市场基础。

(4) 公司在技术、产品、市场等方面具有明显竞争优势。

(5)“十二五”将是公司市场取得的快速发展的时期，未来几年一定会出现大规模的增长。

二、产品战略

(一) 产品技术发展方向（略）

(二) 新产品开发战略（略）

(三) 产品结构调整策略（略）

(四) 产品发展规划（略）

(五) 市场营销战略

1. 品牌战略

(1) 品牌定位：进行行业强势品牌定位，通过品牌建设提升企业价值。

(2) 品牌建设目标：国际知名、国内技术领先的行业品牌。

通过整合营销，传播品牌信息，提升品牌影响力，提高品牌的销售力。品牌建设与企业文化建设紧密结合，从企业内部进行规范，形成素养。通过服务营销，向顾客传播品牌形象，提高品牌美誉度和品牌忠诚度。

2. 行业推广策略

(1) 针对重点行业，在各个重点区域，举办技术推广会。

(2) 主动进入大型骨干企业，对口开展技术交流活动。

(3) 参与重点行业主管部门、协会、学会等举办的技术交流活动，强化公司在行业的技术地位。

3. 差异化市场竞争策略

针对不同行业特点，在规模生产的前提下进行产品个性化设计，满足不同行业应用的特殊需求。

针对竞争对手的弱点，在产品性能、价格、配置等方面采取竞争性价格策略。

针对不同地区的特点，选择差异化产品进行区域推广。

通过产品标准、专利、招标文件等方式，建立市场竞争的技术壁垒。

4. 网络营销策略

网络搜索组合投放，保持搜索排名 1~3 位。

充分发挥论坛、贴吧、博客、软文、链接等网络手段，开展全面的网络推广活动。

通过 CRM 提高销售信息管理水平、客户日常维护水平。

5. 服务营销策略

将服务营销作为市场催化剂。

把顾客满意度作为售后工作的衡量标准。

在各个区域设立设备维护工程师、服务培训工程师，持续提高客户的设备操作和维护水平。

变被动维修为主动维护，严格控制设备故障率。

在各个行业、各个地区建立样板客户，重点客户设备状况实行责任到人、双周报制度。

通过 CRM、短信平台等管理工具，提高服务水平。

6. 市场目标

(1) 品牌建设目标

(2) 销售收入目标

(3) 利润目标

(4) 市场占有率目标

(5) 渠道建设目标

(以上目标按产品类别、销售区域、时间进度进行分解)

(中国营销传播网 http://www.emkt.com.cn)

第二节　市场营销组织的建立与管理

市场营销组织是指企业内部涉及市场营销活动的各个职位及其结构。它是以市场营销观念为理念建立的组织，以消费者的需求为中心，把消费者需求置于整个市场运行过程的起点，并将满足消费者的需求作为其归宿点。

一、市场营销组织的类型与职能

企业市场营销组织肩负着市场推广和产品销售两大职能。

企业营销组织的类型有几种典型的形式，无论哪种形式，都必须以满足顾客需求为核心，通过产品销售实现企业盈利目标，营销组织应该涵盖营销活动的基本内容：实现营销的基本功能、满足区域地理覆盖的要求、符合公司产品结构的特点。具体来讲，设计市场营销组织的考虑因素如下：

(1) 企业规模：在一般情况下，企业规模越大，市场营销组织越复杂；企业规模越小，市场营销组织则相对简单。

(2) 市场区域：在一般情况下，决定市场营销区域和人员分工的依据是市场区域的地理分布。

(3) 产品特点：包括企业的产品种类、产品特色、产品项目的关联性以及产品的技术服务方面的要求等。

1. 职能型市场营销组织

即按营销基本功能设置的营销机构，这是最常见的市场营销组织的形式，它强调的是市场营销各种职能的重要性。公司设立市场营销部，既负责市场策划和推广工作，又负责产品销售业务。这是小型企业最常见的营销组织形式，市场营销部对营销副总经理负责，营销副总经理对总经理负责。其优点是组织管理工作简化，职责明确，效率较高。

市场营销部内部设立下列岗位：（根据公司规模、公司职级系列安排、以及部门人员数量，部门下属职能岗位有的公司称经理，有的公司称专员或助理等，有的公司设立专门岗位，有的公司采取一人多岗的方式）

（1）市场营销调研经理：负责市场信息调研、消费者研究、竞争分析、营销策略研究、营销活动效果调研分析、顾客满意度调查等，是市场营销部门的参谋机构；

（2）广告与促销经理：负责营销策略制定、营销费用预算与执行、品牌建设与推广、广告媒体策划与执行、促销活动策划与执行等，是市场策划与市场推广的执行机构；

（3）销售经理：负责公司产品销售业务，具体包括：销售区域规划、销售队伍建设与管理、销售渠道建设与管理、销售终端管理、销售货物管理、销售财务管理等；

（4）新产品经理：负责公司新产品的营销策划，有的公司新产品经理还要组建独立的销售队伍，有的公司由新产品经理协调公司的销售部门执行。设置新产品经理的目的，是从公司战略层面出发，将新产品作为公司未来增长点，因为新产品销售难度一般比成熟产品要高，所以在新产品上市初期进行重点安排。

（5）营销行政事务经理：如果部门人员较多，业务复杂，那么在市场营销部还要设立行政事务岗位，具体负责部门内部日常事务、营销物资管理、营销财务管理、客户关系管理等。

2. 区域管理型营销组织

一个在全国范围销售的公司，通常都按照地理区域安排销售队伍。在公司层面设立市场营销部，或将市场推广与销售业务分开，分别设立市场部、销售部。在各销售大区、省市分别设立大区一级市场营销部门、省市一级市场营销部门，有的公司还在县一级设立市场营销结构，有的甚至覆盖到乡镇一级。

各级营销部门的称谓有多种叫法，通行的称谓是：

（1）公司总部为市场营销部，或市场部、销售部；

（2）营销大区设大区营销总监；

（3）省级营销区域设立办事处；

（4）县级营销区域设立分公司；

（5）乡镇营销区域设立工作站。

一般来讲，区域营销结构既行使市场推广职能，又行使销售职能。总部的市场部、销售部分别对各级区域营销结构进行职能管理。规模较大的公司，在大区、省市一级还分别设立市场、销售、促销、督办等职能部门。产品线丰富、产品行业跨度大的公司，在大区、省市一级还分别设立产品经理，或按照不同产品来分别设立市场、销售、促销、督办等职能部门。

3. 产品管理型营销组织

企业拥有多种产品或多个品牌，往往按照产品或品牌建立管理组织，即按照产品和品牌设置的营销结构。特别是实施多品牌战略的大公司，一般都会按品牌或产品来设置营销结构。

在总部层面按品牌或产品设置事业部，事业部实际上由公司来进行营运管理，在内部分别按人、财、物、产、供、销设立独立的部门。对于营销管理方面，设立产品经理职位，全面统领某一类产品的市场营销策略。产品经理除了负责营销业务以外，在协调研发、生产、物管、财务等其他部门的关系方面，也具有十分重要的职责。

（1）产品经理的主要职责：

①制定产品的中长期发展战略；

②制定产品的品牌经营战略；

③制定产品与品牌的市场竞争战略；

④制订产品年度市场营销策略与计划；

⑤研究与决定产品广告设计、媒体投放计划和促销活动；

⑥决定产品销售与分销策略，管理经销商；

⑦制定营销人员激励政策，管理营销队伍；

⑧协调公司内部各种关系。

（2）产品管理组织的优点：

①产品经理能够将产品营销组合的各要素较好地协调一致起来；

②产品经理能更快地就市场上出现的问题作出反应；

③由于有产品经理专管，对于较小品牌产品，或新产品，可以得到重视；

④对于年轻的经理们来说，产品经理是一个很好的锻炼机会，因为产品经理的职责几乎可以涉及公司经营的每一个领域的活动，因此产品经理的上升机会很大。

附：市场营销主要岗位职责描述及考核指标

（因公司规模与经营性质不同，各公司相应岗位职责有所差异）

市场总监/市场部经理岗位职责

1. 制定公司市场营销目标和策略，包括品牌发展目标和策略、渠道发展和深度分销目标和策略、营销区域发展目标和策略

2. 协助公司销售计划的达成

3. 审批权限内的费用预算，审定和拨付市场费用

4. 组织制定年度、月度销售目标分解和营销实施方案

5. 审批重大市场活动方案及费用拨付申请

6. 协调各产品、各渠道和各地区之间营销资源的分配

7. 管理和监督部门内部主要营销工作的执行

8. 审核重要调研报告及评估意见

9. 对市场营销日常工作中的重要事项作出决定，或指导下属进行决策

10. 协调市场部与其他部门的工作关系
11. 研究制定本部门的岗位职能、人员选聘、业绩考核、激励体系及发展规划
12. 对下属进行培训，培养人才，提高下属的管理和业务技能

市场总监/市场部经理考核指标及权重：

1. 市场销售目标完成率（市场份额目标实现率）　40%
2. 新产品的推广计划完成率　20%
3. 市场推广活动的执行力　10%
4. 市场推广活动的销售增长率　10%
5. 市场广告费用预算控制率　10%

销售总监/销售部经理岗位职责

1. 制订销售部整体销售策略与发展规划
2. 组织销售部门及时准确制订年度、月度的分品种分渠道的销量计划
3. 对比每月、每年销量实际完成情况与计划数的差异，分析并调整计划
4. 根据销售计划的执行情况，制定销售政策，落实销售费用
5. 取得市场部、财务部等对销售工作的了解与支持，并促成资源合理调配
6. 参与重要客户的谈判与合同签订
7. 制定分销、经销、代理政策，发展销售渠道
8. 组织物流储运工作，保证充足适量的销售货源
9. 做好应收款的控制
10. 市场铺货管理
11. 销售系统建立，对销售部的组织结构及人数进行合理的计划、分析与调整
12. 组织并开展销售人员培训
13. 根据实际情况制订销售规章制度，调整销售管理流程

销售总监/销售部经理考核指标：

1. 销售目标完成率　40%
2. 新产品销售目标完成率　20%
3. 回款率　20%
4. 渠道与分销目标完成率　10%
5. 销售费用控制率　10%

市场调研经理岗位职责

1. 制订市场调研计划及预算
2. 研究新的、科学的市场研究方法、内容和分析手段
3. 组织和执行部分市场研究的执行工作
4. 负责参与调研人员的确定和培训，指导执行人员完成样本的选择，数据的录入以及报告的起草
5. 负责外部专业市场研究公司的选择与管理，调研报告审核和质量控制
6. 收集竞争调研问卷，汇总分析提交竞争产品调研分析专题报告
7. 其他市场竞争信息的收集、分析、报告

市场调研经理考核指标：

1. 调研计划执行率及科学性、准确性　　40%
2. 市场调研成本费用的控制　　30%
3. 竞争环境及竞争对手分析　　20%
4. 对参与市场调研人员专业技能的培训　　10%

媒体经理岗位职责

1. 分区域分产品制订的媒体计划
2. 综合协调分产品、分渠道、分区域的媒体投放
3. 研究电视、广播、报纸杂志、户外广告、网络、合作店招、宣传海报等不同传播媒体的特性
4. 执行、跟踪并评估媒体投放效果
5. 了解竞争对手的媒体策略
6. 建立良好的媒体关系
7. 研究不同区域媒体投放的相关规定，避免因违反政策法规而产生的负面影响

媒体经理考核指标：

1. 媒体投放的执行与效果评估　　40%
2. 媒体投放费用节约率　　20%
3. 媒体计划制订的及时性与完备性　　20%
4. 媒体研究报告质量　　10%
5. 与产品/渠道/区域的配合　　10%

（中国营销传播网 http：//www. emkt. com. cn）

二、市场营销组织的管理

1. 组织管理

市场营销组织按何种形式建立，要考虑的因素主要包括公司规模、公司组织类型、产品特点、目标市场地域范围、营销人员能力，以及竞争企业的营销组织形式等。企业营销组织不是一成不变的，而应根据客观条件的变化及时进行调整，如对增设新的职能岗位、增设新的区域营销机构等进行微调，也可以针对新产品专门设置产品经理等重大调整。

2. 目标管理

目标管理是对市场营销队伍实行宏观管理的有效方法。公司在审核通过了市场营销战略以及年度营销计划以后，对于市场营销组织设置是否合理、营销队伍工作能力、营销策略的有效性等，主要看年度各项市场指标是否完成，如年度市场销售收入、利润、产品市场占有率、客户满意度等。各级营销经理的收入以及职位变动与目标完成结果紧

密挂钩。如果在经营期间内出现经营效果与目标差距太大时，则公司随时可以进行营销策略调整、人员调整。

3. 计划管理

计划管理主要是针对整个营销队伍内部各项业务实施有效的管理。在制订年度市场营销计划时，同时制定市场调研、营销活动、促销、媒体投放、广告物资、渠道建设、产品上柜等各项具体业务的推进计划，为了保证各项工作的落实，一般要召开月度营销工作会议，除了主要的营销岗位人员参加外，公司的研发、生产、财务等部门负责人也要参加，以协调其他工作的同步推进。

4. 人员管理

所有营销工作都要靠营销人员去执行落实，所以，对营销人员的管理是整个营销管理工作的一个十分重要的内容，这里讲的营销人员管理，主要是日常工作的管理。特别是建立了区域营销组织的企业，营销人员长期在全国各地开展工作，工作进展如何？效果如何？总部必须随时掌握信息。

对营销人员的管理，首先是实行层级管理，层层汇报。很多公司建立了营销信息报告制度，营销人员每日、每周、每月都要向上级报告，报告内容包括：自己的工作内容、各项工作计划落实情况、销售数据、客户信息、竞争信息、费用情况、工作建议等，然后层层汇总上报，直到总部营销中心，月度汇总，在月度营销工作会议上分析报告。

营销人员管理的另一项重要工作就是营销激励，公司要制定富有吸引力的营销激励政策，以调动广大营销人员的工作热情，达到多劳多得的效果。同时，激励政策要有压力，既能让有能力出业绩的营销人员多劳多得，又能有效的淘汰能力差和懒惰的营销人员。所以，一般企业营销人员收入都要与销售业绩挂钩，40%~50%的个人收入跟业绩浮动，有的企业比例更大。

5. 市场营销部门与其他职能部门的关系

在一个企业中，除了市场营销部门以外，还有其他诸如研究开发、工程技术、采购、制造、存货、财务，以及相关的职能部门。因此，在企业运行过程中，市场营销部门必须处理好与各个部门的相互关系，密切配合、共同协作来完成企业的总目标。但是在实际工作过程中，由于各个部门所处的角度不同，扮演的角色不同，难免会存在一些分歧与矛盾，营销部门应本着协调一致的原则处理好与相关部门的关系，取得最大的整合营销价值。

【案例 11-4】

××公司省级营销办事处工作职责与管理办法

××公司是华中地区一家高科技工业设备生产企业，公司产品的主要客户分布在汽车、工程机械、能源设备、环保设备、金属加工等行业。该公司在营销组织建设方面采取区域营销组织形式，在各主要工业省份设立营销办事处，负责该区域的市场推广与销售工作，同时在该地区发展代理商。为此，该公司制定了营销办事处管理办法，对办事处总体职能、办事处经理职责、营销人员管理、营销激励政策等分别作出了具体规定。具体情况如下：

一、办事处总体职能

(1) 市场办事处兼有销售、市场、售后三项职能，是公司三个部门职能的延伸，具体职能是：

(2) 负责所属区域市场推广活动实施，包括市场调研、行业信息收集分析、市场推广活动建议及具体实施、参加行业展会及技术交流会议等；

(3) 负责所属区域市场销售业务，包括代理商网络建设、招投标、客户销售谈判、客户回款等；

(4) 负责所属区域内销售设备安装、调试、客户培训、售后服务等。

二、营销办事处经理职能

(1) 区域营销网络建设，包括区域市场营销网络布局、区域市场重点确定、人员规模与二级网络布局等；

(2) 提出区域市场推广活动的建议，经市场部批准后组织实施；

(3) 区域市场销售渠道建设，包括代理商网络规划、代理商考核与开发、代理商培训、代理商管理、代理政策落实等；

(4) 代表公司参加投标活动、签订销售合同、参加行业性社会活动等；

(5) 提出办事处人员需求、录用、业务培训、日常管理、业绩考核与奖惩、解聘等相关人事工作，提出办事处人员销售业绩兑现方案；

(6) 按公司财务制度、在费用额度内审批办事处范围内日常办公费用、差旅费、招待费、交通费、通信费等。

(7) 代表办事处协调与公司其他部门工作关系。

(8) 其他工作。

三、办事处营销人员职能及工作要求

(1) 定期拜访辖区内现有客户（每月不少于一轮），了解我公司产品在客户那里的运行状况、客户意见、客户加工产品情况，积累客户相关信息，帮助客户提高设备运行状态，提出服务支持需求，增进客户关系；

(2) 了解现有客户所属行业类别，获得本地区同类企业信息，争取现有客户引荐新客户，制订本地区同行业企业覆盖性拜访计划；

(3) 如果本地区客户具有产业集群特征，那么经过试探性拜访后，根据需要可协商市场部，举办区域性行业推广会等活动；

(4) 通过各种方式了解本地区企业行业分布特点，与市场部共同制定当地广告与推广活动方案；

(5) 拜访当地机械设备经销公司等，考察开发当地代理商，建立经销网络；

(6) 拜访地方发改委、经委、机械行业办、招标公司、机械设计院所、机床协会等，建立地方关系网络，及时掌握当地企业技术改造、设备投资等信息；

(7) 了解竞争企业在当地的市场推广活动、销售信息、客户信息，提出针对性措施。拜访竞争企业的客户；

(8) 信息报送制度：以上工作内容，销售人员每日在信息日报中同时报告办事处经理和市场部商务助理。每月提交工作报告，报办事处经理，抄报总经理、销售总监、市场总监。

四、办事处安装售后人员职能及工作要求

(1) 指导客户进行设备安装现场条件准备，按照公司操作规程进行设备安装、调试，使公司设备在用户工作现场达到最佳运行状态；

(2) 负责对客户操作人员进行技术培训，使之达到独立操作要求，并基本掌握设备基本构成、技术性能、工艺等，能够利用设备进行工作；

(3) 负责公司设备交付客户验收工作；

(4) 以上内容以及过程中出现的相关状况，售后人员应按要求进行详细记录，连同客户验收单一并交付售后服务部存档，之后进行的售后服务与配件等也应记入设备档案；

(5) 对区域内客户售后服务请求，必须做到4小时内给予响应，24小时内到达客户现场。若不能自行解决的问题，则必须立即报告售后服务部经理；

(6) 售后服务人员业务上接受售后服务部领导，日常工作接受办事处经理领导；

(7) 售后服务人员要每月一次以上通过电话或亲自到客户现场，了解设备运行状况，及时解决设备隐患，对客户操作人员进行后续技术指导，帮助客户提高设备运行效率，为客户创造最大效益；

(8) 售后服务人员要加强自身学习，提高业务水平。要以客户为中心，通过诚挚的态度、迅捷的反应、娴熟的技术，提高公司品牌形象，从而为公司创造新的价值。

五、办事处基本管理制度

(1) 公司对办事处实行经营目标责任制，办事处实行经理负责制；

(2) 办事处所有人员必须遵守公司一切规章制度，办事处经理可结合实际制定办事处相关管理制度；

(3) 办事处区经理负责所属员工的日常管理工作，包括考勤、工作纪律、出差安排、工作报告、工作考核等；

(4) 报告制度：销售人员每月28日向办事处经理报告月度工作计划和工作小结，每周一向办事处经理报告周工作计划；

(5) 办事处人员借支、报销、领用物品等，须办事处经理签字，按公司相关规定执行。办事处经理的个人经费报销由公司总部分管负责人审批；

(6) 严格执行公司产品价格政策，在合同谈判过程中出现价格分歧、代理商费用等，必须向上级报告；

(7) 销售合同、办事处对外签订其他合同及需要公司盖章的文件，须经办事处经理签字，按公司相关规定执行。

附件 1　　**营销人员月度工作计划及工作总结（样表）**

工作计划				
序号	工作项目	主要内容	工作标准	资源
1	拜访客户	拜访 A、B、C 三家现有客户 了解并拜访 D、E 两家竞争对手的客户	向办事处经理报告客户拜访书面记录	
2	拜访代理商	拜访 F、G、H 三家签约代理商 拜访 Q、W 两家新代理商	向办事处经理报告代理商拜访书面记录	请办事处经理出面拜访
3	市场调研	某地区某加工行业市场实地考察	行业市场分析与推广计划	建议市场部派人参加
4	公共关系	拜访某机械设计院	在月度总结中反馈	
5	销售目标	本月销售目标××万元		
月度工作总结				
（报告月度各项计划落实结果、其他工作完成情况、主要收获及体会等，要求量化）				
1. 本月实现销售××万元				
2. 本月拜访客户 25 家				
本月开发代理商 2 家				
工作建议				
1	某地区钣金加工企业比较集中，建议下月召开推广会议			
2	某地区不锈钢加工企业规模较大，建议公司投放 1 块巨型户外广告			

附件 2　　**营销人员周工作计划表（样表）**

工作日	主要工作内容	主要事项	工作地点	备注
星期一	拜访 A 客户	了解设备运行状况，了解该地区同类加工企业信息，顺便拜访	出差	
星期二	拜访 B 代理商	礼节性拜访	出差	
星期三	与 B 代理商一起拜访 C 客户	了解客户加工产品、客户需求、介绍公司及产品	出差	
星期四	拜访 D 客户	了解竞争产品运行情况，了解客户感受，分析客户重复性购买可能性	办事处	
星期五	工作汇报	向经理汇报客户拜访情况	办事处	
星期六	参观展会	参观“××机床展览”	办事处	
星期日	休息		办事处	

附件3：

营销人员销售激励政策

为了实现公司经营目标，提高销售人员积极性，特制定本销售政策。

一、基本原则

下不保底，上不封顶；业绩导向，超量有奖；

标准量化，方便计算；费用包干，节余有奖；

及时兑现，现劳现得；回款挂钩，以丰养欠；

政策倾斜，市场第一；员工富裕，公司成长。

二、薪酬结构

销售人员收入=底薪+业绩提成+目标奖励+费用节余奖励+基本福利

三、个人收入计算办法

1. 底薪

员工底薪分为办事处经理、销售经理、试用员工3个等级。员工工作时间每满一年，可按公司政策增加工龄工资。

2. 业绩提成

销售人员的业绩提成=销售合同的回款额×0.8%

办事处经理的业绩提成=辖区销售合同的回款总额×0.2%

3. 目标奖励

(1) 月度目标奖励：完成月度销售目标的，办事处经理奖励1000元，销售人员奖励500元。月度奖励在当月工资中计发。

(2) 年度目标奖励：完成年度销售目标的，办事处经理奖励5000元，销售经理奖励3000元。年度奖励在次年元月份工资中计发。

4. 费用节余奖励

(1) 销售费用实行包干使用，超支不补，节余有奖。

(2) 办事处销售费用额度按照辖区销售合同的回款额的1%、以办事处为单位统一测算，办事处经理可以在办事处范围内统筹使用，也可一部分集中、一部分按个人业绩状况进一步将额度细分到个人。

(3) 销售费用采取先预支后核算的方式。

(4) 销售人员费用由办事处经理签批，办事处经理费用由分管负责人签批。

(5) 销售费用可在年度内滚动使用，年终核算。年度内超支的，扣减次年费用额度；年度内节余的，50%划转至次年滚动使用，以丰养欠，50%用于奖励，由经理提出分配方案，公司分管负责人和总经理共同审批。

(6) 销售费用使用范围：办事处房租费、水电费、办公用品、电话费、专车使用费等，计入办事处公共分摊费用；交通费、差旅费、商联费、手机费、招标费、信息费等计入个人费用。

5. 基本福利

按公司基本福利制度执行。公司为销售人员办理人身意外保险。

6. 扣项

销售人员违反公司有关制度发生的扣款，从基本工资中扣除。月度累计较大的，从业绩提成中扣除。员工按国家税法交纳个人收入所得税。

四、业绩提成进度

（1）签订销售合同，公司收到客户预付款，当月兑现奖励总额的30%；

（2）公司收到客户合同款50%，当月兑现奖励总额的50%；

（3）公司收到客户全部合同款，当月兑现奖励总额的20%；

（4）除非出现不可抗拒的因素，若造成呆死账的，则销售人员承担呆死账损失的30%。

五、销售代理费管理办法

销售代理费比例由公司与代理商签订合同约定。在约定的范围内的，由办事处经理决定，超过合同约定的，报总经理批准。超过合同约定的费用部分，在办事处销售费用中列支。

（中国营销传播网 http：//www. emkt. com. cn）

第三节　市场营销计划的制订

一、市场营销计划的含义与作用

1. 市场营销计划的含义

市场营销计划是关于一项业务、产品或品牌在营销方面的具体安排和规划。市场营销计划是市场营销战略的具体体现和落实计划。营销计划可以是企业某段时期营销工作的总体安排，也可以是某一个具体产品的营销计划，也可以是某一项促销活动计划。

2. 市场营销计划的作用

（1）营销计划使企业内部各部门、各层次、各方面之间保持协调一致，使企业内部各种力量形成一种合力，从而促使营销目标的实现。

（2）营销计划使企业在利用机会的同时，最大限度地减少风险。

（3）营销计划使营销活动变得科学、经济、规范。

（4）营销计划有利于企业实现对营销活动的有效控制。

二、市场营销计划的内容

企业市场营销计划一般包括如下主要内容：提要、市场营销目标、市场营销策略、市场营销政策、市场营销程序、市场营销规则、市场营销预算、市场营销控制。

（1）提要：对主要市场营销战略思想进行简要说明。

（2）市场营销目标：市场营销目标是市场营销计划最基本的要素。市场营销目标是企业营销活动所要达到的最终结果，包括销售量、销售利润率、市场占有率、市场增长率、品牌建设等指标。

（3）市场营销策略：市场营销策略是为了实现市场营销目标而采取的总体行动方案、工作的部署重点和资源的分配方案。它为企业的营销工作提供总的指导思想和行动的框架，是市场营销计划的核心部分。市场营销策略要对各个营销要素的策略具体化，详细阐述企业的产品策略、价格策略、渠道建设和发展策略、广告促销策略、营销服务策略、品牌建设和发展策略等。

（4）市场营销政策：市场营销政策主要是就实施营销计划过程中，工作优先次序、责权利要求、工作准则、激励政策等作出具体规定。营销政策有助于把有些问题事先确定下来，避免每次重复分析相同的情况，从而使得营销管理人员可以在下放权力的同时，不失去对下级工作人员的控制。

（5）市场营销程序：市场营销程序是对营销活动中某项工作的先后顺序和应遵循的具体步骤的规定。

（6）市场营销规则：市场营销规则是对营销工作中某些较为具体的事项所做的规定，是企业营销人员和营销工作的行为准则。

（7）市场营销预算：市场营销预算要详细地分析营销投入与产出，是计划期内企业营销活动预期成果的数字表现，包括营销费用预算、销售收入预算、利润预算等内容。市场营销预算不仅仅是财务预算，而且是一项资源配置计划，除了财务费用外，还包括人力资源配备要求、营销物资配备要求、产品产能计划等。

（8）市场营销控制：市场营销控制是对计划执行过程的控制。为了使计划得到真正落实，要将计划目标和预算按时间进度进行分解、按销售区域进行分解、按产品结构进行分解，以便于企业高层管理者进行有效的跟踪、监督、检查和调整，督促未完成计划的部门改进工作，确保市场营销计划的完成。

三、市场营销计划的制订

1. 制订市场营销计划的原则：

（1）系统性原则。在制订市场营销计划时，不能孤立考虑问题，而应全面、综合地考虑问题，使营销计划与其他部门的计划协调一致。应充分考虑到环境对企业营销活动的影响和制约作用。

（2）灵活性原则。市场营销计划是关于未来营销活动的行动方案，而未来充满着难以预料的不确定因素。因此，在编制营销计划时，一定要留有一定的余地，保持一定的灵活性。

（3）连续性原则。所谓连续性，是指市场营销计划要前后衔接，成龙配套。为了保持计划的连续性，中期计划的制订必须以长期计划为指导，与长期计划相衔接；短期计划的制订必须以中、长期计划为指导，与中、长期计划相衔接。

2. 制订市场营销计划的程序：

（1）进行市场营销状况分析：主要包括宏观环境状况分析、市场状况、产品状况、竞争状况、分销渠道状况、媒体资源状况等。

（2）进行SWOT分析：SWOT分析实质上是企业认识自己，了解和熟悉竞争者的过程。企业只有做到知己知彼，才能够扬长避短，正确制订市场营销计划的关键环节。

（3）市场预测：市场预测是制订企业营销目标和计划的前提和依据。这里市场预测的内容主要包括市场需求预测、市场供给预测等。

（4）确定营销目标：营销目标分为财务目标和市场目标两大类。其中，财务目标包括利润额、投资收益率、销售利润率等，市场目标包括销售额、市场占有率、品牌建设目标等。

（5）制定营销策略：营销策略是实现营销目标的途径或手段。营销策略包括目标市场策略、研究与开发策略、产品策略、价格策略、渠道策略、广告促销策略、公关策略、营销服务策略、品牌建设和发展策略等。

（6）制定营销策略和程序：营销政策是营销策略的细化，应根据前面制定的营销策略制定具体的营销政策。制定营销活动程序就是对每一种营销活动的步骤，各个步骤之间的关系和顺序等问题作出明确的规定，并制定一些必要的规则。

（7）制定行动方案：营销行动方案实际上相当于布置任务，行动方案要详细、具体、明确地规定实现营销目标企业应做些什么、如何做、何时做、何时完成等，根据营销行动方案，即可编制各部门的作业计划。

（8）编制营销预算：营销预算要项目明细化、表格化，包括人财物产供销各方面的预算。营销预算要科学、合理、可行，切忌拍脑袋，凭空想象，随意拼凑。

【案例 11-5】

佳能数码相机年度网络推广营销计划书范例
佳能数码相机网络推广营销计划书

一、摘要

佳能公司是日本一家专业生产数码产品的企业，随着中国互联网技术的不断进步发展，网民数量在中国国内的与日俱增和电子商务在中国的发展壮大，网络营销是公司今后市场开拓的重要新方向之一，佳能公司特制定20××年网络推广营销计划书。

（一）网络推广的目的

（1）让更多的网民消费者了解佳能公司的数码相机，并引起他们的购买兴趣。

（2）开拓和建立新的网络销售渠道，扩大消费群体，增加销售量。

（3）降低销售成本。

（4）利用电子商务提高产品售后服务水平。

（二）计划实施时间：20××年1月1日至20××年12月31日

（三）本策划预算成本为300万元人民币

二、目标市场分析

1. 企业及产品

佳能公司是日本一家专业生产数码产品的企业，该公司凭借先进的技术、雄厚的资金、周到的服务，在全球激烈的数码产品的竞争中独占鳌头、挤入世界500强成为世界数码产品企业的领袖。佳能（中国）的市场目标一直都坚持行业第一。

2. 市场细分

产品的目标市场人群：追求时尚的摄影爱好者。

个人用户——青年时尚人群（主要指年轻白领和青年学生）：年轻白领生活时尚，收入丰厚有购买需求和购买能力；青年大学生，追求时尚，他们往往可以依托家庭消费，也是有购买需求和购买能力的人群。

家庭用户：家庭需要用相机记录孩子的成长，家里发生的值得纪念的事情等，所以对于那些摩登时尚的家庭来说性能良好的EOS-1D Mark IV是家庭数码相机不二的选择。

单位用户（单位宣传和摄影师）：单位会议、单位活动需要选择报道和记录，佳能EOS-1D Mark IV画面清晰，是很好的选择；EOS-1D Mark IV具有良好的性能和精致的画面，是影楼摄影师的不错选择。

3. 目标市场范围选择策略

佳能（中国）公司生产和制造各种各样的相机，并且每年都在研究和发布新的先进的数码相机。并且佳能公司的数码相机设计新颖，功能先进，款式和种类齐全，在数码相机行业一直都处于领先地位。因此，佳能公司把照相机的主要目标市场人群分为青年时尚人群、单位用户、家里用户。而且这些人群，特别是青年时尚人群，都是走在时代前列，多与互联网接触的人群。

4. 目标市场策略

佳能公司对佳能数码相机产品实行差异化的营销策略。差异化营销策略指是指面对已经细分的市场，企业选择两个或者两个以上的子市场作为市场目标，分别对每个子市场提供针对性的产品和服务以及相应的销售措施。企业根据子市场的特点，分别制定产品策略、价格策略、渠道策略以及促销策略并予以实施。

对于佳能公司这样实力雄厚的大企业来说实行差异化的营销策略是很好的选择，可以更好地宣传公司的相机产品，满足不同消费者的需求，扩大企业的市场份额。同时遵循以满足顾客需求为中心的方便、沟通的和节省成本的原则。

针对个人用户市场、家庭用户市场、单位用户市场，我们实行同一产品、统一的定价策略，利用好网络上的B2C渠道、网上商城等销售渠道的促销渠道，因为这些用户较多地登录网站、论坛。

家庭用户：利用电子邮件营销等营销手段。在广告宣传时强调相机对用户的方便性和实用性，“感动常在”。

单位用户：在价格方面可以适当的采用团购折扣的优惠价格策略。

三、网络推广计划

1. 网络营销目标

(1) 在本方案的实施时间范围内，迅速扩大EOS-1D Mark IV相机的知名度，把产品性能和特点介绍给目标市场，特别是在本公司的网站上，增加本公司网站的访问量；

(2) 准确寻找佳能官方网站的访问者，特别是关注 EOS-1D Mark IV 相机这一产品的访问者，一切从访问者出发，致力于将每个访问者变成客户和消费者。

2. 网络营销推广策略

网络营销主要以推广佳能公司的网站为主要目标。主要利用公司网站建立 B2C 的电子商务营销渠道和销售机制。

(1) 电子邮件推广。

电子邮件是有效的网络许可营销方法之一。分为：广告邮件、电子杂志两种。前者通过广泛发布邮件信息获得第一注意力；后者通过用户许可，获得定期、定向宣传效果，起到事半功倍的效果；每周给网站注册者发送电子邮件通信。通信中提供行业的新闻和一些摄影技巧，并链接回公司网站。每月制作电子杂志，免费向会员的电子邮箱发送，同时链接到各类电子杂志网站，让网友免费下载阅读。电子杂志的内容质量是关键，不然会被当做垃圾邮件处理。

(2) 关键词竞价搜索。

统计表明，50%以上的自发访问量来自于搜索引擎；关键词竞价搜索是网络推广的有效手段。竞价搜索的核心是关键词的选择与调整和搜索引擎的选择，定期跟踪分析和投放策略组合也十分重要。主要投放的搜索引擎包括：百度、Google、雅虎、搜狐等。

(3) 网络联盟策略。

首先，实现同类网站互通有无，建立同盟，并做到唯我马首是瞻；其次，建立同行业（文化产业）同类型（互动社区）的网站联盟，做到互为宣传，互为推广；特别关注奇虎论坛联盟、中文 BBS 论坛联盟、五号图摘、网摘中国、天下网摘、图摘中国等，据有关数据表明每个网站平均每天能带来 100~1000 的流量，其中以奇虎论坛联盟的流量最多。

加入友情链接联盟最大的一个好处就是不仅可以提高网站在互联网上的曝光率，提高网站的反向链接数量和 pr 值，还因为注册友情链接联盟留下了网站的信息，并为自己生成了一个自助化的友情链接系统，这样别人就可以不在通知我的情况下加好我的友情链接，使友情链接变得更加轻松。

大量访问同类网站或者人气旺盛的网络平台，发布留言和论坛信息（可用技术手段实现），内容主要有：本网站介绍或者本网站部分精品内容发布，吸引爱好者访问。

(4) 数据库营销策略。

注重网上调查、用户资料、访问统计等数据的收集整理，并进行客观分析，对客户行为进行引导，是数据库营销策略的核心。

(5) 软文推广。

分别站在用户角度、专家角度、行业角度、媒体角度来有计划的撰写和发布推广软文，促使每篇软文都能够被各种网站转摘发布，以达到最好的效果。软文要写得让用户看了有收获，标题要写的吸引网站编辑，这样才能达到最好的宣传效果。

(6) 口碑推广。

通过免费服务，或者策划的新载体，按照口碑推广的惯用套路促使用户帮我们进行口碑宣传。

(7) 论坛推广。

整理50个人气最旺的相关主题网站进行有计划的发帖子，做好细节，才有好效果。发帖的关键点：帖子不在多，而在于顶！论坛宣传方式是多种网络宣传方式中最辛苦的一样，也是效果来得最快的一样。

(8) 利用第三方平台建立B2C的网络销售机制。如淘宝网、当当网、拍拍网等作为代理销售商，可以在淘宝网站上开设旗舰店等。

四、网络推广预算

1. 广告主题

传递广告信息的主题为“感动常在”，强调佳能产品的质量优越，性能优异，强调相机的功能是记录生活中的点滴感动。

2. 广告媒介

据互联网络信息中心的最新调查结果显示，在用户对网络广告的看法方面，选择有时点击和经常点击的人有63.4%，比半年前的50%有所增加，在用户是否愿意收到网络广告邮件作为选择物品或服务的参考方面，表示愿意的占36.0%，与半年前的31.3%相比也有所提高，说明网络广告这种形式正逐渐被人们所接受。43.2%的用户认为在未来一年中网络广告这种广告形式具有更好的宣传效果，其次是电视、户外广告、报纸杂志、宣传册和广播，由此可以看出，网络广告在广大网民心目中的预期地位已经可以和传统媒体广告相媲美。所以，佳能选择网络广告作为广告投放的重点。

对于网络广告，网络广告在尺寸上可以采取旗帜广告、巨型广告，在技术上还可以用动画、flash、游戏方式，在形式上可以在线收听、收看、试玩、调查等，公司选择在新浪等大型门户网站上大篇幅地登广告，此外，还可以通过搜索关键字提高自己的知名度。

根据网民的特点、喜好、需求采用适当的方式提供广告信息。CNNIC的最新调查显示，在吸引用户点击的广告类别方面，排在前五位的分别为有奖促销活动(67.9%)、公益性活动（51.2%)、娱乐活动（42.9%)、新闻信息（41.5%)、商品信息（33.1%)，网络广告可以根据网民的喜好、针对受众需求提供广告信息，与受众建立长久的网络关系。

3. 预算

本年度网络推广预算为300万元，其中，

(1) 各类网络广告：185万元；

(2) 关键词竞价搜索：75万元；

(3) 客户体验活动及抽奖活动等：40万元。

五、计划执行

公司市场部下设网络推广专员，全面实施网络推广计划。每月制订月度网络推广工作计划，并对上月网络推广执行情况与营销效果进行总结分析。

网络推广营销策略需要根据实际的实施效果在实施过程中进行实时监督，并在必要时候进行改进修正。

（中国营销传播网 http：//www. emkt. com. cn）

【案例 11-6】

某功能饮料促销活动计划书范例

某公司主要生产销售功能饮料，其产品特点是针对生活节奏快的职业白领而开发的抗疲劳、恢复活力、提高注意力的复合多功能饮料。2010 年初，该公司市场部利用南非世界杯期间这个全球瞩目的重大事件，策划了以世界杯为背景的主题促销活动，营销计划书如下（摘要）：

“畅享世界杯，激情百分百”主题促销活动计划书

一、活动背景及目的

（1）南非世界杯是 2010 年全球高关注度的大事件之一，中国国内直接关注人群高达 2. 5 亿，间接关注人群高达 5. 6 亿）；

（2）世界杯关注人群 92%为男性，其中 65%为 20~40 岁男性，与公司产品的目标消费群吻合；

（3）以世界杯为主题的促销活动有利于提高公司品牌的知名度和美誉度；

以世界杯为主题的促销活动有利于将公司品牌塑造成为一个具有相当活力的品牌，使其消费人群扩大并加强其忠诚度。

（4）活动主题：“畅享世界杯，激情百分百”（双重大惊喜）

二、活动时间：2010 年 3 月 1 日—6 月 15 日

三、活动区域：中国内地

四、活动形式：活动期间，凡购买公司产品的消费者，均可获得“畅享世界杯，激情百分百”刮刮卡一张，多买多刮，现刮现中。凡刮中“世界杯”图案的消费者，凭本人身份证（限可携带一人）参加届时在当地指定酒吧举办的“畅享世界杯”集体观看电视转播和畅饮啤酒活动（包场酒吧免费酒水提供）；全国获奖名额 10000 人。

凡刮中公司徽标图案的消费者，除了参加在当地指定酒吧举办的“畅享世界杯”集体观看电视转播和畅饮啤酒活动外，可获赠海南三亚免费旅游券一张（每张限 2 人参加）。全国获奖名额 100 人。

五、活动宣传

（1）电视广告：CCTV-5 体育节目及各中心城市播放；

（2）电台广告：各中心城市 FM 节目播放；

（3）车身广告：各中心城市投放；

（4）活动单张：各中心城市大型超市发放；

（5）横幅：各中心城市大型住宅小区悬挂。

六、活动相关工作推进表

(1) 广告设计、拍摄、制作；

(2) 宣传物资设计印刷制作；

(3) 各地活动酒吧联络与协议；

(4) 旅游公司联络与协议；

(5) 宣传人员组织与培训；

(6) 各类广告发布；

(7) 活动主持；

(8) 其他工作要求：广告与宣传物资要求在1月底前完成，2月1日各地媒体同时发布；3月1日前，各大城市大型超市产品上柜率要求达到100%，其他终端铺货率要求达到80%以上；临时促销人员1月底招聘，2月份培训，3月1日进场；其他相关配套工作详见任务书。

七、活动效果预估

通过本促销活动，使公司产品在活动期间获得50%的销售增长，在当年获得30%销售增长。

八、费用计划

本次促销活动总体费用预算为××万元，占同期产品销售收入12%，占公司全年营销费用的20%。具体费用明细为：

(1) 媒体广告发布费用××万元；

(2) 宣传物资制作费用××万元；

(3) 活动现场费用××万元；

(4) 旅游费用××万元；

(5) 临时宣传人员费用××万元。

(中国营销传播网 http：//www. emkt. com. cn)

第四节　市场营销计划的实施与控制

一、市场营销计划的实施

制订正确的市场营销战略与计划固然重要，但是，没有落实就等于零。很多企业的营销战略很宏伟，看起来令人振奋，但是一年下来结果与预期大相径庭。制定策略需要智慧，执行策略则需要能力。执行力与执行能力是企业经营层级各级经理的最重要的素质。

企业在营销计划的实施中常出现各种各样的问题，一个好的营销计划并没有带来好的营销业绩，其主要原因是：

（1）营销策略和计划本身缺乏调研基础，闭门造车，脱离实际，因而可信度较差。

（2）长期目标和短期目标出现冲突，没有有效地采取应对措施。

（3）企业总体利益与各层级营销组织或者营销人员个人利益存在冲突，没有很好的沟通协调。

（4）缺乏明确具体的行动方案，各级营销组织和营销人员对任务的理解造成差异，因此工作不能协同推进。

（5）现行的营销组织，或营销制度、激励方案等对新的营销战略实施存在障碍，不利于调动各方面的积极性。

（6）营销计划实施过程中，外部竞争形势发生变化，企业没有及时对营销计划作出相应的调整。

为了更好地实施市场营销计划，取得预期的市场营销结果，必须采取如下措施：

（1）制订行动计划 。

在确定了市场营销战略和计划以后，必须明确市场营销计划中的关键性环节，制定措施，明确具体的任务，制订书面的行动计划，并将任务分配到各级营销组织和个人。行动计划应包括具体的工作项目、工作内容、工作标准、责任人、资源配置、完成时间表等。一般以周或月为单位，定期跟进，循环制订行动计划。

（2）调整组织结构。

营销组织结构应符合营销战略的要求，也就是说，必须根据企业战略、市场营销战略的需要，适时改变、完善营销组织结构，包括各级营销组织负责人的调整。

（3）完善营销管理制度。

营销管理制度必须以营销战略为导向，进行适当调整。营销管理制度要明确与营销战略和计划有关的各个环节、层级、岗位、人员的责、权、利，各种要求以及考核、奖惩条件。

（4）工作协同推进。

为了有效实施营销计划，计划实施系统的行动方案、组织结构、建章立制、人力资源管理和企业文化五大要素必须协调一致，相互配合。通过月度市场工作例会或月度人财物协调例会的方式，统筹企业内部各种资源，工作协同推进，从而使营销计划得以有效实施。

【案例 11-7】

××公司市场工作例会操作细则

为了加强市场营销执行力度，实施市场目标绩效管理，提高市场营销工作效率，加强市场与公司相关部门的沟通，提高市场响应速度，公司决定每月底召开月度市场工作会议。

一、会议主要内容

1. 分析本月市场营销目标执行情况

2. 确定下月市场营销目标计划

3. 确定月度市场推广策略与工作计划

4. 报告售后服务工作小结与下月工作安排

5. 部门之间工作协调及其他事项

二、会议时间、地点

每月28日左右，会期1天。具体时间调整以通知为准。会议地点以公司总部为主。

三、参加人员

参加人员：总经理、副总经理、市场总监、销售总监、大区营销经理、售后部经理。市场部策划、行业推广、网络推广、商务助理列席会议。

会议主持：市场总监或销售总监

会议记录：商务助理

会议通知：市场部

四、会议议程

1. 市场总监作市场工作报告

2. 销售总监作销售工作报告

3. 大区营销经理报告工作

4. 售后部经理报告工作

5. 其他议题：要求讨论沟通，形成决议

6. 总经理讲话

五、会议报告内容要求

1. 市场总监报告内容

本月市场营销方案执行情况与效果分析、下月市场营销思路与具体措施、市场营销推广预算、需要各大区协助落实的事项

2. 销售总监报告内容

月度销售目标完成情况、下月销售目标、销售工作计划

3. 大区经理报告内容

本月市场营销目标完成情况、渠道建设落实情况、市场推广活动、安装与售后存在的主要问题、员工培训情况、下月目标计划、落实目标的主要支撑措施、需要其他部门协助的事项

4. 售后部经理报告内容

本月设备安装进度及存在的问题、本月售后存在的主要问题及解决措施、售后人员调配情况，安装与售后服务工作小结与下月工作安排

六、生产部确认月度生产计划与交货进度

七、财务部确认市场费用预算与支付计划

八、会议落实

1. 会议以纪要形式下发各有关部门和人员

2. 确认并通过各部门工作报告

3. 下达月度销售目标

4. 提出各部门工作要求与工作改进意见

对于会议提出的工作要求，各责任人要及时反馈落实结果，并在下月例会上报告。

（作者自编）

二、市场营销计划的控制

市场营销计划控制，是指企业在实施营销计划过程中，随时调研计划实施效果，检查实际绩效与计划之间是否有偏差，根据内外营销条件的变化而采取调整控制措施，以确保市场营销计划的完成。

1. 市场营销的绩效控制

绩效控制的内容，主要是对销售额、市场占有率、营销费用率等进行控制。其目的是确保年度计划所规定的销售目标的实现。控制方法是：

（1）设定标准：确定本年度各个季度或月度的业绩目标；

（2）绩效测量：将实际成果与预期成果相比较；

（3）因果分析：研究发生偏差的原因；

（4）纠正措施：通过必要的调整措施，缩小计划与实际之间的差距。

2. 市场营销的财务控制

通过分析市场营销的投入产出，调整市场费用投入计划，达到控制市场行为的目的。控制方法是：

（1）盈利能力分析：按产品、地区、渠道、顾客等因素进行投入产出细分，通过对财务报表和数据的分析，衡量每个因素对企业最终盈利的贡献大小及获利成本。

（2）调整财务政策：通过盈利能力分析，找出影响获利的因素，采取相应的投入政策调整，排除或者削弱这些不利因素的影响，以期获得预期的盈利指标。

3. 市场营销的效率控制

主要是对市场营销各种活动的执行效率进行监测，分析原因，采取适当的调整措施。控制内容和方法是：

（1）销售队伍的效率：营销人员拜访客户的效率分析（每次推销访问所需的时间、收入、成本以及订货单数量等）、新客户开发的效率分析（发展新客户数量、成本、周期等）、销售队伍工作效率分析（业绩指标完成率、业务成本等）等。

（2）广告效率：各类广告投入成本、广告影响力、广告对销售的贡献等。

（3）促销效率：促销活动的成本、促销活动的影响力、对销售的贡献等。

（4）分销效率：分销网点的市场覆盖面、分销渠道的布局结构、渠道中各类成员发挥的作用和潜力、存货控制、应收账期分析等。

4. 市场营销的组织控制

主要是评价企业的市场营销组织在执行市场营销战略方面的组织保证程度和对市场营销环境的应变能力。包括：各级市场营销经理的理解能力和执行能力，这些人员是否有明确的责任和权力，是否能按产品、用户、地区等有效地组织各项市场营销活动，是否有一支训练有素的销售队伍，对销售人员是否有强有力的激励、监督机制和评价体系，市场营销部门与企业其他部门的沟通情况和合作关系等。

☞ 课后训练 ☜

一、理论知识掌握

1. 什么是市场营销战略？

2. 市场营销战略有什么特点？

3. 构成市场营销战略的要素是什么？

4. 简要阐述市场营销战略制定的过程。

5. 市场营销组织与哪些类型？每一种类型的职能是什么？

6. 市场营销组织管理的内容是什么？

7. 什么是市场营销计划？

8. 市场营销计划有什么作用？

9. 市场营销计划的内容是什么？

10. 制订市场营销计划的原则是什么？

11. 制订市场营销计划的程序是什么？

12. 好的营销计划并没有带来好的营销业绩，其主要原因是什么？

13. 为了更好地实施市场营销计划，取得预期的市场营销结果，必须采取什么措施？

14. 什么是市场营销计划控制？

15. 市场营销计划控制有哪几种方式方法？

二、能力素质训练

1. 某服装公司决定在圣诞节、新年和春节期间，在本市各大商场举办系列促销活动，以期获得较大的市场销售业绩。请为该营销活动拟定主题，并制订营销活动计划。

2. 案例赏析——华芳公司功能纺织物的营销方案

（1）行业背景。

当时，市场上出现的功能纺织物大体分为如下几类：①利用药物的疗效而形成的纺织品，如505系列。②利用天然矿石的某些特性而形成的消费品，如玉枕等。③利用某些微量元素在常温下吸收周围环境与生命体的能量，并释放能量的特性而制成的纺织品，如珠海天年公司生产的“天年”牌系列产品。

华芳公司生产的功能纺织物其核心是多功能电子功能材料，它是将某些纳米复合陶瓷粉末，按照科学配方并采取高技术合成的产品。所谓多功能电子纤维，是将多功能电子功能材料的超微粒子（0.3~0.5微米，约为头发丝直径的1/10）编入纤维中而制成的。这种纤维可纺成纱或编成线，经过机织或针织，做成纺织品，或者不经编制而制成无纺布。这种多功能电子纤维具有永久电性能，能够激活生命本体能量，改善人体功能，改善人体微循环；抗紫外线，对人体有保护作用；可以保暖，减少人体热量散失；可以保鲜，同时可以杀菌。

（2）市场营销计划概要。

华芳公司功能纺织物产品投入市场的第一年，力争销售收入达到3000万元，利润收支平衡，市场营销费用为600万元，市场覆盖面达到北京市、天津市、河北省。

（3）市场营销现状。

①市场需求：国内功能纺织品的市场容量1998年大约为10亿元人民币，之后几年以较快的速度增长，1998年之后，会有所下降。该产品中以功能内衣、内裤、床上用品为主流产品。消费者购买此类产品主要是出于健康的考虑，尤其中、高收入阶层或知识层次较高的消费者，他们懂得微循环对人体的作用，因而愿意购买。另外，年轻人给老年人送礼也会占购买者很大比例。

②产品分类：该类产品主要包括：内衣系列；床上用品系列；护膝、护腕系列等与人体充分接触的纺织品。它们的生产成本与同类非功能纺织品相比稍高，但售价却高出近一倍。

③竞争情况：天年公司产品的分销渠道以大城市高档消费商场为主，另有一些位于文化层次较高地区的商场。公司在各地有自己的办事处，在商场安排自己的销售柜台，销售人员一般为两名销售小姐，一名医务人员，配置一名测量人体微循环的微机和一些介绍微循环的宣传资料。销售小姐和医务人员都经过总公司的严格培训，训练内容包括医务知识、微循环与各种疾病的关系、如何吸引顾客对天年产品的兴趣如何处理顾客退货等。

天年公司的广告宣传以突出高科技和微循环知识为主，通过各大报纸介绍微循环知识，通过中科院、医学院的专家、学者的专业评价，加强公司产品的可靠性。另外，它还通过名人效应介绍使用天年产品后的效果，说明产品的疗效。

在促销手段上，天年公司以推式策略为主，即通过对销售人员的销售绩效的评价与相应的奖励来达到促销的目的。

④宏观环境：随着人们生活水平的提高和对保健品知识的增加，功能纺织物的发展近期内会比较乐观。在国际市场上，目前仅有中国台湾和日本的厂家有少量生产。由于东南亚一带对中国的医药行业有比较深的了解，相信对此类产品也会有一定的需求。

（4）优势与劣势分析。

当时，市场上还没有防止紫外线的产品出现，如新型的太阳帽和外用衬衫。另外，天年公司的产品由于透气性较差，有时会让消费者感到不适。在天年产品系列中，内衣系列产品种类较少，专门用于送礼的产品包装较差。

①华芳公司的主要优势。

a. 有较强的技术队伍并有较好的企业形象。

b. 产品质量较为稳定，在使用上会有更好的效果。

c. 有此项技术的专利权，可以有效地防止其他竞争者的进入。

d. 社会上对微循环的知识有一定了解，可以节约一些宣传费用。

②华芳公司的主要劣势。

a. 由于产品刚刚上市，没有固定的分销渠道。

b. 产品没有品牌形象。

c. 如果产品初期市场开拓不利，则公司的财力会承受不了。

（5）公司目标。

①财务目标。

a. 1995 年的销售收入达到 3000 万元，销售利润率达到 30%。

b. 1995 年的税后利润为 100 万元。

c. 1995 年产生 2500 万元的现金流量。

②市场营销目标。

a. 在北京、天津、石家庄建立 20 个销售网点。

b. 培训 100 名销售人员。

c. 销售收入达到 3000 万元。

d. 在消费者中达到一定的知名度。

（6）市场营销策略。

①目标市场：中、高收入家庭，特别侧重于女性购买者。

②产品定位：质量最佳和多品种，外包装精良。

③价格：价格稍低于竞争对手品牌。

④销售渠道：重点放在大城市消费水平较高的大商场，建立公司自己的销售渠道。

⑤销售人员：对销售人员的招聘男女比例为 2∶1，建立自己的培训中心，对销售人员实行培训上岗，采用全国账户管理系统。

⑥服务：建立一流的服务水平，服务过程标准化。

⑦广告：前期开展一个大规模、高密度的、多方位的广告宣传活动。突出产品的特色，突出企业的形象，并兼顾一定的医疗知识。

⑧促销：参加全国范围的经贸展览会，在节假日实行价格优惠，用考核销售人员销售业绩的方法，促使销售人员大力推销。

⑨研究开发：开发功能纺织物在其他领域的用途。

⑩营销研究：监测竞争者的经营策略和产品开发，调查消费者对此类产品的选择过程和产品的改进方案。

（7）行动方案。

人力资源部着手安排销售人员的招聘和培训，在 10 月底以前第一批 20 名销售人员和医务人员培训完毕。

生产部门 10 月份第一批样品出厂，营销部门与用户接触，对产品进行修改。

11 月份第一批 5 家大商场开始销售本公司产品。

12 月份广告宣传战开始。在此之前营销部门与广告媒体制定出广告方案，广告费的预算为 100 万元。

4 月份参加全国春季纺织用品展销会。

广告战开始的同时开展有奖销售活动，各经销点第一季度多的销售人员可以获得去海南度假的奖励。

（8）营销控制。

营销部门专门设立全国销售工作检查小组，负责检查和协调各经销站的情况，并及时处理可能发生的意外情况；同时，制订应急计划，如对竞争对手销价如何处理等。(郭国庆，李先国．中国人民大学工商管理/MBA 案例·市场营销卷．北京：中国人民大学出版社，1999：21-25.)

思考：

上述案例是一个非常成功的营销方案，你认为导致华芳公司功能纺织物营销非常成功的原因是什么？

第十二章　市场营销综合实训

市场营销综合实训是市场营销实务的重要内容，是学好市场营销实务的关键。

第一节　市场营销综合实训动员

一、市场营销综合实训的重要性

1. 市场营销综合实训的重要性是由市场营销学科性质决定的

（1）市场营销是职业技术课。

职业技术课的最大特点是重点培养学员的专业或者职业技术能力，专业或者职业技术能力的获得或者养成或者培养，主要是通过全面实践或者实验或者实训的操作练习。市场营销学作为职业技术课的能力养成要求就是全面培养学员的市场营销能力。而市场营销能力的培养，关键在科学地合理安排市场营销实训，尽可能多地给每一个学员提供足够多的实训练习机会。因此，学好市场营销学这门课程的途径和方法是做足做好市场营销实训，学好市场营销学这门课程的重要标志是市场营销能力的养成。

（2）市场营销是我们专业的核心课程。

专业核心课程是学员学好该专业的关键课程，关系到学员是否“名副其实”的问题。专业核心课程要求学员全面掌握该课程的理论、实践操作和创新。这里的创新包含理论上的创新和实践上的创新。市场营销学是我们专业的核心课程，离开了市场营销的实训练习就谈不上学好市场营销学这门课，甚至有可能谈不上学好该专业。

（3）市场营销是一门实践型课程。

市场营销学的实践性很强，离开了实践去学习市场营销学，即使学习市场营销学考了100分，到实践中去运用操作你还是一无所知，不知道怎么动手操作。

2. 市场营销综合实训的重要性是由我们学校性质决定的

武汉软件工程职业学院是一所全日制的高等职院校，高等职院校的人才教育培养目标是：培养“实践型”、“应用型”高级人才。重点强调：理论够用，重在实践动手操作。

市场营销作为高等职院校的专业课程，在“教”与“学”的过程中，营销理论只要能支持学生从事一线市场营销工作需要即可，重点在通过大量的市场营销实训实现或者达到培养学生从事市场营销工作，进行市场营销运作所需要的能力，使学生走上社会工作岗位后，能够快而好地适应和胜任本职责工作。

3. 人才市场需求决定了市场营销综合实训的重要性

目前，人才市场上要求应聘者要有本职工作经验，要求应聘者上岗后工作上手快或者直接上手，企业这方面的要求是由于企业节约、节省人才上岗培训成本的目的决定的，是不会随时间地点而改变的。因此，为了满足人才市场的需求，增加我们学生求职上岗的竞争力，我们的专业技术课程和核心课程，都应该自觉地加强实训实验实践的教学，学生本人应该尽最大努力配合老师提高自己的动手操作能力。

4. 学习最终目的决定了市场营销综合实训的重要性

同学们到学校来学习的目的各异，多种多样，但是，同学们学习的最终目的大致是相同的，无外乎获得一个好成绩和获得文凭、学会谋生的本事，将来走入社会获得一份不错的工作。这个目的的实现，要求同学们在学好专业理论知识的同时，尽最大努力去提高自己的实践操作能力。市场营销能力对于今天的市场是非常需要的，对于今天的各行各业的生存和发展而言是至关重要的，同学们无论将来从事哪行哪业，目前市场营销能力的养成都是有非常重要的现实意义。

5. 教学目的要求决定了市场营销综合实训的重要性

我们教育教学的目的，从宏观上来说是培养满足社会建设与发展需要的，胜任职业工作岗位的应用型人才。但是，从学生层面上讲就是培养学生走入社会后，求生存谋发展的真本事。市场营销能力是当今社会需求最广，谋生能力最强的一种能力。因此，加强市场营销实训对学生的现在和未来都具有非常重要的现实意义。

二、市场营销综合实训的要求

1. 学习自觉主动，刻苦勤奋

对于教材，要在开学第一周，最迟在第二周内，把教材的内容全部通读完毕，做到对市场营销的理论知识有一个全面的理解；对于每次实训都能够自觉主动地去行动、去做，力争每次能够很好地完成实习实训任务。

2. 放下架子，拉下面子，以正确的学习态度，良好的心态积极参加做好市场营销实训

市场营销实训必须真刀真枪地在市场一线摸爬滚打，因此，放下架子，拉下面子，对于我们大学生特别重要。由于市场营销是真刀真枪地在市场一线上摸爬滚打，赚钱和亏本都是常态，没有一个健康的心态是搞不好市场营销工作的。怕自己亏本，怕别人赚钱等都是要不得的思想。

3. 要有不怕脏、不怕苦、不怕累的精神，要有敢于求异思维，敢于发明创新的精神

4. 有计划地规划方案

每次市场营销实训要有事前策划，拿出设计方案；事中操作过程记录以及对设计方

案进行修正调整的记录，事后要有反思、心得体会或者经验总结，要听得进同学、老师以及其他相关人员的建议与意见。

5. 交一份市场营销综合实训的体会

每一个学生，每一学期必须交一份一次市场营销综合实训的设计方案，以及实施过程中的得与失的"文案材料"，并参加评分，以满分十分的形式计入课程总分。

三、市场营销实训的方式方法

1. 市场营销实训案例的剖析（简称为案例分析）

要求：（1）正确分析评价：以理论为依据，以具体材料的实际环境为准绳，正确评价该案例成功的地方，诚恳分析该案例失败的地方。

（2）有破有立：在分析案例失败不足之处后，提出自己的建议或者拿出自己的比该案例中更好的方案出来。

2. 市场运作中某个专项的实际操作

要求：（1）以文字形式，先拿方案。

（2）根据方案做好准备。

（3）根据方案进行实际操作。

（4）操作完成后做好总结。

（5）大家评析。

3. 在市场中做生意

要求：（1）积极参加：积极进行操作，努力少投入多赚钱。

（2）积极支持：积极通过购买支持做生意的同学，一定要据理砍价。

（3）积极观摩学习，总结提高。

第二节　市场营销综合实训指导

一、实训目的

市场营销综合实训是企业管理专业的一门必修职业技术课，共计 2 个学分，要求学生必须熟练掌握工业企业和商业企业市场运作过程。通过本次综合实训，使学生基本熟悉商业市场运作全过程，使学生明确市场营销贯穿于企业市场运作过程的始终，进一步强化市场营销单项技能的训练，提高学生分析研究市场，分析营销环境的能力，提高学生综合运用产品策略、价格策略、渠道策略、促销策略等营销要素制定营销组合的能力。

二、实训要求

1. 学习自觉主动，刻苦勤奋

根据实训实践需要，认真对照教材理论知识，去领会理论并运用于实践，指导实践，锻炼和提高自己的市场营销实战能力。能够自觉主动地按照要求去探究市场，制定科学的行动计划。努力去做、去行动，力争很好地完成实训任务。

2. 放下架子，拉下面子，以正确的学习态度，良好的心态积极参加做好市场营销实训。

本次市场营销综合实训是真刀真枪地在市场一线摸爬滚打，因此，每个人都必须放下大学生的架子，拉下面子，克服熟人、熟同学抹不开面子的思想，这对于我们大学生特别重要。另外，由于市场营销实训是真刀真枪地在市场一线上摸爬滚打，赚钱和亏本都是常态，没有一个健康的心态是搞不好市场营销实训工作的。怕自己亏本，怕别人赚钱等都是要不得的思想。

3. 要有不怕脏、不怕苦、不怕累的精神，要有敢于求异思维，敢于发明创新的精神。

本次市场营销综合实训是真刀真枪地在市场一线摸爬滚打，场所的准备，物品的搬运，适应市场的运动规律等，有大量的脏、苦、累的事等待我们同学去克服！去战胜！市场营销行为是一种发明创新的行为，本次市场营销综合实训期待着同学们去充分发挥自己和集体的聪明才智，创造出最佳的实训成绩！

4. 有计划地规划方案

本次市场营销综合实训，每一个公司团队要有事前市场调研和策划，拿出设计方案；事中操作过程记录以及对设计方案进行修正调整的记录，事后要有反思、心得体会或者经验总结，要听得进同学、老师以及其他相关人员的建议或意见，及时改进和提高。

5. 交一份营销实训体会

本次市场营销综合实训，每一个公司团队必须上交一份实训心得体会，并参加评分，以满分 30 分的形式计入本次实训总成绩。

6. 要求每一个参加实训人员具有较强的团队意识和精神

三、实训方法

本次市场营销综合实训，以公司团队形式出现，每个公司团队人员由 5~6 人组成，每个公司团队组成成员名单与平时课内单项实训的公司团队组成成员名单相同，这里不再单独列出。每个公司团队的岗位和岗位职责为：

总经理 1 名，其职责为：（1）对本公司团队的重大事项作出拍板或决策。（2）协调本公司团队各部门行动，为保证本公司团队和谐正常运转起到润滑油的作用。（3）监督和检查各个部门职责的落实。（4）根据市场实际情况及时调整公司团队的工作计划和安排。

营销总监1名，其职责为：（1）服从总经理的领导，执行公司团队的决议。（2）搞好市场调研工作，为总经理及其他部门决策提供依据。（3）制定营销组合策略，做好销售工作。

财务总监1名，其职责为：（1）服从总经理的领导，执行公司团队的决议。（2）为公司团队掌握好资金财产的进出，要求做好公司团队每一个时间单元的“损益表”和“资产负债表”，及时向总经理汇报财务情况，为总经理决策及时提供依据。

采购总监1名，其职责为：（1）服从总经理的领导，执行公司团队的决议。（2）熟悉市场行情，以最低成本、最短时间、最快速度，采购回公司团队所需要的产品，满足销售工作的需要。（3）协助营销总监做好促销工作和产品销售工作。

后勤总监1名（五人的公司团队，由财务总监兼任该职务），其职责为：（1）服从总经理的领导，执行公司团队的决议。（2）做好整个公司团队的后勤服务保障工作。

信息总监1名，其职责为：（1）服从总经理的领导，执行公司团队的决议。（2）及时收集、整理、分析市场各方面的信息，为总经理和其他各部门的运作提供决策依据。（3）协助营销总监做好市场调研工作和促销、产品等的销售工作。

四、实训内容

本次市场营销综合实训，每个公司团队的起始资金统一为300.00元整，自行市场调研、自行市场决策，自行采购货物或商品，自行销售商品，自己做账，自负盈亏，院系提供政策和方便。

起始资金来源是：（1）同学们自筹300.00资金。（2）从院系借贷300.00资金，做完实训必须缴纳20.00元作为奖励基金，用于实训结束后的总结奖励。

本次市场营销综合实训，每个公司团队在进行市场运作时，必须把如下九大问题的思考贯彻到市场运作的全过程中。这九大问题是：

（1）本次市场运作的“市场”在哪里？

回答好这个问题是做好本次综合实训的基础。对“市场”的回答，不能停留在校内。同学们应该做好市场调研，市场细分工作，把市场具体化，力争做到市场不仅能感知，而且也能计算测量。

（2）本次综合实训的“市场”需要一些什么东西？

回答好这个问题也做好本次综合实训的基础。对“市场”需要一些什么东西的回答，是对第一个问题的深入，是一个了解市场、认识市场的过程。它的答案将为公司团队的决策提供依据。

（3）用什么东西去满足这些“市场”需要？

满足这些“市场”需要可以用产品直接去满足，也可以间接满足。用什么样的产品，采用直接还是间接的方式去满足市场需求是必须事前考虑好的问题，要回答好本问题，除了要熟悉了解市场外，还必须熟悉了解市场中的竞争者。这不仅是做好本次综合实训的基础，而且也为下一步的市场运作提供方向。

(4) 我有满足市场需要的能力吗?

回答该问题，需要对自己的公司团队有一个清醒的完整的全面认识。每一个公司团队必须知道自己的优势与劣势，在市场运作中扬长避短，用自己的特长优势去服务市场，满足最大的市场需要。

(5) 我怎样去获得用于满足市场需要的东西?

熟悉消费者市场和市场竞争者，熟悉自己，对每一个公司团队而言，还不能说已经做到知己知彼，因为无论工业企业还是商业企业，都有原材料或商品采购这个关系企业市场运营成本的大问题要解决。回答好该问题，必须熟悉了解采购市场在什么地方，公司团队通过什么样的方式获得自己需要的原材料或商品。

(6) 怎样以最小的成本去获得这些东西?

采购无疑是要成本的，但是，采购成本的大小与采购人、采购对象、采购数量、采购方式方法、采购时间以及采购货物的货运有无或货运方式方法等有关。采购成本的大小是关乎企业利润大小的重要因素之一。回答好该问题，做好低成本采购工作，是关系到本次综合实训的成败的重要因素之一。

(7) 怎样以最短的时间最快的速度到达市场去满足市场需求?

企业市场运作的过程，归根结底就是企业发现市场机遇，把握市场机遇的过程，即瞅准市场中的赚钱机会和亏本威胁，快速地躲过亏本威胁，把赚钱机会转变为自己荷包里的现金。市场机会是有时效性的，只有用最短的时间和最快的速度去满足市场需求，才能在做市场过程中获得先机。回答好该问题，为本次市场营销综合实训的成功奠定了坚实的基础。

(8) 以什么价格对满足需要的顾客进行收费?

营销组合策略是市场运作中进行销售，完成销售必要的重要策略。营销组合的产品、价格、渠道和促销四要素中，唯一与企业经营业绩直接挂钩的是价格；影响消费者购买，消费者投诉最多问题之一，就是价格。因此，回答好该问题，对做好本次综合实训有着非常重要的作用。

(9) 怎样做才能使顾客满意?

本次市场营销综合实训，虽然是一次性的，但是，作为做市场者，必须树立市场营销观念，顾客的需要需求是我们做市场的出发点和归宿。因此，怎样做才能使顾客满意是每一个做市场者必须考虑的重要问题。

五、实训时间

本次市场营销综合实训时间为：两周。

具体时间安排为：

(1) 第一阶段为调研策划阶段，时间为实训的前两天。

(2) 第二阶段为采购销售阶段，时间为实训的第 2~9 天，共计 8 天。

(3) 第三阶段为总结提高阶段，时间为实训的最后一天。

注：由于本实训的特点决定了学生实训时间为全天候。

六、实训地点

本学院校园内以及周边地区。

七、实训指导

（1）实训指导老师实行现场巡视的方法进行实训指导，实时地解答学生提出的问题，纠正学生不正确的做法，为学生实训提供方便。

（2）实训指导老师安排。

八、实训成绩考核

根据实训“损益表”中利润大小评定成绩。

九、实训人员分组名单（略）

十、实训损益表（见表 11-3）

表 11-3　　市场营销实训损益表

销售收入（销售数量×销售价格）	+	
直接成本（采购数量×采购价格）	—	
毛利（销售收入-直接成本）	=	
营业费用（广告费、物流费、午餐费等支出）	—	
折旧前利润（毛利-营业费用）	=	
折旧（物流、销售等过程中一切其他损耗）	—	
息前利润（折旧前利润-折旧）	=	
贷款利息（借贷后所发生的利息）	—	
额外收支（计划外的收支）	+ -	
税前利润（息前利润-利息-额外支出+额外收入）	=	
所得税（因为实训，没有所得税）	—	0
净利润（税前利润-所得税）	=	

课后训练参考答案

第一章课后训练答案

一、理论知识掌握

1. 什么是需要、欲望和需求？

需要是指人们感到某种缺乏而力求获得满足的一种状态，是一种人类与生俱来的潜伏着的感受，存在于人们自身生理和社会之中。

欲望是指想得到上述基本需要的具体满足的愿望，是文化和个性所形成的人类特定的需要形式。

当有购买力作为支持时，需要就变成了需求。

2. 什么是营销供给？

营销供给是提供给市场来满足需要或欲望的产品、服务、信息或体验的结合体。

3. 什么是顾客满意与顾客让渡价值？

顾客满意是指一个人对一种产品感知到的效果或效能与他的期望值比较后，所形成的愉悦或失望的感觉状态。

顾客让渡价值是指顾客购买总价值与顾客购买总成本之差。

4. 什么是交换与交易？

交换是指以提供某种物品（如货币等）作为回报，从他人那里换取所自己需要的产品（包含服务）的行为过程。

交易是交换的基本组成部分，是买卖双方所做的价值交换。

5. 什么是市场？怎样理解？

市场是商品经济的产物，是一种以商品交换为内容的经济联系方式。

市场包含三个主要因素：有某种需要的人、为满足这种需要的购买能力和购买欲望。即市场=人口+购买力+购买欲望

市场的这三个因素是相互制约、缺一不可的，只有三者结合起来才能构成现实的市场。消费者人口是构成市场的基本因素，消费者人口的数量决定市场的规模和容量，消

费者的构成及变化影响市场的构成和变化；消费者的购买力是构成现实市场的物质基础；消费者的购买欲望是消费者的潜在购买力转化为现实购买力的必要条件。

6. 如何理解市场营销的含义？市场营销有哪些功能？

市场营销是企业以顾客需求为出发点，有计划地组织各项经营活动，为顾客提供满意的商品和服务而实现企业目标的过程。

作为企业的一种活动，市场营销有如下基本功能：

（1）发现和了解消费者的需求。

（2）为企业决策提供依据。

（3）开拓新市场。

（4）满足消费者的需要。

7. 市场营销学的研究对象是什么？市场营销与市场营销学的区别与联系？

市场营销学的研究对象是市场营销活动及其规律，即市场营销活动的过程、内容以及发展变化。包括企业如何识别、分析评价、选择和利用市场机会。从满足目标市场顾客需求出发，有计划地组织企业的整体活动，通过交换，将产品从生产者手中转向消费者手中，以实现企业营销目标。

市场营销与市场营销学的关系

	市场营销	市场营销学
区别	1. 是指人类社会的经济活动。	1. 是一门经营管理学科。
	2. 是指企业的营销实践活动。	2. 是对营销实践活动的总结概括，并指导之。
联系	1. 都来自于英语单词 Marketing，为动词时“市场营销”，为名词时“市场营销学”。	
	2. 市场营销活动的过程、内容以及发展变化是市场营销学的研究对象。	
	3. 市场营销学揭示了市场营销发展的变化规律，并指导市场营销活动。	

8. 学习市场营销学有什么意义？

对于企业而言，有利于企业树立现代营销理念，适应我国社会主义市场经济发展的需要；有利于企业制定正确的经营战略，创造竞争优势；有利于企业取得更大的经济效益，加强企业发展的后劲和动力。对于个人而言，能满足我国社会主义市场经济对人才的需求；能创造更多的就业机会，提高个人薪酬；能使个人更好地适应经济全球化的发展趋势。

9. 传统营销观念与现代营销观念各有哪些代表观念？传统营销观念与现代营销观念的联系与区别是什么？

传统营销观念有生产观念、产品观念和推销观念三种。

现代营销观念有市场营销观念、社会营销观念、生态学营销观念、关系营销、绿色营销、大市场营销、突出4C营销、整合营销、网络营销等。

观念类型	时间	主要观念	出发点	方法	产销关系	目的	市场状态
传统营销观念	20世纪50年代以前	生产观念 产品观念 推销观念	产品	增产/推销	以产定销	扩大销售获利	卖方市场
现代营销观念	20世纪50年代以后	市场营销、社会营销、生态学营销、关系营销、绿色营销、大市场营销、突出4C营销、整合营销、网络营销	消费者需求	整体营销	以销定产 产销结合	满足消费者需求获利	买方市场

10. 营销行为可能对各个层面的消费者、消费团体乃至社会有何影响？

（1）营销对个体消费者的影响。

消费者通常对营销行为持有复杂甚至轻度厌恶的态度。消费者协会、政府机构和其他批评人士认为营销可能会通过高价、欺骗行为、高压销售、次品、有害品或不安全产品、故意过时以及对弱势消费者的低质服务而伤害到消费者。

（2）营销对社会整体的影响。

营销一直以来都被指责给社会带来了种种“罪恶”，如错误需求及过度物质主义、过少的社会产品、文化污染、过多的政治权力。广告一直以来都成为众矢之的。

（3）营销对其他公司的影响。

一家公司的营销行为如竞争者的并购、进入障碍、不公平竞争等可能会伤害其他公司并削弱竞争。

11. 什么是市场营销道德的评价标准？

市场营销道德评价是指对企业市场营销学行为进行善恶判断。

市场营销道德评价的标准目前主要有三种观点：后果论、动机论、结合论。

12. 市场营销道德问题分析中有哪几种观点？

三种观点：营销对个体消费者的影响、营销对社会整体的影响、营销对其他公司的影响。

13. 企业如何进行市场营销道德建设？

第一，确立市场营销道德的基本规范；第二，加强社会责任感；第三，强化市场营销道德信念。

二、能力素质训练

1. 请列举你在生活中遇到的不当营销行为，并分析对你个人乃至社会的影响。

略（个人分析）

2. 请列举你在生活中遇到的你认为非常成功的营销行为，并分析对你个人乃至社会的影响。

略（个人分析）

3. 案例分析

指导思想：以顾客为中心

以顾客为中心的出发点是消费需求，是以买方（顾客群）的要求为中心，其目的是从顾客的满足之中获取利润，这可以认为是一种“以消费者（用户）为导向”或称“市场导向”的经营观念。是组织以产品适销对路为轴心的整体市场营销活动，企业首先考虑的是“消费者（用户）需要什么”。

第二章课后训练答案

一、理论知识掌握

1. 市场营销环境有哪些特点？市场营销环境对企业营销有何影响？

特点：客观性、差异性、关联性与相对独立性、变化性与相对稳定性、不可控性与企业的能动性。

市场营销环境对企业营销影响：

（1）市场营销环境对企业营销带来机会和威胁双重影响；

（2）市场营销环境是企业营销活动的资源基础；

（3）市场营销环境是企业制定营销策略的依据。

2. 微观环境由哪些要素构成？宏观环境由哪些要素构成？

市场营销微观环境主要包括企业自身、供应商、营销中介、顾客、竞争者及社会公众。宏观环境包括人口环境、经济环境、政治法律环境、社会文化环境、技术和自然物质环境。

3. 市场营销环境分析的方法有哪几种？

机会/威胁分析法、优势劣势分析法、SWOT综合分析法。

二、能力素质训练

1. 假设你是一位即将走入社会的求职者，请用SWOT分析法分析自己的优劣势及即将面对的社会中存在的机会与威胁，并在以后的学习中针对性地努力消除不足，提高自身的社会竞争力。

略（个人分析）

2. 案例分析

根据宏观与微观环境对公司的影响具体问题具体分析。公司采取的营销策略从案例中找。

第三章课后训练答案

一、理论知识掌握

1. 消费者市场与组织市场有何特点？

第一，消费者市场的特点如下：

（1）普遍性与多样性。（2）层次性与发展性。（3）情感性。（4）可诱导性。（5）互补性和替代性。（6）地区性。（7）季节性。（8）流动性。

第二，组织市场的特点从整体上来说大致有如下几点：（1）营销人员接触的顾客比较少；（2）顾客每次购买数量比较大；（3）供需双方关系密切；（4）购买者的地理位置相对集中；（5）属于派生需求，也称为引申需求或衍生需求；（6）需求弹性小；（7）需求波动大；（8）专业人员采购；（9）影响购买决策的人多；（10）互惠购买，双方经常互为买方和卖方；（11）往往通过租赁方式取得所需产品；（12）直接采购。

2. 消费品有哪些类型？

（1）依据人们购买、消费的习惯分类，可分为便利品；选购品；特殊品；未觅求品。

（2）依据产品的有形与否分类，可分为有形产品（物品）；无形产品（服务）。

（3）依据产品耐用性分类，可分为耐用品；非耐用品。耐用品和非耐用品都是有形产品。

3. 影响消费者购买行为的因素有哪些？

（1）文化因素。（2）社会因素。（3）个人因素。（4）心理因素。

4. 消费者购买行为有哪些类型？

消费者购买行为分为四种：

（1）习惯性购买行为。（2）寻求多样化购买行为。（3）化解不协调购买行为。（4）复杂购买行为。

5. 消费者购买决策的内容和一般过程是什么？

在复杂购买行为中，购买者的购买决策过程由以下五个阶段构成：

（1）引起需要。（2）收集信息。（3）评价行为。（4）购买决定。（5）购后行为。

6. 生产者市场需求的特点是什么？

（1）派生需求。派生需求也称引申需求、衍生需求，是指产业市场的所有行为都是为满足最终市场，即消费者市场服务的，并随消费者市场需求的变化而变化。

（2）购买者少，每次购买数量大，购买次数少，能获取价格优惠。

（3）购买者往往集中在少数地区。

（4）需求弹性小，价格变动对需求影响不大。

（5）专家购买，影响购买决策的人多。

（6）需求波动大。消费品市场需求的少量增加会引起产业市场购买需求大幅度上升。

（7）直接采购，互惠购买，并运用租赁方法购买价格昂贵，更新换代快的产品。

7. 生产者的购买对象和购买类型有哪些？

第一，生产者的购买对象：

（1）使用者。即生产者用户内部使用这种产品或服务的成员。使用者往往首先提出购买建议，并协助确定产品规格。

（2）影响者。即生产者用户的内部和外部能够直接或间接地影响采购决策的人员。他们协助确定产品规格和购买条件，影响供应商的选择。

（3）决策者。即有权决定买或不买，决定产品规格、购买数量和供应商的人员。有些购买活动的决策者很明显，有些却不明显，供应商应当设法弄清谁是决策者，以便有效地促成交易。

（4）批准者。即有权批准决策者或购买者所提购买方案的人员。

（5）采购者。即被赋予权力按照采购方案选择供应商和商谈采购条款的人员。如果采购活动较为重要，采购者中还会包括高层管理人员。

（6）信息控制者。即生产者用户的内部或外部能够控制信息流向采购中心的人员。比如，采购代理人或技术人员可以拒绝或中止向某些供应商提供产品的信息，接待员、电话接线员、秘书、门卫等可以阻止推销者与使用者或决策者接触。

第二，生产者的购买类型：

（1）直接重购。直接重购指企业采购部门按过去的订货目录和基本要求继续向原有的供应商购买产品，是一种最简单的购买方式，属于重复性购买。

（2）修正重购。修正重购是指企业采购部门由于某些原因适当修改采购产品规格、价格等其他交易条件的购买行为。

（3）新购。新购指企业新购是指生产者首次购买某种产品或服务。

8. 影响生产者购买行为的因素有哪些？

（1）环境因素。

环境因素是指企业所面临的宏观环境因素，包括政治法律、经济、社会文化、自然、科技等因素。

（2）组织因素。

组织因素是指企业内部因素，包括企业经营目标、战略、组织、规章制度、程序系统等。

（3）人际因素。

人际因素是指企业内部的人事关系。

（4）个人因素。

个人因素是指企业参与购买决策人的年龄、性别、职务、受教育水平、个性特点、偏好及风险意识等因素对购买行为的影响，是影响产业购买行为的重要因素。

9. 简述生产者的购买决策过程

企业新购某种产品决策一般要分以下几个阶段：（1）认识需求；（2）确定需求；

(3) 说明需要；(4) 物色供应商；(5) 征求供应建议书；(6) 选择供应商；(7) 签订合约；(8) 绩效评估。

二、能力素质训练

(一) 单项选择题

1. B　2. C　3. D　4. D　5. C　6. A　7. B　8. B　9. D　10. B

(二) 多项选择题

1. BCD　2. BCD　3. ABCE　4. ABCD　5. ABCD

(三) 判断题

1. √　2. ×　3. √　4. ×　5. √　6. ×　7. √　8. ×　9. √
10. √　11. ×　12. ×　13. √　14. ×　15. √

(四) 实训操作

无标准答案，视学生情况酌情给分。

第四章课后训练答案

一、理论知识掌握

1. 从市场竞争角度看，有哪些竞争者？

答：从市场角度来分析，竞争者就是服务于同一顾客群体或者满足相同消费需要的一组企业。竞争者一般被分为如下四个层次或者说四种类型：(1) 品牌竞争者；(2) 行业竞争者；(3) 形式竞争者；(4) 一般竞争者。

2. 从行业竞争角度看，有哪些竞争者？

答：从行业角度看，一个企业的竞争者来自于行业竞争结构的五个方面，也称五种竞争力量，它们是：(1) 行业内现有竞争者；(2) 潜在进入者；(3) 替代品生产者；(4) 供应商；(5) 购买者。

3. 行业竞争力量是如何影响行业的竞争强度的？

答：行业竞争力量直接决定了行业的竞争强度，即：行业内企业之间力量的对比，企业间实力越相当，竞争越激烈；反之，大企业与小企业之间，竞争相对缓和。

4. 什么是竞争者？怎样识别？

答：竞争者是指与本企业争夺市场和资源的对手。识别企业的竞争者应该从行业和市场两个方面来分析。

5. 从哪四个方面评价分析竞争者策略？

答：(1) 识别竞争者的策略；(2) 了解竞争者的目标；(3) 分析评价竞争者的优劣势；(4) 判断竞争者的反应模式。

6. 市场领导者策略有哪几种类型？

答：(1) 扩大总需求的竞争策略；(2) 保护市场份额的竞争策略。

7. 一般竞争者策略有哪几种类型？

答：(1) 成本领先战略；(2) 差异化战略；(3) 集中型战略或聚焦战略。

8. 市场挑战者策略有哪几种类型？

答：(1) 差异化竞争策略；(2) 成本领先竞争策略；(3) 创新的竞争策略；(4) 快速成长的竞争策略；(5) 联盟方式的竞争策略。

9. 利基市场一般具有哪些特征？

答：利基市场一般具有如下特征：(1) 该市场具有足够的规模和购买力，能够盈利；(2) 该市场具备发展的潜力；(3) 强大的竞争者对该市场不屑一顾；(4) 公司具备所必需的能力和资源以对这个市场提供优质的服务；(5) 公司已在顾客中建立了良好的声誉，能够以此抵挡竞争者的入侵。

10. 市场追随者的追随竞争策略是什么？

答：市场追随者的追随竞争策略包括：(1) 仿制；(2) 紧跟 (3) 改变。

二、能力素质训练

1. 答题要点

(1) 简述从市场角度来分析，竞争者的四个层次；

(2) 品牌竞争者：以企业相似的价格向相同的顾客提供类似的产品或者服务，只是品牌不同而已。联想平板电脑的品牌竞争者包括：苹果 iPad、Moto 平板电脑等平板电脑品牌；

(3) 行业竞争者：把制造同类产品的制造商均视为竞争者。联想平板电脑属于电脑行业，行业竞争者包括：戴尔、苹果、方正等电脑制造商；

(4) 形式竞争者：把所有能够满足相同需求的企业或者产品均视为竞争者。联想平板电脑的功能包括普通电脑功能、影音播放功能、拍照摄影功能等，因此，形式竞争者包括：戴尔、苹果、方正等电脑制造商；爱国者、汉王等数码产品制造商；索尼、佳能等数码相机制造商等；

(5) 一般竞争者：把所有能够争取的顾客一定销售额度的企业均视为竞争者。如台式电脑、便携电脑、其他数码产品、手机等。

2. 答题要点

(1) 简述从行业角度来分析，行业的五种竞争力量；

(2) 行业内现有企业的竞争：伊利、蒙牛等主要竞争对手，以及众多的地方鲜奶制造商；

(3) 潜在进入者的威胁：一般来讲，副食品企业、其他奶制品企业，可能成为鲜奶行业新的进入者；

(4) 行业替代品的压力：光明牛奶主要是鲜奶，它的替代品主要是其他类型的奶制品，也可能是其他的功能饮料；

（5）购买者的讨价还价能力：光明牛奶购买者包括经销商、零售终端、用户三个类型，在制定价格策略时要分别考虑；

（6）供应商的讨价还价能力：包括作为鲜奶源供应商的牧场、其他配料供应商、加工设备制造商、货物仓储与运输等。

3. 答题要点

（1）简述竞争反应的概念；

（2）竞争反应的几种类型；

（3）诺基亚的竞争反应内部动力是很强烈的；

（4）诺基亚可以采取的针对性竞争措施包括：开发与 iPad 类似的产品、开发新产品、加大广告投入、价格战、渠道争夺战等。

第五章课后训练答案

一、理论知识掌握

1. 什么是市场调查？它有什么意义？

答：市场调查就是用科学的方法和客观的态度，以市场和市场营销中的各种问题为研究对象，有目的地、有系统地有效收集、记录、整理和分析各种有关的资料、情报、信息，从而掌握市场的历史和现状，了解现有的或潜在的市场需求，为企业经营预测和决策提供基础性数据和客观正确的资料，进而使企业达到进入市场、占有市场、取得预期效果的目的。

市场调查的意义：企业营销成功的关键是要对市场进行科学有效的市场调查与预测，市场调查的意义在于：（1）有效的市场调查能够提供及时、准确和充分的市场情报资料，有助于企业分析和研究营销环境状况的变化，从而有预见地安排市场营销活动，减少决策风险。（2）市场调查是预测的基础和前提，而预测和决策是检验市场调查是否有效的重要标准。（3）对企业营销决策和计划进行调查，可以对企业营销决策的得失作出客观的评价和建议。

2. 市场调查的内容是什么？

答：市场营销的各个方面、各个环节的情况都可能成为市场调查的内容。主要内容包括：宏观环境调查、购买动机和行为调查、市场需求分析、市场供给调查、竞争状况调查、营销因素调查等。

3. 市场调查的原理是什么？

答：市场调查主要是以顾客为核心对象展开的，市场调查就是对消费者进行调查研究，是运用科学的方法和手段收集消费者对产品购买及其使用的数据、意见、动机等有关资料，并分析研究，从而作出相应的营销决策，以期更好地满足顾客的需求。

4. 市场调查有哪几种类型？

答：市场调查的类型包括：探测性调查、描述性调查、因果关系调查、预测性调查。

5. 文案调查的资料来源于什么地方？

答：文案调查的资料来源于企业内部资料和企业外部资料。

6. 什么是时间序列分析预测法？

答：时间序列分析预测法就是指对按时间顺序排序的一组市场预测对象的观察值，采用数字法分析研究，找出其变动趋势，并利用趋势外延的方法来估计和推算对象未来的变动。其变动类型有：趋势变动、季节变动、循环变动、不规则变动。

7. 常见的市场调查形式有哪些？

答：常见的市场调查形式包括：消费者调查、客户满意度调查、市场观察、神秘顾客调查、产品测试、概念测试、口味测试、价格调整测试、品牌命名测试、品牌喜好度研究、广告测试等。

8. 市场预测的原则是什么？

答：连续性原则、类推原则、相关原则、量质分析结合原则、可控性原则。

9. 市场调查的程序是什么？

答：（1）提出调查主题；（2）制定调查方案；（3）调查实施搜集数据；（4）数据资料整理；（5）分析研究；（6）编写调查报告。

10. 什么是市场预测？它有什么作用？

答：市场预测是指在市场调查基础上，运用预测理论与方法，对决策者关心的变量的变化趋势和未来可能水平作出估计与测算，为决策提供依据的过程。

市场预测的作用：（1）有利于企业更好地满足顾客；（2）有利于企业利用市场调节，合理配置资源；（3）有利于企业提高自己的竞争力。

11. 市场预测的程序是什么？

答：（1）明确预测目标；（2）收集分析资料；（3）选择预测方法；（4）拟定预测模型；（5）进行预测；（6）确定预测结果。

12. 试分析市场调研与市场预测联系和区别。

答：市场调查与市场预测是紧密关联的，体现如下：（1）市场调查可以为市场预测提供研究方向；（2）市场调查可以为市场预测提供信息；（3）市场预测的结论可用市场调查来验证和修订。

市场调查与市场预测的区别：（1）研究的侧重点不同；（2）研究的结果不同；（3）研究的过程和方法不同。

13. 企业进行市场预测常用的方法有哪几种？各有什么特点？

答：（1）市场潜量预测法，包括总市场潜量预测法、地区市场潜量预测法；（2）调查预测法，包括购买意向调查法、销售人员意见调查法、专家调查法；（3）时间序列分析预测法，包括移动平均法、指数平滑法、趋势外推法、季节指数法。

二、能力素质训练

1. 答题要点

（1）通过资料查阅、网络信息收集等文案调查法，收集湖北省各类学校的数量、学生数量、班级数量、教室数量等数据；

（2）设计调查问卷，调查各类学校粉笔使用情况、对传统粉笔的评价意见、对新型粉笔的评价意见、需求意向等信息；

（3）选择合理的调查样本，进行问卷调查、座谈会等，获得一手信息；

（4）运用市场潜量预测法、购买意向调查预测法，预测该产品在湖北省是市场潜量，以及第一年的销量。

2. 答题要点

（1）运用文案调查法，通过网络搜索，获得五年来我国 CPI 数据；

（2）运用文案调查法，通过网络搜索，获得五年来城市居民日常消费支出相关数据；

（3）将两组数据绘制成趋势曲线；

（4）对两条曲线进行同期走势对比分析，指出两者的关联性。

3. 答题要点

访谈前准备工作：（1）确定访谈目标；（2）收集访谈主题的背景资料；（3）预约访谈的时间、地点等；（4）了解与访谈对象有关的基本情况；（5）设计访谈提纲。

访谈备忘录要点：被访者家庭人口、收入、住房情况等基本信息；被访者对当前房地产价格的了解程度；被访者对当前房地产价格的评价；被访者对当前房地产价格的趋势判断；被访者的购房意向以及考虑因素等；被访者的其他相关意见。

4. 答题要点

（1）编写调查方案；

（2）设计调查问卷；

（3）选择调查样本；

（4）实地调查；

（5）数据分析整理；

（6）撰写调查报告。

第六章课后训练答案

一、理论知识掌握

1. 什么是目标市场营销？它有哪几个步骤？

目标市场营销是指企业选择与本自己营销宗旨最相适应的、销售潜力最大的、获利最丰的那一部分市场作为自己争取的目标或对象，然后，采取相应的市场营销手段打入或占领这个市场的过程。

目标市场营销的步骤有企业情况分析、市场细分、选择目标市场、目标市场定位以及制定营销战略。

2. 什么是市场细分？市场细分有什么作用？

市场细分是指根据顾客之间的需求差异性，把一个产品市场整体划分为若干个顾客群体，每一个由需求特点相似的顾客组成的顾客群体构成一个细分市场，亦称为子市场。这种把一个产品市场整体划分成若干个细分市场（子市场）的过程称为市场细分。

市场细分有利于选择目标市场和制定市场营销策略；有利于发掘市场机会，开拓新市场；有利于企业合理配置和使用资源，集中人力、物力和财力投入目标市场；有利于企业提高经济效益；有利于小企业开拓市场，在大企业的夹缝中生存。

3. 市场细分的依据是什么？

消费者市场细分可以按照地理环境因素、人口因素、心理因素、行为等因素为市场细分的依据进行细分；生产资料市场细分可以按照最终用户要求、用户规模、用户地理位置等因素为市场细分的依据进行细分。

4. 有效市场细分的标准是什么？

有效市场细分的标准有可衡量性、可实现性、可营利性、可区分性、相对的稳定性等5个标准。

5. 什么是目标市场？它应具备哪些条件？

目标市场就是通过市场细分后，企业准备以相应的产品和服务满足其需要的一个或几个子市场。目标市场应具备的条件包括市场有“适当”的规模、顾客需求相对稳定、市场具有可进入性、企业有能力经营以及企业具有竞争优势。

6. 市场细分应遵循哪些原则？

第一，不同的企业在进行市场细分时，应采用不同的标准，要根据企业的实力和产品的特性来确定自己的细分标准。

第二，选用细分标准时，要求这些细分因素是可以度量的，并能使细分市场呈现明显的区别和显著的特性，那些难以度量测定的细分因素尽量少用或不用。

第三，选用细分标准时，要求细分出来的市场是可进入的，即这些市场应是能够对顾客产生影响、产品能够展现在顾客面前的市场。

第四，市场细分不是分得越细越好，市场分得太细，不适合大量生产，影响规模的经济性。

7. 什么是目标市场选择？

所谓目标市场选择，就是指企业在市场细分之后的若干“子市场”中，所运用的企业营销活动之“矢”而瞄准的市场方向之“的”的优选过程。

8. 目标市场的进入方式有哪些？

进入目标市场的方式有专一市场集中战略、产品专一化战略、市场专一化战略、选择性专一化战略以及覆盖全部市场战略。

9. 目标市场的营销策略有哪几种？怎样选择？

选择目标市场一般运用下列三种策略：无差异性策略、差异性策略和集中性策略。

10. 什么是目标市场定位？

目标市场定位是指企业所采取的勾画自身形象及所提供价值的行为，意在塑造企业鲜明的个性，使目标市场上的顾客了解和认识本企业有别于竞争者的特征。即企业决定把自己放在目标市场的什么位置上。

11. 目标市场定位的依据是什么？

目标市场定位的依据包括根据产品的属性定位、根据产品的用途定位、根据提供消费者的利益定位、根据使用者定位以及根据竞争状况定位。

12. 目标市场定位的策略有哪些？请举例说明。

目标市场定位的策略一般有以下几种：避强定位、迎头定位、创新定位、重新定位、比附定位。举例略。

二、能力素质训练

（一）请设计一个把书卖给文盲的营销方案

（提示：1. 要进行市场细分。2. 写出每一步的依据或原理。3. 所需数据自己给出，但要合情合理。）

（二）案例分析：（略）

（三）案例分析：（略）

第七章课后训练答案

一、理论知识掌握

1. 什么是狭义产品？

答：是指经过劳动得到的具有一定效用的有形物质实体，即实体产品。

2. 什么是广义产品？

答：广义的产品概念：是指能够在市场上得到的，用于满足人的需要和欲望的任何东西。即一切能满足消费者某种需要和欲望的物质产品和非物质形态的服务均为产品。简言之，产品=有形物品+无形服务。

3. 产品整体概念的营销意义是什么？

答：产品整体概念对企业营销管理的意义：（1）它向企业昭示：明确顾客所追求的核心利益十分重要。（2）企业必须特别重视产品的无形方面，包括产品形象，服务等。（3）产品的整体概念的提出，给企业带来了新的竞争思路，那就是可以通过在款式、包装、品牌、售后服务等各个方面创造差异来确立地位和赢得竞争优势。

4. 根据消费者的购买习惯，产品可分为哪几类？

答：根据消费者的购买习惯，可分为便利品、选购品、特殊品和非渴求品。

5. 什么是产品组合？

答：产品组合是指一个企业生产销售的各种产品线及其产品品种、规格的组合或相互搭配，即一个企业经营的全部产品的构成。

6. 什么是产品线？

答：产品线。亦称为产品系列或产品大类，是指具有相同使用功能，但规格、型号、档次等不同的一组产品项目，即产品线是产品组合中的一大类，是指能够满足同类需要，在功能、使用和销售等方面具有类似性的一组产品。

7. 什么是产品项目？

答：产品项目。它是指同一产品线中，各种类型的产品即可以依据产品的规格、型号、档次、款式及其他属性加以区分的明确的产品单位，即产品项目是指产品大类或产品线中各种不同的品种、规格、质量的特定产品，在企业名录中列出的每一种产品就是一个产品项目。

8. 产品组合调整的策略有哪几种？

答：企业在调整产品组合时，策略有三：扩大产品组合策略、缩减产品组合策略、产品延伸策略。

9. 什么是产品市场生命周期？

答：产品市场生命周期亦称为产品的经济寿命或产品的市场寿命，是指一种产品从投入市场开始，直到被淘汰退出市场为止的全部时间。产品生命周期开始于该种产品在市场上第一次出现，结束于该种产品退出市场即最后被淘汰离开市场的全过程。

10. 产品市场生命周期的划分依据是什么？

答：产品市场生命周期各阶段的划分依据是：（1）通过类比同类型产品来确定该产品市场生命周期的各个阶段。（2）根据产品的销售增长率来判断产品市场生命周期各阶段。（3）根据产品的普及率来判断产品市场生命周期各阶段。

11. 产品市场生命周期各时期的特点是什么？

答：产品市场生命周期各时期的特点是：（1）投入期的特点：产品刚进入市场，处于初期发展阶段，产品的性能质量不稳定，生产的批量小，成本高，推广和销售渠道尚待完善，产品不大被人们接受。因此，销售增长缓慢，多数只表现在喜欢“尝新”的消费者上，通常不能为企业提供利润，甚至还会出现亏损。（2）成长期的特点：产品经历了投入期，经过市场考验，已进入扩大销售或供不应求阶段。此时产品基本定型，大批量生产能力形成，销售渠道已经通畅，市场局面已经打开，销售量增长较快，能为企业快速提供利润。同时市场上同类产品的竞争企业相继加入，市场竞争趋向激烈。（3）成熟期的特点：此时产量多，销售额大，生产发挥最大效率，成本降到最低，利润达到最高水平。但是到后期其销售增长速度减慢，甚至出现负增长，利润相对减少，竞争激烈。（4）衰退期的特点：产品老化，市场销售量急剧减少，利润大幅度下降，甚至出现亏损。企业现有生产能力与日益减少的销售量之间矛盾十分突出，产品最终被市场淘汰而停止生产或转产。

12. 产品市场生命周期各时期的营销策略是什么？

答：产品市场寿命周期不同阶段的营销策略是：

(1) 投入期的营销策略。

①控制投资规模，防止夭折（广收信息、修正缺陷、保证质量）。

②利用消费者熟悉的产品提携和支持（发赠品、进行产品使用演示等）建立初期要求。

③上市范围根据企业本身和市场需求而定（全面或者区域）。

④新产品定价与促销力度组合。

⑤诱使中间商经销、试用。

(2) 成长期市场营销策略。

① 改良产品。从产品质量、产品性能、产品款式以及修正产品缺陷等入手改善产品品质。如增加新的功能，改变产品款式，发展新的型号，开发新的用途等。对产品进行改进，可以提高产品的竞争能力，满足顾客更广泛的需求，吸引更多的顾客。

② 寻找新的细分市场。通过市场细分，找到新的尚未满足的细分市场，根据其需要组织生产，迅速进入这一新的市场。

③改变广告宣传的重点。把广告宣传的重心从介绍产品转到建立产品形象上来，树立产品名牌，加强商标地位，提高品牌知名度、偏爱度，维系老顾客，吸引新顾客。

④ 适时降价。在适当的时机，可以采取降价策略，以激发那些对价格比较敏感的消费者产生购买动机和采取购买行动，达到争夺低收入潜在顾客，并阻止潜在加入者的进入的目的。

⑤巩固和加强销售渠道、拓展新市场。

⑥ 加大促销力度，提高市场占有率。

(3) 成熟期市场营销策略。

①市场调整。这种策略不是要调整产品本身，而是发现产品的新用途、寻求新的用户或改变推销方式等，以便产品销售量得以扩大。

②产品调整。这种策略是通过产品自身的调整来满足顾客的不同需要，吸引有不同需求的顾客。整体产品概念的任何一层次的调整都可视为产品再推出。

③市场营销组合调整。即通过对产品、定价、渠道、促销四个市场营销组合因素加以综合调整，刺激销售量的回升。常用的方法包括降价、提高促销水平、扩展分销渠道和提高服务质量等。

④将生产场地转移到生产成本较低的地区或国家。

(4) 衰退期市场营销策略。

①持续策略。继续沿用过去的策略，仍按照原来的细分市场，使用相同的分销渠道、定价及促销方式，直到这种产品完全退出市场为止。

②集中策略。把企业能力和资源集中在最有利的细分市场和分销渠道上，从中获取利润。这样有利于推迟产品退出市场的时间，同时，又能为企业创造更多的利润。

③收缩策略。抛弃无希望的顾客群体，大幅度降低促销水平，尽量减少促销费用，以增加目前的利润。这样可能导致产品在市场上的衰退加速，但也能从忠实于这种产品

的顾客中得到利润。

④放弃策略。对于衰退比较迅速的产品，应该当机立断，放弃经营。可以采取完全放弃的形式，如把产品完全转移出去或立即停止生产；也可采取逐步放弃的方式，使其所占用的资源逐步转向其他的产品。

13. 什么是品牌和商标？品牌和商标的联系与区别是什么？

答：品牌是商品的商业名称，是由企业独创的，具有显著特点的，用以识别卖主的产品的某一名词、术语、标记、符号、设计或它们的组合。商标是指经有关政府机关注册登记受到法律保护的整个品牌或品牌名称或品牌标志。

品牌和商标之间的区别、联系：

（1）联系：商标≤品牌；

（2）区别：①品牌是商业名称主要作用是宣传商品；②商品是法律名称，既宣传商品同时又受法律保护。

14. 品牌有什么作用？

答：品牌的作用有：（1）品牌的首要功能是在于识别商品出处，可以方便消费者进行产品选择，缩短消费者的购买决策过程。（2）宣传推广商品，造就强势品牌，使企业享有较高的利润空间。（3）品牌可以超越产品的生命周期，是一种无形资产。除上述作用外，品牌还具有承诺产品质量；维护专用权利；充当竞争工具等作用。

15. 品牌设计的原则有哪些？

答：从市场营销学的角度，一个良好的品牌设计应符合如下原则：（1）造型美观，构思新颖。（2）能表现企业或产品的特色。（3）简单明显。（4）符合传统文化，为公众喜闻乐见。

16. 包装有什么作用？

答：包装的作用有：保护商品。便于运输、携带、贮存和使用。美化商品，促进销售。提高商品价值，增加企业盈利。

17. 包装设计的原则有哪些？

答：（1）包装的大小和形状应适宜于商品运输、储存和陈列，以及符合消费者的购买习惯。（2）包装的结构造型不仅要符合新颖、美观等艺术性要求，而且要便于消费者携带、使用和储存。（3）包装应与商品价值或质量水平相匹配，尽量体现商品的特点或独特风格。（4）包装装潢上所采用的图案、色彩等，既要符合目标市场消费者的心理要求，又不能与其民族习惯、宗教信仰发生抵触。（5）包装上的文字说明必须完全与商品的性质相一致，能增强消费者的信任感并能指导消费。（6）包装材料的使用上要注意减少污染，避免资源浪费，保护生态环境。

18. 什么是包装？

答：包装是指设计并生产容器或包装物的一系列活动。

19. 什么是新产品？新产品有哪些类型？

答：新产品是指企业第一次生产、并向市场出售的产品。包括以下几种基本类型：全新型产品（亦称为完全创新产品）、换代型产品、改进型产品、仿制型产品（亦称为仿制新产品）。

20. 新产品的开发方式有哪些？

答：新产品开发方式有独立研制、技术引进、研制与引进相结合三种。

21. 新产品的开发过程是什么？

答：开发过程有产生创意、创意筛选、产品概念形成与试、初步营销规划、商业分析、产品研制、市场试销、商业性投放八个步骤。

二、能力素质训练

（一）商品单项实训（提示：商品卖点是商品的使用价值，但使用价值不一定是商品卖点）

（二）案例分析：（略）

第八章课后训练答案

一、理论知识掌握

1. 什么是营销定价？

答：营销定价是指把产品的价格的确定与企业市场营销组合的其他因素巧妙地结合起来，定出一个最有利于企业的产品价格，以实现企业经营目标的过程。

2. 企业在定价时要考虑哪些因素？

答：企业在定价时要考虑的因素是：（1）定价目标；（2）成本费用；（3）市场状况；（4）需求价格弹性；（5）竞争者的价格策略；（6）其他营销组合因素；（7）其他因素。

3. 定价目标有哪些？

答：企业定价目标有：（1）求生存；（2）获取最大利润目标；（3）适当投资利润率目标；（4）维持和提高市场占有率目标；（5）稳定市场价格目标；（6）应付竞争目标。

4. 定价时要考虑哪些成本费用？

答：定价时要考虑的成本费用是：（1）生产成本；（2）流通费用；（3）税金。

5. 企业定价的程序是什么？

答：企业定价的程序是：（1）选择定价目标；（2）估算自己产品的成本和销售量；（3）测定需求弹性；（4）了解国家有关物质政策；（5）分析竞争者的产品及价格；（6）选择定价方法；（7）选定最后营销价格。

6. 企业定价方法有哪几种？

答：企业常见的定价方法为成本导向、需求导向和竞争导向三大方法。

7. 企业定价策略有哪几种？

答：企业定价策略主要有新产品价格策略、心理定价策略、产品组合定价策略和折扣定价策略等。

8. 企业调价策略有哪几种？

答：企业价格调整策略有：(1) 企业提价策略；(2) 企业降价策略。

9. 调价时要考虑哪些因素？

答：企业价格调整应考虑的因素有：(1) 消费者对价格变动的反应；(2) 竞争者对价格变动的反应。

10. 什么是折扣？有哪些类型？

答：折扣是少收一定比例价款。折扣包括五种：现金折扣、数量折扣、季节性折扣、功能性折扣、同业折扣。

11. 什么是折让？有哪些类型？

答：折让是少收一定数量价款。包括抵换折让（trade-in allowance）和促销折让两种。

12. 新产品定价策略有哪几种？

答：新产品定价策略主要有撇脂定价策略、渗透定价策略和满意定价策略。

13. 心理定价策略有哪几种？

答：心理定价策略包括以下几种：(1) 尾数定价策略；(2) 声望定价策略；(3) 如意定价策略；(4) 习惯定价策略；(5) 整数价格定价策略；(6) 分级定价策略。

14. 产品组合定价策略有哪几种？

答：产品组合定价的主要策略有：(1) 产品线定价策略；(2) 互补品定价策略；(3) 成套优惠定价策略；(4) 任选品定价；(5) 连带产品定价；(6) 副产品定价。

15. 地理定价策略有哪几种？

答：地理定价策略也叫地区差价策略，有：(1) 产地价格策略；(2) 统一运送价格策略；(3) 分区运送价格策略；(4) 基点价格策略；(5) 运费补贴价格策略。

16. 已知某产品的销售量为 10000 件，总成本为 1000000 元，预期成本利润加成率为 20%，(1) 则其销售价格是多少？若以销售价格为基础加成百分率为 20%，(2) 则其销售价格又是多少？

解：(1) 根据单位产品价格＝单位产品成本×（1+加成率）得

该皮鞋出厂价格＝单位产品成本×（1+加成率）

＝总成本÷总产量×（1+加成率）

＝1000000÷10000×（1+30%）

＝100×1.3

＝130（元）

(2) 根据单位产品价格＝单位产品成本÷（1−加成率）

该皮鞋出厂价格＝单位产品成本÷（1−加成率）

＝1000000÷10000÷（1−30%）

＝100÷0.7

＝142.86（元）

答：（1）该皮鞋公司皮鞋的出厂价格为每双 130 元；（2）该皮鞋公司皮鞋的出厂价格为每双 142. 86 元。

17. 某企业产品生产能力为 30000 件，固定成本总额为 160000 元，单位产品的变动成本为每件 22 元。企业现在想获利 320000 元，问：（1）若企业年销售量为 20000 件，该产品售价为多少时能实现利润目标？（2）若企业年销售量为 30000 件，该产品售价为多少时能实现利润目标？

解：（1）根据单位产品价格=（总成本+利润）÷总销售量

该产品售价=（160000+22×20000+320000）÷20000

=46（元）

（2）根据单位产品价格=（总成本+利润）÷总销售量

该产品售价=（160000+22×30000+320000）÷30000

=38（元）

答：略。

18. 某企业产品生产能力为 30000 件，固定成本总额为 160000 元，单位产品的变动成本为每件 22 元。根据市场调查、分析、预测可知：当产品以每件 25 元销售时，市场需求量为 30000 件；当产品以每件 30 元销售时，市场需求量为 20000 件；当产品以每件 35 元销售时，市场需求量为 18000 件；当产品以每件 40 元销售时，市场需求量为 10000 件。问：（1）该企业采用上述四种价格中哪一种价格最佳？（2）为什么这种价格最佳？

解：根据利润=收益-成本

方案一：利润=25×30000-160000-22×30000

=-70000（元）

方案二：利润=30×20000-160000-22×20000

=0（元）

方案三：利润=35×18000-160000-22×18000

=74000（元）

方案四：利润=40×10000-160000-22×10000

=20000（元）

答：选每件 35 元的价格。因为利润最大。

19. 某公司今年生产共需要固定成本 5000 万元，每件产品的变动成本为 400 元。今年公司预计的产销量为 100 万件，预计可以获取利润 15000 万元，请问该公司产品出厂价格应为每件多少元？其保本销售量是多少件？

解：（1）据单位产品价格=（产品总成本+企业目标利润）÷预计销售量

单位产品价格=（5000+400×100+15000）÷100

=60000÷100

=600（元/件）

（2）据保本销售量=固定成本÷（单位产品价格-单位产品变动成本）

保本销售量=50000000÷（600-400）

= 50000000÷200

= 250000（件）

答：单位产品价格为 600 元/件；保本销售量为 250000 件。

20. 某企业的年固定成本消耗为 200 元，每件产品的单位可变成本为 140 元，计划总贡献为 150 万元，当销售量预计可达 10 万件时，其产品价格为多少？

解：根据单位产品价格 = 单位产品变动成本 + 单位产品边际贡献

其产品价格 = 140+1500000/100000 = 155（元/件）

答：其产品价格为每件 155 元。

二、能力素质训练

（一）（略）

（二）单项实训操作题：（略）

（三）案例分析：（略）

第九章课后训练答案

一、理论知识掌握

1. 什么是分销？

答：分销是指产品从生产者转移到消费者的市场营销活动以及活动过程。

2. 什么是分销渠道？

答：分销渠道是指在某种产品从生产者向消费者转移过程中，取得产品所有权或帮助所有权转移的所有组织和个人。

3. 分销渠道中有哪五个流程？

答：分销渠道的五个流程是：（1）商品所有权流程；（2）商品实体流程；（3）货款流程；（4）情报信息流程；（5）促销流程。

4. 为什么说“物流有第三利润源泉”之称？

答：因为物流过程的科学规划、科学管理和合理安排，能够创造性地节约产品分销过程中成本而增加企业的利润。

5. 什么是中间商？

答：中间商是指在生产厂商与消费者之间参与交易业务，促使买卖行为发生和实现的经济组织和个人。包括商人中间商和代理中间商。

6. 中间商有什么功能？

答：中间商的功能是：（1）提高销售活动的效率；（2）储存和分销产品；（3）监督检查产品；（4）传递信息。

7. 选择中间商的依据是什么？

答：选择中间商的依据是：(1) 中间商的市场范围；(2) 中间商的产品政策；(3) 中间商的地理区位优势；(4) 中间商的产品知识；(5) 预期合作程度；(6) 中间商的财务状况及管理水平；(7) 中间商的促销政策和技术；(8) 中间商的综合服务能力。

8. 分销渠道中有哪些功能？

答：分销渠道的功能有：(1) 联结产销；(2) 反馈信息；(3) 促进销售；(4) 承担风险；(5) 实体分配；(6) 协商谈判；(7) 简化交易手续；(8) 节约销售费用；(9) 集散和平衡商品的供应。

9. 什么是直接分销渠道？它的优点和缺点是什么？

答：直接分销渠道是指生产者将产品直接供应给消费者或用户，没有中间商介入。

直接分销渠道的优点有：(1) 有利于产、需双方沟通信息，可以按需生产，更好地满足目标顾客的需要；(2) 可以降低产品在流通过程中的损耗；(3) 可以使购销双方在营销上相对稳定；(4) 可以在销售过程中直接进行促销。

直接分销渠道的缺点：(1) 在产品和目标顾客方面：对于绝大多数生活资料商品，其购买呈小型化、多样化和重复性；(2) 在商业协作伙伴方面：商业企业在销售方面比生产企业的经验丰富，这些中间商最了解顾客的需求和购买习性，在商业流转中起着不可缺少的桥梁作用；(3) 在生产者与生产者之间：当生产者仅以直接分销渠道销售商品，致使目标顾客的需求得不到及时满足时，同行生产者就可能趁势而进入目标市场，夺走目标顾客和商品协作伙伴。

10. 渠道决策的原则是什么？

答：分销渠道管理人员在选择具体的分销渠道模式时，无论出于何种考虑，从何处着手，一般都要遵循以下原则：(1) 畅通高效的原则；(2) 覆盖适度的原则；(3) 稳定可控的原则；(4) 协调平衡的原则；(5) 发挥优势的原则 。

11. 影响渠道决策的因素有哪些？

答：影响分销渠道选择的因素很多。生产企业在选择分销渠道时，必须对下列几个方面的因素：(1) 产品因素；(2) 市场因素；(3) 生产企业本身的因素；(4) 政策规定；(5) 经济收益；(6) 中间商特性等进行系统的分析和判断，才能作出合理的选择。

12. 什么是窜货？

答：窜货是经商网络中的公司分支机构或中间商受利益驱动，把所经销的产品跨区域销售，造成市场倾轧、价格混乱，严重影响厂商声誉的恶性营销现象。

13. 怎样建立有效渠道冲突解决机制？

答：建立有效渠道冲突解决机制：(1) 建立“预报警系统”制度；(2) 渠道一体化、扁平化；(3) 约束合同化；(4) 包装差别化；(5) 价格体系化。

二、能力素质训练

(一) 谈谈你学习分销渠道策略这一章后的心得体会：(略)

(二) 北京雪花电冰箱厂分销策略案例分析：(略)

（三）案例赏析：（略）

（四）案例赏析：（略）

（五）单项实训操作题：（略）

第十章课后训练答案

一、理论知识掌握

1. 什么是促销？促销有哪些形式？

答：促销是促进销售的简称。它是指企业采用各种手段和方式向消费者或用户传递有关企业及其产品的信息，使顾客对企业及其产品产生兴趣、好感和信任，促进其购买企业产品的活动。

2. 促销有什么作用？

答：促销的作用是：（1）传递信息；（2）突出特点；（3）指导消费；（4）形成偏爱。

3. 什么是促销组合？

答：促销组合是指企业根据促销的需要，对广告、人员推销、销售促进、公共关系等各种促销方式进行的适当选择和综合运用。

4. 影响促销组合的因素有哪些？

答：影响促销组合策略的主要因素有促销目标、市场类型、产品特点、推式与拉式策略、产品生命周期等。

5. 什么是促销组合策略？有哪几种常见的促销组合策略？

答：促销组合策略是指企业根据促销的需要，对各种促销方式进行的适当选择形成一种促销策略。

促销策略分为推式策略、拉式策略和推拉结合策略等三种策略类型。

6. 什么是人员推销？

答：人员推销是指企业派出人员或者委托推销人员，亲自向目标顾客介绍、推广宣传、销售自己的产品和服务的过程。

7. 人员推销的特点是什么？

答：人员推销的特点是：（1）销售的针对性和灵活性；（2）销售的有效性；（3）密切买卖双方关系，建立买卖双方感情；（4）信息传递的双向性；（5）费用支出较大；（6）对推销人员要求较高。

8. 人员推销的技巧是什么？

答：人员推销技巧有：（1）上门推销技巧；（2）洽谈艺术；（3）排除推销障碍的技巧。

9. 什么是广告？广告有什么特点？

答：广告是指企业通过一定的媒介物，公开而广泛地向社会介绍企业的营销形式和产品的品种、规格、质量、性能、特点、使用方法以及劳务信息的一种宣传方式。市场营销学中的广告是指广告主即企业以促进销售为目的，付出一定的费用，通过特定的媒体传播企业、商品或劳务等有关经济信息的大众传播活动。

广告的特点有：(1) 广告是以广大消费者为广告对象的大众传播活动，因此信息传播具有普及性，并且有广泛的受众；(2) 广告具有公开展示性和渗透性即广告宣传是合法的并且同一广告可以多次重复；(3) 广告是通过特定的媒体来实现的，广告主需要支付一定的媒体占用费；(4) 广告具有非人格化特点和而增强的表现力，但促销效用往往滞后；(5) 广告的目的是为了促进商品销售，帮助推行人员达成交易，进而获得较好的经济效益。

10. 广告的功能是什么？

答：广告宣传的功能有：(1) 传播信息广告是营销信息的重要沟通工具；(2) 刺激需求广告是一种借助图像、声音和文字，产生具有诱导和说服作用的沟通活动；(3) 塑造形象广告是企业形象塑造的重要工具。

11. 广告的主要要素是什么？

答：广告宣传的要素是：(1) 广告主；(2) 广告受众；(3) 广告内容；(4) 广告媒体。

12. 广告设计的原则是什么？

答：广告设计原则是：(1) 真实性；(2) 独特性；(3) 针对性；(4) 艺术性。

13. 广告设计策略的内容是什么？

答：广告设计策略的内容有：(1) 广告的 USP (Unique Selling Proposition) 策略；(2) 广告的品牌形象策略 (Brand Image)；(3) 广告的定位 (Positioning) 策略。

14. 广告策略的技巧是什么？

答：广告策略的技巧是：(1) 简明易懂；(2) 具有美感性；(3) 独具特色。

15. 什么是营业推广？营业推广有什么作用？

答：营业推广亦称为销售促进，它是指那些能够刺激顾客做出强烈反应、促进短期购买行为的促销方式。换句话说，它是一种强刺激、短时间的促销手段，是一种适宜于短期推销的促销方法，是企业为鼓励购买、销售商品和劳务而采取的除广告、公关和人员推销之外的所有企业营销活动的总称。

营业推广的作用：(1) 可以吸引消费者购买；(2) 可以奖励品牌忠实者；(3) 可以实现企业营销目标。

16. 营业推广的设计是什么？

答：营业推广设计为：(1) 确定推广目标；(2) 确定诱因大小；(3) 确定营业推广途径；(4) 选择推广工具；(5) 推广的配合安排；(6) 确定推广时机；(7) 确定推广期限；(8) 确定营业推广预算。

17. 什么是公共关系？

答：公共关系是指某一社会组织（企业）为正确处理、改善与社会公众的关系，促进社会公众对组织（企业）的认识、理解与支持，达到树立良好社会形象、促进商品销售目标的一系列管理活动。

18. 公共关系活动方式是什么？

答：公共关系的活动方式可分为五种：（1）宣传性公关；（2）征询性公关；（3）交际性公关；（4）服务性公关；（5）社会性公关。

19. 公共关系活动形式是什么？

答：公共关系活动的形式有：（1）发现和创造新闻加强新闻宣传；（2）收集处理和反馈公众意见、与公众建立全方位的联系；（3）参与社会活动、开展公益活动；（4）策划特殊事件、组织专题公关活动；（5）导入 CIS 战略；（6）散发宣传资料；（7）设立热线电话。

二、能力素质训练

（一）案例分析一：（略）

（二）案例分析二：（略）

（三）案例赏析：（略）

（四）技能训练：（略）

第十一章课后训练答案

一、理论知识掌握

1. 什么是市场营销战略？

答：市场营销战略是指企业在分析外部环境和内部条件的基础上，确定企业营销发展的目标，做出营销活动总体的、长远的谋划，以及实现谋划所应采取的重大行动措施。市场营销战略是企业经营战略的一项重要的职能战略。

2. 市场营销战略有什么特点？

答：（1）全局性：市场营销战略能够指导企业全面的、全过程的营销活动。

（2）长远性：市场营销战略是对企业未来较长时期营销活动的谋划。

（3）纲领性：市场营销战略中所制定的战略目标、战略重点、战略措施等都属于方向性、原则性的，是企业营销发展的纲领，对企业具体的营销活动具有权威性的指导作用。

（4）相对稳定性：市场营销战略必须在一定时期内具有稳定性，才能在企业营销实践中具有指导意义。

（5）应变性：市场营销战略应该根据企业外部环境和内部条件的变化，适时加以调整。

3. 构成市场营销战略的要素是什么？

答：企业市场营销战略系统一般由六个要素构成，即战略思想、战略目标、战略方向、战略重点、战略对策、战略阶段。

4. 简要阐述市场营销战略制定的过程。

答：（1）制定市场营销原则；（2）外部环境分析；（3）内部优劣势分析；（4）战略要素评价；（5）确定市场营销目标；（6）制定目标市场营销策略；（7）确定营销业务组合；（8）制定市场竞争战略；（9）制定相关的职能性战略。

5. 市场营销组织有哪些类型？每一种类型的职能是什么？

答：（1）职能型市场营销组织。按营销基本功能设置的营销机构，它强调的是市场营销各种职能的重要性。（2）区域管理型营销组织。按照地理区域建立销售队伍。区域营销结构既行使市场推广职能，又行使销售职能。（3）产品管理型营销组织。企业拥有多种产品或多个品牌，往往按照产品或品牌建立管理组织。

6. 市场营销组织管理的内容是什么？

答：（1）组织管理；（2）目标管理；（3）计划管理；（4）人员管理。

7. 什么是市场营销计划？

答：市场营销计划是关于一项业务、产品或品牌在营销方面的具体安排和规划。市场营销计划是市场营销战略的具体体现和落实计划。营销计划可以是企业某段时期营销工作的总体安排，也可以是某一个具体产品的营销计划，也可以是某一项促销活动计划。

8. 市场营销计划有什么作用？

答：（1）营销计划使企业内部各部门、各层次、各方面之间保持协调一致，使企业内部各种力量形成一种合力，从而促使营销目标的实现。（2）营销计划使企业在利用机会的同时，最大限度地减少风险。（3）营销计划使营销活动变得科学、经济、规范。（4）营销计划有利于企业实现对营销活动的有效控制。

9. 市场营销计划的内容是什么？

答：企业市场营销计划一般包括如下主要内容：提要、市场营销目标、市场营销策略、市场营销政策、市场营销程序、市场营销规则、市场营销预算、市场营销控制。

10. 制订市场营销计划的原则是什么？

答：（1）系统性原则。（2）灵活性原则。（3）连续性原则。

11. 制订市场营销计划的程序是什么？

答：（1）进行市场营销状况分析；（2）进行 SWOT 分析；（3）市场预测；（4）确定营销目标；（5）制定营销策略；（6）制定营销政策和程序；（7）制定行动方案；（8）编制营销预算。

12. 好的营销计划并没有带来好的营销业绩，其主要原因是什么？

答：（1）营销策略和计划本身缺乏调研基础，闭门造车，脱离实际，因而可信度较差。（2）长期目标和短期目标出现冲突，没有有效地采取应对措施。（3）企业总体利益与各层级营销组织或者营销人员个人利益存在冲突，没有很好的沟通协调。（4）缺乏明确具体的行动方案，各级营销组织和营销人员对任务的理解存在差异，因此工作不能协同推进。（5）现行的营销组织，或营销制度、激励方案等对新的营销战略实施存在障碍，不利于调动各方面的积极性。（6）营销计划实施过程中，外部竞争形势发生变化，企业没有及时对营销计划作出相应的调整。

13. 为了更好地实施市场营销计划，取得预期的市场营销结果，必须采取什么措施？

答：（1）制订行动计划；（2）调整组织结构；（3）完善营销管理制度；（4）工作协同推进。

14. 什么是市场营销计划控制？

答：市场营销计划控制，是指企业在实施营销计划过程中，随时调研计划实施效果，检查实际绩效与计划之间是否有偏差，根据内外营销条件的变化而采取调整控制措施，以确保市场营销计划的完成。

15. 市场营销计划控制有几种方式方法？

答：（1）市场营销的绩效控制；（2）市场营销的财务控制；（3）市场营销的效率控制；（4）市场营销的组织控制。

二、能力素质训练

答题要点

（1）活动主题："新年大礼连环送"；

（2）活动形式：买赠活动方案；

（3）活动时间：圣诞节前××天至春节后××天；

（4）活动区域：各大商场；

（5）活动目标：预期销售增长目标；

（6）活动宣传方案：包括媒体广告、卖场广告、POP等；

（7）活动相关工作推进：包括广告设计制作、卖场沟通、赠品配置、促销人员培训等；

（8）活动费用计划：包括活动效果预估、广告费用、赠品费用、促销费用等。

主要参考文献

[1] [美] 菲利普·科特勒．营销原理——分析、计划、执行和控制（第9版）[M]．梅汝和，等，译．上海：上海人民出版社，2000.

[2] [美] 菲利普·科特勒．市场营销原理（第2版）[M]．洪瑞云，等，译．北京：机械工业出版社，2010.

[3] 王杜春．市场营销学（第1版）[M]．北京：机械工业出版社，2012.

[4] 吴健安．市场营销学 [M]．北京：高等教育出版社，2007.

[5] [美] 兰姆，等．市场营销学（第6版）[M]．时宏亮，等，译．上海：上海人民出版社，2005.

[6] [美] 菲利普·科特勒．市场营销管理——分析、规划、执行和控制（第6版）[M]．何永祺，何宝善，审校．北京：科学技术文献出版社，1991.

[7] 高振生．市场营销学 [M]．北京：劳动社会保障出版社，2000.

[8] 方光罗．市场营销学（第1版）[M]．大连：东北财经大学出版社，2001.

[9] 甘碧群，盛和鸣．市场学通论 [M]．武汉：武汉大学出版社，1996.

[10] 李海华，刘扬．市场营销实务（第1版）[M]．天津：天津大学出版社，2011.